Customs Declaration
Practice

工业和信息化普通高等教育"十三五"规划教材立项项目

21世纪高等院校经济管理类规划教材

报关实务
（附微课 第3版）

□ 朱占峰　主编
□ 朱耿　朱一青　副主编

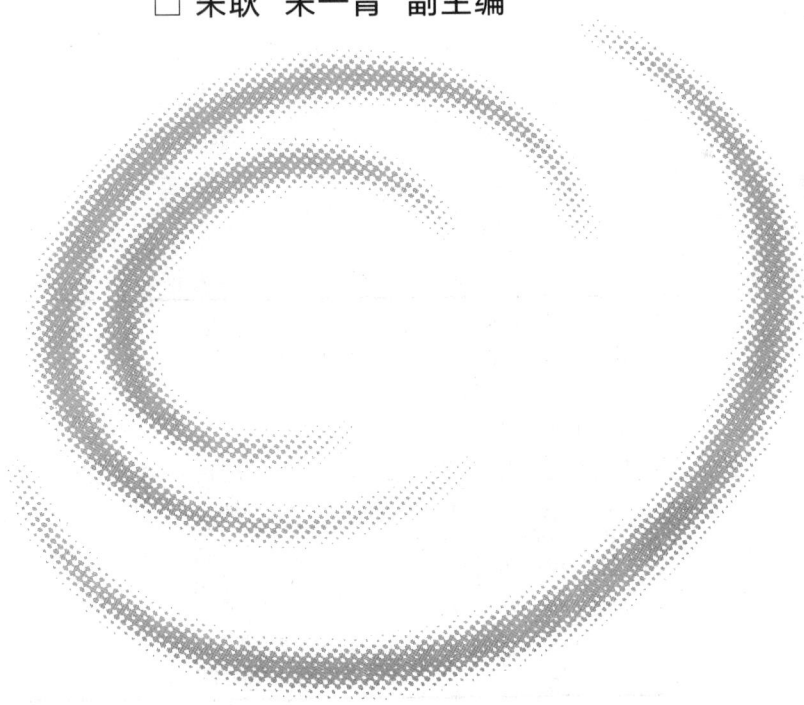

人民邮电出版社
北　京

图书在版编目（CIP）数据

报关实务：附微课 / 朱占峰主编. -- 3版. -- 北京：人民邮电出版社，2020.2（2023.1重印）
21世纪高等院校经济管理类规划教材
ISBN 978-7-115-52942-8

Ⅰ．①报… Ⅱ．①朱… Ⅲ．①进出口贸易－海关手续－中国－高等学校－教材 Ⅳ．①F752.5

中国版本图书馆CIP数据核字(2019)第290267号

内 容 提 要

本书既有简明的报关实务操作介绍，又有纵深的理论研究论点，是一本融理论性和实操性于一体的实用教材。全书从海关概述、报关概述、对外贸易管制等基础知识入手，重点介绍了一般进出口货物及其报关、保税类货物及其报关、减免税货物及其报关、暂准进出境货物及其报关、其他进出境货物及其报关等操作实务。本书的最后三章，分别介绍了进出口商品归类、进出口税费计算和进出口货物报关单的填制。

为方便教师授课和读者学习，本书配有课件、教学大纲、教学视频案例、习题答案和模拟试卷等资料，索取方式参见书末的"更新勘误表和配套资料索取示意图"。

本书既可作为应用型本科院校经管类相关专业的教材，又可作为报关企业或货代企业的报关员考试参考书以及企业报关业务培训用书。

- ◆ 主　　编　朱占峰
  　副 主 编　朱 耿　朱一青
  　责任编辑　万国清
  　责任印制　周昇亮
- ◆ 人民邮电出版社出版发行　　北京市丰台区成寿寺路 11 号
  　邮编　100164　电子邮件　315@ptpress.com.cn
  　网址　http://www.ptpress.com.cn
  　三河市祥达印刷包装有限公司印刷
- ◆ 开本：787×1092　1/16
  　印张：16　　　　　　　　　2020 年 2 月第 3 版
  　字数：390 千字　　　　　　2023 年 1 月河北第 8 次印刷

定价：49.80 元

读者服务热线：(010)81055256　印装质量热线：(010)81055316
反盗版热线：(010)81055315
广告经营许可证：京东市监广登字20170147号

第 3 版前言

当前，国际社会正面临百年未遇之大变局，海关关税管理将成为国家（地区）间贸易甚至政治博弈的一个重要抓手。因而，本版在每章的开头引用了国学重要文献《孙子兵法》中的相关论点。

经济发展进入新时代，我国的改革开放进一步深入，海关特殊监管区规模持续扩大，自由贸易区、自由贸易岛以及网上自贸区的范围在不断扩展，这些举措足以彰显国家对外贸易领域的改革和创新力度的增强，同时也对海关监管的创新不断提出新诉求。

在复杂的国际背景下，我国政府因时而动，顺势而为，进一步扩大改革开放领域，并及时调整了贸易政策和海关监管办法。尤其是通过整合海关、国检资源，优化了报关报检流程，提升了海关管理效率，报关及其管理的一些方式和流程也随之更新。

正是在上述背景下，编者对第 2 版进行了大幅改编和更新，以适应报关和报检业务之需要，为物流管理、物流工程、国际经济与贸易和国际商务等专业提供适用的教材。

本书第 1 版自 2012 年 8 月出版以来，承蒙兄弟院校和学界同仁的厚爱，以及出版社编辑的无私支持，有幸成为人民邮电出版社深受读者喜爱的畅销教材之一。这期间，本书及相关成果也获得宁波市第九届优秀教学成果奖二等奖和宁波工程学院优秀教学成果奖一等奖。

十年来，编者一直在为经管类专业学生讲授"报关实务"和"报关与报检"两门课程，借自身主持国家教学资源库子项目"供应链管理"和国家精品课程"物流企业管理"的历练、探索和成败得失，以及主持"课堂教学设计与创新项目——报关与报检"、精品开放课程"报关实务"和教育部物流管理教指委教改项目"基于混合式学习的'报关实务'微课设计研究"等机遇，使报关实务课程的基本资源、全程课堂录像和拓展资源库等立体、动态的"报关实务课程资源库"不断得到丰富，为读者使用本书提供了相对充裕的辅助资料。

为了与海关监管和企业报关相适应，编者带领团队，一次次深入外贸企业、货代企业、报关行，以及宁波、杭州、上海等区域的海关特殊监管区，了解企业的报关需求和一线特殊案例，剖析海关提供的大量数据和未来政策走向，以期真正落实高等学校的区域服务功能，进一步弘扬产教融合、创新发展的办学理念。为了培养大学生的创新性，本次修订适当增加了报关报检的理论内涵，以期为学生后续的进一步学习深造奠定基础。

本次修订在基本保留第 2 版简明有序的整体框架的基础上，重点对第 2 版教材出版后，国家法律、法规及政策调整的有关内容进行了修订和增删，更新了因形势变化而略显老旧的知识、案例、习题和附录，增加了一系列教研新成果；利用二维码链接展示了相关法律、法规以及部分网络学习资源，增添了微视频和微课堂，既压缩了教材的篇幅，又丰富了教材的内涵和底蕴，有利于线上和线下的混合式教学。

为与第 3 版教材相配套，编者及时更新了课件、各类视频和其他辅助资源，这些资料的索取方式参见书末的"更新勘误表和配套资料索取示意图"。

本书由朱占峰（宁波工程学院二级教授、博士生导师）担任主编，朱耿（宁波工程学院讲师、博士）、朱一青（浙江万里学院讲师、博士）担任副主编，另外，宁波天运国际物流有限公司机场操作部经理刘伟杰报关员对报关实操提出了诸多建设性意见。

在本书的编写过程中，我们参阅了有关研究成果和文献资料，在此对其作者表示由衷的感谢。由于海关监管政策处在动态变化中，我们会在教材重印时及时对相应内容进行更新。

编 者

2019 年 11 月

第 1 版前言

加入世贸组织十几年来，中国对外贸易呈现全面、整体、强势发展态势，出口规模和进口规模分别增长了约 4.9 倍和 4.7 倍，我国成为全球第一大货物出口国和第三大进口国，贸易对象扩及世界组织所有成员，货物贸易、服务贸易、知识产权交易全面发展，发展势头强劲。

随着外贸业务的快速发展，进出口报关业务量也在迅速增加，国家对口岸和报关的管理更趋法制化和规范化，外贸企业对报关效率的提升寄予厚望。因此，报关理论与实践对国际经济与贸易、物流管理等专业的大学生来说，自然成为一门核心课程。

在教材建设上，高等院校为充分发挥其在提高人才培养质量中的基础性作用，必须夯实每门课程所使用教材的基础知识。本书用 3 章的篇幅作为报关实务的基础篇，全面梳理了海关、报关的演进过程和进出口报关企业开展报关业务的基本要素，介绍了国家管理进出口业务的"证""备""检""核""救"等管制措施，为同学们学习报关操作提供了基础支撑。

在重视理论学习的同时，不能放松对学生实践技能的打造，这是本书将货物报关予以放大的初衷。本书分 5 章详细介绍了各类进出口货物的报关操作，对一般进出口货物、保税类货物、减免税货物、暂准进出境货物、其他进出境货物进行了深入分析，对各类货物报关流程予以了归纳和比较。这有利于学生对操作技能的掌握。

同学们欲胜任海关管理或进出口业务的报关工作，还需要掌握进出口商品归类、进出口税费计算和进出口货物报关单填制的方法。这既是海关和报关相应岗位的能力要求，又关乎经济与管理类专业的大学生对所学基础课程理论和方法的运用。

由于我国的报关行业实行的是准入制，因此，海关总署每年组织的报关员资格考试以及为此制定的《报关员资格考试大纲》必然成为编写《报关实务》教材的一个重要依据。本书在拟订编写大纲和组织内容时，也紧紧把握海关总署的工作动向，以遵循应用型大学主要为地方经济社会服务的办学宗旨。

本书通过知识目标、技能目标、内容架构、案例导入、技能训练、案例分析、同步测试等栏目的设置，明晰了教材的知识结构和逻辑结构，有利于学生对报关业务的整体把握和局部认知。鉴于"报关实务"课程会涉及繁多的条款，本书特设了小知识、小阅读、小思考等栏目，既拓展了学生的视野，又增添了本书的趣味性。

为方便教师授课和读者学习，我们还为本书配备了课件、补充教学案例、习题答案、模拟试卷等资料，索取方式参见"更新勘误表和配套资料索取示意图"。

本书由宁波工程学院经济学教授朱占峰博士担任主编，李书进、王雪、张浩飞、郝新蓉任副主编，朱占峰负责本书编写大纲和体例的拟订、全书的统稿和定稿。具体编写分工为：朱占峰（宁波工程学院）负责编写第 1 章、第 2 章、第 4 章；李书进（宁波大红鹰学院）负责编写第 3 章、第 8 章；王雪（宁波工程学院）负责编写第 5 章、第 9 章；张浩飞（浙江万里学院）负责编写第 6 章、第 10 章；郝新蓉（宁波大红鹰学院）负责编写第 7 章、第 11 章。武汉理工大学管理学院博士研究生朱耿、朱一青参与编写了本书部分章节的案例、同步测试的习题以及书后的附录一（计量单位代码表）、附录二（国别（地区）代码表）、附录三（报关业务关键术语中英文对照表）、附录四（与报关业务相关的海关法律与法规）等内容。

在编写过程中，我们参阅了有关的教材、网站、研究成果和文献，并得到了宁波工程学院教材出版基金的资助，在此一并表示衷心感谢。

由于海关和报关行业对人才规格的要求越来越高，加之编者理论和实践水平的限制，本书疏漏之处在所难免，恳请广大读者不吝指正，并为本书的修订工作提出宝贵意见，以便我们及时修正。

编　者
2012 年 5 月

目　　录

第一篇

基 础 篇

本篇主要内容

- 第一章　海关概述
- 第二章　报关概述
- 第三章　对外贸易管制

Customs
Declaration Practice

第一章 海 关 概 述

孙子曰：地形有通者、有挂者、有支者、有隘者、有险者、有远者。我可以往，彼可以来，曰通。——《孙子兵法·地形 第十》

【知识目标】

（1）了解海关的起源；（2）理解海关的性质；（3）掌握海关权力行使的内容；（4）熟悉海关的组织结构；（5）明晰《中华人民共和国海关法》的法律地位；（6）清楚我国海关管理的法律体系架构。

【技能目标】

（1）能表述海关的作用；（2）能列举海关的任务；（3）能绘制海关的组织结构；（4）能应用海关的法律条文解决实际问题。

【内容架构】

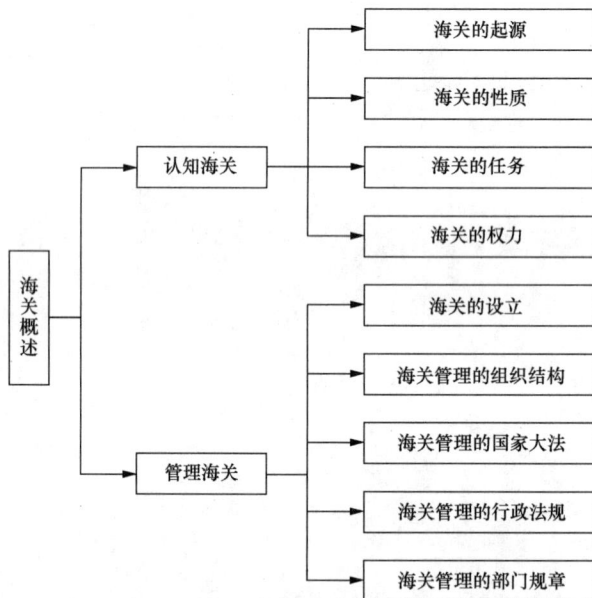

案例导入

一 口 通 商

乾隆二十二年（1757年），清政府下令关闭宁波港，限定外商仅能在广州一个口岸进行贸易，使原来的"多口通商"转为"一口通商"。这是清代海外贸易史上一次重大转变，标志着清代中后期闭关锁国的开始。

促使"一口通商"政策实行的原因在于"洪任辉事件"。洪任辉，原名詹姆士·弗林特（James Flint），是18世纪的一名英国商人和外交家，当时任东印度公司的翻译。1755年，在东印度公司的指示下，洪任辉带领商船前往宁波试航，希望扩大贸易范围，开辟新的贸易港。当他们抵达宁波港时，受到了当地官员的热烈欢迎。更令他们惊喜的是，浙海关关税比粤海关低，各种杂费也比广州方面少很多。

于是，在此后两年内，英国东印度公司屡屡绕开广州口岸，派船去宁波进行贸易，致使粤海关关税收入锐减。两广总督等官员急忙向乾隆上奏，希望禁止洋船前往宁波进行贸易。本就对外商没有好感的乾隆皇帝便通知浙海关把关税税率提高一倍，企图通过该手段让洋商无利可图，使他们不再来宁波进行贸易。不料英国东印度公司仍不断派商船前往宁波进行贸易。颇感无奈的乾隆只好在1757年关闭了宁波等地的口岸，只留广州一口通商。

从"多口通商"变为"一口通商"，也显示出清政府旨在通过发挥海关的作用、强化海关的职能去调节对外贸易业务。

那么，海关究竟对国家能起到什么作用？现代海关和之前的海关有何区别？当前我国海关呈现什么状态？本章将简要介绍这些问题。

历史回顾：乾隆年代后期的闭关锁国

第一节　海关的起源、性质和任务

海关一词的英文为 customs，最早是指商人在贩运商品的途中缴纳的一种地方税捐，带有"买路钱"或港口、市场"通过费""使用费"的性质。这种地方税捐取消后，customs 一词则专指政府征收的进出口税，而 the customs 指征收进出口税的政府机构，也就是海关，它是对出入境的一切商品和物品进行监督、检查并照章征收关税的国家机关。

一、海关的起源

海关并不是近代国际贸易大发展后的产物，它最早出现在遥远的古代。

（一）海关的产生

我国作为文明古国，首先设立并充分发挥了"关"的作用。大约在公元前 11 世纪至公元前 771 年的西周时期，就在边境设立了关卡，这表面上是为方便人们的通行，保障通行人员的安全，实质上是为了防卫。后来在司徒系统下设立了司关，掌管稽查货物、税收和罚款，为关市之征之始。《周礼·地官》中有"关市之征"的记载。"关市之征"是我国关税的雏形，我国"关税"的名称也是由此演变而来的。春秋战国之后，商品经济发展，关市之征渐多。秦始皇统一中国后，废除了关税。汉初进一步开放关市之禁。西汉元鼎六年（公元前 111 年）在合浦等地设关。宋、元、明时期，先后在广州、泉州等地设立市舶司。清政府宣布开放海禁后，于康熙二十三年至二十四年（1684—1685 年），首次以"海关"命名，先后设置粤（广州）、闽（厦门）、浙（宁波）、江（上海）四海关。1840 年鸦片战争后，中国逐渐丧失关税自主权、海关行政管理权和税款收支保管权，海关长期被英、美、法、日等帝国主义国家控制把持，成为西方列强掠夺中国资源的一个重要工具。

史海拾零

市　舶　司

市舶司是中国古代官署名，负责对外（海上）贸易之事。唐时对外开放，外商来货贸易增多，广州等城市就成了重要的通商口岸，于是，国家在这些城市设市舶司，官员或特派或由所在地节度使兼任。市舶司始于唐，盛于宋，至明末逐渐萎缩。清时设海关而废市舶司。其职责是执掌检查进出船舶蓄货、征榷、抽解、贸易诸事。

唐高宗显庆六年（661年），创设市舶使于广州，总管海路邦交外贸，派专官充任。市舶使的职责主要是：向前来贸易的船舶征收关税，代表官廷采购一定数量的舶来品，管理商人向皇帝进贡的物品，对市舶贸易进行监督和管理。市舶使是市舶司的前身。

宋代重视海外贸易，开宝四年（971年）在广州设市舶司，掌海上贸易。宋徽宗崇宁元年七月又在杭州、明州（今宁波）、密州（今山东储城）、秀州（今上海松江区）等地设市舶司，负责检查进出船只商货、收购专卖品、管理外商。

元同宋制。元世祖时，于广东置市舶提举司，武宗至大年间（1308—1311）罢。仁宗弛禁，改立泉州、广州、庆元（今宁波）三市舶提举司，掌发放船舶出海公检、公凭，检查出海船舶及管理所辖口岸船只事宜。

明代于沿海各处置市舶提举司，掌海外各国朝贡市易之事。嘉靖后，仅留广东一处。

清初为抑制东南郑成功反清复明，顺治十三年（1656年）清帝下"禁海令"。后来宣布开放海禁后，于康熙二十三年至二十四年（1684—1685年），首次以"海关"命名，先后设置粤（广州）、闽（厦门）、浙（宁波）、江（上海）四海关。至此，市舶司退出了历史舞台。

国外最早的海关机构出现在公元前5世纪中叶古希腊城邦雅典。11世纪以后，西欧威尼斯共和国成立以"海关"命名的机构，即威尼斯海关。在漫长的封建社会时期，各国除继续在沿海、沿边地区设置海关外，还在内地水陆交通要道上设置了许多关卡。资本主义发展前期（17—18世纪），海关执行保护关税政策，重视关税的征收，并建立了一套周密、烦琐的管理和征税制度。19世纪，为发展对外贸易，欧洲各国先后撤除内地关卡，废止内地关税，并且基本停止了出口税的征收。

史海拾零

关税的传说

据《大英百科全书》对customs一词来源的解释，古时，商人进入市场交易时，要向当地领主缴纳一种例行的常规入市税（customary tolls），后来就把customs和customs duty作为海关和关税的英文名称。在英文中，关税还有一个名称为tariff。传说，古时候，在地中海西口、距直布罗陀海峡21英里（约34千米），有一个海盗盘踞的港口叫塔里法（Tarifa）。当时，进出地中海的商船为了避免被抢劫，被迫向塔里法港口的海盗缴纳一笔买路钱，以后tariff就成为关税的另一通用名称。在近代国家中，英国资产阶级通过革命在1640年取得政权后，逐渐开始实行国境关税，而废除内地关税，至1791年初完全实行国境关税。比利时、荷兰受法国影响相继使用统一的国境关税。其后，世界各国开始普遍实施这一政策。

（二）海关的发展

海关是国际间经济矛盾不可调和的产物，是随着国际贸易往来的发展而逐步建立和发展起来的。在不同的历史时期和社会制度下，海关有着不同的性质与任务，发挥着不同的作用。

我国海关事业的发展状况与国家经济社会发展水平紧密相关。总体来说，可分为如下三个发展阶段。

1. 探索发展阶段（1949—1978年）

1949年，中华人民共和国成立以后，中央人民政府接管海关，宣告受帝国主义控制的海关历史结束，这标志着社会主义性质海关的诞生。我国政府对原海关机构和业务进行了彻底变革，经历了曲折的发展过程，逐步完善了海关建制。自1951年5月1日起施行《中华人民共和国暂行海关法》，这是新中国历史上第一部关于海关的基本大法。它系统明确地规定了新中国海关的组织、任务、职权和统一的工作原则、方法。由于国有企业在外贸进出口的地位逐步加强，海关监管事务逐渐被削弱。自 1967 年 7 月起，海关停止征收关税，其税款由外贸公司并入外贸利润统一交库，海关职能几乎被取消。1972 年，海关的部分查验职能得以恢复。这个阶段，海关事务及其管理一直在探索中发展。

2. 高速发展阶段（1978—2012 年）

1978 年 1 月，要求尽快恢复海关征税的呼声高涨。1979 年 8 月 17 日，国务院批准财政部、国家计委、外贸部《关于改进征收关税办法和改革海关体制的报告》，决定从 1980 年 1 月 1 日起恢复海关单独对外贸进出口货物征收关税。1980 年 2 月 9 日，中华人民共和国海关总署恢复设立。1983 年 7 月 18 日，我国正式加入世界海关组织（WCO）。1986 年 7 月至 2001 年 11 月，中国从正式申请恢复关贸总协定缔约方地位到成功加入世界贸易组织（WTO），使海关业务进入高速发展阶段。其中，1987 年至 1992 年，攸关海关发展的《国境卫生检疫法》[①]《海关法》《进出口商品检验法》和《进出境动植物检疫法》相继颁布实施，加速了中国入世的进程。2002 年之后，根据入世承诺和经济形势的发展，《进出口关税条例》等一系列海关法律、法规得以制定、修改和完善，这些法律法规的制定，依据中国国情，并吸收了国际海关管理的最优秀成果，使海关管理实现了与国际接轨、与世界同步。这个时期，海关得以在全领域高速发展。

3. 特色发展阶段（2012 年至今）

2013 年 9 月 29 日，中国（上海）自由贸易试验区正式成立。2015 年 3 月 12 日，国务院同意设立中国（杭州）跨境电子商务综合试验区。之后，自由贸易试验区和跨境电子商务综合试验区的试点区域逐步扩大。2018 年 4 月 20 日，"关检合一"后新海关正式运作。2018 年 8 月 1 日起，全国通关一体化关检业务全面融合且付诸实施，在区域通关一体化、单一窗口和大通关等改革试点的基础上，形成了申报统一、系统统一、风控统一、指令下达统一、现场执法统一的海关监管新格局，海关管理的特色发展又上了一个新台阶。

微课堂
海关的演进

📖 史海拾零

新中国海关大事记

1949 年 9 月，政务院财政经济委员会成立，海关总署为其下设机构，主管全国海关事务。

1949 年 10 月 25 日，中央人民政府海关总署在北京成立，由中央人民政府政务院直接领导，实行集中统一的垂直领导体制。

1950 年 12 月，海关总署将原有的 173 处海关调整为 70 处（其中关 26 处、分关 9 处、支关 35 处）。

1953 年，海关总署划归中华人民共和国对外贸易部领导。

1961 年，各地海关建制下放到省、自治区、直辖市，海关总署改为对外贸易部的一个局，称海关管理局。

1967 年 7 月，海关停止征收关税。

1969 年，海关被正式免除货运监管职责，1972 年逐步恢复。

1980 年，海关建制收归中央，设立海关总署，直属国务院。

1985 年 6 月，中国海关学会在北京成立。

---

① 除非特殊情况，本书所有法律、法规、规章、条例、单证等均使用简称，如将《中华人民共和国海关法》简称为《海关法》，将"中华人民共和国海关价格磋商记录表"简称为"价格磋商记录表"，以此类推。

（三）海关的定义

海关是国家发展到一定阶段的产物。关于对海关的认知和研究，从不同的视角，分别产生了空间说、职能说、部门说、行业说以及学科说。

空间说认为，海关是指口岸空间，在这个空间内，国家对跨境流动的人和物进行监督管理。

职能说认为，海关是由国家设立并代表国家行使监督管理职权，是国家权力意志的体现。

部门说认为，海关是指各国（地区）负责执行海关法规、征收进出口税费，并对货物的输入关境、输出关境和转运出入境负责的政府机构。或者说海关是在一个国家的国家机器和政治制度比较完善、对外经济贸易比较发达的状态下设立的一个重要机构，是代表国家依法进行进出境监督管理的国家行政机关。

行业说认为，海关是由监管、报关、货代、检验检疫等一系列技术含量高、程序要求严的工种构成的特殊职业。

学科说认为，随着"海关管理"本科专业的发展，"海关学"的学科特征日益凸显，学科架构和理论体系逐步形成。

本书从综合的视角，依据《海关法》第二条规定，认为：海关是国家的进出关境（以下简称"进出境"）监督管理机关。它依照《海关法》和其他有关法律、行政法规，监管进出境的运输工具、货物、行李物品、邮递物品和其他物品（以下简称"进出境运输工具、货物、物品"），征收关税和其他税、费，查缉走私，并编制海关统计和办理其他海关业务。

视野拓展

免 税 店

免税店指经海关总署批准，由经营单位在国务院或其授权部门批准的地点设立符合海关监管要求的销售场所和存放免税品的监管仓库，向规定的对象销售、供应免税品的企业。免税店供应对象主要有因公出国人员、远洋海员、华侨、外籍华人、港澳台同胞、出国探亲的中国公民及在国内的外国专家等。

免税店是经海关批准的，设立在机场、港口、车站和边境口岸的，向已办完出境手续和尚未办理入境手续的出入境旅客销售免税进口商品的场所（商店）。免税店进口的商品应存放在海关指定的场所，免纳各种进口税，并接受海关监管，且定期向海关办理售出货物的核销手续。进境旅客在免税店所购得的商品，是否应纳税由海关按规定办理核放。除上述出入境旅客外，免税店一般不得将其免税商品售予其他人或转为内销。

二、海关的性质

相对于其他组织，海关的性质体现为以下几个方面。

小思考

机场一定要设海关吗？国内出港和国际出港有什么区别？

（一）海关是国家行政机关

我国的国家机关包括国家立法机关、国家司法机关和国家行政机关。海关总署是国家行政机关之一，从属于国家行政管理体制，是我国最高国家行政机关——国务院的直属机构。它代表国家对内对外依法独立行使相关的行政管理权。

（二）海关是国家进出境监督管理机关

海关履行国家行政制度的监督职能，是国家宏观管理的一个重要组成部分。海关依据有关法律、行政法规并通过法律赋予的权力，制定具体的部门规章和行政措施，对特定领域的活动开展监督管理，以保证国家法律在本领域的规范落实。

（三）海关的监督管理是国家行政执法活动

海关的监督管理是保证国家有关法律、法规实施的行政执法活动。《海关法》是海关执法的主要依据。海关依据法律赋予的权力，对特定范围内的社会经济活动中出现的违法行为依法实施行政处罚，以保证这些社会经济活动按照国家的法律规范进行。

三、海关的任务

《海关法》明确规定海关有四项基本任务：监管进出境的运输工具、货物、行李物品、邮递物品和其他物品；征收关税和其他税、费；查缉走私；编制海关统计。在四项基本任务中，监管是基础，征税是根本，缉私是保障，统计是助力。

（一）监管进出境物品

海关监管是指海关运用国家赋予的权力，监管进出境的运输工具、货物、行李物品、邮递物品和其他物品，并通过一系列管理制度和流程，依法对进出境物品在进出境过程中所实施的一种行政管理。海关监管是一项国家职能，是海关各项任务中的基础环节。它不仅要对进出境货物的备案、审单、查验、放行、后续管理等方式实施监管，还要执行或监督执行国家其他对外贸易管理制度的实施，如进出口许可制度、外汇管理制度、进出口商品检验检疫制度等，从而在政治、经济、文化道德、公众健康等方面维护国家利益。

（二）依法征收税费

海关征税是指海关根据《海关法》《关税条例》的规定和《进出口税则》规定的税率，对进出口货物分别征收进口税或出口税。为了便利纳税人，对于进出口货物应当缴纳的其他税费，也由海关在货物进出口的环节同时代征。

海关征税是国家中央财政收入的重要来源，是国家宏观经济调控的重要工具，也是世界贸易组织允许各缔约方采取的保护其境内经济的一种手段。征税是海关的一项根本任务，它通过执行国家制定的征税政策，对进出口货物、进出境物品征收关税，可起到保护国内工农业生产、调整产业结构、组织财政收入和调节进出口贸易活动的作用。

（三）严格查缉走私

海关查缉走私是海关为保证顺利完成监管和征税等任务而采取的保障措施。查缉走私是指海关依照法律赋予的权力，在海关监管场所和海关附近的沿海沿边规定地区，为发现、制止、打击、综合治理走私活动而进行的一种调查和惩处活动。

走私是指进出境活动的当事人或相关人违反《海关法》及有关法律、行政法规的规定，逃避海关监管，偷逃应纳税款，逃避国家有关进出境的禁止性或者限制性管理，非法运输、携带、邮寄国家禁止、限制进出口或者依法应当缴纳税款的货物、物品进出境，或者未经海关许可并且未缴应纳税款、交验有关许可证件，擅自将保税货物、特定减免税货物以及其他海关监管货物、物品、进境的境外运输工具在境内销售的行为。它以逃避监管、偷逃关税、牟取暴利为目的，扰乱了经济秩序，冲击了民族工业，腐蚀了干部群众，毒化了社会风气，引发了违法犯罪，对国家的危害性极大，必须严格查缉、严厉打击。

《海关法》规定："国家实行联合缉私、统一处理、综合治理的缉私体制。海关负责组织、协调、管理查缉走私工作。"这一规定从法律上明确了海关打击走私的主导地位以及有关部门的执法协调职责。

（四）编制海关统计

海关统计以实际进出口货物作为统计和分析的对象，通过搜集、整理、加工处理进出口货物报关单或经海关核准的其他申报单证，对进出口货物的品种、数（重）量、价格、国别（地区）、经营单位、境外目的地、境内目的地、境内货源地、贸易方式、运输方式、关别等项目分别进行统计和综合分析，以便全面、准确地反映对外贸易的运行态势，及时提供统计信息和咨询，实施有效的统计监督，开展国际贸易统计的交流与合作，助推对外贸易的发展。

我国海关的统计制度规定，实际进出境并引起境内物质存量增加或者减少的货物，列入海关统计；进出境物品超过自用及合理数量的，列入海关统计。对于部分不列入海关统计的货物或物品，则根据我国对外贸易管理和海关管理的需要，实行单项统计。

除了上述四项基本任务以外，近几年国家通过有关法律、行政法规又赋予海关一些新的职责，如知识产权海关保护、海关对反倾销及反补贴的调查等。这些新职责也是海关应执行的任务。

视野拓展

监测预警

对对外贸易进出口情况进行统计分析和监测预警是《海关统计条例》赋予中国海关的重要职责。我国加入世界贸易组织后，为了有效地提升对外贸易效益，维护国家产业安全和经济安全，海关总署历时三年开发了进出口监测预警系统，以对进出口货物的全过程进行实时监测、快速反应、科学预测和动态预警。该系统包括快速反应、贸易指数、预测和预警四个子系统，其运行产生的主要信息如下。

（1）监测报表：及时反映月度全国进出口总体情况及主要分类项目的进出口情况。

（2）高贸易摩擦风险监测表：对当月我国进口数量增长较快而价格下降较大的商品来源地进行监测，从中可以发现对我国进行商品倾销等不正当竞争的倾向。

（3）商品预警：对我国部分重要商品的进口量值是否过多或过少进行判断，用预警灯表示，红灯表示进口过多，黄灯表示偏多，绿灯表示正常，浅蓝灯表示偏少，蓝灯表示过少。

（4）监测报告：根据预警和监测结果所撰写的分析报告主要包括对情况的描述、原因的分析、影响的判断以及应采取的政策、措施、建议等。

第二节　海关的权力与管理体制

中华人民共和国海关是国家的进出境监督管理机关，是实行关衔制度的准军事化纪律部队。它肩负着税收征管、打击走私、通关监管、加工贸易及保税监管、海关统计、海关稽查和口岸管理等多项职责。改革开放以来，中国海关与时俱进，顺应国际、国内形势发展需要，不断深化改革，实行"依法行政，为国把关，服务经济，促进发展"的工作方针，全力打造科学、文明、高效、廉洁的现代化海关，致力于促进我国的改革开放与社会主义现代化建设，推进与各国经济技术、人员的交流与合作以及经济全球化的发展和共赢。

一、海关的权力

海关权力是指国家为保障海关依法履行职责，通过《海关法》和其他法律、行政法规赋予海关的，对进出境运输工具、货物、物品的监督管理权能。它属于公共行政职权。

（一）海关权力行使的内容

根据《海关法》和其他法律、行政法规的规定，海关的权力行使主要包括以下几项。

1. 检查权

海关有权检查进出境运输工具，有走私嫌疑的运输工具和有藏匿走私货物、物品嫌疑的场所，以及走私嫌疑人的身体。

海关对进出境运输工具的检查不受海关监管区域的限制；对走私嫌疑人身体的检查，应在海关监管区和海关附近沿海沿边规定地区内进行；对有走私嫌疑的运输工具和有藏匿走私货物、物品嫌疑的场所，在海关监管区和海关附近沿海沿边规定地区内，海关人员可直接进行检查。超过这个范围，在调查走私案件时，需经直属海关关长或者其授权的隶属海关关长批准，才能进行检查，但不能检查公民住宅。

2. 查验权

对进出口货物、物品，海关有查验权。海关有权查验进出境货物、个人携带进出境的行李物品、邮寄进出境的物品。必要时，海关可以径行提取货样。

3. 查阅、复制权

查阅、复制权包括查阅、复制进出境人员的证件，查阅与进出境运输工具、货物、物品有关的合同、发票、账册、单据、记录、文件、业务函电、录音录像制品和其他有关资料等权力。

4. 查问权

海关有权根据法律、行政法规的规定，对违反海关规定的当事人进行查问，调查其违法行为。

5. 查询权

在调查走私违法案件时，经直属海关关长或者其授权的隶属海关关长批准，海关可以查询案件涉嫌单位和涉嫌人员在金融机构、邮政企业的存款和汇款。

6. 稽查权

稽查权是指在法律规定的年限内，海关有权对企业进出境活动及与进出口货物有关的账务、记账凭证、单证资料等进行稽查。

7. 扣留权

对于违反《海关法》或者其他有关法律、行政法规的进出境运输工具、货物、物品以及有关的合同、发票、账册、单据、记录、文件、业务函电、录音录像制品和其他有关资料，可以扣留。在海关监管区和海关附近沿海沿边规定地区，对有走私嫌疑的运输工具、货物、物品和走私嫌疑人，经直属海关关长或者其授权的隶属海关关长批准，可以扣留；对走私犯罪嫌疑人的扣留时间不得超过 24 小时，在特殊情况下可以延长至 48 小时。在海关监管区和海关附近沿海沿边规定地区以外，对其中有证据证明有走私嫌疑的运输工具、货物和物品，可以扣留。对于查获的走私嫌疑案件、应扣留的走私犯罪嫌疑人，应移送海关缉私警察侦办。

8. 连续追缉权

进出境运输工具或个人违抗海关监管逃逸的，海关可以连续追至海关监管区和海关附近沿海沿边地区以外，将其带回处理。这里所称的逃逸，既包括进出境运输工具或个人违抗海关监管，自海关监管区和海关附近沿海沿边规定地区向内（陆地）一侧逃逸，也包括向外（海域）一侧逃逸。追缉时，海关需保持连续状态。

9. 行政处罚权

海关有权对违法当事人予以行政处罚，包括对走私货物、物品及违法所得处以没收，对有走私行为和违反海关监管规定行为的当事人处以罚款，对有违法情事的报关企业和报关员处以暂停或取消报关资格的处罚等。

10. 佩带和使用武器权

为了更好地履行职责，海关工作人员可以依法佩带武器，必要时可以使用武器。

11. 强制执行权

强制执行权是指在有关当事人不依法履行义务的前提下，为实现海关的有效行政管理，依照法定程序，海关采取法定的强制手段，迫使当事人履行法定义务的权力。海关的强制执行权包括强制扣税、强制执行海关处罚决定等。

（二）海关权力的行使

海关权力作为国家行政权的一部分，一方面，其运行起到了维护国家利益，维护经济秩序，发挥国家权能的积极作用；另一方面，由于客观上海关权力的广泛性、自由裁量权较大等因素，以及海关执法者主观方面的原因，在行使海关权力时任何的随意性或者滥用都必然导致管理相对人的合法权益受到侵害，从而对依法治国构成威胁。因此，海关权力的行使必须遵循一定的原则。一般来说，海关权力行使应遵循以下基本原则。

1. 合法原则

权力的行使要合法，这是行政法的基本原则——依法行政原则的基本要求。按照行政法理论，行政权力行使的合法性至少包括以下几个方面。

（1）行使行政权力的主体资格合法，即行使权力的主体必须有法律授权。例如，涉税走私犯罪案件的侦查权，只有缉私警察才能行使，海关其他人员则无此项权力。又如，《海关法》规定海关行使某些权力时应"经直属海关关长或者其授权的隶属海关关长批准"，如未经批准，海关人员不能擅自行使这些权力。

（2）行使权力时必须有法律规范为依据。《海关法》第二条规定了海关的执法依据是《海关法》、其他有关法律和行政法规。无法律规范授权的执法行为属于越权行为，应属无效。

（3）行使权力的方法、手段、步骤、时限等应合法。

（4）一切行政违法主体（包括海关及管理相对人）都应承担相应的法律责任。

2. 适当原则

行政权力的适当原则是指权力的行使应该以公平性、合理性为基础，以正义性为目标。因国家管理的需要，海关在验、放、征、减、免、罚的管理活动中拥有很大的自由裁量权，即法律仅规定一定原则和幅度，海关工作人员可以根据具体情况自行判断和选择，采取最合适的行为方式来行使职权。因此，适当原则是海关行使行政权力的重要原则之一。同时为了防止自由裁量权的滥用，我国对海关自由裁量权进行了监督，其法律途径主要包括行政监督（行政复议）和司法监督（行政诉讼）等。

3. 依法独立行使原则

海关实行高度集中的、统一的管理体制和垂直领导方式，地方海关只对海关总署负责。无论级别高低，海关都是代表国家行使管理权的国家机关。海关依法独立行使权力，各地方、各部门应当支持海关依法行使职权，不得非法干预海关的执法活动。

4. 依法受到保障原则

海关权力是国家权力的一种，应受到保障，以发挥国家权能的作用。《海关法》规定：海关依法履行职责，有关单位和个人应当如实回答询问，并予以配合，任何单位和个人不得阻挠；海关履行职责受到暴力抗拒时，执行有关任务的公安机关和人民武装警察部队应当予以协助。

（三）海关权力的监督

海关权力的监督即海关执法监督，是指特定的监督主体依法对海关行政机关及其执法人员的行政执法活动实施的监察、检查、督促等，以此确保海关权力在法定范围内运行。

为确保海关能够严格依法行政，保证国家法律、法规得以正确实施，同时也使当事人的合法权益得到有效保护，《海关法》专门设立执法监督一章，以便对海关行政执法实施监督。海关履行职责，必须遵守法律，依照法定职权和法定程序严格执法，接受监督。这是海关的一项法定义务。

海关执法监督主要是指中国共产党的监督、最高国家权力机关的监督、最高国家行政机关的监督、监察机关的监督、审计机关的监督、司法机关的监督、管理相对人的监督、社会监督，以及海关上下级机构之间的相互监督、机关内部不同部门之间的相互监督、工作人员之间的相互监督等。

二、海关的设立

《海关法》第三条规定：国务院设立海关总署，统一管理全国海关。国家在对外开放的口岸和海关监管业务集中的地点设立海关。

（一）国家设立海关总署

《海关法》明确规定国务院设立海关总署，作为中国政府管理全国海关的一个法定的机构。这就是说海关总署为中国海关的最高管理机关，是中国海关的首脑机关。由此可见，在《海关法》中确定了海关总署的法律地位，明确了中国海关所实行的垂直领导体制，建立了海关总署与全国海关的领导与被领导、管理与被管理的关系，这种管理是统一的，指挥是统一的，适应了由海关代表国家行使主权、维护国家利益的需要。

（二）国家在对外开放的口岸设立海关

为适应对外开放的需要，《海关法》第三条规定：国家在对外开放的口岸设立海关。对外开放的口岸包括沿海港口，与海洋相通的江河港口，与邻国交界或者相通的江河港口，边境火车站和国际联通火车站，航空港，陆地边境上的公路车站或其他国界孔道等。

视野拓展

宁波海关

古代的宁波港

宁波海关是国家设在宁波口岸的进出境监督管理机关，是直接归属国家海关总署领导的正厅（局）级直属海关。其监管区域为宁波市行政区及其海域，是一个以海运货物监管为主、业务门类齐全的综合性海关。目前内设 20 个部门，下辖 13 个隶属机构（审单处、现场业务处、驻经济技术开发区办事处、驻余姚办事处、驻慈溪办事处、驻鄞州办事处等 6 个派驻机构，镇海海关、保税区海关、北仑海关、大榭海关、象山海关、机场海关、梅山海关等 7 个隶属海关）。宁波海关负责宁波口岸进出境货物、运输工具监管，进出境人员行李物品验放，同时办理征收关税和其他税费，查缉走私，编制海关统计等海关业务。

宁波口岸是全国最繁忙的口岸之一，宁波海关也是全国任务最繁重的海关之一，其各项工作保持了快速发展势头，主要业务指标在海关系统内位居前列，为宁波经济特别是开放型经济发展作出了贡献。

（三）国家在海关监管业务集中的地点设立海关

不是对外开放的口岸而海关监管业务集中的城市、地区也可设立海关，这是根据海关监管业务的状况来决定的。过去，曾一度将在沿海口岸设立的海关称为"海关"，而将在内陆地区设立的海关称为"关"。现在已不这样区分，而一律称为海关。

视野拓展

杭州海关

1979 年 1 月 2 日，国务院批准成立杭州海关（正处级）。同年 6 月 30 日，杭州海关圆满办完"香港—杭州"旅游包机及 106 位中外旅客的海关监管手续，这标志着杭州海关正式开关并办理业务。当时的杭州海关只有 30 名员工，监管设施十分简陋，没有固定的办公场所，是一个纯粹的从事空港旅检业务的小关。

1980 年 2 月，国务院决定调整海关管理体制，将杭州海关直属于海关总署，并接受浙江省人民政府的监督指导。

1984 年 6 月，杭州海关升格为厅局级机构，下辖宁波海关、温州海关。1994 年 11 月，宁波海关从杭州海关中分离出去，直属海关总署领导。

至 2018 年底，杭州海关业务管辖范围为，除宁波地区以外的浙江省全境及其所辖海域，辖区陆域面积为 9.61 万平方公里，大陆海岸线长 1 225 公里，拥有国家开放口岸 16 个，内设 20 个职能处室，下辖 13 个隶属海关，1 个正处级派驻机构，另有 19 个隶属海关驻外机构。

历经 40 年的风雨坎坷和历史传承，如今的杭州海关已经成为业务门类齐全、主要指标跻身全国中上行列、兼具内陆海关特征的综合型沿海海关。

三、海关的组织结构

海关的组织结构分为三个层次（如图 1.1 所示）：第一层次是海关总署；第二层次是内设机构，42 个直属海关，广东分署、天津和上海两个特派员办事处构成的派出机构，在布鲁塞尔、莫斯科、华盛顿和中国香港等地设立的派驻机构以及与公安部联合组成的缉私警察机构和上级派驻机构，两所海关学校，在京直属企事业单位和中国海关学会等 4 个社会团体；第三层次是各直属海关下辖的 742 个隶属海关和办事处，以及若干个海关监管区（场所、地点）。隶属海关由直属海关领导，向直属海关负责；直属海关由海关总署领导，向海关总署负责。

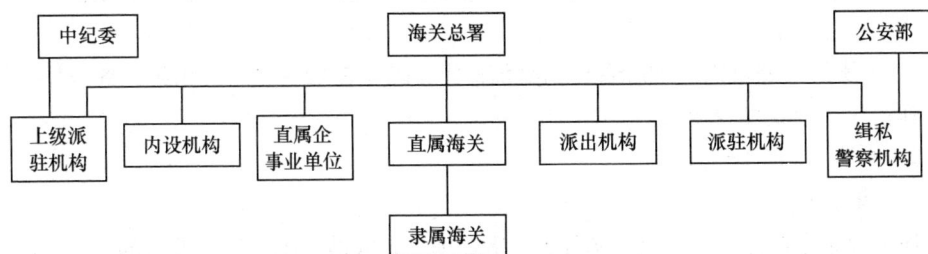

图 1.1　海关的组织结构

（一）海关总署

海关总署是国务院的直属机构，在国务院领导下统一管理全国海关机构、人员编制、经费物资和各项海关业务。海关总署下设广东分署、上海和天津特派员办事处。

海关总署的基本任务是在国务院领导下，领导和组织全国海关正确贯彻实施《海关法》和国家的有关政策、行政法规，积极发挥依法行政、为国把关的职能，服务、促进和保护社会主义现代化建设。

1998 年，根据党中央、国务院的决定，海关总署实施了机构改革：对机构职能和人员编制做了重大调整；增加了统一负责打击走私及反走私综合治理工作、口岸规划、出口商品原产地规划的协调管理、关税立法调研、税法起草和执行过程中一般性解释工作等职能；设立了走私犯罪侦查局，组建了海关缉私警察队伍。

2018 年 7 月 30 日后，原国家质量监督检验检疫总局的出入境检验检疫管理职能正式归入海关总署。海关总署负责出入境卫生检疫、出入境动植物及其产品检验检疫和进出口商品法定检验。

海关总署主要职责包括以下几个。

（1）负责全国海关工作。拟订海关（含出入境检验检疫）工作政策。

（2）负责组织推动口岸"大通关"建设。协调口岸通关中各部门的工作关系，指导和协调地方政府口岸工作。

（3）负责海关监管工作。制定进出境运输工具、货物和物品的监管制度并组织实施。按规定承担制定技术性贸易措施工作。依法执行进出口贸易管理政策，负责知识产权海关保护工作，负责海关标志标识管理。

（4）负责进出口关税及其他税费征收管理。依法实施反倾销和反补贴措施、保障措施及其他关税措施。

（5）负责出入境卫生检疫、出入境动植物及其产品检验检疫。收集分析境外疫情，拟订实施口岸处置措施，承担口岸突发公共卫生等应急事件的相关工作。

（6）负责进出口商品法定检验。监督管理进出口商品鉴定、验证、质量安全等工作。负责进口食品、化妆品检验检疫和监督管理，依据多双边协议开展出口食品相关工作。

（7）负责海关风险管理。组织海关贸易调查、市场调查和风险监测，建立风险评估指标体系、风险监测预警和跟踪制度、风险管理防控机制。实施海关信用管理，负责海关稽查。

（8）负责国家进出口货物贸易等海关统计。发布海关统计信息和统计数据，组织开展动态监测、评估工作，建立服务进出口企业的信息公共服务平台。

（9）负责全国打击走私综合治理工作。依法查处走私、违规案件，负责所管辖区域内走私犯罪案件的侦查、拘留、执行逮捕、预审工作，组织实施海关缉私工作。

（10）负责制定并组织实施海关科技发展规划、实验室建设和技术保障规划。组织相关科研和技术引进工作。

（11）负责海关领域内的国际合作与交流。代表国家参加有关国际组织，签署并执行有关国际合作协定、协议和议定书。

（12）垂直管理全国海关。

（二）直属海关

直属海关是指直接由海关总署领导，负责管理一定区域范围内海关业务的海关。目前我国共有 42 个直属海关，除香港、澳门、台湾地区外，分布在全国 31 个省、自治区、直辖市。

直属海关就本关区内的海关事务独立行使职权，向海关总署负责。直属海关承担着在关区内组织开展海关各项业务和关区集中审单作业，全面有效地贯彻执行海关各项政策、法律、法规、管理制度和作业规范的重要职责，在海关三级业务职能管理中发挥着承上启下的作用。其主要职责有以下几项。

（1）对关区通关作业实施管理，包括执行海关总署业务参数、建立并维护审单辅助决策参数、对电子审单通道判别进行动态维护和管理、对关区通关数据和相关业务数据进行有效监控和综合分析。

（2）实施关区集中审单，组织和指导隶属海关开展接单审核、征收税费、查验、放行等通关作业。

（3）组织实施对各类海关监管场所、进出境货物和运输工具的实际监控。

（4）组织实施贸易管制措施、税收征管、保税和加工贸易海关监管、企业分类管理和知识产权进出境保护。

（5）组织开展关区贸易统计、业务统计和统计分析工作。

（6）组织开展关区调查、稽查和侦查业务。

（7）按规定程序及权限办理各项业务审核、审批、转报和注册备案手续。

（8）负责对外执法协调和行政纠纷、争议的处理。

（9）负责对关区内各项业务的执法检查、监督和评估工作。

（三）隶属海关

隶属海关是指由直属海关领导，负责办理具体海关业务的海关，是海关进出境监督管理的基本执行单位。一般都设在口岸和海关监管业务集中的地点。海关改革后，强化了隶属海关的实际监管职能。隶属海关在直属海关的指导下，主要履行以下职责。

（1）开展接单审核、征收税费、验估、查验、放行等通关作业。

（2）对辖区内加工贸易实施监管。

（3）对进出境运输工具及其燃料、物料、备件等实施监管，征收船舶吨税。

（4）对各类海关监管场所实施监控。

（5）对通关、转关及保税货物的存放、移动、放行或其他处置实施实际监控。

（6）开展对运输工具、进出口货物、监管场所的风险分析，实施各项风险处置措施。

（7）办理辖区内报关单位通关注册备案业务。

（8）受理辖区内设立海关监管场所、承运海关监管货物业务的申请。

（9）对辖区内特定减免税货物实施后续监管。

视野拓展

宁波大榭海关利用科技手段提升监管绩效

在大榭海关物流监控指挥中心的大屏幕上，出现了一个"数字地球"，它能够监控所有船舶在全球范围的运行轨迹，再通过风险分析小组的风险点分析，准确地对该船只进行"物流画像"。正是通过该技术，大榭海关 2018 年成功查获烟花爆竹走私案件 13 起。

"以前我们指挥中心的数据主要是宁波本地的，现在通过船舶智能识别、安全智能锁等方式，将监管区域内所有场所及船舶、车辆等监管点编织在一张庞大的物联网上，数据能覆盖物流的各个环节，真正实现了全流程智慧监管，提高了精准监管能力。"大榭海关物流监控指挥中心相关负责人表示。

大榭海关通过移动单兵、船舶智能识别、安全智能锁等方式，顺势监管，全程不影响物流正常运转。例如，一辆装有安全智能锁的集装箱卡车从义乌港驶出，它的信息便实时记录和显示在指挥中心的大屏幕上。4 小时后，全程无恙的集装箱卡车抵达穿山码头卡口，无须再次停车查验，自动验封进港。企业可凭电子验封信息、自动派单信息直接办理转关核销手续。据统计，杭甬转关新模式的应用可缩短全程运输时间约 1 小时，降低物流成本约 20%。

智能卡口是宁波海关物联网监控体系的又一张名片。作为物流运输环节的关键堵点，如何保证卡口监管和运输效率的有机统一，一直困扰着每一个"港口人"。经过长期的积累和实践，宁波海关终于探索出了一种数据全掌控、视频全监控、链条全打通的物流业务全程电子化卡口管理模式。在此基础上，车辆过卡读取率达到 99.8%，卡口自动抬杆率为 99.7%，卡口单车通行时间从最初的几分钟缩减至几十秒，效率成倍提升。

探索以科技为核心的驱动力，充分发挥科技创新对业务革新的先导力量，打造标准化海关监管和服务的蓝本，是宁波海关一直以来的不懈追求。在这一过程中，除了智慧物流外，智能机检也扮演着重要的角色。

多年以来，智能机检在经历了一个"孕育、萌芽、发展、成长"的开拓性过程后，终于形成了以"智能审图系统"为主导、"宁波海关企业产品信息备案系统"为补充的机检查验模式。目前，"智能审图系统"已经收集了 40 万幅图像作为基础图库，并完成了在图库基础上，基于 10 位 HS 编码进行机检图像检索比对，在 10 秒以内作出快速判断的算法研究。同时，它还实现了对管制刀具、枪支、毒品以及核材料等违禁品的预警功能，对固体废物检测识别准确率也突破了 90%。

（内容节选自 2019 年 1 月 22 日《浙江日报》第 12 版，作者：黄丽丽等，标题为编著者添加。）

第三节　我国海关管理的法律体系

通常，法律体系是指一个国家全部现行法律规范分类组合为不同的法律部门而形成的有机联系的统一整体。海关法作为我国现行法律的一个分支，本身具有相对的独立性和完整性。海关法不仅综合性强、数量多、内容繁杂，而且具有分支清楚、层次明显和相互协调、联系密切的特点。各分支、各层次的海关法律、法规既相互区分又相互联系，构成了独立、完整、严密的海关法律体系。

一、国家权力机关制定的海关法律

海关事务属于中央立法范围，立法者为全国人大及其常委会以及最高国家权力机关的执行机关——国务院。除此之外，海关总署可以根据国家颁布的法律和国务院出台的法规、决定、命令制定规章，作为执法依据的补充。

海关法有广义和狭义之分。广义的海关法指调整海关管理活动全部法律规范的总称。它既包括专门的海关法律，也包括所有的海关行政法规、海关规章、海关规范性文件，还包括各种法律、行政法规中涉及海关管理的所有规定。狭义的海关法是指一部单一的海关法，如我国现行的《海关法》。

2018 年 8 月 1 日，关检融合申报制度正式实施以后，指导海关监管的法律体系可以简称为"一主三辅"四法律+九条例+多规章。

一主是指《海关法》（见附录四），它是关于海关管理进出口和征收关税、查缉走私、编制海关统计和办理其他海关业务的法律规范的总称。现行《海关法》为 1987 年 1 月立法，经 2017 年 11 月第五次修正，共 9 章 102 条。主要包括以下几项内容：①海关的任务的界定；②进出国境货运的监管和转运货物的监管，规定货物进出国境的验放办法，货物承运人和保管人对海关应负的责任等；③进出口货物的报验、征税、保管和放行，规定货物的收发货人及其代理人报关、纳税以及货物保管人的责任；④走私和违章案件及其处理等。

三辅是指《国境卫生检疫法》《进出口商品检验法》和《进出境动植物检疫法》（见附录四）。2018 年关检融合申报和统一监管后这三部法律与《海关法》一起，构成了海关依法监管的主要法律依据。

除此之外，在海关监管过程中有时还需要借助涉及对外贸易、国际商务等领域的多部法律来支撑。

> **史海拾零**
>
> **近现代海关法**
>
> 近现代海关法产生于 18 世纪工业化时代。随着国际贸易的开展海关业务迅速发展，各主权国家为加强外贸管理，极重视海关法的制定，以扩大出口，保护民族工业。美国于 1789 年通过《关税法》，法国于 1791 年颁布《海关法典》。中国现代史上第一部独立自主的海关法，是中央人民政府于 1951 年 4 月 18 日公布，并于 1951 年 5 月 1 日起施行的《暂行海关法》。

二、国务院制定的海关行政法规

国务院根据《中华人民共和国宪法》和有关法律，制定行政法规，以国务院令的形式颁布实施。为准确、高效地落实《海关法》《国境卫生检疫法》《进出口商品检验法》和《进出境动植物检疫法》，国务院先后出台、修订了多项与海关密切相关的行政法规，重要的达 30 余项。其中，最常用的条例包括《海关行政处罚条例》《货物进出口管理条例》《进出口关税条例》《海关稽查条例》《海关统计条例》《进出口商品检验法条例》《进出境动植物检疫法条例》《进出口货物原产地条例》和《知识产权海关保护条例》等九条例（见附录四）。

2015 年 8 月 28 日，国务院办公厅印发《关于加快海关特殊监管区域整合优化方案的通知》，目的在于主动适应经济发展新常态，紧紧围绕国家战略，解放思想、改革创新，简政放权、转变职能，依法行政、强化监管，优化服务、促进发展，加快海关特殊监管区域整合优化，推动海关特殊监管区域创新升级，提高发展质量和效益。文件指出，整合优化的重点任务在于创新制度、统一类型、拓展功能和规范管理，整合的内容包括类型整合、功能整合、政策整合和管理整合，优化的目标在于产业结构优化、业务形态优化、贸易方式优化和监管服务优化。

2018年11月7日，国务院下发《关于支持自由贸易试验区深化改革创新若干措施的通知》，进一步强调积极探索通过国际贸易"单一窗口"与"一带一路"重点国家和地区开展互联互通和信息共享，推动国际贸易"单一窗口"标准版新项目率先在自贸试验区开展试点，促进贸易便利化。

2019年1月12日，国务院下发《关于促进综合保税区高水平开放高质量发展的若干意见》，旨在理顺海关有效监管与贸易投资便利化之间的关系。

一项项条例的出台和修订，使中国海关法律体系日臻完善。

三、海关总署制定的海关部门规章

海关部门规章是海关总署根据海关行使职权、履行职责的需要，依据《中华人民共和国立法法》的规定，单独或会同有关部门制定的，是海关日常工作中引用数量最多、内容最广、操作性最强的法律依据，其效力等级低于法律和行政法规。

海关总署及各直属海关按照规定程序制定的，对行政管理相对人权利、义务具有普遍约束性的文件，称为规范性文件。海关总署制定的规范性文件要求管理相对人遵守或执行的，应当以海关总署公告形式对外公布。

部门规章是指在本部门的权限范围内制定和发布的调整本部门范围内的行政管理关系的，且不得与宪法、法律和行政法规相抵触的规范性文件。其主要形式有命令、指示、规章等。海关总署的部门规章具有较强的时效性、针对性和灵活性。部门规章灵活性的发挥，有利于彰显海关在货物和物品进出境时为国把关的主人翁地位。

海关部门规章以海关总署令的形式对外发布。例如，2016年9月6日，海关总署发布《关于公布〈中华人民共和国海关稽查条例〉实施办法的令》，是各级海关实施《海关稽查条例》实务操作的主要抓手。

2018年11月23日，海关总署发布《关于公布〈海关总署关于修改部分规章的决定〉的令》，涉及海关及检验检疫领域45部规章。该次大规模修订，有利于进一步降低制度性交易成本，压缩通关时间，巩固和提升精简进出口环节监管证件改革成效。

随着一部部海关规章的发布、修订和实施，将进一步提升我国政府在国际贸易环境日益复杂情况下的应变能力。

📕 技能训练

海关认知性实训：参观当地的海关或查阅相关网站，体验海关的职能，体会海关在经济社会发展中的角色，撰写1 000字左右的海关认知报告。

📕 案例分析

五 口 通 商

1842年8月中英《南京条约》规定：中国开放广州、厦门、福州、宁波、上海五处为通商口岸。按该条约规定，广州于1843年7月27日开放，厦门于1843年11月2日开放，上海于1843年11月17日开放，宁波于1844年1月1日开放，福州于1844年6月开放。实行自由贸易的根本目的是打开中国大门，使中国成为西方列强的商品倾销地，并逐渐破坏中国原有的经济结构。后又制定《中英五口通商章程》，进一步规定通商相关事宜。在英国之后，美国、法国也与中国订立条约且取得同样的权利，即《望厦条约》和《黄埔条约》。五口通商使原本限于广州一地的中外贸易放宽，西方各国在经济、文化上开始对中国产生较大的影响。

问题：

1. 从一口通商到五口通商，当时中国的综合国力发生了什么变化？

2. 查阅资料，谈谈被迫通关与主动开放的区别。

📕 同步测试

一、单项选择题

1. 根据《海关法》的规定，中华人民共和国海关属于下述哪类性质的机关？（   ）

    A. 司法机关   B. 税收机关   C. 立法机关   D. 行政机关

2. 国家在海关监管业务集中的地点设立的海关，在履行职权时接受（   ）的领导。

    A. 海关总署   B. 海关总署以及地方党委

    C. 海关总署以及地方政府   D. 地方党委和政府

3. 我国海关的法律体系主要由（   ）等组成。

    A. 全国人大及其常委会制定的相关法律

    B. 全国人大及其常委会以及国务院制定的法律和法规

    C. 全国人大及其常委会颁布的法律、国务院制定的法规和海关总署制定的规章等

    D. 全国人大及其常委会颁布的法律、国务院制定的法规、海关总署制定的规章以及地方政府
       制定的相关条例

4. 海关行使下列哪些权力时需经直属海关关长或者其授权的隶属海关关长批准？（   ）

    A. 在调查走私案件时，查询案件涉嫌单位和涉嫌人员在金融机构、邮政企业的存款、汇款

    B. 在海关监管区和海关附近沿海沿边规定地区，检查走私嫌疑人的身体

    C. 在海关监管区和海关附近沿海沿边规定地区，检查有走私嫌疑的进出境运输工具

D. 询问被稽查人的法定代表人、主要负责人和其他有关人员与进出口活动有关的情况和问题

5. 海关对有走私嫌疑的运输工具和有藏匿走私货物、物品嫌疑的场所行使检查权时（   ）。

A. 不能超出海关监管区和海关附近沿海沿边规定地区的范围

B. 不受地域限制，但不能检查公民住宅

C. 在海关监管区和海关附近沿海规定地区，海关人员可直接检查；超出这个范围，只有在调查走私案件时，才能直接检查，但不能检查公民住宅

D. 在海关监管区和海关附近沿海规定地区，海关人员可直接检查；超出这个范围，只有在调查走私案件时，经直属海关关长或其授权的隶属海关关长批准才能进行检查，但不能检查公民住宅

二、多项选择题

1. 根据《海关法》的规定，海关的基本任务为（   ）。

A. 监管　　　　　B. 征税　　　　　C. 缉私　　　　　D. 编制海关统计

2. 下列属于海关的性质的是（   ）。

A. 海关是国家行政机关　　　　　　B. 海关是国家进出境监督管理机关

C. 海关的监督管理是国家行政执法活动　　D. 海关是国家司法机关

3. 下列选项中，属于海关权力内容的是（   ）。

A. 税费征收权　　　　　　　　　　B. 行政处罚权

C. 行政检查权　　　　　　　　　　D. 行政强制权

4. 海关权力行使的基本原则有（   ）。

A. 合法原则　　　　　　　　　　　B. 适当原则

C. 依法独立行使原则　　　　　　　D. 依法受到保障原则

5. 海关的设关原则为（   ）。

A. 对外开放口岸　　　　　　　　　B. 海关监管业务集中的地点

C. 人口多的地方　　　　　　　　　D. 边境

三、判断题

1. 我国关税征收的主体是国家，在我国是由税务部门代表国家行使征收关税职能。（　　）

2. 海关对进出境运输工具的检查应在海关监管区和海关附近沿海沿边地区内进行。（　　）

3. 海关对进出境运输工具的检查不受海关监管区域的限制。（　　）

4. 直属海关是负责办理具体海关业务的海关，是海关进出境监督管理职能的基本执行单位。

（　　）

5. 根据《海关法》设关原则，如果海关监督管理需要，则国家可以在现有的行政区划之外安排海关的上下级关系和海关的相互关系。（　　）

6. 海关缉私警察机构由海关总署、公安部联合组建走私犯罪侦察局，设在海关总署，实行海关总署和公安部双重领导，以公安部领导为主的体制。（　　）

7. 我国实行联合缉私、统一处理、综合治理的缉私体制，海关在打击走私中处于主导地位并负责与有关部门的执法协调工作。（　　）

8. 进出境物品超过自用、合理数量的，列入海关统计。（　　）

9. 我国海关现行的领导体制是垂直领导体制。（　　）

10. 所有进出境运输工具自进入我国关境之日起至驶离我国关境之日止，均应接受海关监管。（　　）

四、综合实务题

2018年10月13日，国务院下发《关于印发优化口岸营商环境促进跨境贸易便利化工作方案的通知》，强调要坚持新发展理念，深入推进"放管服"改革，对标国际先进水平，创新监管方式，优化通关流程，提高通关效率，降低通关成本，营造稳定、公平、透明、可预期的口岸营商环境。该通知明确提出以下几点。

（1）深化全国通关一体化改革。推进海关、边检、海事一次性联合检查。海关直接使用市场监管、商务等部门数据办理进出口货物收发货人注册登记。加强关铁信息共享，推进铁路运输货物无纸化通关。

（2）全面推广"双随机、一公开"监管。从进出口货物一般监管拓展到常规稽查、保税核查和保税货物监管等全部执法领域。推进全链条监管"选、查、处"分离，提升"双随机"监管效能。

（3）创新海关税收征管模式。全面创新多元化税收担保方式，推进关税保证保险改革，探索实施企业集团财务公司、融资担保公司担保改革试点。

（4）优化检验检疫作业。减少双边协议出口商品装运前的检验数量。推行进口矿产品等大宗资源性商品"先验放后检测"检验监管方式。创新检验检疫方法，应用现场快速检测技术，进一步缩短检验检疫周期。

（5）推广第三方采信制度。引入市场竞争机制，发挥社会检验检测机构作用，在进出口环节推广第三方检验检测结果采信制度。

（6）提高查验准备工作效率。通过"单一窗口"、港口电子数据交换（EDI）中心等信息平台向进出口企业、口岸作业场站推送查验通知，增强通关时效的可预期性。进境运输工具到港前，口岸查验单位对申报的电子数据实施在线审核并及时向车站、码头及船舶代理反馈。

（7）加快鲜活商品通关速度。在风险可控的前提下优化鲜活产品检验检疫流程，加快通关放行速度。总结推广合作经验，与毗邻国家确定鲜活农副产品目录清单，加快开通农副产品快速通关"绿色通道"。

（8）加强国际贸易"单一窗口"建设。将"单一窗口"功能覆盖至海关特殊监管区域和跨境电子商务综合试验区等相关区域，对接全国版跨境电商线上综合服务平台。加强"单一窗口"与银行、保险、民航、铁路、港口等相关行业机构合作对接，共同建设跨境贸易大数据平台。推广国际航行船舶"一单多报"制度，实现进出境通关全流程无纸化。

（9）提升口岸查验智能化水平。加大集装箱空箱检测仪、高清车底探测系统、安全智能锁等设备的应用力度，提高单兵作业设备配备率。扩大"先期机检""智能识别"作业试点，提高机检后直接放行比例。

（10）加强口岸通关和运输国际合作。加快制（修）订国际运输双边、多边协定，推动与相关国家在技术标准、单证规则、数据交换等方面开展合作。扩大海关"经认证的经营者"（AEO）国际互认范围，支持指导企业取得认证。加快实施检验检疫证书国际联网核查。

根据背景材料，解答下列问题。

1. 近期，深化全国通关一体化改革的重点任务包括（　　　）。

A. 推进海关、边检、海事一次性联合检查

B. 全面实施海关、市场监管、商务和铁路部门的信息共享

C. 全面推广"双随机、一公开"监管

D. 推进全链条监管"选、查、处"分离

2. 近期，创新海关税收征管模式的重点环节包括（　　）。

    A. 全面创新多元化税收担保方式

    B. 探索企业集团财务公司、融资担保公司担保改革试点

    C. 推广第三方采信制度

    D. 扩大海关"经认证的经营者"（AEO）国际互认范围

3. 近期优化检验检疫作业的重点任务在于（　　）。

    A. 推行进口矿产品等大宗资源性商品"先验放后检测"检验监管方式

    B. 创新检验检疫方法，应用现场快速检测技术，进一步缩短检验检疫周期

    C. 减少双边协议出口商品装运前的检验数量

    D. 提高查验准备工作效率

4. 为加快鲜活商品通关速度，近期需要（　　）。

    A. 加快实施检验检疫证书国际联网核查

    B. 共同建设跨境贸易大数据平台

    C. 在风险可控的前提下优化鲜活产品检验检疫流程

    D. 与毗邻国家确定鲜活农副产品目录清单，加快开通农副产品快速通关"绿色通道"

5. 为提升口岸查验智能化水平，近期需要（　　）。

    A. 扩大"先期机检""智能识别"作业试点

    B. 加强口岸通关和运输国际合作

    C. 加大集装箱空箱检测仪、高清车底探测系统、安全智能锁等设备的应用力度

    D. 加强"单一窗口"与银行、保险、民航、铁路、港口等相关行业机构合作对接

五、论述题

1. 我国海关的基本任务有哪些？为保证海关履行职责，我国法律法规赋予海关哪些权力？

2. 试述我国海关总署、直属海关和隶属海关的主要职责。

第二章 报关概述

孙子曰：故善战者，求之于势，不责于人，故能择人而任势。任势者，其战人也，如转木石。木石之性，安则静，危则动，方则止，圆则行。故善战人之势，如转圆石于千仞之山者，势也。——《孙子兵法·兵势 第五》

【知识目标】

（1）了解报关业务的起源；（2）了解报检与报关融合的过程；（3）掌握报关的概念；（4）熟悉报关的主要内容；（5）清楚报关单位的界定；（6）了解报关单位的行为准则。

【技能目标】

（1）能区分报关的类型；（2）能模拟报关员的注册流程；（3）能分辨不同的报关单位；（4）能描述报关单位注册的流程。

【内容架构】

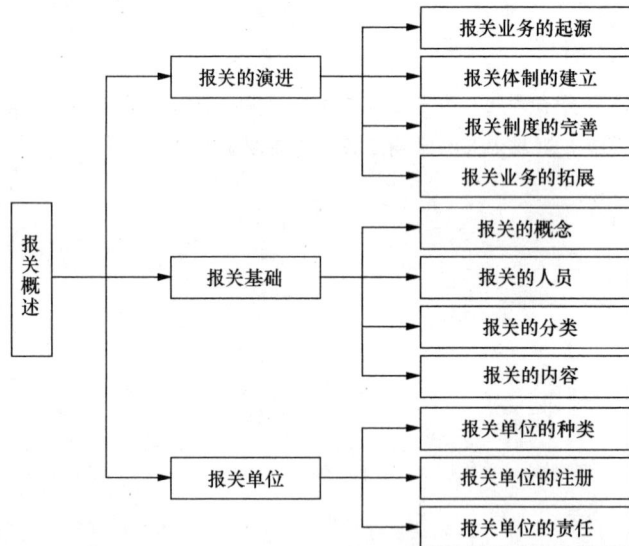

案例导入

美国的海关监管体系

美国海关分为两个部分，即美国海关边境保护局（U.S. Customs and Border Protection，CBP）与美国移民海关执法局（U.S. Immigration and Customs Enforcement，ICE），分别负责边境执法与案件调查。

2003年3月1日，CBP的成立使美国历史上首次实现了由一个机构统一管理进入美国口岸的人员与货物。CBP的组建旨在整合口岸执法部门的管理资源和管理能力，提高管理效能与效率，实现在利用一切可支配的资源保护和防御美国免遭侵害的同时促进合法贸易与合法旅行的目标。

CBP的首要使命是防范恐怖分子和恐怖武器进入美国。为此，CBP致力于增强美国边境及各口岸的安全，并把美国的安全区扩展至美国的地理边境之外，从而使美国的边境由第一道防线变为最后一道防线。

CBP的主要职责还有：缉捕非法入境者和查禁毒品及其他违禁品，保护农业及经济利益免遭有害动植物和疾病侵害，保护美国商业免遭知识产权侵权损害，规范与便利国际贸易，征收进口关税，执行美国贸易法律。

作为美国单一的边境管理机构，CBP承担着保护美国及其国民的责任。CBP采取的增强安全与便利合法贸易及旅行的战略是：改进风险目标甄别系统，推进提前获取抵达美国的人员与货物的信息制度；与其他国家（地区）政府和企业建立伙伴关系，以推进"向外扩展安全区"；使用预先检查技术，配置有关装备；增加边境安全监管人力；会同其他机构联手打击贸易欺诈、知识产权侵权、洗钱等活动。

执行24小时（提前申报）规则（24-Hour Rules）：2002年8月，美国海关提出实行24小时提前申报规则的建议，同年12月2日，"24小时规则"正式生效。这项规则规定，自2002年12月2日起，对于所有输往美国的海运货物，承运人必须于货物在境外港口装船之前24小时向美国海关申报货运舱单信息。

（摘自海关总署网站，有删节）

第一节　报关的演进

一、报关业务的起源

尽管我国海关的肇始可追溯到西周时期，但早期的海关主要侧重政治与防卫。唐代以后，我国对外贸易逐步增多，海关的地位逐步凸显。随着宋代"市舶司"的出现，报关的作用逐步发挥。历史上的报关经历了货主及其代理人自主报关和"报关行"专业代理报关两个阶段。

（一）自主报关的形成

《宋史》中《职官志》记载：市舶司的职能为"掌蕃货、海舶、征榷、贸易之事，以来远人，通远物。"根据史料，宋仁宗时下诏给杭州、明州、广州市舶司，"海舶至者，视所载十算其一"。这就是说，对外来船舶进行征税，税率为 10%。在这个阶段，船载物品的数量和价值是由货主、船主及其代理人自行申报，再由海关进行查验。宋代市舶司对商船征税的史实说明报关管理在这个时期已经形成。

据《元史》卷九十四《食货志二·市舶》记载，元代管理海外贸易的机构仍然沿袭宋代，设置市舶司或市舶提举司，关税征收的报关事宜仍为自主报关。但查验环节更为严格，"船舶下海开船之际，合令市舶司轮差正官一员于船舶开岸之日，亲行检视"。这表明，凡出港贸易的船只、货物、人数，必须由市舶司严格审验，实际与申报必须一致，核实无误且手续齐全后才能放行。元代制定了市舶法则，一改宋代的榷货制度，严格按比例征收关税。据《文献通考》卷十六《市舶互市》记载："帝既定江南，凡邻海诸郡及藩国往还互易舶货者，其货以十分取一，粗者以十五分取一，以市舶官主之。"后来，元政府为鼓励贸易，逐渐降低了关税，至元二十八年（1291年），关税降为：粗色为三十分抽一，细色为二十五分抽一，税率降到粗色 3.33%、细色 4%。

《明史》卷八十一《食货志五》记载，明代沿袭了元代的海关管理体制，但由于倭寇的侵扰，口岸贸易的"禁""开"一度反复，但报关的形式仍没有变化，主要依靠货主、船主或者代理人自主申报，仍未形成专业的报关行业。

明 代 海 禁

明代海禁是 14 世纪时明朝政府对海事进行的一系列限制政策的统称。

洪武年间,朱元璋为防沿海军阀余党与海盗滋扰,下令实施海禁。早期海禁的主要对象是商业(商禁),禁止中国人赴海外经商,也限制外国商人到中国进行贸易(进贡除外)。明永乐年间,虽然有郑和下西洋的壮举,但是放开的只是朝贡贸易,民间私人仍然不准出海。而后随着倭寇之患,海禁政策愈加严格,虽起到了自我保护的作用,但大大阻碍了中外交流发展。

隆庆年间明政府调整政策,允许民间赴海外通商,史称"隆庆开关"。海禁的解除为中外贸易与交流打开了一个全新的局面。

(二)专业报关的出现

近代,尤其是鸦片战争之后,西方列强与我国的贸易量不断增大,由于进出口货物的报关手续比较复杂,办理人员需要熟悉法律、税务、外贸、商品知识,精通海关法律、法规,具有办理海关手续的技能,因而,"报关行"应运而生。"报关行"逐步进入人们的视野,报关管理有了实质性突破。

清代康熙年间,逐步放开"海禁",且设置了海关。到了乾隆二十二年(1757 年),清廷即开始限制口岸通商,保留粤海关一口通商。当时,对外贸易必须由特许的商号组织进行,这就是人们所称呼的"洋行""公行"。外商进出口贸易关税,悉数由洋行负责办理。洋行的角色是"为商人代办报关、验货、纳税等手续",这实质上是在承担部分"代理报关"的责任。只不过囿于当时的背景,洋行与商人之间并不是自愿的委托代理关系,洋行是代表海关向商人征税,是单向命令式的。

鸦片战争以后,西方列强用枪炮打开了中国封闭的大门,列强与中国的贸易日益扩大。由于清廷已经丧失了海关管理的自主权,特许的洋行也自然被取消。由列强把持的海关,所用文件单证也基本变成了英文,加上烦琐的手续,让商人倍感困难。事实上,商人与海关的沟通由于语言、文化等因素的影响也多有不畅。在这个背景下,催生了一个新的行业——报关行。报关行的出现,说明我国的报关由"自主报关"走上了"专业代理报关"的轨道。

根据《中国海关百科全书》的定义,报关行(customs broker)是指专门从事办理和经营接受委托代理进出口货物所有人向海关报关的中介服务性机构。报关行的出现,不仅解决了报关过程中的手续繁杂等问题,而且也降低了交易成本,顺应了市场发展的需求。

至民国时期,报关行的管理日益规范,其职责更加明确。《银行杂志》1925 年 2 月第二卷所刊载报关行的报关流程如下。

(1)商人办就之出口货,将货物名称、数量、价值、出口地向报关行说明,一切手续均由报关行料理。

(2)报关行出立报单。单式如下(略)。

(3)将出口货,起至验关房,连同下货纸一并请验。

(4)海关派员至验关房查验,单货相符,即于验单上签字,携回海关。验单单式于下(略)。

(5)验送核估税率处。

(6)核估税率处,照章核算税银后,送洋文报单处。

（7）洋文报单处，复核税银，将税额填写于洋文保单上，送交汉文报单处。

（8）汉文报单处，将税额填写于汉文报单及验单上，将验单、报单送交税单处，将下货纸送放行处。

（9）发给税单处，将税单投入报关行之挂号箱中。

（10）报关人开箱取去税单。

（11）至中国银行收税处，缴纳税银。

（12）中国银行收税处，查照验单所开税额收税后，加盖戳记，交还报关人。

（13）报关人将税单裁下一半，一半与装单一并投入挂号箱中。

（14）海关盖印于装单上，复投于箱中。

（15）报关人取出装单连同裁下之税票，下货上船。

（16）货物上船后，装单裁去一半，一半盖印，交于报关人。

（17）报关人持装单至公司换提单，提单有红白二种，红色即已保险，外加保险费。提单单式如下（略）。

（18）所装之货，至目的地时，依照一定手续，凭提单取货。

史海拾零

清代报关行章程

自咸丰四年（1854年），江海关引入外籍税务委员管理制度，首建新式海关后，各通商口岸相继仿效。至同治初年，在已开埠的各通商口岸已建立14个新式海关。

由于新式海关实行外籍税务司管理制度，其申报、验货、纳税等通关程序的进行皆使用英文文书、单据，加上海关主要岗位大多由外籍关员任职，遂使许多货主，尤其是华商货主因报关一事深感为难，也使海关办事员在接受华商报关时平添许多解释、说明的麻烦。加上随着对外贸易的急遽扩展，报关涉及的内容不断增多，环节不断复杂，报关日益成为一种技术性很强的专业。于是，为货主代理报关业务的报关行随之在各开埠设关的通商口岸出现。这些报关行雇用一些对报关、验货、纳税等海关通关手续比较熟悉，也懂得一些外语，能与洋人打交道的人。他们为客商代办海关通关业务，客商则支付一定数额的费用作为报酬。客商和海关双方均因此获得便利。可见，晚清报关行是在新式海关建立后，因应减少通关交易成本的市场需求而产生的一种处在通关货主和海关之间的中介经济组织。

然而，随着报关业的产生与早期发展，报关业中的不良行为（如伪造单证、虚报价值、偷税漏税等各种舞弊情事）也随之出现。各种不良行为不仅侵害了客户的利益，也损害了海关及其海关作为国家职能部门所代表的政府利益。是故，早在报关行萌生阶段，海关就试图对日渐增多的报关行加以管理。清同治十二年（1873年），海关总税务司赫德参照英美两国办法，首次推出管理报关行的章程。该章程包括四个方面的基本内容，是为四项基本的制度安排。

第一，指定监管机构。章程规定以海关作为报关行的监管机构。监管机构的职权有二：一是负责审查、批准报关行的营业申请；二是负责监督报关行的经营行为，对报关行的不良行为照章进行处罚，直至对情节严重者取消经营资格。

第二，建立注册制度。章程规定，凡以代理报关为营业，无论商店或公司，皆视为报关行。报关行必须向海关注册，经各口税务司核准方可营业。

第三，建立保结制度。章程规定，报关行必须有两家同业企业出具保结，承诺有弊认罚，方可获准注册，经营报关业务。

第四，建立处罚制度。章程规定，报关行的雇员如有舞弊漏税情事，由报关行负责；报关行有舞弊情事，税务司照章处罚，情节严重者取消注册，勒令歇业，并不许再充任其他报关行合伙人或代理人。

由上可见，作为近代报关行管理制度之滥觞，同治十二年的管理章程已建构了一个包括监管机构、注册制度、保结制度、处罚制度等四项基本制度安排的制度框架。此后历次报关行管理制度的制订者便大多承袭这一基本框架，加以修订、细化。

二、报关体制的建立

（一）新型报关体制的建立

1949 年 10 月 25 日，国家海关总署宣告成立。新中国海关确定后，首先从组织机构和管理体制上对旧海关进行了全面改革，着手制定了包括进出口货物应向海关报关、纳税等内容的法律和法规。当时的海关使命就是巩固无产阶级专政，履行社会主义国家职能，保护社会主义经济发展。因此，在一段时期内，由于国有经济、合作社经济、农民和手工业者个体经济、私人资本主义经济和国家资本主义经济 5 种经济成分同时并存，解放前遗留下来的"报关行"在口岸的报关业务中仍发挥着作用。随着国家对外贸易工作的展开与发展，国家相继成立了许多国有专业进出口公司。由于对外贸易工作都是由经国家批准的对外贸易专业公司统一经营，而且其进出口货物都是在外贸部统一领导下有组织、有计划地进行，因此，对其自营的申报工作也都由专业外贸公司自行向海关办理。

1956 年，我国社会主义改造基本完成，中国的对外贸易由多种成分转为单一的国有经济，海关对进出口货物监管手续进一步简化，海关监管的重点是检查、揭发擅自进出口货物，出口货物冒用商标和以次充好等违反国家对外贸易政策的情事。国有专业外贸公司既是外贸任务的组织者，也是外贸政策的执行者，因此，向海关办理报关手续比较方便、快捷。报关的格局基本上是以专业外贸公司的自理报关为主，少数国有外贸运输公司为补充；虽然还有一定的报关代理行为存在，但已没有以往的业务范围和业务量了，报关代理在这个时期处于萎缩状态。

（二）报关体制的暂时中断

1966 年后，随着海关管理体制的调整，海关监管职能被极大削弱，向海关报关的制度基本取消，"货管无用论"的错误思想逐渐占主导地位。对于进出口货物海关不再办理接受申报、查验和放行等手续，完全放弃了对进出口货物的监管。国营外贸公司凭国家批准计划下达的货单或通知单通关，国有外贸运输公司负责备货、储运环节按国家规定收取有关货物的进出口单证，并凭以核对验放货物，海关已没有接受申报的权力。对于关税，当时片面强调税利合并，将关税收入以利润形式上交国库，致使关税的保护作用和财政作用消失，有的外贸企业甚至将关税作为外贸经营中亏损的补贴。随后，与监管、征税工作十分密切的查私工作和统计工作也被停止和取消。作为海关四大任务的监管、征税、查私和统计工作职能全面削弱，就更不用说报关服务了。

（三）报关体制的最终恢复

1980 年 1 月，海关恢复，并开始实行对外贸易公司进出口货物全国统一的报关制度，启用新的"进口货物报关单"和"出口货物报关单"。要求所有进出口货物不论采取何种经营方式，都必须向海关申报。这加大了企业报关的法律责任，要求报关企业申报的单据必须齐全、正确、有效，所报货物的名称、品质规格、数量、价格、贸易国别和原产国别或地区，必须与实际货物相符。

这段时期的报关模式有两种：一是对于地方外贸公司以及其后成立的工贸公司，规定他们的货物在地方进口口岸海关报关；二是各国所属专业进出口公司采用集中报关纳税的方式报关。随着国家对外开放政策和外贸体制改革的迅速发展，对外经济贸易活动的主体和贸易方式发生了很大变化，工贸、农贸、商贸、军贸和技贸等公司或企业异军突起，加上积极引进外资后成立的外商投资企业，外贸总公司进口的贸易额在整个进口总额中所占比重逐步减少，原有外贸总公司采用集中申报、纳税方式的进口贸易额从 20 世纪 80 年代初期占全部进口货物税款 60%以上减少到 1989 年的 32%。而此时，大批非外贸专业公司、企业的报关人员加入到进出口报关业务行列中，报关服务异常活跃。面对众多初涉报关业务的企业及报关员，海关的业务量日益繁重。为了摆脱穷于应付繁杂日常事务的困扰和提高报关质量及通关效率，海关开始重视对报关服务市场的管理。1985 年 2 月，海关总署首先发布了海关对报关单位的管理规定，即《海关对报关单位实施注册登记制度的管理规定》，明确了报关单位是直接向海关办理进出口货物和进出境运输工具报关手续的企业，是代理收发货人和旅客及运输工具所有人、负责人办理进出口报关手续的企业；并且规定了报关单位所属报关员要接受海关培训，经考试合格后，发给报关员证件，凭以向海关报关。同时，还明确了报关单位及其报关员的责任。该规定的出台，是我国海关第一次将直接报关单位和报关代理单位用法规的形式加以区分，也是我国海关第一份关于规范报关单位及其报关员行为的规范性文件。这标志着我国报关制度的基本形成，也标志着我国报关代理制度的正式确立。

三、报关制度的完善

（一）报关法定地位的确立

1987 年 7 月 1 日颁布实施的《海关法》首次以国家法律的形式对报关体制作了规定，明确了报关代理作为一种报关形式的法律地位。《海关法》还首次以法律的形式明确了长期存在于报关服务市场中进出口经营权、报关权和国际货运代理权的区别：报关权是海关授予企业进出口经营活动中的特有权利；进出口货物经营权是经贸管理部门授予企业经营进出口业务的权利；国际货运代理企业符合一定条件并经海关许可后方可办理报关，享有相关权利。

（二）报关从业规范的颁布

1992 年，海关总署颁布实施了《海关对报关单位和报关员的管理规定》，该规定是完善我国报关管理制度的一个重要文件，标志着海关对报关服务市场的管理上了一个新的台阶。该规定明确指出报关管理制度改革方向是报关专业化、社会化，要逐步形成专业报关、代理报关和自理报关三结合的报关制度。这进一步确立了报关代理制度的地位。

1994 年和 1995 年海关总署又相继颁布实施了《海关对专业报关企业的管理规定》和《海关对代理报关企业的管理规定》，对专业报关企业和代理报关企业的注册登记条件、行为规则、法律责任等进行了规定，使得报关代理服务制度进一步完善。专业报关企业和代理报关企业的主要区别是专业报关企业可以接受所有有权进出口货物的单位委托的进出口货物的报关纳税手续，而代理报关企业只能接受本企业承揽、承运货物的报关纳税等事宜。

（三）报关与国际惯例的接轨

因应我国加入 WTO 的需要，报关业务必须与国际惯例对接。于是，在 2001 年 7 月 8 日，全国人大进一步修订《海关法》，将以报关为主体的企业按性质分为两大类：一类是报关企业，另一类是进出口货物的收发货人。将报关形式分为自理报关和代理报关两种，由进出口收发货人直接向海关报关的为直接报关，由报关企业向海关报关的为代理报关。另外，又将代理报关划分为直接代理报关和间接代理报关，报关企业以委托人的名义向海关报关的为直接代理报关，以自己的名义向海关报关的为间接代理报关。并且对不同的报关方式及其法律责任的承担做出了规定。至此，报关代理制度的完善又向前迈了一大步。

微视频
历史回顾——海关大监管体系

四、报关业务的拓展

（一）出入境检验检疫业务的演进

我国出入境检验检疫源自进出口商品检验、进出境动植物检疫和国境卫生检疫。

1. 我国对商品的检验

1864 年，由英商劳合氏的保险代理人上海仁记洋行代办水险和船舶检验、鉴定业务，这是我国历史上第一个办理商检的机构。

1989 年七届全国人大常委会第六次会议通过并公布了《进出口商品检验法》。

2. 我国对动植物的检疫

我国最早的动植物检疫工作是 1903 年在中东铁路管理局建立的铁路兽医检疫处对来自沙俄的各种肉类食品进行检疫。

1964 年国务院决定将动植物检疫由外贸部划归农业部领导，并于 1965 年在全国 27 个口岸设立了动植物检疫所。

1991 年七届全国人大常委会第二十二次会议通过并公布了《进出境动植物检疫法》。

3. 我国对国境卫生的检疫

1873 年，由于印度、泰国、马来半岛等地霍乱的流行并向海外广泛传播，我国在上海、厦门等海关设立了卫生检疫机构，订立相应的检疫章程。这是我国出入境卫生检疫的雏形。

1957 年，第一届全国人大常委会第八十八次会议通过《国境卫生检疫条例》，这是中华人民共和国成立以来颁布的第一部卫生检疫法规。

1986 年六届全国人大常委会第十八次会议通过并公布了《国境卫生检疫法》。

4. 我国的"三检合一"体制

1998 年 4 月，国家出入境检验检疫局成立，它是由"国家进出口商品检验局、国家动植物检疫局和国家卫生检疫局"合并组建的。这就是统称的"三检合一"。

5. 国家质量监督检验检疫总局的组建

2001 年 4 月，原国家出入境检验检疫局和国家质量技术监督局合并，组建国家质量监督检验检疫总局，但原国家出入境检验检疫局设在各地的出入境检验检疫机构、管理体制及业务不变。

6. 出入境检验检疫与海关业务的融合

2018 年 8 月 1 日，出入境检验检疫与海关业务进行实质性融合，报关与报检填写一张报关单，所有业务一次性处理，口岸执法作业一套系统，海关"单一窗口"模式正式形成。同时，报关单填制的业务范围迅速扩大，以及对报关人员的综合要求也在不断提高。

（二）出入境检验检疫工作的法律地位

法律法规和国际通行做法、有关规则、协定等，都赋予检验检疫机构公认的法律地位，使检验检疫工作受到法律保护，所签发的证件具有法律效力。

1. 我国出入境检验检疫工作法律地位的确立

全国人大常委会先后制定了《进出口商品检验法》《进出境动植物检疫法》《国境卫生检疫法》以及《食品卫生法》等法律，分别规定了出入境检验检疫的目的和任务、责任范围、授权执法机关和管辖权限、检验检疫的执行程序、执法监督和法律责任等重要内容，从根本上确定了出入境检验检疫工作的法律地位。

2. 我国出入境检验检疫的执法主体

我国出入境检验检疫机构是四部法律的行政执法机构，依法具有执法主体地位。根据检验检疫法律规定，国务院设立检验检疫部门，作为授权执行有关法律和主管该方面工作的主管机关，确立了检验检疫部门在法律上的行政执法主体地位。

3. 我国出入境检验检疫法制架构

一个相对完整的出入境检验检疫法律法规体系，是检验检疫机构依法施检的执法基础。我国的检验检疫法律及其实施条例或实施细则公布后，各种配套法规、规范性文件、检验检测技术标准、检疫处理工作程序规范等，经过具体化和修改补充已基本完整齐备。检验检疫机构经过优化组合、健全管理制度、规范执法行为，已建立了高素质的执法队伍和高效的管理体系，对于保证检验检疫工作的正常开展和有序进行具有极其重要的意义。

此外，我国出入境检验检疫的法律体系还要适应有关国际条约。我国已加入联合国食品法典委员会（CAC）和亚太地区植保委员会（APPPC）等多个国际组织，与众多国家（地区）签订了双边检验检疫协定，为我国的检验检疫与国际法规标准接轨创造了有利条件。

2018年8月1日，出入境检验检疫与海关实行实质整合、统一执法后，口岸资源协同效应明显增强，货物通关效率不断提高。

（三）出入境检验检疫的作用

我国出入境检验检疫是随着国际贸易和人员的往来而产生的，不同历史时期因受历史条件的局限性制约，出入境检验检疫的作用也不相同。其作用主要体现在以下几个方面。

1. 出入境检验检疫是国家主权的体现

出入境检验检疫机构作为涉外经济执法机构，根据法律授权，代表国家行使检验检疫职能，对一切进入中国国境和开放口岸的人员、货物、运输工具、旅客行李物品和邮寄包裹等实施强制性检验检疫；对涉及安全卫生及检疫产品的境外生产企业的安全卫生和检疫条件进行注册登记；对发现检疫对象或不符合安全卫生条件的商品、物品、包装和运输工具，有权禁止进口或视情况在进行消毒、灭菌、杀虫或采取其他排除安全隐患的措施等无害化处理并重验合格后方准进口。对于应经检验检疫机构实施注册登记的，向我国输出有关产品的境外生产加工企业，必须在取得注册登记证书后其产品方准进口。这些强制性制度是国家主权的具体体现。

视野拓展

出入境检验检疫体现了国家的管理职能

出入境检验检疫机构作为执法机构，根据法律授权，对列入应实施出口检验检疫对象和范围的人员、货物、危险品包装和装运易腐易变的食品、冷冻品的船舱、集装箱等，按照我国或与我国签有双边检疫议定书的出口国（或地区）的或国际性的法规、标准的规定，实施必要的检验检疫；对涉及安全、卫生、检疫和环保条件的出口产品的生产加工企业，实施生产加工安全或卫生保证体系的注册登记，或必要时帮助企业取得进口国（地区）有关主管机关的注册登记；经检验检疫发现检疫对象或产品质量与安全卫生条件不合格的商品，有权阻止出境；不符合安全条件的危险品包装容器不准装运危险货物；不符合卫生条件或冷冻要求的船舱和集装箱不准装载易腐易变的粮油食品或冷冻品；对未取得安全、卫生、检疫注册登记的涉及安全卫生的产品的生产厂、危险品包装加工厂和肉类食品加工厂，不得生产加工上述产品。上述这些对出入境货物、包装和运输工具的检验检疫和注册登记与监督管理，都具有相当的强制性，是国家监督管理职能的具体体现。

---

2. 出入境检验检疫是国家维护安全与经济利益的抓手

出入境检验检疫是国家维护根本经济利益与安全的重要的技术贸易壁垒措施，是保证一个国家对外贸易顺利进行和持续发展的需要。

对进出口商品的检验检疫和监督认证是为了满足进口国的各种规定要求。为保护人民身体健康，保障工农业生产、基本建设、交通运输和消费者的安全，世界各主权国家相继制订有关食品、药品、化妆品和医疗器械的卫生法规，各种机电与电子设备、交通运输工具和涉及安全的消费品的安全法规，动植物及其产品的检疫法规，检疫传染病的卫生检疫法规，规定有关产品进口或携带、邮寄入境，都必须持有出口国（地区）官方检验检疫机构证明符合相关安全、卫生与检疫法规标准的证书，甚至规定生产加工企业的质量与安全卫生保证体系，必须经过出口国（地区）或进口国（地区）官方注册批准，并使用法规要求的产品标签和合格标志，其产品才能取得市场准入资格。许多法规标准已成为国际法规标准。出入境检验检疫是合理利用国际通行的非关税技术壁垒手段，来保证国家对外贸易的健康发展。

3. 出入境动植物检疫有利于促进农畜产品的对外贸易

出入境动植物检疫对保护农林牧渔业生产安全，促进农畜产品的对外贸易和保护人体健康具有十分重要的意义，保护农、林、牧、渔业生产安全，使其免受国际上重大疫情灾害影响，是我国出入境检验检疫机构担负的重要使命。

海关依法对动植物及其产品和其他检疫物品，以及装载动植物及其产品和其他检疫物品的容器、包装物和来自动植物疫区的运输工具（含集装箱）实施强制性检疫。这对防止动物传染病、寄生虫和植物危险性病、虫、杂草及其他有害生物等检疫对象和其他危险疫情传入传出，保护国家农、林、牧、渔业生产安全和人民身体健康，履行我国与外国签订的检疫协定书的义务，突破进口国在动植物检疫中设置的贸易技术壁垒，从而使我国农、林、牧、渔产品在进口国顺利通关入境，促进农畜产品对外贸易的发展，具有重要作用。

4. 国境卫生检疫是保护人体健康的一个重要屏障

国境卫生检疫对防止传染病的传播，保护人体健康具有十分重要的作用。我国边境线长、口岸多，对外开放的海、陆、空口岸有100多个，是世界各国开放口岸最多的国家之一。近年来，各种检疫传染病和监测传染病仍在一些国家和地区发生和流行，还出现了一些新的传染病，特别是鼠疫、霍乱、黄热病、艾滋病等一些烈性传染病及其传播媒介。随着国际贸易、旅游和交通运输的发展，出入境人员迅速增加，随时都有传入的危险，给各国人民的身体健康造成威胁。因此，对出入境人员、交通工具、运输设备以及可能传播传染病的行李、货物、邮包等物品实施强制性检疫，对防止检疫传染病的传入或传出、保护人体健康意义重大。

第二节 报 关 基 础

报关是随着海关的产生而产生的。随着我国对外开放的不断深入，进出口贸易量大幅增长，报关的流程在逐步规范，报关的绩效也在逐步提升。

一、基本概念

（一）报关的定义

根据《海关法》的规定，所有进出境的货物及其进出境的运输工具，必须经过海关进出，并要如实向海关申报，这就是"报关"。在国际经贸交流过程中，为维护国家的主权和利益，保障交流过程的顺利进行，各国海关都依法对运输工具、货物及其他物品的进出境实行报关管理制度。

报关的概念与运输工具、货物、物品的进出境密切相关，因为国际贸易合约的履行需要通过国际物流来完成。《海关法》第八条规定："进出境运输工具、货物、物品，必须通过设立海关的地点进境或者出境。在特殊情况下，需要经过未设立海关的地点临时进境或者出境的，必须经国务院或者国务院授权的机关批准，并依照本法规定办理海关手续。"因此，由设立海关的地点进出境并办理规定的海关手续是运输工具、货物、物品进出境的基本规则，也是进出境运输工具负责人、进出境货物收发货人、进出境物品的所有人应履行的一项基本义务。

一般而言，报关（customs declaration）是指进出境运输工具负责人、进出境货物收发货人、进出境物品的所有人或者其代理人向海关办理运输工具、货物、物品进出境手续及相关的海关事务的全过程。

在报关概念中，报关的主体是进出境运输工具负责人、进出境货物收发货人、进出境物品的所有人或者其代理人；报关的对象是进出境运输工具、货物和物品；报关的内容是办理运输工具、货物和物品的进出境手续以及相关的海关事务。

《海关法》中将海关行政管理相对人办理运输工具、货物、物品进出境等海关事务表述为"办理相关纳税手续""办理报关手续""从事报关业务""进行报关活动"，或者直接称为"报关"。

视野拓展

行政管理相对人

行政管理相对人是指行政管理法律关系中与行政主体相对应的另一方当事人，即行政主体的行政行为影响其权益的个人或组织。我国公民、法人或其他组织以及我国境内的外国人、无国籍人、外国组织，都可以作为行政法律关系的行政相对人主体参与行政法律关系，享有一定的权利，并承担一定的义务。

（二）报关的对象

在国际贸易活动中，我们所说的报关主要是指进出境货物的报关。但是，有关法律规定，涉及报关范围的均应申报。这里的报关范围，有时也被称为报关对象，即进出境运输工具、货物和物品。

1. 进出境运输工具

进出境运输工具是指在国际间运营的各种境内或境外船舶、车辆、航空器和驮畜等，用以载运人员、货物或物品进出境。国际物流是支撑国际贸易活动持续发展的重要保障，国际贸易的交货、国际间人员的往来及其携带物品进出境，均需要物流运输来完成。运输组织需要以运输工具作为载体。运输工具的特殊性决定了进出境运输工具必须接受《海关法》的约束，如实报关。

2. 进出境货物

进出境货物的含义比较广，它不仅包括一般进出口货物，还包括保税货物，暂准进出境货物，特定减免税货物，过境、转运和通运货物及其他进出境货物。另外，也包括一些特殊形态的货物，如通过电缆、管道输送进出境的电、水、油、气，无形货物（如附着在货物载体上的软件）等。

3. 进出境物品

进出境物品是指各种进出境的行李物品、邮递物品和其他物品。其中，行李物品是指以进出境人员携带、托运等方式进出境的物品；邮递物品是指通过邮政部门邮运进出境的小型、小量、分散的非贸易性物品；其他物品主要包括享有外交特权和豁免权的外国机构或者人员的公务用品和自用物品等。

货物与物品

根据《海关法》的有关规定，我国将进境商品主要区别为货物、物品两大类不同监管对象，并适用不同的管理要求，包括税率、许可证件等。一般情况下，境内外收货人、发货人通过买卖交易，以给付价款作为交付前提的商品属于货物，也就是常言的"贸易"类商品，属于《对外贸易法》范畴；反之，无须通过支付钱款、境内外亲友间相互馈赠并邮寄的个人物品就是典型的物品，其具有非贸易性特征，进境后不得出售或出租。显而易见，近来比较流行的海外代购、网购等从境外购买，并支付货款的商品不属于《海关法》意义上的个人物品，而属于外贸货物，在其中充当"代购"代理人的第三方因为交易的达成收取相关费用或"吃差价"，更是实实在在的经营行为。对于货物，无论价值多少，都应按规定办理进出口货物通关手续，包括照章纳税，提交国家出于公共安全、卫生等方面考虑而要求的许可证件。

邮递物品的"逃税"现象

（三）报关的人员

在国际贸易业务往来过程中，由于进出口货物的报关手续比较复杂，办理人员需要熟悉法律、税务、外贸、商品知识，精通海关法律、法规，具有办理海关手续的技能，为此，我国海关规定进出口货物的报关纳税等海关事务必须由经海关备案的专业人员代表收发货人或者报关企业向海关办理。这些专业人员就是报关员。

报关员（customs declarer）是指由报关单位依法在海关备案，向海关办理报关纳税等海关事务的人员。

按照海关总署的统一部署，自2018年8月1日起，海关进出口货物实行"一张大表"整合申报制度，报关单、报检单合并为一张报关单。对从事进出口贸易的企业来说，过去企业报关员、报检员通常是分工协作、各管一块，使用不同的系统办理各自业务；关检融合的新报关制度实施后，报关员和报检员的资质合并，即同一个人使用同一套系统，完成过去报关员、报检员的工作量。

向海关办理进出口货物的报关手续的报关员与会计师、审计师一样，是向社会提供专门化智力服务的人员。报关员是联系进出口企业与海关之间的桥梁，其报关行为在海关工作中起着重要的作用。报关员业务水平的高低和报关质量的好坏，不仅影响着通关速度，也影响着海关的工作效率。

我国海关规定，向海关办理进出口报关纳税等海关事务的报关人员不能是自由职业者，他必须受雇于某一个企业。因此，报关员只能受雇于一个从事进出口业务、有对外贸易经营权的企业或者报关企业，并代表该企业向海关办理报关纳税手续。我国海关法律还规定，禁止报关员非法接受他人委托从事报关业务。

根据海关总署颁布的《报关服务质量要求》（HS/T 38—2013）和《报关单位注册登记管理规定》，报关人员应该做到以下几点。

（1）报关服务人员应具备满足相应岗位要求的专业技能，包括报关、报检、管理、法律、外贸、国际货运、财经和计算机等知识和技能。

（2）报关员取得报关员资格证书并经海关注册持有报关员证后，宜加入行业自律组织，

成为中国报关协会及地方报关协会的个人会员，履行会员的权利和义务。

（3）报关业务负责人、报关员不得有走私记录。

（4）报关企业应在《报关员国家职业标准（试行）》规定要求下，配备合理数量的具有助理报关师、报关师和高级报关师职业等级的报关员队伍。

（5）报关人员备案内容发生变更的，其所归属的报关企业及其分支机构或者进出口货物的收发货人应当在变更事实发生之日起 30 日内，持变更证明文件等相关材料到注册地海关办理变更手续。

二、报关的分类

报关业务可按照报关对象、报关目的和报关行为性质予以划分。

（一）以报关的对象为标准划分

报关按照其对象，可分为进出境运输工具报关、进出境货物报关和进出境物品报关三类。其中，进出境运输工具作为货物、人员及其携带物品的进出境载体，其报关主要是向海关直接交验随附的、符合国际商业运输惯例，能反映运输工具进出境合法性及其所承运货物、物品情况的合法证件、清单和其他运输单证，其报关手续较为简单。进出境货物的报关就较为复杂，为此，海关根据对进出境货物的监管要求，制定了一系列报关管理规范，并要求必须由具备一定的专业知识和技能且经海关核准的专业人员代表报关单位专门办理。对于进出境物品，由于其非贸易性质，且一般限于自用、合理数量，其报关手续相对也较简单。

（二）以报关的目的为标准划分

报关按照其目的，可分为进境报关、出境报关和转关报关。由于海关对运输工具、货物、物品的进境和出境有不同的管理要求，运输工具、货物、物品根据进境或出境的目的分别形成了进境报关手续和出境报关手续。另外，由于运输或其他方面的需要，有些海关监管货物需要办理从一个设关地点运至另一个设关地点的海关手续，所以在实践中就产生了转关业务。转关货物也需办理相关的报关手续。

视野拓展

转　关

转关运输是指海关为加速口岸进出口货物的疏运，方便收发货人办理海关手续，依照有关法律规定，允许海关监管货物由关境内一设关地点转运到另一设关地点、办理进出口海关手续的行为。

"转关运输货物"是海关监管货物，是指：由进境地入境后，运往另一设关地点办理进口海关手续的货物；在启运地已办理出口海关手续运往出境地，由海关监管放行的货物；由国内一设关地点转运到另一设关地点的应受海关监管的货物。

（三）以报关的行为性质为标准划分

报关按照其行为性质，可分为自理报关和代理报关。进出境运输工具、货物、物品的报关是一项专业性较强的工作，尤其是进出境货物的报关比较复杂，一些运输工具负责人、进出口货物收发货人或者物品的所有人，由于受经济、时间或地点等方面的限制，不能或者不愿意自行办理报关手续，而委托代理人代为报关，从而形成了自理报关和代理报关两种报关类型。《海关法》对接受进出境物品所有人的委托，代为办理进出境物品报关手续的代理人没有特殊要求，但对于接受进出口货物收发货人的委托，代为办理进出境货物报关手续的代理人则有明确的规定。因此，我们通常所称的自理报关和代理报关主要是针对进出境货物的报关而言的。

自理报关是指进出口货物收发货人自行办理报关业务。根据我国海关法律的规定，进出口货物收发货人必须依法向海关注册登记后方能办理报关业务。代理报关是指接受进出口货物收发货人的委托代理其办理报关业务的行为。我国海关法律把有权接受他人委托办理报关业务的企业称为报关企业。

三、报关的基本内容

报关的基本内容包括进出境运输工具报关、进出境货物报关、进出境物品报关三个方面。

（一）进出境运输工具报关的基本内容

根据海关要求，进出境运输工具负责人或其代理人在运输工具进入或驶离我国设立海关的地点时，均应如实向海关申报运输工具所载旅客人数、进出口货物数量、装卸时间等基本情况。

不同种类的运输工具进出境报关时所需递交的单证及所要申明的具体内容不完全相同。总的来说，运输工具进出境报关时须向海关申明的主要内容有：运输工具进出境的时间、航次（车次）、停靠地点等；运输工具进出境时所载运货物情况，包括过境货物、转运货物、通运货物、溢短卸（装）货物的基本情况；运输工具服务人员名单及其自用物品、货币等情况；运输工具所载旅客情况；运输工具所载邮递物品、行李物品的情况；其他需要向海关申报清楚的情况，如由于不可抗力原因，运输工具被迫在未设关地点停泊、降落或者抛掷、起卸货物、物品等情况。除此之外，运输工具报关时还需提交运输工具从事国际合法性运输必备的相关证明文件，如船舶国籍证书、吨税证书、海关监管簿、签证簿等，必要时还需出具保证书或缴纳保证金。

进出境运输工具负责人或其代理人就以上情况向海关申报后，有时还需应海关的要求配合海关检查，经海关审核确认符合海关监管要求的，可以上下旅客、装卸货物。

（二）进出境货物报关的基本内容

相对而言，进出境货物的报关比较复杂。根据《海关法》的规定，进出境货物报关主要包括以下几项内容：报关单位向海关如实申报其进出境货物的情况，配合海关查验货物，对部分货物还需缴纳进出口税费，最后海关放行货物。除此之外，根据海关监管的要求，保税货物、特定减免税货物以及暂准进出境货物，向海关申报前和海关放行后还需办理其他海关手续。

一般来说，进出境货物报关时，报关人员要做好以下几个方面的工作。

（1）进出口货物收发货人接到运输公司或邮递公司寄交的"提货通知单"或根据合同规定备齐出口货物后，应当做好向海关办理货物进出境手续的准备工作，或者签署委托代理协议，委托报关企业向海关申报。

（2）准备好报关单证，在海关规定的报关地点和报关时限内以电子方式和书面方式向海关申报。进出口货物报关单或海关规定的其他报关单（证）是报关单位向海关申报货物情况的法律文书，申报人必须认真、如实填写，并对所填制内容的真实性和合法性负责，承担相应的法律责任和经济责任。除此之外，还应准备与进出口货物直接相关的商业和货运单证（如发票、装箱单、提单等）；对于国家限制的进出口货物，应准备国家有关法律、法规规定实行特殊管制的证件（如进出口货物许可证等）；还要准备好其他海关可能需要查阅或收取的单证和资料（如贸易合同、原产地证明等）。报关单证准备完毕后，报关人员要把报关单上的数据通过电子计算机传送给海关，并在海关规定时间、地点向海关递交书面报关单证。

（3）经海关对报关电子数据和书面报关单证进行审核后，在海关认为必要的情况下，报关人员要配合海关查验货物。

（4）对于应缴纳税费的进出口货物，报关单位应在海关规定的期限内缴纳进出口税费。

（5）以上手续完成，进出口货物经海关放行后，报关单位可以安排装卸货物。

除了上述工作外，对于保税货物、特定减免税货物和暂准进出境货物，在进出境前还需办理备案申请等手续；在进出境后还需在规定时间、以规定的方式向海关办理核销、结案等手续。

（三）进出境物品报关的基本内容

《海关法》规定，个人携带进出境的行李物品、邮寄进出境物品，应当以自用合理数量为限。所谓自用合理数量，对于行李物品而言，"自用"指的是进出境旅客本人自用、馈赠亲友而非为出售或出租，"合理数量"是指海关根据进出境旅客旅行目的和居留时间所规定的正常数量；对于邮寄物品，则指的是海关对进出境邮递物品规定的征、免税限制。自用合理数量原则是海关对进出境物品监管的基本原则，也是对进出境物品报关的基本要求。需要注意的是，对于通过随身携带或邮政渠道进出境的货物，要按货物办理进出境报关手续。经海关登记准予暂时免税进境或者暂时免税出境的物品，应当由本人复带出境或者复带进境。享有外交特权和豁免权的外国机构或者人员的公务用品或者自用物品进出境，依照有关法律、行政法规的规定办理。

1. 进出境行李物品的报关

根据国际上许多国家的做法，我国海关规定，进出境旅客向海关申报时，可以在分别以红色和绿色作为标记的两种通道中进行选择。带有绿色标志的通道称为无申报通道（nothing to declare），又称绿色通道，适用于携带物品在数量和价值上均不超过免税限额，且无国家限制或禁止进出境物品的旅客；带有红色标志的通道称申报通道（goods to declare），又称红色通道，适用于携带有应向海关申报物品的旅客。对于选择红色通道的旅客，必须填写"进出境旅客行李物品申报单"（以下简称"申报单"）或海关规定的其他申报单证，在进出境地向海关作出书面申报。

自 2008 年 2 月 1 日起，海关在全国各对外开放口岸实行新的进出境旅客申报制度。进出境旅客没有携带应向海关申报物品的，无须填写申报单，选择"无申报通道"通关。除海关免予监管的人员以及随同成人旅行的 16 周岁以下旅客外，进出境旅客携带有应向海关申报物品的，须填写申报单，向海关书面申报，并选择申报通道通关。持有中华人民共和国政府主管部门给予外交、礼遇签证的进出境旅客，通关时应主动向海关出示本人有效证件，海关予以免验礼遇。

2．进出境邮递物品的报关

进出境邮递物品的申报方式由其特殊的邮递运输方式决定。我国是《万国邮政公约》的签约方。根据《万国邮政公约》的规定，进出口邮包必须由寄件人填写报税单（小包邮件填写绿色标签），列明所寄物品的名称、价值、数量，向邮包寄达国家（地区）的海关申报。进出境邮递物品的报税单和绿色标签随同物品通过邮政企业或快递公司呈递给海关。

3．进出境其他物品的报关

个人携带进出境的暂时免税进出境物品须由物品携带者在进境或出境时向海关作出书面申报，并经海关批准登记后，方可免税携带进出境，而且，应由本人复带出境或复带进境。外国驻中国使馆和使馆人员进出境公务、自用物品应当以海关核准的直接需用数量为限。其中公务用品是指使馆履行职务直接需要的进出境物品，包括以下几类：使馆使用的办公用品、办公设备、车辆；使馆主办或者参与的非商业性活动所需物品；使馆使用的维修工具、设备；使馆的固定资产，包括建筑装修材料、家具、家用电器、装饰品等；使馆用于免费散发的印刷品（广告宣传品除外）；使馆使用的招待用品、礼品等。自用物品是指使馆人员和与其共同生活的配偶及未成年子女在中国居留期间的生活必需品，包括自用机动车辆（限摩托车、小轿车、越野车、9 座以下的小客车）。

视野拓展

通　关

在国际贸易和交流活动中，我们会经常使用"通关"这一术语。所谓通关，是指海关根据其行政管理相对人向海关办理运输工具、货物或物品的进出境手续，对进出境运输工具、货物、物品依法进行监督、查验、征缴税费，核准其进出境的监督管理全过程。

通关与报关既有区别又有联系。通关既有海关行政管理相对人的申报，又有海关工作人员对报关对象的审核和监督，强调的是海关与海关行政管理相对人双向互动的结果。而报关则是凸显从海关行政管理相对人的角度看问题，主要指其向海关办理进出境相关手续，强调的是单向的过程（如图 2.1 所示）。

海关是国家的门户，其功能的强弱和运行效率的高低，对一个国家和地区的经济发展以及社会繁荣至关重要。特别是随着全球经济一体化和贸易自由化进程的加速发展，海关管理体制是否顺畅、通关活动是否高效，越来越成为衡量一个企业、一个地区乃至一个国家经济水平和竞争能力的重要指标，对国际资本的流入和我国外经贸乃至整个国民经济的发展都将产生深远的影响。

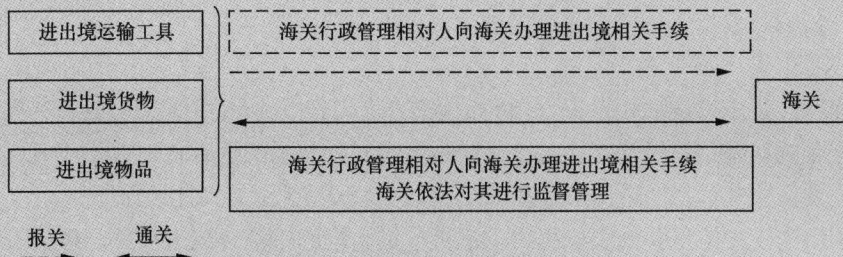

图 2.1 报关与通关示意图

为提升通关效率，一些海关根据当地具体情况为企业提供便捷通关。主要做法是从进口货物启运至到达海关前，船代或航空代理及时、完整、准确地向进境地海关传送电子仓单，企业即可向进境地海关办理报关手续。通过提前报关、加急通关、上门放验、担保放行等便捷措施提高了通关效率。

提升通关效率的另一举措是实行大通关。所谓大通关，指的是海关口岸各部门、单位、企业等，采取有效的手段，使口岸物流、单证流、资金流、信息流高效、顺畅地运转，同时实现口岸管理部门有效监管和高效服务的结合。它是涉及海关、商务主管部门、运输、仓储、海事、银行、保险等各个国家执法机关和商业机构的系统。实施大通关，最直接的目的就是提高效率，减少审批程序和办事环节，具体做法是：口岸各方建立快捷有效的协调机制，实现资源共享，通过实施科学、高效的监管，达到口岸通关效率的大幅度提高，真正实现"快进快出"。

随着信息技术的发展，无纸化通关以及电子海关、电子口岸等新型通关作业模式在逐步推行，海关监管的信息化、自动化水平也在逐步提升。这不仅加速了海关监管流程的重组，而且也更新了人们的管理理念。

第三节 报 关 单 位

报关单位是承载报关员工作的平台，并对其所属报关员的报关行为承担着相应的法律责任。它接受中华人民共和国海关的管理，在国际贸易业务中具有重要的地位。

一、报关单位的类型

报关单位（customs declaration unit）是指在海关注册登记或经海关批准，向海关办理进出口货物报关纳税等海关事务的境内法人或其他组织，包括依法在海关注册登记的报关企业和进出口货物收发货人。

《海关法》规定：进出口货物收发货人、报关企业办理报关手续，必须依法经海关注册登记。未依法经海关注册登记的企业或人员，不得从事报关业务。这以法律的形式明确了对向海关办理进出口货物报关纳税手续的企业实行注册登记管理制度。因此，完成海关报关注册登记手续，取得报关资格是报关单位的主要特征之一。也就是说，只有当有关的法人或组织取得了海关赋予的报关权后，才能成为报关单位，方能从事有关的报关活动。另外，作为报关单位还必须是"境内法人或组织"，能独立承担相应的经济和法律责任，这是报关单位的另一个特征。

《海关法》将报关单位划分为了两种类型，即进出口货物收发货人和报关企业。

（一）进出口货物收发货人

进出口货物收发货人是指依法直接进口或者出口货物的中华人民共和国关境内的法人、其他组织或者个人。

一般而言，进出口货物收发货人指的是依法向国家对外贸易主管部门或者其委托的机构办理备案登记的对外贸易经营者。对于一些未取得对外贸易经营者备案登记表，但按照国家有关规定需要从事非贸易性进出口活动的单位，如境外企业、新闻和经贸机构、文化团体等依法在中国境内设立的常驻代表机构，少量货样进出境的单位，国家机关、学校、科研院所等组织机构，临时接受捐赠、礼品、国际援助的单位，国际船舶代理企业等，在进出口货物时，海关也视其为进出口货物收发货人。

进出口货物收发货人经向海关注册登记后，只能为本单位进出口货物报关。

（二）报关企业

报关企业是指按照规定经海关准予注册登记，接受进出口货物收发货人的委托，以进出口货物收发货人的名义或者自己的名义，向海关办理代理报关业务，从事报关服务的境内企业法人。

进出口货物报关是一项专业性很强的工作。由于经济、时间、地点等方面的原因，有些进出口货物收发货人不能或者不愿自行办理报关手续，从而产生了委托报关的需求。报关企业正是为进出口货物收发货人提供报关服务的企业。作为报关企业，必须在经营规模、管理人员素质、报关员数量、守法状况、管理制度等几个方面符合海关规定的设立条件，并经海关注册登记行政许可，依法向海关办理注册登记。

我国从事报关服务的企业主要有两类：一类是经营国际货物运输代理等业务，兼营进出口货物代理报关业务的国际货物运输代理公司等；另一类是主营代理报关业务的报关公司或报关行。

自2018年8月1日起，企业报关报检已合并为一张报关单，所有企业转由中国国际贸易单一窗口标准版或互联网+海关新系统进行新版报关单的统一申报。企业需要同时具备报关和报检双重资质且使用电子口岸报关员卡或操作员卡进行申报。

▶ 新闻回顾

广州海关："单一窗口"基本覆盖国际贸易全流程

据2018年11月19日《广州日报》报道（记者：李大林）广州国际贸易"单一窗口"搭建起了企业与口岸管理部门之间的桥梁。目前，广州"单一窗口"服务企业4.5万户，货物申报上线率达99%，国际航行船舶及海运舱单申报上线率达100%，累计完成各类申报3.2亿票，基本满足国际贸易全业态、全流程的需求，有效提升了跨境贸易便利化水平，优化了口岸营商环境。

"以前货物报关、报检要跑多个窗口，现在通过'单一窗口'平台，在公司就可以导入数据，报关申报时间节省了2/3，费用也节省了一半以上。"威时沛货运（广州）有限公司相关业务员告诉记者。"以往办理船舶进出港手续需要往返4个部门，有了"单一窗口"后，以前三个人的工作量现在一个人就可以完成，而且可以及时查询到监管结果。"广州中外运船务代理有限公司相关负责人表示。

作为企业与监管部门之间的桥梁，广州国际贸易"单一窗口"依托广州电子口岸，反映了监管部门、企业的实际需求，实现了贸易和运输企业通过"单一窗口"平台一点接入、一次性递交满足监管部门要求的格式化单证和电子信息，监管部门的处理状态通过"单一窗口"平台反馈给申报人，监管部门按照明确的规则共享监管资源、实施联合监管。与此同时，广州"单一窗口"免收企业相关服务费用，并大幅精简申报数据，启用电子印章、在线打印有关证件，一次提交相关材料和信息，避免了企业在多个口岸管理部门之间往返奔波，实现了"让数据多跑路，企业少跑腿"。

广州市口岸办相关负责人介绍，广州国际贸易"单一窗口"计划建设 18 个功能模块，现已上线货物申报、运输工具申报、舱单申报、跨境电子商务、国际会展、国际邮件快件、原产地证明、市场采购、支付结算、信息查询等业务功能，涵盖海关、边检、海事、港务等 20 多个部门业务，基本能满足国际贸易全流程的需要。

以"单一窗口"国际航行船舶申报为例，该功能整合了海关、原检验检疫、边检、海事、港务的申报数据，实现了"一单五报"（一次录入分别向 5 家监管部门申报），可减少企业 2/3 的录入工作量，还取消了船舶出口岸纸质联系单，实现了全程无纸化作业。舱单申报功能江海联运模块实现了跨关区通关，可为企业节省费用 100 元/票，结关时间缩短至 1~2 天，节省 85% 以上。

据悉，广州还率先研发建设口岸通关时效评估系统。按照国际标准，系统完成了对货物进出口通关全流程的环节划分，实现了对进出口货物通关物流各环节状态数据的采集，形成了涵盖港口码头、进出口企业以及海关、原检验检疫、边检、海事、港务、口岸办等口岸管理单位的大数据共享。为政府部门提供通关物流环节多维度统计分析，企业可以实时查询货物通关状态，倒逼改革，实现对口岸管理的又一次创新。

随着出入境检验检疫管理职责和队伍划入海关，自 2018 年 8 月 1 日起，"单一窗口"整合申报正式实施，报关单、报检单合并为一张报关单，进出口企业实现了"一张大表"申报。"单一窗口"整合申报不仅整合了申报要素，也统一了数据标准，以便与国际接轨。以申报国别（地区）为俄罗斯为例，现在统一使用 3 位字母国标代码"RUS"，可以避免因混淆报关导致的申报错误。

2018 年以来，广州海关大力推进关检业务融合整合，实现关检融合整合申报，合并原报关报检流程，将 229 个申报项目合并精简至 105 个；同时，大力推广提前申报模式，实现了单证手续与货物运输的同步进行。2018 年 10 月，广州海关进口整体通关时间为 38.79 小时，较上年压缩 53.43%，出口整体通关时间为 3.48 小时，较上年压缩 69.16%。

二、报关单位的注册

报关注册登记制度是指进出口货物收发货人、报关企业依法向海关提交规定的注册登记申请材料，经注册地海关依法对申请注册登记的材料进行审核，准予其办理报关业务的管理制度。

（一）可以向海关办理报关注册登记的单位

根据《海关法》的规定，可以向海关办理报关注册登记的单位有两类：一是进出口货物收发货人，主要包括依法向国家对外贸易主管部门或者其委托的机构办理备案登记的对外贸易经营者等；二是报关企业，主要包括报关行、国际货物运输公司等。海关一般不接受其他企业和单位的报关注册登记申请。海关对未取得对外贸易经营者备案登记表，但依照国家有关规定需要从事非贸易性进出口活动的有关单位，允许其向进出口口岸地或者海关监管业务集中地海关办理临时注册登记手续。对于临时注册登记单位，海关一般不予核发注册登记证书，仅出具临时报关单位注册登记证明。临时注册登记证明有效期最长为 7 日，法律、行政法规、海关规章另有规定的除外。

考虑到两类报关单位的不同性质，海关对其规定了不同的报关注册登记条件。对于报关企业，海关要求其必须具备规定的设立条件并取得海关报关注册登记许可。对于进出口货物收发货人则实行备案制，其办理报关注册登记的手续和条件较报关企业简单。凡是依照《对外贸易法》经向对外贸易主管部门备案登记，有权从事对外贸易经营活动的境内法人、其他组织和个人（个体工商户）均可直接向海关办理注册登记。

（二）进出口货物收发货人注册登记

进出口货物收发货人应当按照规定到所在地海关办理报关单位注册登记手续。

进出口货物收发货人申请办理注册登记，应当提交的文件材料包括以下几种：①企业法人营业执照副本复印件（个人独资、合伙企业或者个体工商户提交营业执照）；②对外贸易经营者登记备案表复印件（法律、行政法规或者商务部规定不需要备案登记的除外）；③企业章程复印件；④银行开户证明复印件；⑤报关单位情况登记表、报关单位管理人员情况登记表；⑥其他与注册登记有关的文件材料。

注册地海关依法对申请注册登记材料是否齐全、是否符合法定形式进行核对。对于申请材料齐全、符合法定形式的申请人，由注册地海关核发"进出口货物收发货人报关注册登记证书"（以下简称"收发货人登记证书"）。进出口货物收发货人凭此办理报关业务。

（三）报关企业注册登记许可

由于报关服务是一项专业性、技术性很强的工作，所以，报关企业注册登记应依法获得报关企业注册登记许可。

1. 报关企业设立条件

报关企业注册登记许可应当具备的条件包括以下几个：具备境内企业法人资格条件；法定代表人无走私记录；无因走私违法行为被海关撤销注册登记许可记录；有符合从事报关服务所必需的固定经营场所和设施；海关监管所需要的其他条件。

2. 报关企业注册登记许可程序

报关企业注册登记许可一般需经过申请、处理、审查、许可等程序。申请报关企业注册登记许可的申请人应当到所在地直属海关对外公布受理申请的场所向海关提出申请。提出申请时应提交的材料包括以下几种：报关企业注册登记许可申请书；企业法人营业执照副本或者企业名称预先核准通知书复印件；企业章程；出资证明文件复印件；所聘报关从业人员的报关员资格证书复印件；从事报关服务业可行性研究报告；报关业务负责人工作简历；报关服务营业场所所有权证明、租赁证明；其他与申请注册登记许可相关的材料等。

申请人可以委托代理人提出注册登记许可申请。申请人委托代理人代为提出申请的，应当出具授权委托书。

在申请的处理阶段，海关首先应对申请人提出的申请根据下列情况分别作出处理：申请人不具备报关企业注册登记许可申请资格的，应当作出不予受理的决定；申请材料不齐全或者不符合法定形式的，应当当场或者在签收申请材料后5日内一次性告知申请人需要补正的全部内容，逾期不告知的，自收到申请材料之日起即为受理；申请材料仅存在文字性、技术性或者装订等可以当场更正的错误的，应当允许申请人当场更正，并且申请人对更正内容予以签章确认；申请材料齐全、符合法定形式，或者申请人按照海关的要求提交全部补正申请材料的，海关应当受理报关企业注册登记许可申请，并作出受理决定。

海关受理申请后，应当根据法定条件和程序进行全面审查，并于受理注册登记许可申请之日起20日内审查完毕，同时将审查意见和全部申请材料报送直属海关。直属海关应当自收到接受申请的海关报送的审查意见之日起20日内作出决定。

经审查，申请人的申请符合法定条件的，海关应当依法作出准予注册登记许可的书面决定，并通知申请人。

申请人的申请不符合法定条件的，海关应当依法作出不准予注册登记许可的书面决定，并且告知申请人享有依法申请行政复议或者提起行政诉讼的权利。

3. 报关企业跨关区分支机构注册登记许可

报关企业需要在注册登记许可区域外（即另一直属海关关区）从事报关服务的，应当依法设立分支机构，并且向拟注册登记地海关递交报关企业分支机构注册登记许可申请。

申请分支机构注册登记许可的报关企业应当符合的条件包括以下几个：报关企业自取得海关核发的"报关企业报关注册登记证书"（以下简称"报关企业登记证书"）之日起满两年；报关企业自申请之日起最近两年未因走私受过处罚。

海关比照报关企业注册登记许可程序规定作出是否准予跨关区分支机构注册登记许可的决定。

4. 报关企业及其跨关区分支机构注册登记许可期限

报关企业及其跨关区分支机构注册登记许可期限均为两年。被许可人需要延续注册登记许可有效期的，应当办理注册登记许可延续手续。

报关企业未办理注册登记许可延续手续或者海关未准予注册登记许可延续的，自丧失注册登记许可之日起，其跨关区分支机构注册登记许可自动终止。

5. 报关企业注册登记许可的变更和延续

报关企业及其分支机构注册登记许可中的企业名称及其分支机构名称、企业注册资本、法定代表人（负责人）有变更的，应以书面形式到注册地海关申请变更注册登记许可。注册地海关对被许可人提出的变更注册登记许可申请，按照注册登记许可程序进行初审，并且上报直属海关审批。直属海关依法审查后，对符合法定条件、标准的，应当准予变更，并且作出准予变更决定。海关准予变更注册登记的报关企业及其分支机构凭直属海关变更决定到相关管理部门办理变更手续。

报关企业及其分支机构注册登记许可需要进行延续的，应当在有效期届满 40 日前向海关提出延续申请并递交海关规定的材料。海关依照注册登记许可程序在有效期届满前对报关企业的申请予以审查，对符合注册登记许可条件的，并且符合法律、行政法规、海关规章规定的延续注册登记许可应当具备的其他条件的，依法作出准予延续的决定，延续的有效期为 2 年。海关对不再具备注册登记许可的条件，或者不符合法律、行政法规、海关规章规定的延续注册登记许可应具备的条件的报关企业或者其分支机构，不予延长其注册登记许可。对未按照规定申请注册登记许可延续或者海关不予延长其注册登记许可的报关企业或者其分支机构，海关不再接受其办理报关业务。

6. 报关企业注册登记许可的撤销

有下列情形之一的，作出注册登记许可决定的直属海关，根据利害关系人的请求或者依据职权，可以撤销注册登记许可：海关工作人员滥用职权、玩忽职守作出准予注册登记许可决定的；超越法定职权作出准予注册登记许可决定的；违反法定程序作出准予注册登记许可决定的；对不具备申请资格或者不符合法定条件的申请准予注册登记许可的；依法可以撤销注册登记许可的其他情形。

被许可人以欺骗、贿赂等不正当手段取得注册登记许可的，应当予以撤销。海关依照规定撤销注册登记许可，可能对公共利益造成重大损害的，不予撤销。

7. 报关企业注册登记许可的注销

有下列情形之一的，海关应当依法注销注册登记许可：有效期届满未延续的；报关企业依法终止的；注册登记许可依法被撤销、撤回，或者注册登记许可证件被吊销的；因不可抗力导致注册登记许可事项无法实施的；法律、行政法规规定的应当注销注册登记许可的其他情形。

（四）报关企业注册登记手续

报关企业申请人经直属海关注册登记许可后，应当到工商行政管理部门办理许可经营项目登记，并且自工商行政管理部门登记之日起 90 日内到企业所在地海关办理注册登记手续。逾期，海关不予注册登记。

报关企业申请办理注册登记，应当提交的文件材料包括以下几种：直属海关注册登记许可文件复印件；企业法人营业执照副本复印件（分支机构提交营业执照）；银行开户证明复印件；报关单位情况登记表、报关单位管理人员情况登记表；报关企业与所聘报关员签订的用工劳动合同复印件；其他与报关注册登记有关的文件材料。

注册地海关依法对申请注册登记材料是否齐全、是否符合法定形式进行核对。申请材料齐全、符合法定形式的申请人由注册地海关核发报关企业登记证书。报关企业凭以办理报关业务。

（五）报关单位注册登记证书的时效及换证管理

根据海关有关规定，报关企业登记证书的有效期限为 2 年，收发货人登记证书的有效期限为 3 年。

报关企业应当在办理注册登记许可延期的同时，办理换领报关企业报关登记证书手续。

进出口货物收发货人应当在收发货人登记证书有效期届满前 30 日到注册地海关办理换证手续。进出口货物收发货人办理换证手续时，应当向注册地海关递交的文件材料包括以下几种：企业法人营业执照副本复印件（个人独资、合伙企业或者个体工商户提交营业执照）；对外贸易经营者登记备案表复印件（法律、行政法规或者商务部规定不需要备案登记的除外）；外商投资企业批准证书，台、港、澳、侨投资企业批准证书复印件；报关单位情况登记表、报关员情况登记表（无报关员的免提交）、报关单位管理人员情况登记表。

材料齐全、符合法定形式的报关单位由注册地海关换发报关企业登记证书或者收发货人登记证书。

（六）报关单位的变更登记及注销登记

报关企业取得变更注册登记许可后或者进出口货物收发货人单位名称、企业性质、企业住所、法定代表人（负责人）等海关注册登记内容发生变更的，应当自批准变更之日起 30 日内，向注册地海关提交变更后的工商营业执照或者其他批准文件及复印件，办理变更手续。

报关单位有下列情形之一的，应当以书面形式向注册地海关报告。海关在办结有关手续后，依法办理注销注册登记手续：①破产、解散、自行放弃报关权或者分立成两个以上新企业的；②被工商行政管理部门注销登记或吊销营业执照的；③丧失独立承担责任能力的；④报关企业丧失注册登记许可的；⑤进出口货物收发货人的对外贸易经营者备案登记表或者外商投资企业批准证书失效的；⑥其他依法应当注销注册登记的情形。

视野拓展

海关上门解难题 企业归类更顺畅

新产品归类定不下来，出口商品大同小异无法辨识……这些令人头疼的问题，现在对于宁波某控股集团有限公司来说都不再是难题。"掌握了归类总规则和商品排列规律，就像是在一团乱麻里找到了线头。"宁波某控股集团有限公司总经理如是说。

2016 年 1 月 6 日，宁波某控股集团有限公司来了一位特殊的"客人"——宁波海关现场业务处出口科的领导。出口产品种类繁多，如何快速、准确地把握商品归类一直是出口企业的难题。所以，

三、报关单位的行为规则和法律责任

（一）进出口货物收发货人的报关行为规则

进出口货物收发货人在海关办理注册登记后，可以在中华人民共和国关境内的各个口岸或者海关监管业务集中的地点办理本单位的报关业务，但不能代理其他单位报关。进出口货物收发货人自行办理报关业务时，应当通过本单位所属的报关员向海关办理。

进出口货物收发货人可以委托海关准予注册登记的报关企业，由报关企业所属的报关员代为办理报关业务，但不得委托未取得注册登记许可、未在海关办理注册登记的单位或者个人办理报关业务。

进出口货物收发货人办理报关业务时，向海关递交的纸质进出口货物报关单必须加盖本单位在海关备案的报关专用章。

进出口货物收发货人应对其所属报关员的报关行为承担相应的法律责任。进出口货物收发货人所属的报关员离职，报关员未按规定办理报关员注册注销的，进出口货物收发货人应当自报关员离职之日起 30 日内向海关报告并将报关员证件交注册地海关予以注销；报关员未交还报关员证件的，其所在单位应当在报刊上声明作废，并向注册地海关办理注销手续。

（二）报关企业的报关行为规则

1. 报关企业报关服务的地域范围

报关企业可以在依法取得注册登记许可的直属海关关区内各口岸或者海关监管业务集中的地点从事报关服务，但是应当在拟从事报关服务的口岸地或者海关监管业务集中的地点依法设立分支机构，并且在开展报关服务前按规定向直属海关备案。

报关企业如需要在注册登记许可区域以外从事报关服务的，应当依法设立分支机构，并且向拟注册登记地海关申请报关企业分支机构注册登记许可。报关企业分支机构经海关依法准予注册登记许可的，向海关办理注册登记后，可在所在地口岸或者海关监管业务集中的地点从事报关服务。报关企业对其分支机构的行为承担法律责任。

2. 报关企业从事报关服务应当履行的义务

报关企业在从事报关服务时应当履行如下义务。

（1）遵守法律、行政法规、海关规章的各项规定，依法履行代理人职责，配合海关监管工作，不得违法滥用报关权。

（2）依法建立账簿和营业记录。真实、正确、完整地记录其受委托办理报关业务的所有活动，详细记录进出口时间、收发货单位、报关单号、货值、代理费等内容，完整保留委托单位提供的各种单证、票据、函电，以便接受海关稽查。

（3）报关企业应当与委托方签订书面的委托协议，委托协议应当载明受托报关企业名称、地址、委托事项、双方责任、期限、委托人的名称和地址等内容，由双方签章确认。

（4）报关企业接受进出口货物收发货人的委托办理报关手续时，应当承担对委托人所提供情况的真实性、完整性进行合理审查的义务。审查内容包括以下几方面：证明进出口货物的实际情况的资料，如进出口货物的品名、规格、用途、产地、贸易方式等；有关进出口货物的合同、发票、运输单据、装箱单等商业单据；进出口所需的许可证件及随附单证；海关要求的加工贸易手册（纸质或电子数据）及其他进出口单证等。报关企业未对进出口货物收发货人提供情况的真实性、完整性履行合理审查义务或违反海关规定申报的，应当承担相应的法律责任。

（5）报关企业不得以任何形式出让其名义，供他人办理报关业务。

（6）对于代理报关的货物涉及走私违规情事的，应当接受或者协助海关进行调查。

3. 其他规则

报关企业办理报关业务时，向海关递交的纸质进出口货物报关单必须加盖本单位在海关备案的报关专用章。报关企业的报关专用章仅限在其标明的口岸地或者海关监管业务集中地使用，每一口岸地或者海关监管业务集中地报关专用章应当只有 1 枚。

报关企业应对其所属报关员的报关行为承担相应的法律责任。报关企业所属的报关员离职，报关员未按规定办理报关员注册注销的，报关企业应当自报关员离职之日起 30 日内向海关报告并将报关员证件交注册地海关予以注销；报关员未交还报关员证件的，其所在单位应当在报刊上声明作废，并向注册地海关办理注销手续。

（三）报关单位的海关法律责任

报关单位在办理报关业务时，应遵守国家有关法律、行政法规和海关的各项规定，并对所申报货物、物品的品名、规格、价格、数量等的真实性、合法性负责，承担相应的法律责任。

报关单位的海关法律责任，是指报关单位违反海关法律规范所应承担的法律后果，并由海关及有关司法机关对其违法行为依法予以追究，实施法律制裁。《海关法》《海关行政处罚实施条例》和有关海关行政规章等都对报关单位的法律责任进行了规定。《刑法》关于走私犯罪的规定，《行政处罚法》关于行政处罚的原则、程序、时效、管辖、执行等规定，也都适用于对报关单位海关法律责任的追究。

1. 报关单位违反海关法律责任的原则性规定

报关单位违反海关法律责任的原则性规定有以下几项。

（1）报关单位违反《海关法》及有关法律、行政法规，逃避海关监管，偷逃应纳税款，逃避国家有关进出境的禁止性或者限制性管理，非法运输、携带、邮寄国家禁止、限制进出口或者依法应当缴纳税款的货物、物品进出境，或者未经海关许可并且未缴纳应纳税款、交验有关许可证件，擅自将保税货物、特定减免税货物以及其他海关监管货物、物品、进境的境外运输工具在境内销售，构成犯罪的，将被依法追究刑事责任。

（2）对于（1）款行为，尚不构成犯罪的，由海关没收走私货物、物品及违法所得，可以并处罚款；对专门或者多次用于掩护走私的货物、物品，专门或者多次用于走私的运输工具，海关将予以没收；对藏匿走私货物、物品的特制设备，海关将责令拆毁或者没收。

（3）报关单位有违反《海关法》及有关法律、行政法规、海关规章或海关规定程序及手续，尚未构成走私的行为，海关按《海关行政处罚实施条例》的有关规定处理。

2. 报关单位违反海关监管规定的行为及其处罚

报关单位违反海关监管规定的行为及其处罚有以下几项。

（1）违反国家进出口管理规定，进出口国家禁止进出口的货物的，责令退运，处100万元以下罚款。

（2）违反国家进出口管理规定，进出口国家限制进出口的货物，进出口货物的收发货人向海关申报时不能提交许可证件的，对进出口货物不予放行，且处货物价值30%以下罚款。

（3）违反国家进出口管理规定，进出口属于自动进出口许可证管理的货物，进出口货物的收发货人向海关申报时不能提交自动许可证明的，对进出口货物不予放行。

（4）报关单位在办理报关业务的过程中，进出口货物的品名、税则号列、数量、规格、价格、贸易方式、原产地、启运地、运抵地、最终目的地或者其他应当申报的项目未申报或者申报不实的，分别依照下列规定予以处罚，有违法所得的，没收违法所得：影响海关统计准确性的，予以警告或者处1 000元以上1万元以下罚款；影响海关监管秩序的，予以警告或者处1 000元以上3万元以下罚款；影响国家许可证管理的，处货物价值5%以上30%以下罚款；影响国家税款征收的，处漏缴税款30%以上2倍以下罚款；影响国家外汇、出口退税管理的，处申报价格10%以上50%以下罚款。在代理报关业务中，因进出口货物收发货人未按照规定向报关企业提供所委托报关事项的真实情况，致使发生上述情形的，有关法律责任由委托人承担；因报关企业对委托人所提供情况的真实性未进行合理审查，或者因工作疏忽致使发生上述情形的，可以对报关企业处货物价值10%以下罚款，暂停其6个月以内从事报关业务，情节严重的，撤销其报关注册登记。

（5）报关单位有下列行为之一的，处货物价值5%以上30%以下罚款，有违法所得的，没收违法所得：未经海关许可，擅自将海关监管货物开拆、提取、交付、发运、调换、改装、抵押、质押、留置、转让、更换标记、移作他用或者进行其他处置的；未经海关许可，在海关监管区以外存放海关监管货物的；经营海关监管货物的运输、储存、加工、装配、寄售、展示等业务，有关货物灭失、数量短少，或者记录不真实，不能提供正当理由的；经营保税货物的运输、储存、加工、装配、寄售、展示等业务，不依照规定办理收存、交付、结转、核销等手续，或者中止、延长、变更、转让有关合同不依照规定向海关办理手续的；未如实向海关申报加工贸易制成品单位耗料量的；未按照规定期限将过境、转运、通运货物运输出境，擅自留在境内的；未按照规定期限将暂时进出口货物复运出境或者复运进境，擅自留在境内或者境外的；有违反海关规定的其他行为，致使海关不能或者中断对进出口货物实施监管的。上述规定中所涉货物属于国家限制进出口需要提交许可证件的，当事人在规定期限内不能提交许可证件的，另处货物价值30%以下罚款；漏缴税款的，可以另处漏缴税款1倍以下罚款。

（6）报关单位有下列行为之一的，予以警告，可以处3万元以下罚款：擅自开启或者损毁海关封志的；遗失海关制发的监管单证、手册等凭证，妨碍海关监管的；有违反海关监管规定的其他行为，致使海关不能或者中断对进出境运输工具、物品实施监管的。

（7）伪造、变造、买卖海关单证的，处5万元以上50万元以下罚款，有违法所得的，没收违法所得；构成犯罪的，依法追究刑事责任。

（8）进出口侵犯知识产权的货物的，没收侵权货物，并处货物价值30%以下罚款；构成犯罪的，依法追究刑事责任。需要向海关申报知识产权状况，而未按规定向海关如实申报的，或者未提交合法适用有关知识产权的证明文件的，可以处5万元以下罚款。

（9）报关企业有下列情形之一的，责令改正，给予警告，可以暂停其6个月以内从事报关业务：拖欠税款或者不履行纳税义务的；报关企业出让其名义供他人办理进出口货物报关纳税事宜的；损坏或者丢失海关监管货物，不能提供正当理由的；有需要暂停其从事报关业务的其他违法行为的。

（10）报关企业有下列情形之一的，海关可以撤销其注册登记：报关企业构成走私犯罪或者1年内有2次以上走私行为的；所属报关员1年内3人次以上被海关暂停执业的；被海关暂停从事报关业务，恢复从事报关业务后1年内再次发生拖欠税款或者不履行纳税义务、出让企业名义供他人办理进出口货物报关纳税事宜、损坏或者丢失海关监管货物且不能提供正当理由等情形的；有需要撤销其注册登记的其他违法行为的。

（11）报关企业非法代理他人报关或者超出海关准予的从业范围进行报关活动的，责令改正，处5万元以下罚款，暂停其6个月以内从事报关业务；情节严重的，撤销其报关注册登记。

（12）进出口货物收发货人、报关企业向海关工作人员行贿的，撤销其报关注册登记，并处10万元以下罚款；构成犯罪的，依法追究刑事责任，并不得重新注册登记为报关企业。

（13）提供虚假资料骗取海关注册登记的，撤销其注册登记，并处30万元以下罚款。

（14）海关对于未经海关注册登记从事报关业务的，予以取缔，没收违法所得，可以并处10万元以下罚款。

（15）报关单位有下列情形之一的，海关予以警告，责令其改正，并可以处人民币1 000元以上5 000元以下罚款：报关企业取得变更注册登记许可后或者进出口货物收发货人单位名称、企业性质、企业住所、法定代表人（负责人）等海关注册登记的内容发生变更，未按照规定向海关办理变更手续的；未向海关备案，擅自变更或者启用"报关专用章"的；所属报关员离职，未按照规定向海关报告并办理相关手续的。

此外，根据《海关法》的规定，海关准予从事有关业务的企业，违反《海关法》有关规定的，由海关责令改正，可以给予警告、暂停其从事有关业务，直至撤销注册登记。因此与报关活动相关的其他法人在从事与报关相关的活动中，违反《海关法》及有关法律、行政法规的，也要承担相应的行政、刑事法律责任。

如法人或者其他组织有违反《海关法》及有关法律、行政法规的行为，除处罚该法人或者组织外，还应对其主管人员和直接责任人员予以警告，可以处5万元以下罚款，有违法所得的，没收违法所得。

技能训练

报关认知性实训：联系当地一家报关企业，研究其业务类型，结合该企业实际，根据报关企业的人员构成、业务范围、企业职责等内容写一篇2 000字左右的调研报告。

案例分析

报关申报不实谁承责

2014年10月15日，凯越电子设备有限责任公司（以下简称"凯越公司"）委托汇鑫国际运输代理有限公司（以下简称"汇鑫公司"）以一般贸易方式向某海关申报进口缝合机3台，申报价格为每台15.4万美元。某海关经查验发现，当事人实际进口缝合机6台，少报多进3台，涉嫌漏缴税款人民币47.7万元。某海关遂对此立案调查，并查明如下事实：2014年10月13日，凯越公司在收到外商寄来的6台缝合机发票、装箱单和通过因特网发送的3台缝合机发票的电子邮件后，委托汇鑫公司以一般贸易方式办理报关事宜。凯越公司业务员在向汇鑫公司移交报关单据时未仔细核对，只将3台缝合机发票的电子邮件、6台缝合机的装箱单及到货通知提供给报关企业驻厂客服人员；而汇鑫公司驻厂客服人员认为报关时不需要装箱单，而只将收到的3台缝合机的发票及到货通知传真给该公司报关员。汇鑫公司报关员收到上述发票和到货通知后，从货运公司调取了6台缝合机的随货发票并记录了缝合机编号、发票号码和运单，但未认真核对从货运公司调取单证与凯越公司提供资料有关内容是否一致，便直接以3台缝合机的数量向某海关办理申报进口手续，致使申报内容不符合进口货物的实际情况。

问题：

1. 汇鑫公司作为报关企业对收货人凯越公司提供的进口货物情况是否负有审查义务？
2. 对于该次报关业务申报不实的责任，凯越公司和汇鑫公司应该如何承担？

同步测试

一、单项选择题

1. 下列关于报关或者代理报关范围的表述错误的是（　　）。

   A. 进出口货物收发货人只能办理本企业（单位）进出口货物的报关业务

   B. 代理报关企业只能接受有权进出口货物单位的委托，办理本企业承揽、承运货物的业务

   C. 报关企业可接受任何企业和单位的委托办理报关业务

   D. 进出口货物收发货人可在全国各口岸设关地点办理报关业务

2. 进出口货物收发货人是指（　　）。

   A. 向海关办理报关手续的人员

   B. 直接进出口货物的我国境内的法人、其他组织或者个人

   C. 在海关注册登记的报关企业

   D. 办理进出口货物运输、保险的收发货单位

3. 按照报关的行为性质，报关可分为（　　）。

   A. 自理报关和代理报关

   B. 进出境运输工具报关、进出境货物报关和进出境物品报关

   C. 进境报关、出境报关和转关报关

   D. 自理报关和通关

4. 报关企业是指完成（　　）手续，取得办理进出口货物报关资格的境内法人。

    A. 工商注册登记　　　　　　　　　　B. 税务注册登记

    C. 企业主管部门批准　　　　　　　　D. 海关报关注册登记

5. 我国历史上第一家由国家设立的官方商品检验局是（　　）。

    A. 汉口商检局　　　　　　　　　　　B. 上海仁记洋行

    C. 上海商品检验局　　　　　　　　　D. 中央贸易部国外贸易司设立的商品检验处

二、多项选择题

1. 报关的具体范围是（　　）。

    A. 进出境人员　　　　　　　　　　　B. 进出境运输工具

    C. 进出境货物　　　　　　　　　　　D. 进出境物品

2. 1998 年 3 月，全国人大九届一次会议批准通过的国务院机构改革方案确定，（　　）合并组建国家出入境检验检疫局，即"三检合一"。

    A. 国家卫生检疫局　　　　　　　　　B. 国家技术监督局

    C. 国家动植物检疫局　　　　　　　　D. 国家进出口商品检验局

3. 下列关于报关员和报关单位的责任表述正确的是（　　）。

    A. 必须受聘于某个报关单位，且由所在报关单位为其在海关备案登记后才能成为报关员

    B. 报关单位的进出口货物报关事宜应由报关员代表本单位向海关办理

    C. 报关员基于所在企业授权的报关行为，其法律责任应由报关员承担

    D. 对脱离报关员工作岗位和被企业解聘的报关员，报关单位应及时收回其报关证件办理注销手续，因未办理注销手续而发生的经济法律责任由报关单位负责

4. 关于进出境货物的报关，下列表述正确的是（　　）。

    A. 进出境货物的报关必须由报关员代表报关单位专门办理

    B. 进出境货物的收发货人可以自行报关，也可以委托报关企业代理报关

    C. 进出境货物报关要经过申报、查验、征税、放行等几个环节

    D. 进出境货物向海关申报要填制"进出口货物报关单"

5. 下列有关进出境物品的监管表述正确的是（　　）。

    A. 个人携带进出境的行李、物品，应以自用合理数量为限，并接受海关监督

    B. 个人携带超过自用合理数量并侵犯受我国法律、行政法规保护的知识产权的进出境行李物品，视为侵权物品，由海关依法查处

    C. 携带国家禁止进出境的物品进出境，在海关进行人身检查前主动申报，海关将免予处罚

    D. 携带超过自用合理数量的物品进出境，不如实向海关申报的，可责令补税或将有关物品退运，可并处物品等值以下罚款

三、判断题

1. 所有进出我国关境的运输工具必须经由设有海关的地点进出境，运输工具负责人或代理人应如实向海关申报、提交相关证明文件，并接受海关检查。　　　　　　　　　　　　　（　　）

2. 个人携带进出境的行李物品、邮寄进出境的物品，应当以自用合理数量为限。　　　（　　）

3. 通关是指海关行政管理相对人向海关办理进出境相关手续。　　　　　　　　　　　（　　）

4. 国家以行政许可的形式从根本上确定了中国出入境检验检疫的法律地位。　　　　　（　　）

5. 报关员在填写报关单时有申报不实行为，其责任应由报关员本人承担，其所在报关单位不对此类报关行为负法律责任。（　　）

6. 报关企业必须在注册地海关及设立分支机构所辖口岸办理报关手续。（　　）

7. 获得报关权的进出口货物收发货人既可为本单位报关，也可委托报关企业为其办理报关手续。（　　）

8. 报关企业注册登记许可一般需经过申请、处理、审查、许可等程序。（　　）

9. 在代理报关业务中，因进出口货物收发货人未按照规定向报关企业提供所委托报关事项的真实情况，致使申报不实而违法的，有关法律责任由委托人和承办人共同承担。（　　）

10. 报关企业不得以任何形式出让其名义，供他人办理报关业务。（　　）

四、综合实务题

永通国际报关有限责任公司（以下简称"永通公司"）现有员工35人，其中报关员16人，张小三和李小四分别是该公司2018年1月1日刚聘用的两名报关员。通达鞋业有限责任公司（以下简称"通达公司"）因进出口业务，长期委托永通公司为其办理报关业务。基于该背景资料，回答以下问题。

1. 张小三在代表永通公司为通达公司办理一批出口业务时，因部分项目填报出现问题，电子审单时被海关退回责令更正。根据《海关差错项目报告事项》，张小三所犯错误应属于第（　　）类。

  A. 1   B. 2   C. 3   D. 其他

2. 2018年7月20日，通达公司一批出口业务在永通公司的代理下，海关将"放行交单"通知交给了报关员李小四，但直到8月23日该报关员才备齐随附单证，导致海关撤销了本批报关单。这次海关根据有关规定应记李小四（　　）分。

  A. 1   B. 3   C. 2   D. 5

3. 永通公司在为通达公司办理进出口业务时，未经海关许可，擅自将海关监管货物开拆、提取、交付和发运。这时海关应对永通公司处以货物价值（　　）的罚款。

  A. 10%～50%   B. 10%～30%

  C. 5%～30%   D. 30%～50%

4. 2018年通达公司企业住所和法定代表人均发生变更，但未按照规定向海关办理变更手续，这时海关可对其处以（　　）元的罚款。

  A. 1 000～5 000   B. 1 000～3 000

  C. 5 000～10 000   D. 3 000～5 000

五、论述题

1. 试述报关注册登记制度的概念和主要环节。

2. 试述报关企业从事报关服务应当履行的义务。

第三章 对外贸易管制

孙子曰：治兵不知九变之术，虽知五利，不能得人之用矣。是故智者之虑，必杂于利害，杂于利而务可信也，杂于害而患可解也。故用兵之法，无恃其不来，恃吾有以待之；无恃其不攻，恃吾有所不可攻也。——《孙子兵法·九变 第八》

【知识目标】

（1）掌握对外贸易管制的概念；（2）熟悉对外贸易管制制度；（3）了解对外贸易管制的法律框架；（4）理解对外贸易管制的分类；（5）熟悉各种对外贸易管制措施。

【技能目标】

（1）能清晰地表述对外贸易管制的特点；（2）能划分不同种类的对外贸易管制措施；（3）能执行对外贸易管制的措施。

【内容架构】

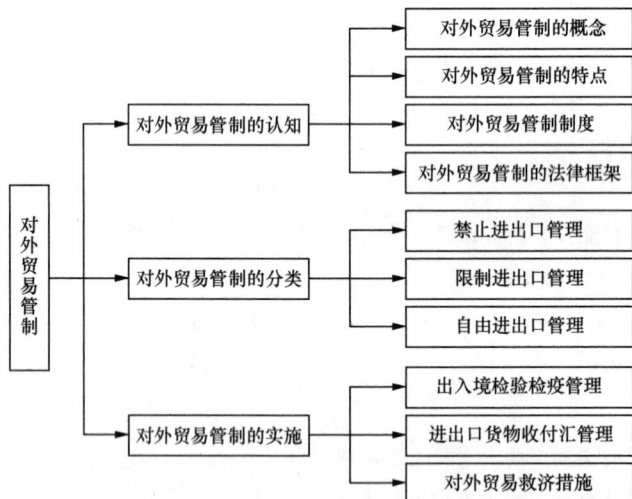

案例导入

"一带一路"——贸易之路

经贸合作是"一带一路"建设的基础和先导，通过扩大贸易投资规模，提高贸易投资水平，释放沿线国家合作潜力，可以为沿线国家政策对接、人文交流等创造条件、奠定基础，推动我国与沿线国家在更大范围、更高水平、更深层次的开放与合作，为沿线各国发展增添新动力。

"一带一路"首先是贸易之路。近年来，我国与"一带一路"沿线国家之间贸易领域逐步拓展，贸易规模不断扩大，但也面临通关、运输、物流壁垒较多、"通而不畅"等问题，为此需要打破阻碍贸易往来的藩篱，进一步挖掘贸易增长潜力，提高贸易发展水平。

"一带一路"可积极推进贸易便利化。降低关税和非关税壁垒，加强海关、检验检疫、认证认可、标准计量等方面的合作和政策交流，改善口岸通关设施条件，深化区域通关合作，增强技术性贸易措施透明度，提高贸易便利化水平。积极开展贸易投资促进活动，发挥好中国-东盟博览会、中国-南亚博览会、中国-亚欧博览会、中国-阿拉伯博览会、广交会、厦门投洽会等综合性展会的作用，为沿线国家企业来华参展提供更多便利，鼓励企业积极参加在沿线国家举办的各类国际或区域性展会。

"一带一路"可培育贸易新增长点。我国与"一带一路"沿线国家相互扩大市场开放领域，在增加沿线国家能源资源和农产品进口的同时，加大非资源类产品进口力度，促进贸易平衡发展。大力发展国际营销和跨境电子商务，鼓励商贸物流、电子商务、外贸综合服务企业在沿线国家拓展业务，探索建立仓储物流基地和分拨中心。坚持货物贸易和服务贸易协同发展，扩大运输、建筑等传统服务贸易，培育具有丝绸之路特色的国际精品旅游线路和旅游产品，发展科技、咨询等现代服务贸易。

第一节　对外贸易管制概述

报关事业的发展，依赖于对外贸易量的增加。国际贸易是国家间合作的纽带。世界风云多变幻，主体之间在博弈。

一、对外贸易管制的概念

对外贸易管制也称进出口国家管制，是指一国政府为了国家的宏观经济利益、国内外政策需要以及履行所缔结或加入国际条约的义务，确立实行各种管制制度、设立相应管制机构和规范对外贸易活动的总称。

对外贸易管制是政府的一种强制性行政管理行为。它所涉及的法律、行政法规、部门规章，是强制性的法律文件，不得随意改变。因此，对外贸易经营者或其代理人在报关活动中必须严格遵守这些法律、行政法规和部门规章，并按照相应的监管要求办理进出口手续，以维护国家利益不受侵害。

对外贸易管制涉及工业、农业、商业、军事、技术、卫生、环保、税务、资源保护、质量监督、外汇管理以及金融、保险、信息服务等诸多领域。它是各国政府为保护和促进国内生产、适时限制进口而采取的鼓励或限制措施，或为政治目的对进出口采取禁止或限制的措施。对外贸易管制已成为各国不可或缺的一项重要政府职能，也是一个国家对外经济和外交政策的具体体现。

微视频
中美贸易战，我们不愿打也不怕打

二、对外贸易管制的特点

对外贸易管制是一种行政管理行为，体现国家意志并以国家强制力为后盾，不仅是各国政府的重要职能，也是国家对外经济政策的具体体现。各国的对外贸易管制措施虽然在形式和内容上存在诸多差异，但是管制的特点大同小异，主要表现为以下几个方面。

（一）保护本国经济利益，发展本国经济

各国的对外贸易管制措施都是与其经济利益相联系的。如发展中国家实行对外贸易管制

主要是为了保护本国的民族工业，通过对外贸易管制的各项措施，防止外国产品冲击本国市场而影响本国独立的经济结构的建立。发达国家实行对外贸易管制主要是为了确保本国在世界经济中的优势地位，避免国际贸易活动对本国经济产生不良影响，特别是要保持本国某些产品或技术的国际垄断地位，保证本国各项经济发展目标的实现。可见，对外贸易管制措施往往是各国经济政策的重要体现。

（二）推行本国的外交政策

不论是发达国家还是发展中国家，往往出于政治或安全上的考虑，不惜牺牲本国经济利益，在不同时期，对不同国家或不同商品实行不同的对外贸易管制措施，以达到其政治目的或安全目标。

视野拓展

美国微软公司切断古巴、伊朗等五国的 MSN 服务

据媒体报道，微软公司于 2009 年 5 月在网站上宣布公司不能为古巴、伊朗、叙利亚、苏丹和朝鲜五国提供 MSN 服务，因为这几个国家被美国政府列入了禁止提供授权软件服务的被制裁国家名单。该公司还表示，在美国政府禁令解除前，微软公司不会与制裁名单上的国家存在生意往来。

> 读者可以"微软切断五国 MSN 说明什么"为关键词通过网络搜索引擎搜索腾讯网《微软切断五国 MSN 说明什么》专题，了解更多信息。

2015 年之前的很长一段时间，美国政府就已将古巴、伊朗、叙利亚、苏丹和朝鲜列入支持恐怖主义国家的"黑名单"，按照美国国内法对上述国家进行政治、经济和人员流动等方面的制裁。其中，美国对古巴的制裁最为严格，时间也最长。

当时这五国的公民在登录 MSN 时，都会发现代表 MSN 登录状态的两个旋转的"小人"一直转个不停，就是登录不上去，之后页面弹出"810003c1 错误"的字样。这意味着微软公司切断了连接上述国家的 MSN 网络服务端口。

（三）行使国家职能

作为主权国家，对其自然资源和经济行为享有排他的永久主权。国家对外贸易管制制度和措施的强制性是国家为保护本国环境和自然资源、保障国民人身安全、调控本国经济而行使国家管理职能的一个重要保证。

新闻回顾

中国坚决向"洋垃圾"说"不"

据《人民日报·海外版》2018 年 5 月 23 日讯。5 月 22 日，海关总署组织开展打击"洋垃圾"走私"蓝天 2018"专项第三轮集中行动，这是近年来海关开展的最大规模打击"洋垃圾"走私集中行动。22 日 6 时，在海关总署统一指挥下，广东分署以及天津、大连、沈阳、上海等 25 个直属海关，出动警力 1 291 人，分成行动小组 212 个，在北京等 17 个省区市同步开展收网行动，同时对重点涉案人员实施抓捕，对涉案公司场所开展搜查，对涉嫌走私进境的固体废物存放场所及加工窝点进行查缉，一举打掉涉嫌走私犯罪团伙 39 个。截至 22 日 9 时，已查获废矿渣、废五金等各类走私废物 13.7 万吨，查证走私废塑料、废矿渣、废五金共 60.65 万吨，抓获犯罪嫌疑人 137 名，获取了大批走私证据，查扣、冻结了大量非法资金。

据海关总署介绍，此次集中行动的范围、出动的警力以及查证的走私数量，都是全国海关近年来最大规模的一次。此次行动充分发挥了海关缉私专业化、职业化的"战区"优势、运用"智慧缉私"建设的最新成果，针对性更强、打击纵深更大、整治范围更广。一是坚决遏制利用他人许可证走私进口固体废物。此轮打击主要聚焦走私废矿渣和利用他人许可证走私进口可用作原料的废塑料、废五金案件。二是坚持延伸打掉幕后黑手。通过前两轮打击后的深挖扩线与延伸侦查，

一些犯罪团伙的幕后主使逐渐浮出水面，此轮收网的部分对象就是主导和运作团伙犯罪的主犯。三是坚定推进全国联动，不留死角。本次集中打击涉及的关区范围和省份更广，海关使用缉私、稽查、检验检疫等多种手段，联合开展工作，综合运用刑事、行政两种执法手段实施打击，保持全国打私节奏一致、尺度统一，防止出现"木桶效应"。

三、对外贸易管制制度

我国对外贸易管制制度是由海关监管制度、关税制度、进出口许可管理制度（包括货物、技术进出口许可和经营许可）、对外贸易经营者资格管理制度、出入境检验检疫制度、进出口货物收付汇管理制度、贸易救济制度以及其他有关的管理制度组成的一种综合性制度。我国对外贸易管制制度的主要内容除海关监管制度、关税制度外，可以概括为"证""备""检""核""救"五个字。

"证"主要是指进出口许可证，即法律、行政法规规定的各种具有许可进出口性质的证明。进出口许可证是货物、技术进出口的证明文件，是我国贸易管制的最基本手段。

"备"是指对外贸易经营资格的备案登记。对外贸易经营者未按规定办理备案登记的，海关不予办理进出口货物的验放手续。

"检"是指商品质量的检验检疫、动植物检疫和国境卫生检疫，简称"三检"。

"核"是指进出口收、付汇核销。

"救"是指贸易管制中的救济措施，包括反倾销、反补贴和保障措施。

四、对外贸易管制的法律框架

由于对外贸易管制是一种国家管制，因此其所涉及的法律渊源不包括地方性法规、地方性规章、各自治区政府的地方条例和单行条例，只限于宪法、法律、行政法规、部门规章以及相关的国际条约五个方面。为保障对外贸易管制各项制度的实施，我国已基本建立健全了以《对外贸易法》为核心的对外贸易管制法律体系，并依照这些法律、行政法规、部门规章和我国履行的国际公约的有关规定，自主实行对外贸易管制。

（一）宪法

宪法是国家的根本大法，具有最高法律效力，是制定包括《对外贸易法》《海关法》在内的所有法律的依据。一切法律、行政法规和地方性法规都不得同宪法相抵触。

（二）法律

我国现行的与对外贸易管制有关的法律主要有《对外贸易法》《海关法》《进出口商品检验法》《进出境动植物检疫法》《固体废物污染环境防治法》《国境卫生检疫法》《野生动物保护法》《药品管理法》《文物保护法》《食品卫生法》等。

（三）行政法规

我国现行的与对外贸易管制有关的行政法规主要有《货物进出口管理条例》《技术进出口管理条例》《进出口关税条例》《知识产权海关保护条例》《野生植物保护条例》《外汇管理条例》《反补贴条例》《反倾销条例》《保障措施条例》等。

（四）部门规章

我国现行的与对外贸易管制有关的部门规章有很多，例如《货物进口许可证管理办法》《货物出口许可证管理办法》《货物自动进口许可管理办法》《出口收汇核销管理办法》《进口药品管理办法》《放射性药品管理办法》《两用物项和技术进出口许可证管理办法》等。

（五）国际条约

国际条约是国家及其他国际法主体间所缔结的以国际法为准则，并确定其相互关系中权利和义务的一种国际书面协议，也是国际法主体之间相互交往的一种最普遍的法律形式，因此，可以将其视为我国的法律渊源。我国目前加入或缔结的涉及贸易管制的国际条约主要有：①加入世界贸易组织（WTO）所签订的各类贸易协定（我国加入世界贸易组织的承诺对本章的内容影响很大，是这些内容年年变动的主要原因）；②《关于简化和协调海关业务制度的国际公约》（亦称《京都公约》）；③《濒危野生动植物种国际贸易公约》（亦称《华盛顿公约》）；④《关于消耗臭氧层物质的蒙特利尔议定书》；⑤关于麻醉品、精神药物的国际公约；⑥《关于化学品国际贸易资料交换的伦敦准则》；⑦《关于在国际贸易中对某些危险化学品和农药采用事先知情同意程序的鹿特丹公约》；⑧《控制危险废料越境转移及其处置的巴塞尔公约》；⑨《建立世界知识产权组织公约》。

第二节　对外贸易管制的主要内容

进出口许可管理制度是国家对外贸易管制的最重要手段。它是一个国家为了规范货物、技术进出口管理，促进对外贸易与国民经济和社会健康发展，根据法律、政策、国内外市场环境变化，对进出口货物和技术所实行的一种行政管理制度。进出口许可管理制度作为一项非关税措施，是世界各国管理进出口贸易的一种常见手段，在国际贸易中长期存在，并被广泛运用。国家一般通过签发进出口许可证件来表示准许货物或技术的进出口。

在我国，进出口许可证管理是指由商务部或者由其会同国务院其他有关部门，依法制定并调整进出口许可证管理目录，以签发进出口许可证的方式对该目录商品实行的行政许可管理。进出口许可证管理属于国家限制进出口管理范畴，分为进口许可证管理和出口许可证管理。商务部是全国进出口许可证的归口管理部门，负责制定进出口许可证管理办法及规章制度，监督检查进出口许可证管理办法的执行情况，处罚违规行为。商务部会同海关总署负责制定、调整和发布年度《进口许可证管理货物目录》及《出口许可证管理货物目录》。进出口许可证是国家管理货物进出口的凭证，不得买卖、转让、涂改、伪造和变造。凡属于进出口许可证管理的货物，除国家另有规定外，对外贸易经营者应当在进口或出口前按规定向指定的发证机构申领进出口许可证，海关凭进出口许可证接受申报和验放。

货物、技术进出口许可管理制度是我国进出口许可管理制度的主体，是国家对外贸易管制中极其重要的管理制度。其管制内容可根据管理的强度划分为禁止进出口的货物和技术、限制进出口的货物和技术、自由进出口的货物和技术三大类。

一、禁止进出口管理

为维护国家安全和社会公共利益，保护人民的生命健康，履行我国所缔结或者参加的国际条约和协定，由国务院商务主管部门会同国务院有关部门，依照《对外贸易法》对禁止进出口目录商品实施监督管理。

（一）禁止进口管理

对列入国家公布的禁止进口目录商品及其他法律、法规明令禁止或停止进口的货物、技术，任何对外贸易经营者不得经营进口。

1. 禁止进口货物管理

禁止进口货物主要包括列入《禁止进口货物目录》的商品、国家有关法律法规明令禁止的商品和由于其他各种原因停止进口的商品。

我国加入 WTO 后，分批公布了禁止进口货物目录。截至 2019 年 4 月，陆续公布了六批。该目录总体上可分为自然生态资源保护类、旧机电产品类、固体废物类和健康环境保护类四个大类别。这些类别，随着内外部环境的变化，目录中的内容会适时调整。

（1）《禁止进口货物目录》（第一批）发布于 2001 年 12 月。这一批目录是为了保护我国的自然生态环境和生态资源，从我国国情出发，为履行我国所缔结或者参加的与保护世界自然生态环境相关的国际条约和协定而发布的。例如，四氯化碳（破坏臭氧层物质）、犀牛角和虎骨及麝香（世界濒危物种）等即在该批目录之内。

（2）《禁止进口货物目录》（第二批）列出的产品均为旧机电类，是国家对涉及生产安全（压力容器类）、人身安全（电器、医疗设备）和环境保护（汽车、工程及车船机械类）的旧机电产品所实施的禁止进口管理。这个目录于 2001 年 12 月 27 日起实施，2019 年 1 月 1 日起执行更新后的新目录。

（3）《禁止进口固体废物目录》于 2008 年颁布，是由原第三、第四、第五批《禁止进口货物目录》合并修订而成。所涉及的是对环境有污染的固体废物类产品，包括废动物产品、废动植物油脂、冶炼矿渣、废药物、废橡胶、杂项化学品废物、废纺织品、废玻璃等。近三年，经国家环境保护部（现生态环境部）、商务部、国家发展和改革委员会、海关总署等部委多次调整，2019 年年底开始执行新目录。同时，有关部门也在研究制定回收铜、回收铝原料产品质量标准，对符合国家有关产品质量标准的回收铜、回收铝原料产品，将不列入固体废物范围，可按普通自由进口货物管理。

（4）《禁止进口货物目录》（第六批）于 2005 年 12 月 31 日发布，这一批目录主要是为了保护人的健康，维护环境安全，淘汰落后产品，履行《关于在国际贸易中对某些危险化学品和农药采用事先知情同意程序的鹿特丹公约》和《关于持久性有机污染物的斯德哥尔摩公约》而颁布的，如长纤维青石棉、二噁英等即在该批目录之内。

国家有关法律法规明令禁止进口的商品也有很多。例如，依据《进出境动植物检疫法》，国家禁止下列货物进境：来自动植物疫情流行的国家或地区的有关动植物、动植物产品和其他检疫物；动植物病源（包括菌种、毒种等）及其他有害生物、动物尸体，土壤；带有违反"一个中国"原则内容的货物及其包装；以氯氟烃物质为制冷剂、发泡剂的家用电器产品和以氯氟烃物质为制冷剂、发泡剂的家用电器压缩机；滴滴涕、氯丹等；莱克多巴胺和盐酸莱克多巴胺。

因其他各种原因停止进口的商品主要包括以下几类：以 CFC-12 为制冷工质的汽车和汽车空调压缩机（含空调器）；右方向盘汽车；旧服装、Ⅷ因子制剂等血液制品；氯酸钾和硝酸铵。

2. 禁止进口技术管理

根据《对外贸易法》《技术进出口管理条例》以及《禁止进口限制进口技术管理办法》的有关规定，由国务院商务主管部门会同国务院其他有关部门，制定、调整并公布禁止进口的技术目录。属于禁止进口技术的，不得进口。

2007年10月23日公布修订后的《中国禁止进口限制进口技术目录》所列明的禁止进口的技术涉及钢铁冶金、有色金属冶金、化工、石油炼制、石油化工、消防、电工、轻工、印刷、医药、建筑材料等技术领域。

（二）禁止出口管理

对列入国家公布的禁止出口目录的，以及其他法律、法规明令禁止或停止出口的货物、技术，任何对外贸易经营者不得经营出口。

1．禁止出口货物管理

禁止出口货物包括列入《禁止出口货物目录》的商品和国家有关法律法规明令禁止出口的商品。

为适应加入WTO的变化，我国先后公布了五批《禁止出口货物目录》，其基本情况如下。

（1）《禁止出口货物目录》（第一批）公布于2001年12月，主要包括国家禁止出口属破坏臭氧层物质的四氯化碳；禁止出口属世界濒危物种管理范畴的犀牛角、虎骨、麝香；禁止出口有防风固沙作用的发菜和麻黄草等植物。

（2）《禁止出口货物目录》（第二批），主要是为了保护我国匮乏的森林资源，防止乱砍滥伐而发布的，如禁止出口木炭。

（3）《禁止出口货物目录》（第三批），为了保护人的健康，维护环境安全，淘汰落后产品，履行《关于在国际贸易中对某些危险化学品和农药采用事先知情同意程序的鹿特丹公约》和《关于持久性有机污染物的斯德哥尔摩公约》而颁布，如禁止出品长纤维青石棉、二噁英等。

（4）《禁止出口货物目录》（第四批），主要包括硅砂、石英砂及其他天然砂。

（5）《禁止出口货物目录》（第五批）公布于2005年12月31日，包括无论是否经化学处理过的森林凋落物以及泥炭（草炭）等。

2014年12月19日，商务部、海关总署发布了关于《加工贸易禁止类商品目录》的公告；2015年11月15日，商务部、海关总署又发布了关于《加工贸易限制类商品目录》的公告，分别调整了加工贸易类中的799项和95项限制出口商品的编码。

另外，国家有关法律法规明令禁止出口的商品还包括以下几类：依据《野生植物保护条例》，禁止出口未定名或新发现并有重要价值的野生植物；原料血浆；商业性出口的野生红豆及其部分产品；劳改产品；以氯氟羟物质为制冷剂、发泡剂的家用电器产品和以氯氟羟物质为制冷剂、发泡剂的家用电器压缩机；滴滴涕、氯丹等；莱克多巴胺和盐酸莱克多巴胺。

2．禁止出口技术管理

根据《对外贸易法》《技术进出口管理条例》以及《中国禁止出口限制出口技术管理办法》的有关规定，由国务院商务主管部门会同国务院其他有关部门，制定、调整并公布禁止出口的技术目录。属于禁止出口技术的，不得出口。

2008年9月16日公布的修订后的《中国禁止出口限制出口技术目录》列明禁止出口的技术涉及核、测绘、地质、药品生产、农业等技术领域。

为适应新形势下技术创新发展的需要，深入实施创新驱动发展战略，进一步做好技术进出口管理和促进工作，2018年7月23日，商务部会同科技部等部门正式发布对《中国禁止进口限制进口技术目录》（2007年版）和《中国禁止出口限制出口技术目录》（2008年版）的修订征求意见稿，这说明，我国对技术领域的进出口管理将更加严谨。

二、限制进出口管理

为维护国家安全和社会公共利益，保护人民的生命健康，履行我国所缔结或者参加的国际条约和协定，由国务院商务主管部门会同国务院其他有关部门，依照《对外贸易法》的规定，制定、调整并公布各类限制进出口货物、技术目录。海关依据国家相关法律、法规对限制进出口目录中的货物、技术实施监督管理。

（一）限制进口管理

国家实行限制进口管理的货物、技术，必须依照国家有关规定，取得国务院商务主管部门许可或者由其会同国务院相关部门联合作出许可，方可进口。

1. 限制进口货物管理

限制进口货物的管理主要有许可证管理和关税配额管理两种方法。

许可证管理是国家对进出口货物进行宏观管理的一种行政手段，目的是维护正常的进出口秩序，保护和促进国内生产，协调出口。它是指在一定时期内根据国内各领域的需要，以及为履行我国所加入或缔结的有关国际条约的规定，以经国家各主管部门签发许可证件的方式来落实各类限制进口的措施。

许可证管理主要针对实行进口许可证管理的各类货物，包括濒危物种、可利用废物、药品、音像制品、黄金及其制品等。

关税配额管理是指一定时期内（一般是 1 年），国家对部分商品的进口制定关税配额税率并规定商品进口数量总额，在限额内，经国家有关部门批准后允许按照关税配额税率征税进口，如超出限额则按照配额外税率征税进口的措施。一般情况下，关税配额税率优惠幅度很大，有的商品，如小麦，关税配额税率与最惠国税率相差达 65 倍。国家通过这种行政管理手段，可对一些重要商品以关税这个成本杠杆来实现限制进口的目的，因此关税配额管理是一种对相对数量的管理。

2. 限制进口技术管理

限制进口技术实行目录管理。根据《对外贸易法》《技术进出口管理条例》及《禁止进口限制进口技术管理办法》的有关规定，由国务院商务主管部门会同国务院其他有关部门，制定、调整并公布限制进口的技术目录。对属于目录范围内限制进口的技术，实行许可证管理，未经国家许可，不得进口。进口属于限制进口的技术，应当向国务院商务主管部门提出技术进口申请。国务院商务主管部门收到技术进口申请后，应当会同国务院其他有关部门对申请进行审查。技术进口申请经批准的，由国务院商务主管部门发给"技术进口许可意向书"。进口经营者取得"技术进口许可意向书"后，可以对外签订技术进口合同。进口经营者签订技术进口合同后，应当向国务院商务主管部门申请"技术进口许可证"。经审核符合发证条件的，由国务院商务主管部门颁发"技术进口许可证"，凭以向海关办理进口通关手续。

目前《中国禁止进口限制进口技术目录》中属限制进口的技术包括生物技术、化工技术、石油炼制技术、石油化工技术、生物化工技术和造币技术等。

经营限制进口技术的经营者在向海关申报进口手续时，必须主动递交技术进口许可证，否则经营者将承担因此而造成的一切法律责任。

（二）限制出口管理

国家实行限制出口管理的货物、技术，必须依照国家有关规定，取得国务院商务主管部门许可或者由其会同国务院其他相关部门联合作出许可，方可出口。

1. 限制出口货物管理

限制出口货物的管理方法主要是出口配额限制，另外还有一些出口非配额限制的方法。

出口限制是指在一定时期内为建立公平竞争机制、增强我国商品在国际市场的竞争力、保障最大限度的收汇及保护我国产品的国际市场利益，国家对部分商品的出口数量直接加以限制的措施。我国出口配额限制有两种管理形式，即出口配额许可证管理和出口配额招标管理。

出口配额许可证管理是国家对部分商品的出口，在一定时期内（一般是 1 年）规定数量总额，经国家有关部门批准获得配额的允许出口，否则不准出口的配额管理措施。出口配额许可证管理是国家通过行政管理手段，对一些重要商品以规定绝对数量的方式来实现限制出口的目的的。

出口配额许可证管理是通过直接分配的方式，由国务院商务主管部门或者国务院其他有关部门在各自的职责范围内，根据申请者需求并结合进出口实绩、能力等条件，按照效益、公正、公开、公平竞争的原则进行分配。

国家各配额主管部门对经申请有资格获得配额的申请者发放各类配额证明。申请者取得配额证明后，到国务院商务主管部门及其授权发证机关，凭配额证明申领出口许可证。

出口配额招标管理是国家对部分商品的出口，在一定时期内（一般是 1 年）规定数量总额，采取招标分配的原则，经招标获得配额的允许出口，否则不准出口的配额管理措施。出口配额招标管理是国家通过行政管理手段，对一些重要商品以规定绝对数量的方式来实现限制出口的目的的。

国家各配额主管部门对中标者发放配额证明。中标者取得配额证明后，到国务院商务主管部门或其授权发证机关，凭配额证明申领出口许可证。

出口非配额限制是指在一定时期内根据国内政治、军事、技术、卫生、环保、资源保护等领域的需要，以及为履行我国所加入或缔结的有关国际条约的规定，以经国家各主管部门签发许可证件的方式来实现的各类限制出口措施。目前，我国非配额限制管理主要针对实行出口许可证管理的各类货物，包括濒危物种、两用物项及军品等。

2. 限制出口技术管理

根据《对外贸易法》《技术进出口管理条例》《生物两用品及相关设备和技术出口管制条例》《核两用品及相关技术出口管制条例》《导弹及相关物项和技术出口管制条例》《核出口管制条例》及《禁止出口限制出口技术管理办法》等有关规定，对限制出口技术实行目录管理。国务院商务主管部门会同国务院其他有关部门，制定、调整并公布限制出口的技术目录。对属于目录范围内限制出口的技术，实行许可证管理；未经国家许可，不得出口。

我国目前限制出口的技术目录主要有《两用物项和技术进出口许可证管理目录》和《中国禁止出口限制出口技术目录》等。

出口属于上述限制出口的技术，经营者应当向国务院商务主管部门提出技术出口申请，经国务院商务主管部门审核批准后取得技术出口许可证，凭以向海关办理出口通关手续。

经营限制出口技术的经营者在向海关申报出口手续时，必须主动递交相关技术出口许可证，否则经营者将承担因此而造成的一切法律责任。

中国禁止出口、限制出口技术参考原则

1. 禁止出口技术参考原则

（1）为维护国家安全、社会公共利益或者公共道德，需要禁止出口的；

（2）为保护人的健康或者安全，保护动物、植物的生命或者健康，保护环境，需要禁止出口的；

（3）依据法律、行政法规的规定，其他需要禁止出口的；

（4）根据我国缔结或者参加的国际条约、协定的规定，其他需要禁止出口的。

2. 限制出口技术参考原则

（1）为维护国家安全、社会公共利益或者公共道德，需要限制出口的；

（2）为保护人的健康或者安全，保护动物、植物的生命或者健康，保护环境，需要限制出口的；

（3）依据法律、行政法规的规定，其他需要限制出口的；

（4）根据我国缔结或者参加的国际条约、协定的规定，其他需要限制出口的。

三、自由进出口管理

除前述国家禁止、限制进出口的货物、技术外的其他货物、技术，均属于自由进出口范围。自由进出口货物、技术的进出口不受限制，但基于监测进出口情况的需要，国家对部分属于自由进口的货物实行自动进口许可管理，对自由进出口的技术实行技术进出口合同登记管理。

1. 货物自动进口许可管理

货物自动进口许可管理是在任何情况下对进口申请一律予以批准的进口许可制度。进口属于自动进口许可管理的货物，进口经营者应当在办理海关报关手续前，向国务院商务主管部门或者国务院有关经济管理部门提交自动进口许可申请；进口经营者凭国务院商务主管部门或者国务院有关经济管理部门发放的自动进口许可证明，向海关办理报关手续。

2. 技术进出口合同登记管理

属于自由进出口技术的，应当向国务院商务主管部门或者其委托的机构办理合同备案登记。国务院商务主管部门应当自收到规定的文件之日起 3 个工作日内，对技术进出口合同进行登记，向申请人颁发技术进出口合同登记证。申请人凭技术进出口合同登记证，办理外汇、银行、税务、海关等相关手续。

第三节 对外贸易管制的手段

一、出入境检验检疫管理

出入境检验检疫制度是我国对外贸易管制制度的重要组成部分，其目的是维护国家声誉和对外贸易有关当事人的合法权益，保证国内生产的正常开展，促进对外贸易的健康发展，保护我国的公共安全和人民生命财产的安全等，是国家主权的具体体现。

出入境检验检疫制度是指由国家出入境检验检疫部门依据我国有关法律和行政法规以及我国政府所缔结或者参加的国际条约、协定，对出入境的货物、物品及其包装物、交通运输工具、运输设备和出入境人员实施检验检疫监督管理的法律依据和行政手段的总和。其国家主管部门是国家质量监督检验检疫总局。

（一）出入境检验检疫职责范围

对列入《出入境检验检疫机构实施检验检疫的进出境商品目录》(以下简称《法检目录》)和《实施入境验证的进口商品目录》的货物进出口时，必须先向口岸海关检验检疫机构报检，取得"检验检疫入境货物通关单"或"检验检疫出境货物通关单"，海关凭此验放货物。

（二）出入境检验检疫制度的组成

出入境检验检疫制度由进出口商品检验制度、进出境动植物检疫制度和国境卫生监督制度组成。

1. 进出口商品检验制度

进出口商品检验是出入境检验检疫的重要组成部分，是国际贸易领域中不可或缺的重要环节。进出口商品检验依据《进出口商品检验法》及其实施条例规定，由商品检验机构对进出口商品的品质、重量、数量、包装、残损等进行检验和公证鉴定，并出具证明。这个证明文件可以作为买卖双方交接货物、支付货款和处理索赔的依据，也可以作为确定同商品残损有关的承运人、保险人、装卸等部门承担法律责任的重要依据。

我国商品检验分为四种，即法定检验、合同检验、公证鉴定和委托检验。法定检验是指出入境检验检疫机构对列入《法检目录》的进出口商品以及法律、行政法规规定必须经出入境检验检疫机构检验的其他进出口商品实施检验。合同检验是指根据双方合同约定，由商品检验机构对货物进行检验并出具证明，有时出口货物在出口前要进行商品检验，到进口国家（地区）后再进行检验。公证鉴定是对外贸易关系人的申请，进行的有关公证鉴定的业务，包括重量鉴定、残损鉴定，以及产地证明和包装证明等。委托检验是指相关机构接受生产单位的委托，对原材料和成品进行的检验，或接受与进出口业务有关的委托检验，以了解商品的品质、规格、等级等情况，作为对外交易时的参考。

2. 进出境动植物检疫制度

进出境动植物检疫制度是依据《进出境动植物检疫法》及其实施条例的规定，由出入境检验检疫机构对动植物、动植物产品的生产、加工、存放过程实行动植物检疫的进出境监督管理制度。其目的是检查发现进出境动植物可能具有或已经具有的各种传染性疾病、寄生虫病和可能携带的各种有害生物，防止动物传染病、寄生虫病和植物危险性病、虫、杂草及其他有害生物传入、传出国境，保护农、林、牧、渔业生产和人体健康，促进对外贸易的发展。

口岸出入境检验检疫机构实施动植物检疫监督管理的方式有实行注册登记、疫情调查、检测和防疫指导等。其主要内容包括进境检疫、出境检疫、进出境携带和邮寄物检疫及出入境运输工具检疫等。

3. 国境卫生监督制度

国境卫生监督制度是指出入境检验检疫机构依据《国境卫生检疫法》《食品卫生法》及其实施细则等规定，对出入境的交通工具、货物、运输容器以及口岸辖区的公共场所、环境、生活设施、生产设备所进行的卫生检查、鉴定、评价和采样检验的制度。

该制度主要是为了防止传染病由境外传入或由境内传出，实施国境卫生检疫，保护人体健康。其监督职能包括进出境检疫、国境传染病检测、进出境卫生监督等。

二、进出口货物收付汇管理

进出口货物收付汇管理制度是国家外汇管理局、中国人民银行及国务院其他有关部门，根据《外汇管理条例》及相关法律、法规、条例，对各类外汇业务、人民币汇率生成机制和外汇市场等实行监督管理的制度。

（一）出口货物收汇核销管理

出口货物收汇核销管理，是指国家外汇管理部门根据国家外汇管制的要求，通过海关对出口货物的监管，对出口单位的收汇是否按规定上缴国家而进行监督的一种管理制度。其法律依据是国家有关部门制定的《出口收汇核销管理办法》与《出口收汇核销管理办法实施细则》。

"出口收汇核销单"是出口货物收汇核销的凭证。出口货物收汇核销的具体程序如下：①出口企业在报关前，向当地外汇管理机构领取并填写"出口收汇核销单"；②在报关时，向海关交验"出口收汇核销单"，办理海关手续后，海关将盖有"放行章"的报关单及"出口收汇核销单"退还出口企业；③出口企业将有关单据和"出口收汇核销单"交银行收汇，并将该"出口收汇核销单"存根联和报关单送原签发外汇管理机构，由其核对有关单据后，核销该笔收汇。

（二）进口货物付汇核销管理

进口货物付汇核销管理，是指国家为了防止汇出外汇而实际不进口商品的逃汇行为的发生，通过海关对货物的实际监管来监督付汇进口，并对进口单位实行进口付汇核销的一种管理制度。其法律依据是《贸易进口付汇核销监管暂行办法》。对违反此规定的单位，外汇管理局将按照《外汇管理条例》的规定予以处罚。

进口单位应当在有关货物进口报关后一个月内向外汇管理局办理核销手续。其具体程序为：①进口单位填写"贸易进口付汇核销单"，要求海关签章，盖章后的"贸易进口付汇核销单"，被称为"付汇核销用进口货物报关单"，即"进口货物报关单付汇证明联"；②进口单位凭"付汇核销用进口货物报关单"连同"贸易进口付汇核销单"等有关单证，到国家外汇管理局指定的银行办理进口付汇核销手续；③外汇指定银行办完付汇核销手续后，将"贸易进口付汇核销单"第二联退还进口企业。

三、对外贸易救济措施

世界贸易组织（WTO）允许成员方在进口产品倾销、补贴和过激增长等给其国（地区）内产业造成损害的情况下，使用反倾销、反补贴和保障措施保护国（地区）内产业不受损害。

反倾销、反补贴和保障措施都属于贸易救济措施。反倾销和反补贴措施针对的是价格歧视这种不公平贸易行为，保障措施针对的则是在正常交易背景下进口产品激增的情形。

（一）反倾销措施

倾销是指一国（地区）以低于正常价值的价格，将其产品出口到另一国（地区）市场的行为。倾销使进口国（地区）相关产业遭受损害，给进口国（地区）科技与经济发展、劳动就业、社会稳定造成危害。因此，各国（地区）往往通过国（地区）内立法与世界贸易组织所赋予的贸易保护权利实施反倾销措施。

我国依据世界贸易组织关于《反倾销协议》以及《反倾销条例》实施的反倾销措施包括临时反倾销措施和最终反倾销措施两种。

1. 临时反倾销措施

临时反倾销措施是指进口方主管机构经过调查，初步认定被指控产品存在倾销，并对国内同类产业造成损害，据此可以依据世界贸易组织所规定的程序进行调查，在全部调查结束之前，为防止在调查期间国内产业继续受到损害，而采取的世界贸易组织所允许的措施。

临时反倾销措施有两种形式：一是征收临时反倾销税；二是要求提供现金保证金、保函

或者其他形式的担保。征收临时反倾销税，由国务院商务主管部门（通常为商务部）提出建议，国务院关税税则委员会根据其建议作出决定，由国务院商务主管部门予以公告。要求提供现金保证金、保函或者其他形式的担保，也需由国务院商务主管部门作出决定予以公告。海关自公告规定实施之日起执行。

临时反倾销措施实施的期限，自临时反倾销措施公告规定实施之日起，不超过4个月；在特殊情况下，可以延长至9个月。

2. 最终反倾销措施

对终裁决定确定倾销成立，并由此对国内产业造成损害的，可以在正常海关税费之外征收反倾销税。征收反倾销税，由国务院商务主管部门提出建议，国务院关税税则委员会根据其建议作出决定，由国务院商务主管部门予以公告。海关自公告规定实施之日起执行。

视野拓展

商务部决定对原产于美国的进口非色散位移单模光纤征收反倾销税

据商务部网站2018年7月10日消息，商务部发布关于对原产于美国的进口非色散位移单模光纤倾销及倾销幅度期间复审裁定的公告。该公告指出，商务部裁定，在本次复审调查期内，原产于美国的进口非色散位移单模光纤存在倾销。自2018年7月11日起，进口经营者在进口原产于美国的进口非色散位移单模光纤时，应向中华人民共和国海关缴纳相应的反倾销税。公告介绍，2011年4月21日，商务部发布年度第17号公告，决定自2011年4月22日起，对原产于美国和欧盟的进口非色散位移单模光纤征收反倾销税，实施期限5年。2017年4月21日，经过期终复审调查，商务部发布年度第20号公告，决定自2017年4月22日起，对原产于美国和欧盟的进口非色散位移单模光纤继续征收反倾销税，实施期限5年。2017年8月22日，应国内非色散位移单模光纤产业申请，商务部发布年度第41号公告，决定对原产于美国的进口非色散位移单模光纤所适用的反倾销措施进行倾销及倾销幅度期间复审。公告指出，本次复审调查产品范围为原产于美国的进口非色散位移单模光纤。具体描述与商务部2011年第17号公告规定的产品描述一致。商务部裁定，在本次复审调查期内，原产于美国的进口非色散位移单模光纤存在倾销。根据《反倾销条例》的有关规定，国务院关税税则委员会决定，自2018年7月11日起，对原产于美国的进口非色散位移单模光纤按以下税率征收反倾销税：康宁公司（Corning Incorporated）37.9%，OFS费特有限责任公司（OFSFitel, LLC）33.3%，德拉克通信美国公司（Draka Communications Americas, Inc.）78.2%，其他美国公司（all others）78.2%。公告明确，自2018年7月11日起，进口经营者在进口原产于美国的进口非色散位移单模光纤时，应向中华人民共和国海关缴纳相应的反倾销税。公告提到，根据《反倾销条例》第五十三条的规定，对本复审决定不服的，可依法申请行政复议，也可以依法向人民法院提起诉讼。

（二）反补贴措施

补贴是指政府或任何公共机构对企业提供财政援助以及政府对其收入或价格的支持，特别是出口补贴。补贴与倾销一样，也是一种不公平竞争行为。

反补贴与反倾销的措施相同，也分为临时反补贴措施和最终反补贴措施。

1. 临时反补贴措施

初裁决定确定补贴成立，并由此对国内产业造成损害的，可以采取临时反补贴措施。临时反补贴措施采取以保证金或者保函作为担保的征收临时反补贴税的形式。采取临时反补贴措施，由国务院商务主管部门提出建议，国务院关税税则委员会根据其建议作出决定，由国

务院商务主管部门予以公告。海关自公告规定实施之日起执行。

临时反补贴措施实施的期限，自临时反补贴措施决定公告规定实施之日起，不超过4个月。

2. 最终反补贴措施

在为完成磋商的努力没有取得效果的情况下，终裁决定确定补贴成立，并由此对国内产业造成损害的，征收反补贴税。征收反补贴税，由国务院商务主管部门提出建议，国务院关税税则委员会根据其建议作出决定，由国务院商务主管部门予以公告。海关自公告规定实施之日起执行。

微课堂
反补贴

（三）保障措施

保障措施是指进口国在进口激增，并对国内产业造成严重损害威胁时，采取的进口限制措施。保障措施在性质上完全不同于反倾销措施和反补贴措施。保障措施针对的是公平贸易条件下的进口产品，反倾销措施和反补贴措施针对的是不公平竞争条件下的进口产品。

根据世界贸易组织《保障措施协议》的有关规定，保障措施分为临时保障措施和最终保障措施。

1. 临时保障措施

临时保障措施是指在紧急情况下，如果延迟会造成难以弥补的损失，进口国可以不经磋商，而采取的临时性保障措施。临时保障措施的实施期限不得超过200天，并且此期限计入保障措施总期限。

临时保障措施应采取增加关税形式。如果事后调查不能证实进口激增对国内有关产业已经造成损害或损害威胁，则征收的关税应立即退还。

微课堂
贸易管制中的保障措施

2. 最终保障措施

最终保障措施可以采取提高关税、纯粹的数量限制和关税配额等形式。但最终保障措施仅应在防止或救济严重损害的必要限度内实施。

最终保障措施的实施期限一般不超过4年，如果仍需以保障措施防止损害或救济损害产业，或有证据表明该产业正在进行调整，则可延长期限。但最终保障措施全部实施期限（包括临时保障措施期限）不得超过8年。

📖 **技能训练**

分析性实训：查阅网站资料，分析近五年来美国和欧盟在贸易领域的种种限制，写出2 000字以内的分析材料。

📖 **案例分析**

反倾销案例——中美水产第一案

2004年2月17日（美国当地时间），美国国际贸易委员会建议对原产于中国等6个国家的冷冻和罐装暖水虾征收高额反倾销税。消息传出，在我国水产业，特别是虾产业中引起了强烈震动，使我国虾产品出口严重受阻。2004年4月，我国渔业大省——浙江虾产品对美出口全面停止。2004年3—6月，我国虾产品主产区——广东虾产品对美国出口仅为1 010吨，降幅达85.9%。这4个月出口量比前2个月下降37.6%。2004年，我国向美出口海产虾6.61万吨，同比下降18.84%；金额3.386亿美元，同比下降23.78%。而2004年美国虾产品进口量在50万吨的水平，我国虾产品市场占有率为13.2%。自2004年下半年开始，我国几乎失去了美国虾产品市场。这是我国进入世界贸易组织后，在国际贸易中遭受的第一起有关水产品的反倾销调查。

问题：

1. 查阅资料，分析该案件形成的原因。

2. 结合身边的实际，谈谈你对对外贸易救济措施的认识。

同步测试

一、单项选择题

1. 2008年实行进口许可证管理的货物有消耗臭氧层物质和重点旧机电产品，其中重点旧机电产品的发证机构为（　　　　）。

  A. 计划单列市以及商务部授权的其他省会城市的商务主管部门

  B. 各省、自治区、直辖市的商务主管部门

  C. 商务部驻各地特派员办事处

  D. 商务部配额许可证事务局

2. 下列列入《自动进口许可管理货物目录》的货物，可免交自动进口许可证的是（　　　　）。

  A. 参加F1上海站比赛进口后须复出口的赛车

  B. 加工贸易项下进口并复出口的成品油

  C. 外商投资企业作为投资进口的旧机电产品

  D. 每批次价值超过5 000元人民币的进口货样广告品

3. 目前，我国基于经济利益需要实行的贸易管制制度是（　　　　）。

  A. 出口配额许可证管理   B. 进口许可证管理

  C. 两用物项和技术出口许可证管理   D. 农药进口管理

4. 下列关于废物管理的表述，错误的是（　　　　）。

  A. 废物进口许可证实行"一批一证"管理

  B. 存入保税仓库的废物必须取得有效废物进口许可证

  C. 对未列入《限制进口类可用作原料的固体废物目录》的废物一律不得进口

  D. 向海关申报允许进口的废物，应主动向海关提交废物进口许可证、入境货物通关单及其他有关单据

5. 国家外汇管理局对货物外汇的主要监管中，常规的监管方式为（　　　　）。

  A. 企业名录登记管理   B. 非现场核查

  C. 现场核查   D. 分类管理

二、多项选择题

1. 进口（　　　　）不得申请转关。

  A. 易制毒化学品   B. 废纸

C. 监控化学品   D. 消耗臭氧层物质

2. 列入《自动进口许可管理货物目录》的货物，但可以免交自动进口许可证的是（   ）。

   A. 加工贸易项下进口并复出口的成品油

   B. 外商投资企业作为投资进口的机电产品

   C. 每批次价值不超过 5 000 元人民币的货样广告品

   D. 参加在国内马戏团演出进口后须复出口的运输工具

3. 下列进出口许可证件实行"一证一关"管理的有（   ）。

   A. 进出口许可证   B. 自动进口许可证

   C. 纺织品临时出口许可证   D. 两用物项和技术进口许可证

4. 关于对外贸易管制，下列表述正确的是（   ）。

   A. 对外贸易管制是政府的一种强制性综合管理行为，它所涉及的法律、行政法规、部门规章
      是强制性的法律文件，不得随意改变。随着形势的变化，我国的对外贸易管制已包括货物
      进出口贸易管制、技术进出口贸易管制和国际服务贸易管制

   B. 除了国家禁止和限制的进出口货物以外的其他货物，均属于自动进出口许可证管理的范围

   C. 反补贴和反倾销措施针对的是价格歧视这种不公平贸易行为而实施的

   D. 临时保障措施可以采取提高关税、配额限制等形式

5. 下列对"两用物项和技术进出口许可证"的使用，表述正确的是（   ）。

   A. 进口实行"非一批一证"制和"一证一关"制

   B. 出口实行"一批一证"制和"一证一关"制

   C. 有效期一般不超过 1 年，跨年度使用时在有效期内可使用至次年 3 月 31 日

   D. 仅限于申领许可证的进出口经营者使用，不得买卖、转让、涂改、伪造和变造

三、判断题

1. 出口许可证的有效期不超过 6 个月，需要跨年度使用的，其有效期的截止日期不得超过次年 2 月底。   （   ）

2. 临时保障措施可以采取提高关税、配额限制等形式。   （   ）

3. 对于出口到欧盟的纺织品样品，其每批商品数量不超过 50 件的，可以免领纺织品临时出口许可证，但欧盟国家要求凭许可证放行的，经营者还应当申领纺织品临时出口许可证。   （   ）

4. 对列入国家《限制进口类可用作原料的固体废物目录》和《自动进口许可管理类可用作原料的废物目录》的废物，但未取得废物进口许可证的禁止进口。   （   ）

5. 向海关申报进口列入《进口药品目录》中的药品，报关单位应主动向海关提交有效的进口药品通关单及其他有关单据，进口药品通关单实行"一批一证"制度，在该单指定口岸海关使用。   （   ）

6. 我国对出口收汇管理采取的是外汇核销形式。   （   ）

7. 关税配额管理是指以国家各主管部门签发许可证的方式来实现各类限制进口的措施。 （   ）

8. 对外贸易管制是政府一种强制性行政管理行为。我国对外贸易管制按管制对象可分为货物进出口贸易管制、技术进出口贸易管制和国际服务贸易管制。   （   ）

9. 出口非配额限制是以国家行政许可并签发许可证件的方式来实现出口限制的对外贸易管制措施。（   ）

10. 反补贴和反倾销措施针对的是价格歧视这种不公平贸易行为而实施的。   （   ）

四、综合实务题

美国和欧盟（以下简称"美欧"）于2009年6月23日就中国限制部分工业原材料出口向世界贸易组织提出申诉，要求与中国在世界贸易组织争端解决机制下展开磋商。墨西哥于8月21日也提出同样磋商请求。美欧申诉书中提到的原材料包括矾土、焦炭、氟石、镁、碳化硅、金属硅、黄磷和锌等。美欧认为，中国对这些产品采取的出口配额、出口税以及最低出口限价等措施对美欧利益造成了损害，也违反了世界贸易组织规则和中国加入世界贸易组织时所做的承诺。中国商务部有关负责人随即做出回应，表示中国有关原材料出口政策的主要目的是保护环境和自然资源，中方的相关政策符合世界贸易组织规则和"入世"承诺，中方将根据世界贸易组织争端解决程序妥善处理有关美欧的磋商请求。

1. 为维护国家安全和社会公共利益，一国政府根据相关法律、法规，对一些货物出口进行限制，（   ）。

    A. 是一项义不容辞的责任   B. 在经济全球化的今天，是不恰当的

    C. 是不负责任的   D. 是错误的

2. 在世界贸易组织框架内，成员方之间的贸易（   ）。

    A. 是完全自由的   B. 贸易过程中不存在主权问题

    C. 存在管制措施是正常的   D. 制定管制措施是不正常的

3. 西方国家在对外贸易活动中，遇到问题常常表现为（   ）。

    A. 尊重对方   B. 双重标准

    C. 客观务实   D. 让利对方

4. 我国在制定对外贸易管制措施时，对世界贸易组织的规则和入世承诺，持（   ）。

    A. 无所谓的态度   B. 有保留遵循的态度

    C. 置之不理的态度   D. 认真履行的态度

5. 对外贸易管制作为一项（   ），所涉及的管理规定繁多，作为报关从业人员，应该了解我国对外贸易管制的各项措施所涉及的具体规定。

    A. 综合制度   B. 部门制度

    C. 临时制度   D. 行业制度

五、论述题

1. 我国对外贸易管制是由哪些管理制度构成的？对外贸易管制主要包括哪些内容？

2. 试述关税配额管理与许可证管理的联系和区别。

第二篇

实 操 篇

本篇主要内容

Customs Declaration Practice

第四章　一般进出口货物及其报关

孙子曰：知彼知己，胜乃不殆；知天知地，胜乃不穷。——《孙子兵法·地形 第十》

【知识目标】

（1）掌握一般进出口货物的概念；（2）熟悉一般进出口货物的特征；（3）了解一般进出口货物的范围；（4）掌握一般进出口货物申报的程序；（5）明晰海关查验的含义；（6）理解缴纳税费的意义。

【技能目标】

（1）能熟练进行一般进出口货物的申报；（2）能把握修改申报或撤销申报的关键点；（3）能娴熟配合海关进行查验；（4）能独立进行税费缴纳；（5）能把握一般进出口货物提装的流程。

【内容架构】

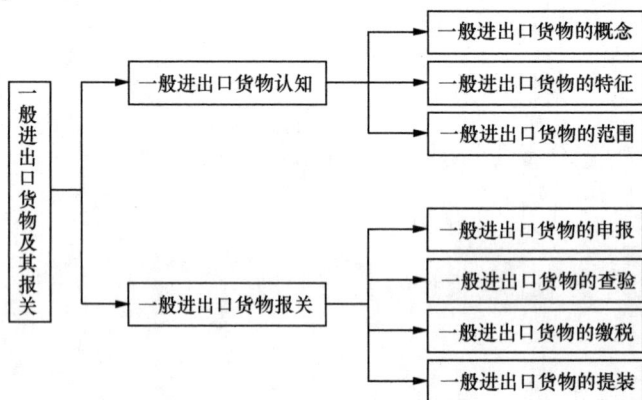

案例导入

宁波海关助力宁波外贸超千亿美元

据2016年1月20日《国际商报》报道　2015年宁波海关认真贯彻海关总署和地方党政部门的决策部署，围绕"通关速度更快、成本更低、环境更优"的目标，立足发挥海关职能，落实海关总署促进外贸稳定增长18项重点工作，并在此基础上再推出多项举措，力促宁波外贸稳定增长。

海关统计数据显示，2015年宁波市实现自营进出口总值1 004亿美元左右，连续3年突破千亿美元。当年，宁波海关关区15个业务现场全部实现通关作业无纸化，参与企业超过11.5万家，审核进出口通关作业无纸化报关单368.06万票，占进出口货物报关单总量的94.8%；其中，出口通关作业无纸化比例为97.45%；进口通关作业无纸化比例为58.23%。同时，为使企业从海关的无纸化改革中获得最大的便利，逐步扩大电子化试点适用范围。

除失信企业以外的其他企业，均可办理电子化放行手续，出口集装箱放行电子化试点报关单量占关区同期出口货物报关单总量的99%以上。口岸的通关便捷程度再次得到提升。据统计，每票出口货物平均办结放行时间缩短至15分钟。通关改革效果显现，宁波海关全年出口平均通关时间仅为1小时左右，处于全国领先水平。

庞大的外贸进出口数量，其主要构成仍然以一般进出口货物为主。

第一节　一般进出口货物概述

随着信息化技术水平的提升，生产的国际化程度越来越高，一般进出口货物的数量也越来越多。因而，有必要对一般进出口货物进行深入的研究和了解。

一、一般进出口货物的概念

一般进出口货物是一般进口货物和一般出口货物的合称，是指在进出口环节缴纳了应征的进出口税费并办结了所有必要的海关手续，海关放行后不再进行监管，可以直接进入生产和消费领域流通的进出口货物。

一般进出口是指货物在进出境环节完全缴纳进出口税费，并办结各项海关手续后，可以直接进口在境内自行使用、销售，或者运离关境自由流通的海关结关制度。这项结关制度与海关合作理事会《京都公约》中的"结关内销"和"直接出口"两项附约基本吻合。它规定进出口的货物可以永久留在关境内或关境外。同时，本项制度包含着完全缴纳应缴的进出口税费和办理进出境环节各项海关手续两重意义。

"一般"一词，是海关业务一种习惯用语，其本身并无特别内涵，用它作为一种海关结关制度的标志，主要是容易与其他结关制度区别开来。

史海拾零

《京都公约》

《京都公约》即《关于简化和协调海关制度的国际公约》（International Convention on the Simplification and Harmonization of Customs Procedures），由海关合作理事会1973年5月18日在日本京都召开的第41/42届年会上通过，1974年9月25日生效。1999年6月26日，海关合作理事会在布鲁塞尔通过了《关于简化和协调海关制度的国际公约修正案议定书》（Protocol of the Amendment to the International Convention on the Simplification and Harmonization of Customs Procedures）。

> 网络百科（如百度百科等）均有相关词条可供读者参考，但应注意，其中的差错可能较多。

《京都公约》是海关合作理事会在简化和协调各国（地区）海关手续方面较为系统和全面的一个国际文件，由主约和附约两部分组成。附约有30个，称为《京都公约附约》，供各国（地区）分别签署参加实施。每个附约涉及一项海关业务，附约中提出的"标准条款"为简化和协调该项海关业务制度必须普遍实施的条款；"建议条款"为促进各国（地区）简化和协调该项海关业务制度可能广泛实施的条款，签署加入《京都公约》必须至少接受一个附约，并把该附约中的原则规定转换成本国（地区）立法加以实施。这些原则规定为各国（地区）海关业务制度的简化和统一做出了规范，已经成为各国（地区）海关制度的通常做法。

中国于1988年5月29日提交加入申请书，同年8月29日正式生效，同时接受公约E3和E5附约，对E3附约中第2、第3、第20条标准条款及第11、第13、第15条建议条款和E5附约中第11、第35、第36、第37条建议条款提出保留。对于1999年《关于简化和协调海关制度的国际公约修正案议定书》，中国于2000年6月15日委托中国驻比利时大使签署。

一般进出口货物并不完全等同于一般贸易货物。一般贸易是国际贸易中的一种交易方式。

在我国的对外贸易中，一般贸易是指我国境内有进出口经营权的企业单边进口或单边出口的贸易。按一般贸易交易方式进出口的货物即为一般贸易货物。一般进出口货物，是指按照海关一般进出口监管制度监管的进出口货物。一般贸易货物在进口时可以按一般进出口监管制度办理海关手续，这时它就是一般进出口货物；符合条件的，可以享受特定减免税优惠，按特定减免税监管制度办理海关手续，这时它就是特定减免税货物；经海关批准保税的，也可以按保税监管制度办理海关手续，这时它就是保税货物。

简而言之，一般进出口货物与一般贸易货物之间的区别，关键在于划分的方式不同。一般进出口货物是按照海关监管方式划分的进出口货物，是海关的一种监管制度的体现，是相对于保税货物、暂准进出境货物、特定减免税货物而言的。而一般贸易货物是按照国际贸易方式划分的进出口货物，是相对于加工贸易、转口贸易等国际贸易方式而言的；也就是说，一般贸易属于国际贸易方式的一种。

二、一般进出口货物的特征

一般进出口货物有以下特征。

（1）进出境时缴纳进出口税费。一般进出口货物的收发货人应当按照《海关法》和其他有关法律、行政法规的规定，在货物进出境时向海关缴纳应当缴纳的税费。

（2）进出口时提交相关的许可证件。货物进出口时受国家法律、行政法规管制并需要申领进出口许可证件的，进出口货物收发货人或其代理人应当向海关提交相关的进出口许可证件。

视野拓展

企业在申请进出口许可证时通常应提交的文件有以下几类：①进出口许可证申请表。各类企业申领许可证时，应认真如实填写进出口许可证申请表，并加盖申请企业印章；②管理部门的批准文件。各类企业应根据进出口货物情况，向发证机构提交许可证发证依据所规定的进出口批准文件及相关材料；③企业具有进出口经营资格的证明文件。该文件指"进出口企业经营资格证书"（外商投资企业提供"外商投资企业批准证书"）。对国家实行国营贸易或指定经营管理的进出口商品，需根据国营贸易和指定经营管理规定要求，提供商务部的经营资格核准文件；④申领单位的公函及申领人工作证件；⑤收货人或发货人（配额持有单位）与进出口商签订的委托代理协议；⑥进出口许可证应由配额单位或代理单位申领，原则上不能代领。异地办理进出口许可证，因特殊情况确需委托他人代办的，代办人应提供委托单位的委托代办公函（说明委托原因及受托人身份）及代办人的身份证明。

微课堂
义乌海关：探索小商品出口监管新机制

（3）海关放行即为结关。海关征收了全额的税费，审核了相关的进出口许可证件，并对货物进行实际查验（或做出不予查验的决定）以后，按规定签章放行。这时，进出口货物收发货人或其代理人才能办理提取进口货物或者装运出口货物的手续。对一般进出口货物来说，海关放行就意味着海关手续已经全部办结，海关不再监管，可以直接进入生产和消费领域流通。

视野拓展

结 关 日

"结关日"就是大家常说的"截关日"。这个说法主要在宁波和广东比较流行。结关日（closing date），是指截止报关放行的时间，货物必须要在此时间之前做好报关放行的工作，递交海关放行条给船公司。在此时间之后再递交海关放行条，船公司将视该货物未能清关放行，不允许上船。一般是船开日前 1~2 天（散货需要 5~7 天），而且一般是在截港时间后半个工作日。进出口的结关日是不同的：如果是进口，则报关单的放行日期就是结关日期；如果是出口，则需要等舱单的核销操作。

三、一般进出口货物的范围

海关监管货物按货物进境、出境后是否复运出境、复运进境，可以分为两大类：一类是进境、出境后不再复运出境、复运进境的货物，称为实际进出口的货物；另一类是进境、出境后还将复运出境、复运进境的货物，称为非实际进出口的货物。

实际进出口的货物，除特定减免税货物外，都属于一般进出口货物的范围，主要有以下货物：一般贸易进口货物；一般贸易出口货物；转为实际进口的保税货物、暂准进境货物，转为实际出口的暂准出境货物；易货贸易、补偿贸易进出口货物；不批准保税的寄售代销贸易货物；承包工程项目实际进出口货物；外国驻华商业机构进出口陈列用的样品；外国旅游者小批量订货出口的商品；随展览品进境的小卖品；免费提供的进口货物，如外商在经济贸易活动中赠送的进口货物、外商在经济贸易活动中免费提供的试车材料等、我国在境外的企业或机构向国内单位赠送的进口货物。

> **视野拓展**
>
> **易货贸易与补偿贸易**
>
> 易货贸易（barter transaction）是指在换货的基础上，把等值的出口货物和进口货物直接结合起来的贸易方式。
>
> 补偿贸易（compensatory trade）是指在双方商定的期限内，企业以商定的商品偿还其海外债务的出口贸易。
>
> 补偿贸易与易货贸易有以下区别：两者都是买卖双方直接进行交换，一般不发生货币的流通，货币在这些贸易中仅仅是计价的手段。两者的不同之处是易货贸易往往是一次性行为，买卖过程同时发生，大致同时结束，补偿贸易往往持续时间过长，有的 3~5 年，有的长达 10 年以上，每一笔交易往往包括多次买卖活动。

第二节　一般进出口货物申报

申报环节是一般进出口货物通关的基础，报关人员对该环节各要素把握的准确程度直接影响着通关的效率。

一、一般进出口货物申报概述

一般进出口货物申报是指在一般进出口货物进出口时，进出口货物收发货人或受委托的报关企业，依照《海关法》及有关法律、行政法规的要求，在规定的期限、地点，采用电子数据报关单和纸质报关单形式，向海关报告实际进出口货物的情况，并接受海关审核的行为。

> **视野拓展**
>
> **企业报关报检资质合并**
>
> 根据海关总署公告（2018 年第 28 号）精神，海关总署对企业报关报检资质进行了优化整合，

将检验检疫自理报检企业备案与海关进出口货物收发货人备案，合并为海关进出口货物收发货人备案，企业备案后同时取得报关和报检资质。将检验检疫代理报检企业备案与海关报关企业（包括海关特殊监管区域双重身份企业）注册登记或者报关企业分支机构备案，合并为海关报关企业注册登记和报关企业分支机构备案。企业注册登记或者企业分支机构备案后，同时取得报关和报检资质。将检验检疫报检人员备案与海关报关人员备案，合并为报关人员备案。报关人员备案后同时取得报关和报检资质。自 2018 年 6 月 1 日起，企业可以通过"单一窗口"补录企业和报关人员注册登记或者备案相关信息。只取得报关资质的企业或者只取得报检资质的代理报检企业，在补录信息后，将同时具有报关、报检资质；只取得报检资质的自理报检企业，在补录信息后，还需要向海关提交商务主管部门制发的对外贸易经营者备案登记表（或者外商投资企业批准证书、外商投资企业设立备案回执、外商投资企业变更备案回执）复印件，才能同时具有报关、报检资质。该公告要求自 2018 年 4 月 20 日起施行。

1. 申报地点

进口货物应当由收货人或其代理人在货物的进境地海关申报；出口货物应当由发货人或其代理人在货物的出境地海关申报。

经收发货人申请、海关同意，进口货物的收货人或其代理人可以在设有海关的货物指运地申报，出口货物的发货人或其代理人可以在设有海关的货物启运地申报。

以保税货物、特定减免税货物和暂准进境货物申报进境的货物，因故改变使用目的从而改变货物性质转为一般进口时，进口货物的收货人或其代理人应当在货物所在地的主管海关申报。

【例 4.1】 宁波甲公司进口一批货物，货物从上海进境，按规定应当在进境地上海海关申报，但是经收货人申请，海关同意后，该批进口货物可以转到指运地宁波海关申报进口。

【例 4.2】 宁波乙公司要从上海口岸出口一批货物，经过申请人的申请，海关同意后，这批货物可以在启运地宁波海关申报，并且在宁波办理完整个出口手续后，运到上海，由出境地上海海关监管出口。

2. 申报期限

进口货物的申报期限为自装载货物的运输工具申报进境之日起 14 日内（从运输工具申报进境之日的第二天开始计算，下同）。申报期限的最后一天如果是法定节假日或休息日的，应顺延至法定节假日或休息日后的第一个工作日。

若进口货物自装载货物的运输工具申报进境之日起超过 3 个月仍未向海关申报的，货物可由海关按无主货物提取并依法变卖。自变卖之日起一年内，收货人可在补足有关费用后，申请发还余款。对不宜长期保存的货物，海关可以根据实际情况提前处理。

出口货物的申报期限为货物运抵海关监管区后至装货的 24 小时以前。

经电缆、管道或其他特殊方式进出境的货物，进出口货物收发货人或其代理人按照海关规定定期申报。

3. 申报日期

进出口货物收发货人或其代理人的申报数据自被海关接受之日起，申报数据就产生法律效力，即进出口货物收发货人或其代理人应当承担"如实申报""如期申报"等法律责任。因此，海关接受申报数据的日期非常重要。

申报日期是指申报数据被海关接受的日期。报关员以电子数据报关单方式申报后，海关计算机系统接受申报数据时记录的日期即为申报日期，该日期将反馈给原数据发送单位，或公布于海关业务现场，或通过公共信息系统发布。电子数据报关单经过海关计算机检查被退回的，视为海关不接受申报，进出口货物收发货人或其代理人应当按照要求修改后重新申报，申报日期为海关接受重新申报的日期。海关已接受申报的电子数据报关单,送人工审核后,需要对部分内容进行修改的,进出口货物收发货人或其代理人应当按照海关规定进行修改并重新发送,申报日期仍为海关原接受申报的日期。

实施无纸化通关后,一般不再需要提供纸质报关单,如遇特殊情况,报关员仍需打印纸质报关单接受检查。

二、一般进出口货物申报流程

一般进出口货物的申报流程如图 4.1 所示。

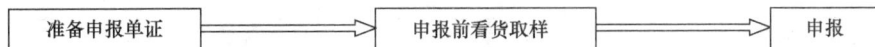

图 4.1 一般进出口货物申报流程示意图

（一）准备申报单证

准备申报单证是报关员开始进行申报工作的第一步,是整个报关工作得以顺利进行的关键一步。申报单证可以分为报关单和随附单证两大类,其中随附单证包括基本单证和特殊单证。

报关单是由报关员按照海关规定格式填制的申报单,是指进出口货物报关单或者带有进出口货物报关单性质的单证,如特殊监管区域进出境备案清单、进出口货物集中申报清单、ATA 单证册、过境货物报关单、快件报关单等。一般来说,任何货物的申报,都必须有报关单（报关单样表见示例 4.1.和示例 4.2）。

基本单证是指进出口货物的货运单据和商业单据,主要有进口提货单据、出口装货单据、商业发票、装箱单等。一般来说,任何货物的申报,都必须有基本单证。

示例 4.1

中华人民共和国海关进口货物报关单

预录入编号:				海关编号:	
境内收货人	进境关别	进口日期		申报日期	备案号
境外发货人	运输方式	运输工具名称及航次号		提运单号	货物存放地点
消费使用单位	监管方式	征免性质		许可证号	启运港
合同协议号	贸易国（地区）	启运国（地区）		经停港	入境口岸
包装种类	件数	毛重（千克）	净重（千克）	成交方式	运费	保费	杂费
随附单证及编号					
标记唛码及备注					

项号 商品编码 商品名称及规格型号 数量及单位 单价/总价/币制 原产国（地区） 最终目的国（地区）境内目的地 征免

| 报关人员 | 报关人员证号 | 电话 | 兹申明对以上内容承担如实申报、依法纳税之法律责任 | 海关批注及签章 |
| 申报单位 | | | 申报单位（签章） | |

中华人民共和国海关出口货物报关单

预录入编号：　　　　　　　　　　　　　　　　　　　　　　　　海关编号：

境内发货人	出境关别		出口日期		申报日期	备案号
境外收货人	运输方式		运输工具名称及航次号		投运单号	
生产销售单位	监管方式		征免性质		许可证号	
合同协议号	贸易国（地区）		运抵国（地区）		指运港	离境口岸
包装种类	件数	毛重（千克）	净重（千克）	成交方式	运费	保费	杂费
随附单证及编号						
标记唛码及备注						

项号 商品编码 商品名称及规格型号 数量及单位 单价/总价/币制 原产国（地区） 最终目的国（地区）境内发货地 征免

特殊关系确认：	价格影响确认：	支付特许权使用费确认：		自报自缴：
报关人员　报关人员证号　电话	兹申明对以上内容承担如实申报、依法纳税之法律责任		海关批注及签章
申报单位	申报单位（签章）		

特殊单证主要有进出口许可证件、加工贸易手册（包括纸质手册、电子账册和电子化手册）、特定减免税证明、作为有些货物进出境证明的原进出口货物报关单证、出口收汇核销单、原产地证明书、贸易合同等。某些货物的申报，必须有特殊单证，比如租赁贸易货物进口申报，必须有租赁合同，而别的货物进口申报则不一定需要贸易合同，所以贸易合同对于租赁贸易货物申报来说是一种特殊单证。

进出口货物收发货人或其代理人应向报关员提供基本单证和特殊单证，报关员审核这些单证后据以填制报关单。

准备申报单证的原则是：基本单证、特殊单证必须齐全、有效、合法；填制报关单必须真实、准确、完整；报关单与随附单证数据必须一致。

（二）申报前看货取样

进口货物的收货人，在向海关申报前，为了确定货物的品名、规格、型号等，可以向海关提交查看货物或者提取货样的书面申请。海关审核同意的，派员到场监管。

涉及动植物及其产品和其他须依法提供检疫证明的货物，如需提取货样，应当按照国家的有关法律规定，事先取得主管部门签发的书面批准证明。提取货样后，到场监管的海关工作人员与进口货物的收货人在海关开具的取样记录和取样清单上签字确认。

视野拓展

看货取样

《海关法》规定，进口货物的收货人经海关同意，可以在申报前查看货物或者提取货样，需要依法检验的货物，应当在检验合格后提取货样。

申报前看货取样的条件：只有在通过外观无法确定货物的归类等情况下，海关才会同意收货人提取货样；如果货物进境已有走私违法嫌疑并被海关发现，海关将不同意提取货样；收货人放弃行使看货取样的权利所产生的法律后果（如货物与申报不符），由收货人自己承担。

（三）申报

1. 电子数据申报

进出口货物收发货人或其代理人可以选择终端申报方式、委托电子数据交换方式、自行电子数据交换方式、网上申报方式等四种电子申报方式中的一种，将报关单内容录入海关电子计算机系统，生成电子数据报关单。

进出口货物收发货人或其代理人在委托录入或自行录入报关单数据的计算机上接收到海关发送的接受申报信息，即表示电子申报成功；接收到海关发送的不接受申报信息后，则应当根据信息提示修改报关单内容后重新申报。

视野拓展

EDI

EDI（Electronic Data Interchange，电子数据交换）是一种在公司之间传输订单、发票等作业文件的电子化手段。它通过计算机通信网络将贸易、运输、保险、银行和海关等行业信息，用一种国际公认的标准格式，实现各有关部门或公司与企业之间的数据交换与处理，并完成以贸易为中心的全部过程。它是20世纪80年代发展起来的一种新颖的电子化贸易工具，是计算机、通信和现代管理技术相结合的产物。国际标准化组织（ISO）将EDI描述成"将贸易（商业）或行政事务处理按照一个公认的标准变成结构化的事务处理或信息数据格式，进行从计算机到计算机的电子传输"。

2. 提交报关单及随附单证

海关审结电子数据报关单后，进出口货物收发货人或其代理人应当自接到海关"现场交单"或"放行交单"信息之日起10日内，持打印的纸质报关单，备齐规定的随附单证并签名盖章，到货物所在地海关提交书面单证，办理相关手续。

视野拓展

现场交单与放行交单

现场交单，是指到海关通关现场直接办理报关资料的审单申报手续。

放行交单是指根据风险管理和守法便利原则，对一些资信较高企业的进出口业务开辟快速通关通道，实行海关业务信息化系统自动处理后直接进入现场放行环节交单办理通关手续。

放行交单可以省却接单审核、税费处理等手续，直接到放行窗口办理交单放行手续，相对于现场交单简化了通关流程，加快了通关速度。一般只有经营单位信用等级高，且不需要缴纳税费的报关单才能进入放行交单的通道。

三、一般进出口货物申报的修改或撤销

海关接受进出口货物申报后，电子数据进出口货物报关单不得随意修改或者撤销；确有正当理由的，经海关审核批准，可以修改或撤销。关于修改或撤销申报主要有以下两种情况。

1. 进出口货物收发货人要求修改或撤销

进出口货物收发货人或其代理人确有如下正当理由的，可以向原接受申报的海关申请修改或者撤销进出口货物报关单：①由于报关人员操作或书写失误造成所申报的报关单内容有误，并且未发现有走私违规或者其他违法嫌疑的；②出口货物放行后，由于装运、配载等原

因造成原申报货物部分或全部退关、变更运输工具的；③进出口货物在装载、运输、存储过程中因溢装或短装、不可抗力的灭失、短损等原因造成原申报数据与实际货物不符的；④根据贸易惯例先行采用暂时价格成交、实际结算时按商检品质认定或国际市场实际价格付款方式需要修改申报内容的；⑤由于计算机、网络系统等方面的原因导致电子数据申报错误的；⑥其他特殊情况经海关核准同意的。

海关已经决定布控、查验的，以及涉案的进出口货物的报关单在办结前不得修改或者撤销。

进出口货物收发货人或其代理人申请修改或者撤销进出口货物报关单的，应当向海关提交"进出口货物报关单修改/撤销申请表"（参见示例 4.3、示例 4.4），并相应提交可以证明进出口实际情况的合同、发票、装箱单等相关单证，外汇管理、税务、检验检疫、银行等有关部门出具的相关单证，应税货物的"海关专用缴款书"及用于办理收付汇和出口退税的进出口货物报关单证明联等海关出具的相关单证。

示例 4.3

进出口货物报关单修改/撤销申请表

编号：　　　　　关撤改申〔　　年〕　　　号

报关单编号					
报关单类别	□进口	□出口	经营单位名称		
申请事项	□修改	□撤销	报关单位名称		

修改/撤销内容				
报关单数据项	原填报内容		应填报内容	备　注

修改或撤销原因：

兹声明以上申请内容无讹，如有虚假，愿承担法律责任。
申请单位（公章）：　　　　　申请人签字：　　　　　申请日期

现场海关意见：
一、属行政许可　□
□由于报关人员操作或书写失误造成所申报的报关单数据有误的；
□出口货物放行后，由于装运、配载等原因造成原申报货物部分或全部退关、变更运输工具的；
□进出口货物在装载、运输、存储过程中因溢短装、不可抗力等原因造成原申报数据与实际到货不符的；
□根据贸易惯例先行采用暂时价格成交、实际结算时按商检品质认定或国际市场实际价格付款方式需要修改申报数据的；
□其他特殊情况经海关核准同意其提出修改或撤销报关单数据申请的。
二、不属行政许可　□

直属海关意见：

操作记录：		操作员：	日期：	
备注：			流水号：	

注：流水号由直属海关填写

进出口货物报关单修改/撤销申请表

编号：　　　　　　　　　　关撤改申〔　　年〕　　　号

报关单编号		报关单类别	□进口	□出口
经营单位名称		申请事项	□修改	□撤销
报关单位名称				

<table>
<tr><td colspan="4" align="center">修改/撤销内容</td></tr>
<tr><td colspan="2">报关单数据项（进口/出口）</td><td>原填报内容</td><td>应当填报内容</td></tr>
<tr><td rowspan="8">需按审查程序办理的项目</td><td>商品编号</td><td></td><td></td></tr>
<tr><td>商品名称及规格型号</td><td></td><td></td></tr>
<tr><td>币制</td><td></td><td></td></tr>
<tr><td>单价</td><td></td><td></td></tr>
<tr><td>总价</td><td></td><td></td></tr>
<tr><td>原产国（地区）/最终目的国（地区）</td><td></td><td></td></tr>
<tr><td>贸易方式（监管方式）</td><td></td><td></td></tr>
<tr><td>成交方式</td><td></td><td></td></tr>
<tr><td rowspan="3">其他项目</td><td></td><td></td><td></td></tr>
<tr><td></td><td></td><td></td></tr>
<tr><td></td><td></td><td></td></tr>
</table>

修改或者撤销原因：

兹声明以上申请理由和申请内容无讹，随附证明资料真实有效，如有虚假，愿承担法律责任。

申请人签字：　　　　　　　申请日期：　　　　　　　　申请单位（公章）：

海关批注：

　　经审查，上述申请符合/不符合《中华人民共和国海关进出口货物报关单修改和撤销管理办法》第　　条第　　款的规定，我关同意/不同意 修改/撤销。

海关印章：　　　　　　　　　　　　　　年　　月　　日

因修改或者撤销进出口货物报关单导致需要变更、补办进出口许可证件的，进出口货物收发货人或其代理人应当向海关提交相应的进出口许可证件。

2. 海关发现报关单需要进行修改或者撤销

海关发现进出口货物报关单需要进行修改或撤销，但进出口货物收发货人或其代理人未提出申请的，海关应当通知进出口货物的收发货人或其代理人。海关通过进出口货物收发货人或其代理人填写的"进出口货物报关单修改/撤销确认书"（参见示例 4.5），确认进出口货物报关单修改或者撤销的内容后，对进出口货物报关单进行修改或者撤销。

同样，因修改或者撤销进出口货物报关单导致需要变更、补办进出口许可证件的，进出口货物收发货人或其代理人应当向海关提交相应的进出口许可证件。

进出口货物报关单修改/撤销确认书

编号：　　　　　　　　　　　　　海关（　　年）　　　号

报关单编号		申报日期	
经营单位名称		报关单位名称	
修改或撤销原因			
原填报内容			
修改内容			

经营单位或报关单位确认：

同意　　　海关对上述报关单内容进行修改/撤销。

报关员卡号：

报关人员签名：

经营单位或报关单位：

日期：

第三节　一般进出口货物的查验、税费缴纳和货物提装

一般进出口货物的报关程序没有前期阶段和后续阶段，只有进出口阶段。它除了上一节介绍的进出口申报环节外，还有配合查验、缴纳税费、提取或装运货物三个环节，如图 4.2 所示。

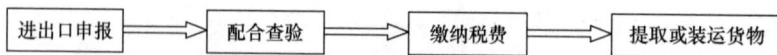

```
进出口申报  →  配合查验  →  缴纳税费  →  提取或装运货物
```

图 4.2　一般进出口货物报关程序示意图

一、一般进出口货物的查验

在海关查验一般进出口货物时，相关单位要配合检查。如在查验过程中发生货物损毁，海关需要区分情况进行赔偿。

（一）海关查验

海关查验（customs inspection）是指海关为确定进出口货物收发货人向海关申报的内容是否与进出口货物的真实情况相符，或者为确定商品的归类、价格、原产地等，依法对进出口货物进行实际核查的执法行为。

海关通过查验，检查报关单位是否伪报、瞒报、申报不实，同时也为海关的征税、统计、后续管理提供可靠的资料。

1. **查验地点**

查验一般应当在海关监管区内实施。

因货物易受温度、静电、粉尘等自然因素的影响，不宜在海关监管区内实施查验，或者因其他特殊原因，需要在海关监管区外查验的，经进出口货物收发货人或其代理人书面申请，

海关可以派员到海关监管区外实施查验。

2. 查验时间

当海关决定查验时，即将查验的决定以书面通知的形式通知进出口货物收发货人或其代理人，约定查验的时间。查验时间一般约定在海关正常工作时间内。

在一些进出口业务繁忙的口岸，海关也可接受进出口货物收发货人或其代理人的请求，在海关正常工作时间以外实施查验。

对于危险品或者鲜活、易腐、易烂、易失效、易变质等不宜长期保存的货物，以及因其他特殊情况需要紧急验放的货物，经进出口货物收发货人或其代理人申请，海关可以优先实施查验。

3. 查验方法

海关实施查验可以彻底查验，也可以抽查。彻底查验是指对一票货物逐件开拆包装，验核货物实际状况；抽查是指按照一定比例有选择地对一票货物中的部分货物验核实际状况。

查验操作可以分为人工查验和设备查验，海关可以根据货物情况及实际执法需要，确定具体的查验方式。

（1）人工查验。人工查验包括外形查验和开箱查验。外形查验是指对外部特征直观、易于判断基本属性的货物的包装、运输标志和外观等状况进行验核；开箱查验是指将货物从集装箱、货柜车厢等箱体中取出并拆除外包装后对货物实际状况进行验核。

（2）设备查验。设备查验是指以技术检查设备为主对货物实际状况进行的验核。

微课堂
一般进出口货物的报关

4. 复验

海关可以对已查验货物进行复验。有下列情形之一的，海关可以复验：①经初次查验未能查明货物的真实属性，需要对已查验货物的某些性状做进一步确认的；②货物涉嫌走私违规，需要重新查验的；③进出口货物收发货人对海关查验结论有异议，提出复验要求并经海关同意的；④其他海关认为必要的情形。

已经参加过查验的查验人员不得参加对同一票货物的复验。

5. 径行开验

径行开验是指海关在进出口货物收发货人或其代理人不在场的情况下，对进出口货物进行开拆包装查验。有下列情形之一的，海关可以径行开验：①进出口货物有违法嫌疑的；②经海关通知查验，进出口货物收发货人或其代理人届时未到场的。

海关径行开验时，存放货物的海关监管场所经营人、运输工具负责人应当到场协助，并在查验记录上签名确认。

视野拓展

普通红酒堆里，藏了这么多顶级名酒

据 2011 年 12 月 6 日《钱江晚报》报道（记者王丹静）2011 年 10 月 14 日，温州一家经贸公司申报的两票进口葡萄酒报关单证，初审时引起宁波海关注意。这两票报关单申报品名以"玛歌干红葡萄酒"为主，近两万瓶葡萄酒的申报单价都是 9.375 欧元/瓶。

疑点太多：法国玛歌庄园产葡萄酒质量参差不齐，价格相差十分悬殊，申报单价为何如此统一？这批葡萄酒申报的酒庄名为帕波亚克，但互联网上却找不到这个酒庄的信息。按申报价格，这两票货物都是普通葡萄酒，为何要花大价钱用恒温冷藏箱运输？宁波海关决定现场查验。

海关人员在查验中发现一批木箱，这些木箱上有手写英文字样"Mouton"。木箱打开，一共六瓶葡萄酒，有一瓶是未申报的"木桐"牌葡萄酒，产自法国五大红酒名庄之一的"木桐酒庄"。

经一天清点，两个集装箱 1 699 箱葡萄酒中，查出未申报的名贵葡萄酒 122 瓶，包括 1971 到 2002 年份 750 毫升装"拉菲"红酒 16 瓶、1973 到 2008 年份 750 毫升装"木桐庄园"红酒 32 瓶，1975 到 2002 年份 750 毫升"拉图"葡萄酒 5 瓶，另有"白马庄""高居蒙""澳比昂"等名牌葡萄酒 69 瓶。

经调查，温州这家经贸公司刚取得外贸经营权，初涉葡萄酒进口业务。今年七八月份，这家公司通过欧洲各国经销商采购普通葡萄酒时，又在法国一家专卖店里购买了一百多瓶名庄酒。

按规定，我国进口瓶装葡萄酒的综合税率达到 48.2%，一百多瓶名庄酒价值人民币 40 余万元，即需要缴纳 20 余万元的关税。为偷税，加上在专卖店买的名庄葡萄酒没有原产地证明，无法正常向海关申报，公司总经理叶某决定将 122 瓶名贵葡萄酒藏于普通葡萄酒中走私进口。

2011 年 11 月 18 日，宁波海关决定，没收 122 瓶名贵葡萄酒，当事人还将承担相应法律责任。

近年来，葡萄酒进口量不断攀升。一些进口商为了偷税，采取伪报、瞒报等方式走私进口葡萄酒。

据统计，截至 2011 年 10 月 31 日，宁波海关一年内共查获葡萄酒走私案件 8 起，涉案葡萄酒479 550 瓶，累计案值 777.61 万元，涉税 246.6 万元。

为此，宁波海关提醒进口商，走私进口葡萄酒一旦被查获，将没收走私货物、罚款，构成犯罪的还将依法追究刑责。

（二）配合查验

海关查验货物时，进出口货物收发货人或其代理人应当到场，配合海关查验。进出口货物收发货人或其代理人配合海关查验应当做好如下工作。

（1）负责按照海关要求搬移货物，开拆包装，以及重新封装货物。

（2）预先了解和熟悉所申报货物的情况，如实回答查验人员的询问及提供必要的资料。

（3）协助海关提取需要作进一步检验、化验或鉴定的货样，收取海关出具的取样清单。

（4）查验结束后，认真阅读查验人员填写的"海关进出境货物查验记录单"，注意以下情况的记录是否符合实际：①开箱的具体情况；②货物残损情况及造成残损的原因；③提取货样的情况；④查验结论。

查验记录准确清楚的，配合查验人员应现场签名确认。配合查验人员如不签名，海关查验人员可在查验记录中予以注明，并由货物所在监管场所的经营人签名证明。

（三）货物损坏赔偿

在查验过程中，因进出口货物所具有的特殊属性，容易因开启、搬运不当等原因导致货物损毁，需要海关查验人员在查验过程中予以特别注意的，进出口货物收发货人或其代理人应当在海关实施查验前申明。

在查验过程中，或者证实海关在径行开验过程中，因为海关查验人员的责任造成被查验货物损坏的，进出口货物收发货人或其代理人可以要求海关赔偿。海关赔偿的范围仅限于在实施查验过程中由于查验人员的责任造成被查验货物损坏的直接经济损失。直接经济损失的金额根据被损坏货物及其部件的受损程度确定，或者根据修理费确定。

以下情况不属于海关赔偿范围：①进出口货物收发货人或其代理人搬移、开拆、封装货物或保管不善造成的损失；②易腐、易失效货物在海关正常工作程序所需时间内（含扣留或代管期间）所发生的变质或失效；③海关正常查验时产生的不可避免的磨损；④在海关查验之前已发生的损坏和海关查验之后发生的损坏；⑤由于不可抗力的原因造成货物的损坏、损失。

进出口货物收发货人或其代理人在海关查验时对货物是否受损坏未提出异议，事后发现货物有损坏的，海关不负赔偿的责任。

二、一般进出口货物的税费缴纳

在海关接受申报后，报关单位应办理货物税费的缴纳手续。

缴纳税费是指进出口货物收发货人或其代理人接到海关的税费缴纳通知书后，以支票、本票、汇票、现金的形式，向海关指定的银行办理税费款项的缴纳手续，由银行将税费款项缴入海关专门的账户。

在税费缴纳过程中，进出口货物收发货人或其代理人先将报关单及随附单证提交给货物进出境地指定海关，海关对报关单进行审核，对需要查验的货物先由海关查验，然后核对计算机计算的税费，开具税款缴款书和收费票据。

税费缴纳方式有以下两种。

（1）凭缴款书和收费票据缴纳税费。进出口货物收发货人或其代理人在规定时间内，持海关开具的税款缴纳书、滞报金等收费专用票据向指定银行办理税费交付手续。

（2）网上缴纳。在已开通中国电子口岸网上缴税和付费的海关，进出口货物收发货人或其代理人可以通过电子口岸接收海关发出的税款缴款书和收费票据，在网上向指定银行进行电子支付税费。一旦收到银行缴款成功的信息，即可报请海关办理货物放行手续。

出口货物收发货人或其代理人凭缴款书缴纳相关费用后，方可办理后续的相关手续。经海关批准的部分企业，可以办理"先放后缴"手续的，由出口货物收发货人出具保函，经海关审批同意后，先行办理提货手续，然后缴纳进出口关税及进口环节税，在海关规定的 15日缴纳期限内缴纳税费，并向海关办理销保手续。

📽 新闻回顾

宁波海关重拳打击虚假贸易

宁波海关 2016 年 3 月 23 日通报了一起涉嫌虚假贸易的出口假发案件，实际单价约每个 8 元人民币的假发，出口申报时摇身一变，单价折合人民币近 110 元。

不法货主为了骗取出口退税，恶意虚高价格申报。在被海关查获时，还谎称其所生产的假发原料为动物毛发，制作成本极高，但经化验后证明假发全部由化纤制成。此案被查获的 40 万个出口假发合计涉嫌影响出口退税高达 360 多万元，不法货主因此将被处以 280 万元的罚款。

据调查，一些不法分子通过虚高出口价格和数量，甚至出口一些垃圾和残次品，制造虚假贸易以骗取补贴。不法分子还通过成立多家空壳公司，将出口经营权出让给各出口岸地的货代公司、报关公司使用，利用货代公司集体组织货源、报关公司多点报关、高报价格形式，短期内"制造"巨额出口数据，以骗取地方政府的外贸补贴。这些空壳公司都有一个共同特点：只有注册地址，没有经营场所和人员，但其"身影"却频频出现在全国各个口岸海关的报关单上；它们没有结汇账户和退税资格，但"出口生意"却做遍了全球各个角落。

虚假贸易在严重"注水"海关出口贸易统计数据的同时，更给国家财政造成了巨大的经济损失，扰乱了正常的出口贸易秩序，甚至为国家宏观经济决策埋下隐患。为此，海关总署在 2016 年伊始开展了"国门利剑 2016"联合专项行动，就打击虚假贸易进行了重点部署。（王飞）

三、一般进出口货物的提取或装运

在完成税费缴纳之后，就进入货物的提取或装运环节。在这个环节，仍要办理海关进出境现场放行和货物结关、提取或装运货物、申请签发报关单证明联和办理其他证明手续等事务。

（一）海关进出境现场放行和货物结关

1. 海关进出境现场放行

海关进出境现场放行是指海关接受进出口货物的申报，审核电子数据报关单和纸质报关单及随附单证，查验货物，征免税费或接受担保以后，对进出口货物做出结束海关进出境现场监管决定，允许进出口货物离开海关监管现场的工作环节。

海关进出境现场放行一般由海关在进口货物提货凭证或者出口货物装货凭证上加盖海关放行章，进出口货物收发货人或其代理人签收进口货物提货凭证或者出口货物装货凭证，凭以提取进口货物或将出口货物装上运输工具离境。

在实行"无纸化通关"申报方式的海关，海关作出现场放行决定时，通过计算机和互联网将海关决定放行的信息发送给进出口货物收发货人或其代理人和海关监管货物保管人。进出口货物收发货人或其代理人从计算机上自行打印海关通知放行的凭证，凭以提取进口货物或将出口货物装运到运输工具上离境。

2. 货物结关

货物结关是进出境货物办结海关手续的简称。进出境货物由收发货人或其代理人向海关办理完所有的海关手续，履行了法律规定的与进出口有关的一切义务，就办结了海关手续，海关不再进行监管。

3. 海关进出境现场放行的两种情况

海关进出境现场放行包括两种情况：一种情况是货物已经结关，对于一般进出口货物，放行时进出口货物收发货人或其代理人已经办理了所有海关手续，因此，海关进出境现场放行即等于结关；另一种情况是货物尚未结关，对于保税货物、特定减免税货物、暂准进出境货物、部分其他进出境货物，放行时进出境货物的收发货人或其代理人并未办完所有的海关手续，海关在一定期限内还需进行监管，所以该类货物的海关进出境现场放行不等于结关。

（二）提取货物或装运货物

进口货物收发货人或其代理人签收海关加盖海关放行章戳记的进口货物提货凭证，凭以到货物进境地的港区、机场、车站、邮局等地的海关监管仓库办理提取进口货物的手续。

出口货物发货人或其代理人签收海关加盖海关放行章戳记的出口货物装货凭证，凭以到货物出境地的港区、机场、车站、邮局等地的海关监管仓库，办理将货物装上运输工具离境的手续。

（三）申请签发报关单证明联和办理其他证明手续

进出口货物收发货人或其代理人，办理完提取进口货物或装运出口货物的手续以后，如需海关签发有关货物的进口、出口货物报关单证明联或办理其他证明手续的，均可向海关提出申请。

常见的报关单证明联主要有以下几种。

（1）进口付汇证明联。对需要在银行或国家外汇管理部门办理进口付汇核销的进口货物，进口货物的收货人或其代理人应当向海关申请签发进口货物报关单付汇证明联。海关经审核，对符合条件的，即在进口货物报关单付汇证明联上签章。同时，通过电子口岸执法系统向银行和国家外汇管理部门发送证明联电子数据。

（2）出口收汇证明联。对需要在银行或国家外汇管理部门办理出口收汇核销的出口货物，出口货物的发货人或其代理人应当向海关申请签发出口货物报关单收汇证明联。海关经审核，对符合条件的，即在出口货物报关单收汇证明联上签章。同时，通过电子口岸执法系统向银行和国家外汇管理部门发送证明联电子数据。

（3）出口退税证明联。对需要在国家税务机构办理出口退税的出口货物，出口货物的发货人或其代理人应当向海关申请签发出口货物报关单退税证明联。海关经审核，对符合条件的，在证明联上签章。同时，通过电子口岸执法系统向国家税务机构发送证明联电子数据。

需要办理的其他证明手续一般有以下两项。

（1）出口收汇核销单。对需要办理出口收汇核销的出口货物，出口货物的发货人或其代理人应当在申报时向海关提交由国家外汇管理部门核发的出口收汇核销单。海关放行货物后，在出口收汇核销单上签章。出口货物发货人凭出口货物报关单收汇证明联和出口收汇核销单办理出口收汇核销手续。

（2）进口货物证明书。对进口汽车、摩托车，进口货物的收货人或其代理人应当向海关申请签发进口货物证明书，进口货物收货人凭以向国家交通管理部门办理汽车、摩托车的牌照申领手续。海关放行汽车、摩托车后，签发进口货物证明书，同时，将进口货物证明书上的内容通过计算机发送给海关总署和国家交通管理部门。其他进口货物如需申领进口货物证明书，收货人或其代理人也可向海关提出申请。

技能训练

参观性实训：参观当地海关和进出口企业，观察一般进出口货物的报关流程，并就配合查验环节分别绘制出一幅进口货物配合查验流程图和一幅出口货物配合查验流程图。

案例分析

径行开验惹争议

某企业向当地海关申报进口一批咖啡壶，货物已运抵海关监管区内的仓库。海关根据情报得知该批货物有问题，于是在没有通知该公司的情况下，由仓库管理人员陪同对这批货物进行了查验，发现该批货物是高档音响器材。该企业以海关查验时报关员不在场为由，拒绝承认查验结果，抗拒当地海关对其进行的处罚。

问题：

1. 当地海关有权对其进行处罚吗？

2. 结合案例，谈谈你对海关查验过程的认识。

一、单项选择题

1. 进出口货物的申报日期是指（　　　）。

A. 向海关提交电子数据报关单的日期　　B. 向海关提交备查纸质报关单的日期

C. 申报数据被海关接受的日期　　D. 海关放行日期

2. 进口货物滞报期限为运输工具申报进境之日起第（　　　）日为起始日，海关接受申报之日为截止日。

A. 7　　B. 10　　C. 14　　D. 15

3. 按照海关规定，报关单位应当自接到海关"现场交单"或"放行交单"通知之日起（　　　）日内，向海关提交纸质报关单证办理海关手续。

A. 3　　B. 7　　C. 10　　D. 14

4. 货物进出境阶段，进出口货物收发货人或其代理人应当按照（　　　）步骤完成报关工作。

A. 进出口申报——配合查验——缴纳税费——提取或装运货物

B. 提取或装运货物——进出口申报——配合查验——缴纳税费

C. 进出口申报——配合查验——提取或装运货物——缴纳税费

D. 提取或装运货物——配合查验——进出口申报——缴纳税费

5. 下列（　　　）属于海关赔偿范围。

A. 在海关查验货物的过程中，由于报关单位陪同查验人员搬移货物时造成货物的损坏

B. 海关查验人员在查验货物过程中造成的货物损坏，并在查验记录上签注

C. 海关查验后，货物在入库时，收货人发现被查验货物损坏

D. 易腐、易失效货物在海关工作程序所需时间内发生货物变质或失效

二、多项选择题

1. 考虑到一般进出口货物的特征，下列（　　　）选项是正确的。

A. 报关单位向海关申报时应提交相应的进出口许可证件

B. 报关单位在向海关办理进出口手续时应按照海关规定缴纳进出口税款

C. 进口货物在海关签章放行后即结束海关监管

D. 出口货物在出口货物装货单上由海关签章放行后即结束海关监管

2. 中国石油化工进出口公司从委内瑞拉进口原油 20 万吨，由船舶装运进口，在进口报关时报关人员除应向海关提交进口货物报关单外，还应向海关提交（　　　）等报关证。

A. 发票、装箱单、提货单　　B. 合同

C. 自动进口许可证　　D. 进口许可证

3. 报关单位在办结提取进口货物或出口货物装运出境手续后，应向海关申请签发（　　　）等单证。

A. 进口付汇核销单

B. 进口货物报关单进口付汇证明联

C. 出口收汇核销单、出口货物报关单收汇证明联

D. 出口货物报关单出口退税证明联

4. 按照规定，海关接受进出口货物申报后，电子数据进出口货物报关单一般不得修改或者撤销；确有正当理由的，经海关审核批准，可以修改或撤销。（　　）属于正当理由，可向原接受申报的海关申请修改或者撤销原进出口货物报关单。

　　A. 由于计算机、网络系统的原因导致电子数据错误的

　　B. 由于报关员操作失误，海关发现有违规走私嫌疑的

　　C. 出口货物海关放行后，由于配载原因未装运申请退关的

　　D. 进口货物超出合同溢短装幅度的

5. 进出口货物收发货人或其代理人配合海关查验的工作主要包括（　　）。

　　A. 负责搬移货物，开拆和重封货物的包装

　　B. 回答海关查验关员的询问

　　C. 负责提取海关需要作进一步检验、化验或鉴定的货样

　　D. 签字确认查验记录

三、判断题

1. 一般进出口货物是指一般贸易货物。　　　　　　　　　　　　　　　　　　（　　）

2. 对于一般进出口货物来说，海关放行意味着全部海关手续已经全部办结。　（　　）

3. 申报日期是指申报数据被海关接受的日期。如报关单位采用电子数据报关并按要求提交纸质报关单接受核查，则是指报关单位向海关提交纸质报关单证并被海关核查的日期。　（　　）

4. 在一般情况下，进出口货物收发货人或其代理人应当先以纸质报关单向海关申报，然后再以电子数据报关单形式向海关申报。　　　　　　　　　　　　　　　　　　　　　　（　　）

5. 一般情况下，办理进出口货物的海关申报手续，进出口货物收发货人或其代理人可自行选择采用纸质报关单或电子数据报关单的形式。两种形式均属法定申报，具有同等法律效力。　（　　）

6. 进口货物自装载货物的运输工具申报进境之日起超过3个月仍未向海关申报的，货物由海关提取依法变卖处理。对于不宜长期保存的货物，海关可以根据实际情况提前处理。　（　　）

7. 对于经电缆、管道等输送方式进出口的货物，由于是特殊货物，因此无须向海关申报。　（　　）

8. 海关在查验货物时，报关单位应派人配合海关对进出口货物进行查验。海关还可以对进出口货物进行复验和径行开验，但必须在报关单位相关人员陪同下进行。　　　　　　　　　　（　　）

9. 海关对已查验过的货物，不得进行复验。　　　　　　　　　　　　　　　　（　　）

10. 海关关员在实施查验过程中，对造成被查验货物损坏的间接经济损失也要负赔偿责任。（　　）

四、综合实务题

　　某外贸进出口公司进口"表面粗糙度测量仪"（列入《自动进口许可管理货物目录》）10台，由载运货物的某船舶于2015年5月15日（星期五）运抵上海。当日，船舶申报进境。该外贸公司于5月21日（星期四）采用电子数据交换方式向上海吴淞海关传送电子数据报关单并被海关接受。

　　在尚未接到海关反馈审结通知前，该外贸公司发现因报关员书写失误造成申报差错，随即向海关提出修改报关单内容的申请。海关在确认情况属实且未对国家贸易管制政策的实施、税费征收及海关统计指标等造成危害后同意修改。

　　该外贸公司在修改报关单内容后，于5月22日重新向海关传送电子数据报关单，并于当日接到海关审结通知。6月1日（星期一）该外贸公司向海关提交纸质报关单。

　　请根据上述案例材料，回答下列问题。

1. 该批货物的申报日期应为（　　　）。

    A. 5 月 15 日   B. 5 月 21 日

    C. 5 月 22 日   D. 6 月 1 日

2. 该外贸公司向海关申报进口时，必须向海关提交的随附单证包括（　　　）。

    A. 发票   B. 提单

    C. 自动进口许可证   D. 载货清单

3. 下列有关货物在申报过程中发生的差错及海关所做处理的表述，正确的是（　　　）。

    A. 因为接到海关审结电子数据报关单通知后的 7 天期限内，未向海关提交纸质报关单，海关撤销该外贸公司的电子数据报关。

    B. 因向海关提交纸质报关单之日已超过海关规定的申报期限，海关对该外贸公司征收滞报金

    C. 该外贸公司修改报关单内容并重新申报，海关申报期限的起始日仍应为运输工具申报进境之日

    D. 该外贸公司修改报关单内容并重新申报，海关申报期限的起始日应改为海关撤销原电子数据报关单之日

4. 根据海关规定，海关在接受申报后，电子数据报关单一般不得随意修改或撤销，若海关批准修改或撤销，须有（　　　）等正当理由。

    A. 由于计算机、网络系统等方面的原因导致电子数据申报错误的

    B. 由于报关员的操作或书写失误造成所申报的报关单内容有误，并且未发现有走私违规或其他违法嫌疑的

    C. 进出货物在运输、装卸、存储过程中因溢、短装等原因，造成申报数据与实际货物不符的

    D. 出口货物放行后，由于装运、配载等原因造成原申报货物部分或全部退关，变更运输工具的

五、论述题

1. 试述一般进出口货物的申报流程。

2. 试述一般进出口货物的税费缴纳方式。

第五章　保税货物及其报关

孙子曰：兵法：一曰度，二曰量，三曰数，四曰称，五曰胜。地生度，度生量，量生数，数生称，称生胜。——《孙子兵法·军形 第四》

【知识目标】

（1）掌握保税货物的概念和特征；（2）掌握储存出境类保税货物的报关程序；（3）掌握加工贸易货物的报关程序；（4）掌握区域保税货物的报关程序。

【技能目标】

（1）能划分保税货物的类型；（2）能够描述保税货物和一般进出口货物报关程序的区别；（3）能明晰海关对保税货物的监管要点；（4）能够模拟保税货物的报关流程。

【内容架构】

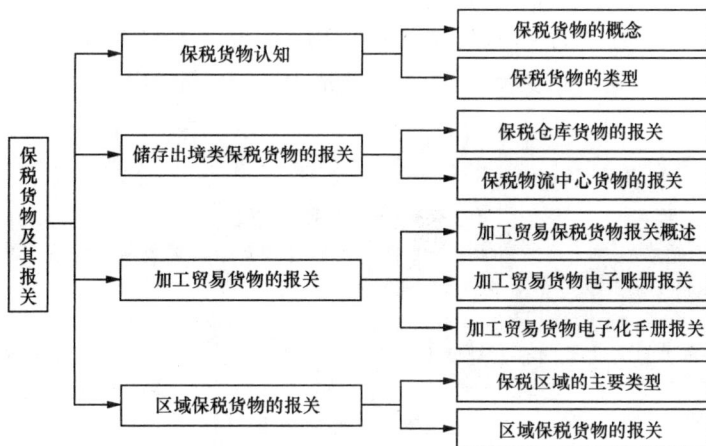

案例导入

保税区带来的便利

例1：香港A公司在宝安、东莞均设有工厂，国外的原材料到香港码头后，转由福汉兴福田或盐田保税物流园区保税仓库堆放，待内地工厂需要原料时，通知福汉兴报关部直接报关进口或转关至东莞海关报关。这样做的好处是可节省可观的仓租和拖船费用、报关员无须出境而确保报关数据准确无误。

例2：东莞的Q公司和宝安的A公司都是加工型企业，Q公司生产的成品（如电阻）要卖给A公司做料件，以往办理这种跨关区的"转厂"手续很烦琐。现在，它们选择了福汉兴福田或盐田保税物流园区保税仓库后，一切都变得简单了。Q公司办理东莞至福田保税物流园区的出库转关交货至福汉兴保税仓库视同出境，完成海关监管手续，可以退税，再用A公司的进口货物报关单证办理货物的进口手续，货物的运输可由国内车辆完成。这样复杂的问题就变得简单了，还能节省开支。

保税货物是一种有别于一般进口货物，也有别于其他海关监管货物的具有特殊性质的海关监管货物。保税制度是一种国际通行的海关制度。各国海关根据具体国情设计本国的相关管理规定，旨在简化企业的进出口手续，减少企业因纳税而造成的资金占用和利息成本，从而促进和鼓励本国对外贸易的发展。

第一节　保税货物概述

一、保税货物的概念和特征

保税制度是一种国际通行的海关制度。纵观各国的通常做法，一般表现为：出口国货物进入进口国后，在海关监管下储存于指定场所（如保税工厂或保税仓库），可先不交或缓交进口关税，如该批货物在进口国国内市场销售，应补交进口环节税；如复运出口，则不需缴纳进口关税。保税制度通常实施于特定的贸易方式，如来料加工、进料加工、加工装配业务等，保税货物在海关限定的期限内享受关税的免缓优惠待遇。

微视频
宁波保税区：一收一放之间 诞生"税收冠军"

（二维码）

1. 保税货物的概念

保税货物是指经海关批准未办理纳税手续进境，在境内储存、加工、装配后复运出境的货物。保税制度在国际贸易中的广泛应用，使这一制度涉及的保税货物成为进出口货物中的一项重要内容。

视野拓展

"三来一补"与保税监管

"三来一补"指来料加工、来样加工、来件装配和补偿贸易，是我国在改革开放初期尝试性地创立的一种企业贸易形式。它最早出现于1979年。

"三来一补"企业的运营架构是：由外商提供设备（包括由外商投资建厂房）、原材料和来样，并负责全部产品的外销，由我国企业提供土地、厂房、劳动力。中外双方对各自投资均不作价，由双方提供条件组成一个新的"三来一补"企业；中外双方不以"三来一补"企业名义核算，但各自记账，以工费结算，对"三来一补"企业双方各负连带责任。随着中国制造业的逐渐发展，2000年后，由于我国政府对"三来一补"企业的政策始终没有发生变化，没能引导企业的利益结构发生变化，"三来一补"的企业结构显现出越来越多的问题，逐渐不适应中国加入世界贸易组织后的发展。

曾几何时，我国的对外开放局限于中外合资、合作和引进外资。如今，"三资"企业的名称已逐渐不再盛行。伴随着外向型经济的快速发展，自20世纪90年代起，我国在充分借鉴和吸收国外自由贸易园区先进经验的基础上，进行设立和发展海关特殊监管区域的积极探索。

1990年，第一个海关特殊监管区域——上海外高桥保税区诞生。

2000年，第一个出口加工区在江苏昆山设立。

2003年，第一个保税物流园区在上海外高桥设立，第一个跨境工业园区在广东珠海设立。

2005年，第一个保税港区在上海洋山设立。随着上海洋山保税港的设立，中国沿海政策最优惠、开放程度最高、功能最健全的海关特殊监管区域诞生。

上述海关特殊监管区域在不同的历史时期，为我国承接国际产业转移，促进加工贸易转型升级，提升区域竞争力做出了重要贡献。

2005年11月，全国出口加工区会议在杭州召开。时任国务院副总理的吴仪对当时全国各类海关特殊监管区域、场所功能交叉、政策重叠的情况提出："要继续深化保税加工和保税物流监管制度改革，对各类特殊监管区域和场所进行功能整合，从外延扩张向内涵优化转变"。

自此，在加工贸易"放养"和"圈养"的新一轮比拼中，占据我国更广阔范围的内陆地区加工贸易的突围，成为更具代表性和关注意义的实践。

2. 保税货物的特征

保税货物具有以下四个特征。

（1）具有特定目的。《海关法》将保税货物限定于为两种特定目的而进口的货物，即进行贸易活动的"储存"和"加工制造"。储存出境类保税货物是以储存为目的的。

（2）享受暂免纳税。储存出境类保税货物未办理纳税手续进境，属于暂时免纳，而不是免税。待货物最终流向确定后，海关再决定征税或免税。

（3）要求复运出境。这是构成储存出境类保税货物的重要前提。从法律上讲，保税货物未按一般货物办理进口和纳税手续，因此，保税货物必须以原状或加工后产品复运出境。这既是海关对保税货物的监管原则，也是经营者必须履行的法律义务。保税货物的通关与一般进出口货物不同，它不是在某一个时间办理进口或出口手续后即完成了通关，而是从进境、储存或加工到复运出境的全过程，只有办理了整个过程的各种海关手续后，才真正完成了保税货物的通关。

（4）接受海关监管。由于储存出境类保税货物是"未办理纳税手续进境"的货物，因此，它属于海关监管货物。自进境之日起就必须置于海关的监管之下，它在境内的储存、加工、装配等活动都必须接受海关监管，直至复运出境或改变性质办理正式进口手续为止。

二、保税货物的类型

依据海关实施监管的形式，保税货物可以划分为储存出境类保税货物、加工贸易货物和区域保税货物三种类型。

微课堂
保税货物的类型

1. 储存出境类保税货物

储存出境类保税货物是指经海关批准保税进境暂时存放后再复运出境的货物，主要包括保税仓储货物和保税物流中心货物等。

视野拓展

出口监管仓库

出口监管仓库是指对已办结海关出口手续的货物进行存储、保税物流配送、提供流通性增值服务的海关专用监管仓库，包括出口配送型仓库（储存以实际离境为目的的出口货物的仓库）和国内结转型仓库（储存用于国内结转的出口货物的仓库）。

出口监管仓库适用范围包括：需要出口复进口加工且存在价格差异的半成品；需要继续深加工结转的半成品；出口批次较多，需要集中出口的货物；出口时客户未确定情况；加工贸易登记手册到期，需要核销加工贸易登记手册的用户。

出口监管仓库申请条件如下。

（1）申请设立出口监管仓库的经营企业应当具备以下条件：已经在工商行政管理部门注册登记，具有企业法人资格；具有进出口经营权和仓储经营权；注册资本在 300 万元人民币以上；具备向海关缴纳税款的能力；具有专门储存货物的场所，其中出口配送型仓库的面积不得低于 5 000 平方米，国内结转型仓库的面积不得低于 1 000 平方米。

（2）出口监管仓库应当具备以下条件：符合区域物流发展和海关布局要求，符合国家土地管理、规划、交通、消防、安全、环保等有关法律、行政法规的规定；具有符合海关监管要求的安全隔离设施、监管设施和办理业务必需的其他设施；具有符合海关监管要求的计算机管理系统，并与海关联网；建立了出口监管仓库的章程、机构设置、仓储设施及账册管理和会计制度等仓库管理制度；自有仓库的，具有出口监管仓库的产权证明；租赁仓库的，具有租赁期限5年以上的租赁合同；消防验收合格。

出口监管仓库主要监管事项如下。

（1）出口监管仓库内不得对所存货物进行加工，如需分拣、改变包装、加刷唛头，应经主管海关同意，并在海关监管下进行。

（2）出口监管仓库所存货物储存期限为六个月，如有特殊情况可向主管地海关申请延期，但延期最长不得超过六个月。货物储存期满仍不运出境，也不办理有关进境手续的，由海关将货物变卖，所得价款比照《海关法》的相关规定处理。

（3）出口监管仓库所存货物在储存期间发生短少或灭失，除由于不可抗力的原因造成的短少部分外，其余短少或灭失部分，应由仓库经营单位承担缴纳税款的责任，并由仓库主管海关按有关规定处理。

2. 加工贸易货物

加工贸易货物是指经海关批准专门为加工、装配、生产出口产品而从境外进口保税的原材料、零部件，加工成半成品、成品后再复运出境的货物，主要包括保税工厂货物、保税集团货物以及出口加工区货物等。

视野拓展

来料加工

来料加工贸易是指由外商提供全部原材料、辅料、零部件、元器件、配套件和包装物料，必要时提供设备，由承接方加工单位按外商的要求进行加工装配，成品交外商销售，承接方收取工缴费，外商提供作价设备的价款，承接方用工缴费偿还的业务。

来料加工贸易，对于委托方来说，是利用承接方的劳务，降低产品成本；对于承接方来说，则是以商品为载体的一种劳务输出。

我国成立经济特区后，来料加工贸易发展迅速。自20世纪70年代末至80年代初，我国政府把对外加工装配业务作为利用外资的一种形式，在政策上加以保护和支持，因而发展迅速。加工装配贸易额，在我国进出口总额中已占有相当大的比重。应该说，这一贸易方式，在增加就业机会、繁荣地方经济和推动出口贸易方面，起了很大的作用。

承接对外加工装配业务的企业有两种类型：一种是承接方为中国企业或合资企业，和委托方之间是单纯的委托加工关系，通过承接加工业务，企业得以利用境外资金，发挥生产潜力，扩大出口，增加收入，并能获得国际市场信息，加快产品升级换代，改善管理水平和改进工艺技术。

另一种是境外委托方在我国境内直接投资设厂，然后以委托加工装配的方式充分利用我国的优惠政策和低廉的劳动力，获利丰厚，并一定程度上与我国原来的出口贸易争夺市场。尽管这种"前店后厂"的方式对发展我国经济利大于弊，但从长远来看，把这一利用外资方式，用政策导向于技术密集型和成本密集型产业，并加强税务管理，是十分必要的。

按照我国《海关关于对外加工装配业务的管理规定》第六条规定：加工装配合同必须在合同到期或最后一批加工成品出口后的一个月内，凭当地税务部门在海关"登记手册"内已签章的核销表，连同有关进出口货物报关单，以及有关单证向主管海关办理核销手续。

3. 区域保税货物

区域保税货物是指经一国政府或其授权的海关批准设立的特殊监管区域内储存、加工、展示、中转、贸易等类型的货物，主要包括保税区、保税港区、综合保税区、自由贸易区等海关特殊监管区域的货物。

自贸港与自贸区

2018 年 4 月 14 日，中共中央、国务院发布《关于支持海南全面深化改革开放的指导意见》明确以现有自由贸易试验区试点内容为主体，结合海南特点，建设中国（海南）自由贸易试验区，实施范围为海南岛全岛。2018 年 10 月 16 日，国务院批复同意设立中国（海南）自由贸易试验区并印发《中国（海南）自由贸易试验区总体方案》。这标志着，中国最大的保税区域正式开始运作。

该自贸区的战略定位是发挥海南岛全岛试点的整体优势，紧紧围绕建设全面深化改革开放试验区、国家生态文明试验区、国际旅游消费中心和国家重大战略服务保障区，实行更加积极主动的开放战略，加快构建开放型经济新体制，推动形成全面开放新格局，把海南打造成我国面向太平洋和印度洋的重要对外开放门户。

自贸港和自贸区虽然只是一字之差，但却是扎扎实实的升级。自由贸易港通常被视为开放程度最高的自贸区，在自贸港里海关一线真正放开，货物自由流动，取消或最大程度简化入港货物的贸易管制措施，简化一线申报手续。

从国际常规来看，自由贸易港往往是港口等交通物流中心，在关税方面给予优惠，方便国际贸易船只出入港，进行装卸、储存与过境中转等。

新加坡地区和中国香港地区，均实施自由贸易港政策，吸引了大量集装箱前去中转，从而奠定了它们的世界集装箱中心枢纽地位。

第二节　储存出境类保税货物的报关程序及管理

一、保税仓库货物的报关程序与管理

（一）保税仓库概述

保税仓库是经海关批准设计的专门存放保税货物及其他未办理海关手续的货物的仓库。

1. 保税仓库分类

我国大体上有以下三种保税仓库。

（1）公用型保税仓库。公用型保税仓库由主营仓储业务的中国境内独立企业法人经营，专门向社会提供保税仓储服务。

（2）自用型保税仓库。自用型保税仓库由特定的中国境内独立企业法人经营，仅储存本企业自用的保税货物。

（3）专用型保税仓库。专门用来储存具有特定用途或特殊种类商品的保税仓库，称为专用型保税仓库。专用型保税仓库包括液体危险品保税仓库、备案保税仓库、寄售维修保税仓库和其他专用保税仓库。

2. 保税仓库的设立及存放货物范围

保税仓库应当设立在设有海关机构、便于海关监管的区域。经营保税仓库的企业，应当具备下列条件：

（1）经工商行政管理部门注册登记，具有企业法人资格。

（2）注册资本最低限额为 300 万元人民币。

（3）具备向海关缴纳税款的能力。

（4）经营特殊许可商品储存的，应当具有规定的特殊许可证件。

（5）经营备料保税仓库的加工贸易企业，年出口额最低为1 000万美元。

（6）具有符合海关监管要求的安全隔离设施、监管设施和办理业务必需的其他设施。

企业申请设立保税仓库的，应向仓库所在地主管海关提交书面申请，提供能够证明具备要求条件的有关文件。

经海关批准可以存入保税仓库的货物有：加工贸易进口货物；转口货物；供应国际航行船舶和航空器的油料、物料和维修用零部件；供维修外国产品所进口寄售的零配件；外商进境暂存货物；未办结海关手续的一般贸易进口货物。

（二）保税仓库货物的报关程序

保税仓库货物的报关程序可以分为进库报关和出库报关。

1. **进库报关**

货物在保税仓库所在地进境时，除国家另有规定外，免交进口许可证，由收货人或其代理人办理进口报关手续，海关进境现场放行后货物存入保税仓库。

货物在保税仓库所在地以外其他口岸入境时，经海关批准，收货人或其代理人可以按照转关运输的报关程序办理手续，也可以直接在口岸海关办理异地传输报关手续。

2. **出库报关**

保税仓库货物出库可能出现进口报关和出口报关两种情况。保税仓库货物出库根据情况可以逐一报关，也可以集中报关。

（1）进口报关。保税仓库货物出库用于加工贸易的，由加工贸易企业或其代理人按加工贸易货物的报关程序办理进口报关手续；保税仓库货物出库用于可以享受特定减免税的特定地区、特定企业和特定用途的，由享受特定减免税的企业或其代理人按特定减免税货物的报关程序办理进口报关手续；保税仓库货物出库进入国内市场或在境内作其他用途的，由收货人或其代理人按一般进口货物的报关程序办理进口报关手续。

（2）出口报关。保税仓库货物为转口或退运到境外而出库的，保税仓库经营企业或其代理人按一般出口货物的报关程序办理出口报关手续，但可免缴纳出口关税，免交验出口许可证。保税货物出库批量少、批次频繁的，经海关批准可以办理定期集中报关手续。

（三）保税仓库货物的报关管理

保税仓库货物的报关管理主要涉及以下内容。

（1）保税仓库所存货物的储存期限为1年，如因特殊情况需要延长储存期限，应向主管海关申请延期，经海关批准可以延长，延长的期限最长不超过1年。

（2）保税仓库所存货物，是海关监管货物，未经海关批准并按规定办理有关手续，任何人不得出售、转让、抵押、质押、留置、移作他用或者进行其他处置。

（3）货物在仓库储存期间发生损毁或者灭失，除不可抗力原因外，保税仓库应当依法向海关缴纳损毁、灭失货物的税款，并承担相应的法律责任。

（4）保税仓库货物可以进行包装、分级分类、加刷唛码、分拆、拼装等简单加工，不得进行实质性加工。

（5）保税仓库经营企业应于每月5日之前以电子数据和书面形式向主管海关申报上一个月仓库收、付、存情况，并随附有关的单证，由主管海关核销。

保税仓库加码浙江义乌"买全球、卖全球"战略

据中新网杭州 2011 年 10 月 27 日电（记者 夏毅 通讯员 俞晶 许冲）随着浙江义乌国际贸易综合改革的深入推进，通关便捷、费用合理的保税仓库受到越来越多义乌商人的认可。截至 2011 年 10 月底，近 5 000 多平方米的义乌市公共保税仓库的日常存放率已超过 80%。保税仓库已然成为义乌发展进口物流，实现"买全球、卖全球"发展战略的重要"助推器"。

义乌市公共保税仓库现有仓库面积 5 184 平方米，配套装卸场地 650.5 平方米。存放在义乌公共保税仓库的货物既有生产原料，也有进口消费品，主要品种有柴油发动机、发电机、五金工具、葡萄酒等。据义乌海关监管通关科关员包汉平介绍，根据国际上通行的保税制度要求，存入保税仓库的货物，在海关规定的储存期内，可暂时缓交进口税款，免领进口许可证或其他进口批件。不仅如此，保税仓库中的进口产品销售后，仓储费用及相关税款将由最终收货人支付，有利于扩大进口。

义乌华鼎锦纶股份有限公司是义乌本地的一家大型生产企业。今年以来，"华鼎锦纶"先后将 154 个标箱、2 525 吨生产原料存进"保税仓库"。公司业务员小汤说："保税仓库确实给我们的资金周转、原料仓储带来了很多便利。就拿刚刚存入保税仓库的这批原料来说，比存在一般的仓库每天节省近 2 500 元。而且保税仓库通关手续便捷，还可以暂时缓缴进口税款，给我们省了钱又省了心。自从 2010 年 8 月我们把一批货物存入保税仓库尝到'甜头'后，现在，我们的原材料大多都存入保税仓库。借助保税仓库，企业实现了'零库存'。"

保税仓库不仅便利了生产型企业储存生产原料、实现"零库存"，也为义乌商人采购进口商品打开了一扇"方便之门"。

作为义乌"买全球、卖全球"战略的一个重要组成部分，义乌国际商贸城进口馆汇集了来自亚洲、欧洲、非洲、北美洲、大洋洲等 55 个国家和地区的 2.7 万余种特色商品。

据义乌海关统计，2011 年以来，义乌市公共保税仓库已存放货物 105 批次，共计 5 000 余吨，总价值 4 623.36 万美元。

二、保税物流中心货物的报关程序与管理

保税物流中心是专门从事保税仓储物流业务的海关监管场所，有保税物流中心（A 型）和保税物流中心（B 型）之分。其报关程序按进出中心的流向有所不同。

（一）保税物流中心概述

保税物流中心根据功能不同被划分为保税物流中心（A 型）和保税物流中心（B 型）。

保税物流中心（A 型）是指根据海关批准，由中国境内企业法人经营，专门从事保税仓储物流业务的海关监管场所。保税物流中心（A 型）按服务范围可以分为公用型和自用型。

保税物流中心（B 型）是指经海关批准，由中国境内一家企业法人经营，多家企业进入并从事保税仓储物流业务的海关集中监管场所。

保税物流中心的功能既包含了保税仓库的功能，又包含了出口监管仓库的功能，是"两仓"功能的整合、优化和提升，顺应了现代物流的发展要求。保税物流中心既可以存放进口货物，也可以存放出口货物，还可以开展多项增值服务。

保税物流中心存放货物的范围为：国内出口货物、转口货物和国际中转货物、外商暂存货物、加工贸易进出口货物、供应国际航行船舶和航空器的物料和维修用零部件、供维修外国产品所进口寄售的零配件、未办理海关手续的一般贸易进口货物、经海关批准的其他未办结海关手续的货物。

保税物流中心允许开展的业务范围和禁止开展的业务范围见表 5.1。

表 5.1 保税物流中心的业务范围

允许开展的业务范围	禁止开展的业务范围
1. 保税储存进出口货物及其他未办结海关手续货物 2. 对所存货物进行流通性简单加工或开展增值服务 3. 全球采购和国际分拨、配送 4. 转口贸易和国际中转业务 5. 经海关批准的其他国际物流业务	1. 商业零售 2. 生产和加工制造 3. 维修、翻新和拆解 4. 储存国家禁止进出口货物，以及危害公共安全、公共卫生或者健康、公共道德或者秩序的国家限制进出口货物 5. 储存法律、行政法规明确规定不能享受保税政策的货物 6. 其他与物流中心无关的业务

（二）保税物流中心货物的报关程序

1. 保税物流中心与境外之间的进出口货物报关

保税物流中心与境外之间的进出口货物，应向保税物流中心主管海关办理相关手续，保税物流中心与口岸不在同一主管海关的，经主管海关批准，可以在口岸海关办理相关手续。

保税物流中心与境外之间进出口货物，除另有规定外，不实行进出口配额、许可证管理。

从境外进入物流中心内的货物，凡属于规定存放货物范围内的货物予以保税。保税物流中心企业自用物品设备等，按照进口货物的有关规定和税收政策办理。

2. 保税物流中心与境内之间的进出货物报关

保税物流中心内货物出中心或入中心与境内区域之间的进出货物报关略有不同。

保税物流中心内货物运往所在关区外，或者跨越关区提取物流中心内货物，可以在保税物流中心主管海关办理报关手续。其中保税物流中心的货物出中心进入关境内其他地区视同进口，按照货物进入境内的实际流向和实际状态填制进口货物报关单，办理进口报关手续。

货物从境内进入保税物流中心视同出口，应按照规定缴纳出口关税，办理出口报关手续。属于许可证管理的商品，企业在办理出口报关手续时，还应当向海关出具有效的出口许可证件。

3. 保税物流中心货物的报关管理

保税物流中心货物的报关管理主要涉及以下几个方面的内容。

（1）保税物流中心（A型）内货物保税储存期限为 1 年，保税物流中心（B型）内货物保税储存期限为 2 年。经主管海关同意可予以延期，除特殊情况外，延期不得超过 1 年。

（2）保税物流中心（B型）经营企业应设立管理机构负责物流中心的日常工作，但不得在本物流中心直接从事保税仓储物流的经营业务。

（3）企业根据需要经主管海关批准，可以分批进出货物，月度集中报关，但不得跨年度办理。

（4）保税仓储货物在储存期间发生损毁或者灭失的，除不可抗力外，保税物流中心经营企业应当依法向海关缴纳损毁、灭失货物的税款，并承担相应的法律责任。

（5）从境内运入保税物流中心的原进口货物，境内发货人应当向海关办理出口报关手续，经主管海关验放；已经缴纳的关税和进口环节海关代征税，不予退还。

第三节 加工贸易货物的报关程序及管理

一、加工贸易货物报关概述

加工贸易货物就是通常所说的保税加工货物，是指经海关批准，未办理纳税手续进境，在境内加工、装配后复运出境的货物。

加工贸易货物的特征体现在：料件进口时暂缓缴纳进口关税及进口环节海关代征税，成品出口时除另有规定外无须缴纳关税；料件进口时除国家另有规定外免交进口许可证件，成品出口时凡属许可证管理的，必须交验出口许可证件；进出境海关现场放行并未结关。

微视频
虚假贸易调查：深圳出口加工区里的秘密

加工贸易货物的范围主要包括以下几类：专为加工、装配出口产品而从境外进口且海关准予保税的料件，主要有原材料、零部件、元器件、包装物料、辅助材料等；用进口保税料件生产的成品、半成品；在保税加工生产过程中产生的副产品、残次品、边角料和剩余料件。

视野拓展

一个报关新手的碰壁

北京某服装企业某月同时从韩国进口混纺面料 30 000 米加工成风衣销往美国，进口 20 000 米尼龙面料加工成羽绒服销往国内。这批货物由报关员新手小李报关。小李很高兴，填了一张报关单兴冲冲地去报关，可结果碰壁了。

回来后，师傅告诉他碰壁的缘由：两种货物的报关手续不一样。从韩国进口的混纺面料加工成风衣销往美国是加工贸易，应按照加工贸易的报关程序进行报关，即要经过前期备案、申报、查验、征税、放行、后续核销这几个步骤；而进口尼龙面料加工成羽绒服销往国内是一般贸易，应按照一般进口货物报关程序进行报关，即要进行申报、查验、征税、放行这几个步骤。

（一）合同备案

加工贸易合同备案是指加工贸易企业持合法的加工贸易合同到主管海关备案，申请保税并领取《加工贸易登记手册》或其他准予备案凭证的行为。

1. 合同备案的企业

国家规定，开展加工贸易业务应当由经营企业到加工企业的所在地主管海关办理加工贸易合同备案手续。

经营企业是指与外商签订加工贸易合同，并办理出口的企业。

加工企业是指实际为加工贸易实施加工行为的企业，可以与经营企业是同一个企业，也可以是经营企业另行委托加工的企业。

2. 合同备案的步骤

企业办理加工贸易合同备案的步骤为：报商务主管部门审批合同，领取批准证件；需要领取其他许可证件的向有关主管部门领取许可证件；将合同内容预录入计算机系统；由海关审核并批准备案，需要开设台账的领取"台账开设联系单"；凭台账开设联系单到银行开设台账，领取"台账登记通知单"，到海关领取《加工贸易登记手册》。不需开设台账的，直接向海关领取《加工贸易登记手册》。

3. 合同备案的内容

合同备案的内容主要有以下几项。

（1）备案单证。备案单证主要包括以下几种："加工贸易业务批准证"和"加工贸易加工企业生产能力证明"；加工贸易合同或合同的副本；"合同备案申请表"和"合同备案呈报表"；成品和料件之间消耗关系的相关资料；海关需要的其他资料及单证。

（2）备案商品。加工贸易禁止类商品不准备案；进出口消耗臭氧物质、易制毒化学品、监控化学品，在备案时需要提供"进出口许可证"或"两用物项进出口许可证"复印件。进出口音像制品、印刷品、地图产品及附有地图的产品，进口工业再生肥料等，在备案时需要提供有关主管部门签发的许可证件或批准文件。

（3）保税额度。加工贸易合同项下海关批准准予备案的料件，全额保税。加工贸易合同项下海关不予备案的料件，以及试车材料、未列明消耗性物料等，不予保税，进口时按一般进口货物照章纳税。

（4）台账制度。所有加工贸易合同，都要按照"加工贸易银行保证金台账"制度办理。台账制度的核心是海关对不同地区的不同企业保税进出口不同的货物给予不同的监管待遇，具体有四种情况："不转"——指不需要开设保证金台账；"空转"——指开设台账，不需要缴纳保证金；"半实转"——指开设台账，缴纳相当于 50% 进口税额的保证金；"实转"——指开设台账，缴纳相当于全部进口税额的保证金。商品分为禁止类、限制类、允许类三类。加工贸易禁止类和限制类商品目录由海关总署会同国家其他部门适时公布。地区分为东部和中西部。东部包括辽宁省、北京市、天津市、河北省、山东省、江苏省、上海市、浙江省、福建省、广东省；东部以外的中国其他地区划为中西部。加工贸易企业按照报关单位分类管理中"收发货人的审定标准"分为 AA 类、A 类、B 类、C 类、D 类五个管理类别。

加工贸易银行保证金台账分类管理的具体内容见表 5.2。

表 5.2　银行保证金台账分类管理的具体内容

企业	禁止类	限制类（10 000 美元以上）		允许类（10 000 美元以上）	10 000 美元以下进口料件	5 000 美元以下 78 种服装辅料
AA 类	不准	（东部）空转	（西部）空转	不转	不转	不转免册
A 类		空转		空转		
B 类		半实转				
C 类		实转		实转	实转	实转
D 类		不准		不准	不准	不准

注：限制类及允许类如果是 10 000 美元以下的进出口，均采用本表"10 000 美元以下进口"或"5 000 美元以下服装辅料"栏的待遇对待

（5）备案凭证。对于可以不设台账的加工贸易合同，在准予备案后，由开展加工贸易的企业直接向所在地主管海关办理合同备案，领取海关签章的《加工贸易登记手册》。按规定在银行开设台账的加工贸易企业，由企业凭银行签发的"银行保证金台账登记通知单"，到合同备案主管海关领取海关签章的《加工贸易登记手册》，方可进入进出口报关阶段。

4．合同备案的变更

已经海关登记备案的加工贸易合同，其品名、规格、金额、数量、加工期限、单损耗、商品编码等发生变化的，需向主管海关办理合同备案变更手续，开设台账的合同还需变更台账。合同变更应在合同有效期内报原商务审批部门批准。

（二）货物报关

1．加工贸易货物进出境报关

加工贸易货物进出境由加工贸易经营单位或其代理人申报。申报时，必须持有《加工贸易登记手册》或其他准予合同备案的凭证。其报关程序同一般进出口货物，也有四个环节，其中单证申报、配合查验、放行后提取或装运货物三个环节与一般进出口货物基本一致。区别是：加工贸易货物进出境报关程序第三个环节不是缴纳税费，而是暂缓缴纳关税，即保税。

2. 加工贸易货物深加工结转报关

加工贸易货物深加工结转，是指加工贸易企业将保税进口料件加工的产品转至另一海关关区内的加工贸易企业进一步加工后复出口的经营活动。其程序分为计划备案、收发货登记、结转报关三个环节。

3. 其他加工贸易货物的报关

其他加工贸易货物是指履行加工贸易合同过程中产生的剩余料件、边角料、残次品、副产品和受灾保税货物，其特征是不能复出口。对于履行加工贸易合同中产生的上述剩余料件、边角料、残次品、副产品、受灾保税货物，企业必须在《加工贸易登记手册》有效期内处理完毕。处理的方式有内销、结转、退运、放弃、销毁等。除销毁处理外，其他处理方式都必须填制报关单报关。有关报关单是企业报核的必要单证。

（三）合同报核

加工贸易合同报核，是指加工贸易企业在加工贸易合同履行完毕或终止合同并按规定对未出口部分货物进行处理后，按照规定的期限和规定的程序，向加工贸易主管海关申请核销、要求结案的过程。

加工贸易合同核销，是指加工贸易经营企业在加工复出口或者办理内销等海关手续后，凭规定单证向海关申请解除监管，海关经审查、核查属实且符合有关法律、行政法规的规定，予以办理解除监管手续的海关行政许可事项的过程。

海关对企业的报核将依法进行审核。海关自受理企业报核之日起 20 个工作日内，应当核销完毕。特殊情况下，可以由直属海关的关长批准或者由直属海关关长授权的隶属海关关长批准延长 10 个工作日。对不符合规定的，海关书面告知理由，并要求企业重新报核。

经核销情况正常、未开设台账的，海关应当立即签发"核销结案通知书"；经核销情况正常、开设台账的，应当签发"银行保证金台账核销联系单"，企业凭此单到银行核销台账，其中"实转"的台账，企业应当在银行领回保证金和应得的利息或者撤销保函，并领取"银行保证金台账核销通知单"，凭此向海关领取核销结案通知书。

二、电子账册管理下的加工贸易货物的报关程序

（一）相关概述

海关对加工贸易企业实施联网监管是指加工贸易企业通过数据交换平台或者其他计算机网络方式向海关报送能满足海关监管需要的物流、生产经营等方面的数据，海关对数据进行核对、核算，并结合实物进行核查的一种海关保税加工监管方式。

1. 电子账册管理和电子化手册管理

计算机联网监管包括电子账册管理和电子化手册管理。

电子账册管理是以企业整体加工贸易业务为单元实施对加工贸易货物的监管，只设立一个电子账册。其基本管理原则是一次审批、分段备案、滚动核销、控制周转、联网核查。

电子化手册管理是以企业的单个加工合同为单元实施对加工贸易货物的监管，不再使用纸质手册。

2. 电子账册的建立

电子账册的建立要经过保税加工联网企业的申请和审批、加工贸易业务的申请和审批、建立电子账册和商品归并关系等三个步骤。

（1）保税加工联网企业的申请和审批。具备规定的相关条件的加工贸易企业可以向所在

地主管海关提出申请；申请联网监管的企业应当向海关提供规定的有关单证；经营企业所在地直属海关审核，符合条件、单证齐备的加工贸易企业成为保税加工联网监管企业，海关对其实施联网监管。

（2）加工贸易业务的申请和审批。联网企业申请开展加工贸易业务，应提交规定的有关单证并由商务主管部门审批；商务主管部门审定联网企业的加工贸易资格、业务范围和加工生产能力。

（3）建立电子账册和商品归并关系。①建立电子账册：联网企业凭商务主管部门签发的"联网监管企业加工贸易业务批准证"向所在地主管海关申请建立电子账册。海关以商务主管部门批准的加工贸易经营范围、年生产能力等为依据，建立电子账册，取代纸质《加工贸易登记手册》（以下简称"纸质手册"）。②建立商品归并关系：商品归并关系是指海关与联网企业根据监管的需要按照中文品名、HS 编码、价格、贸易管制等条件，将联网企业内部管理的"料号级"商品与电子账册备案的"项号级"商品归并或拆分，建立一对多或多对一的对应关系。

（二）报关程序

电子账册管理下的加工贸易货物的报关程序也要经过三个环节：备案→货物报关→核销。

1. 备案

电子账册管理下的加工贸易货物报关需对经营范围电子账册和便捷通关电子账册进行备案。

企业凭商务主管部门的批准证，通过网络，向海关办理"经营范围电子账册"备案，备案内容为经营单位名称和代码、加工单位名称和代码、批准证件编号、加工生产能力、加工贸易进口料件和成品范围（商品编码前 4 位）。

企业的经营范围、加工能力等发生变更时，经商务主管部门批准后，企业可通过网络向海关申请变更。最大周转金额、核销期限等需要变更时，企业应向海关提交书面申请，海关批准后，由海关直接变更。

企业可通过网络向海关办理"便捷通关电子账册"备案手续，备案内容包括企业基本情况表、料件成品部分以及单耗关系。

其他部分可以同时备案，也可以分阶段申请备案，但是料件的备案必须在相关料件进口前备案，成品和单耗关系最迟在相关成品出口前备案。

"便捷通关电子账册"的基本情况表内容、料件成品发生变化的，包括料件、成品品种、单损耗关系的增加等，只要未超出经营范围和加工能力，企业不必报商务主管部门审批，可通过网络直接向海关申请变更。

2. 货物报关

电子账册下的加工贸易货物报关包括进出境报关、深加工结转报关和其他加工贸易货物报关。

（1）进出境报关。联网企业进出口加工贸易货物，应使用企业内部的计算机，采用计算机原始数据形成报关清单，经中国电子口岸自动归并后生成报关单，向海关申报。联网企业备案的进口料件和出口成品等内容，是货物进出口时与企业实际申报货物进行核对的电子底账，因此申报数据与备案数据应当一致。联网企业在异地报关的，应按照异地报关分册备案的料件、成品填制电子数据报关单，通过网络向口岸海关申报。报关单"备案号"栏填写分册号，其他内容按"报关单填制规范"填写。

（2）深加工结转报关与纸质手册管理下的加工贸易货物结转报关程序相同。

（3）其他加工贸易货物报关。联网企业以内销、结转、退运、放弃、销毁等方式处理保税进口料件、成品、副产品、残次品、边角料和受灾货物的报关手续与纸质手册管理下的其他加工贸易货物报关程序相同。后续缴纳税款时，同样要缴纳缓税利息。

3. 核销

海关对联网企业实行定期或周期性的核销制度。一般规定180天为一个报核周期。首次报核期限，从电子账册建立之日起180天后的30天内；以后报核期限，从上次报核之日起180天后的30天内。联网企业报核分预报核和正式报核两个步骤。

三、电子化手册管理下的加工贸易货物的报关程序

电子化手册管理是以企业的单个加工合同为单元实施对加工贸易货物的监管，是加工贸易计算机联网监管的另一个监管模式。

电子化手册管理的特点是以合同（订单）为单元进行管理。商务主管部门审批每份加工贸易合同（订单），海关根据合同（订单）建立电子底账，企业根据合同（订单）的数量建立多个电子化手册；企业通过网络向商务主管部门和海关申请办理合同审批和合同备案、变更等手续；纳入加工贸易银行保证金台账管理制度；纳入电子化手册的加工贸易货物进口时全额保税；无须电子化调度手册，凭身份认证卡实现全国口岸的报关。

电子化手册的建立同样要经过加工贸易经营企业的联网监管申请和审批、加工贸易业务的申请和审批、建立电子化手册和商品归并关系三个步骤，基本程序同电子账册。

电子化手册商品归并关系的建立是针对联网企业的所有料号级加工贸易货物的，是一项基础性预备工作。归并关系一经海关审核，即产生企业以后所有向海关申报的HS编码级的基础数据，不需要对每个电子化手册都进行申报审核。

电子化手册商品归并原则与"便捷通关电子账册"商品归并原则一致。

海关审核通过企业提交的预归类、预归并关系后，企业将申报地海关、企业内部编号、经营单位、加工单位、主管海关、管理对象等基本信息，以及保税进口料件和出口成品的序号、货号、中文品名、计量单位、法定单位等企业料号级物料数据传送到电子口岸数据中心，海关对数据进行审核，审核通过后，系统自动向企业发送回执。

企业接收回执后，再将包括归并关系列表、归并后物料信息、归并前物料信息列表等数据在内的料件归并关系和成品归并关系发送至电子口岸，海关予以审核，审核通过后建立电子底账。

电子化手册管理下的加工贸易货物的报关程序同样要经过三个环节：备案→进出口报关→报核和核销。

（一）备案

电子化手册的备案分为按合同常规备案和分段式备案两种。

1. 按合同常规备案

按合同常规备案除不申领纸质手册以外，其他要求同纸质手册管理基本一样。详见纸质手册管理的有关内容。

2. 分段式备案

分段式备案是指将电子化手册的相关内容分为合同备案和通关备案两个部分分别备案，通关备案的数据建立在合同备案数据的基础上。

合同备案环节的备案内容由三个部分组成，即表头数据、料件表和成品表。

表头数据包括企业及企业合同的基本信息，如经营单位、加工单位、手册类型、主管海

关、商务主管部门、贸易方式、征免性质、加工贸易业务批准证编号、进口合同、备案进口总额、进口币制、备案出口总额、出口币制、加工种类、有效日期、管理对象等内容。

料件表包括料件序号、商品编号、商品名称、申报计量单位、法定计量单位、申报数量、申报单价、总价、币制等内容。

成品表包括成品序号、商品编号、商品名称、申报计量单位、法定计量单位、申报数量、申报单价、总价、币值等内容。

电子化手册备案时，海关审核要求与原纸质手册的审核要求完全一致：审核企业的备案申请内容与商务主管部门出具的"加工贸易业务批准证"是否相符，备案申请数量是否超出了商务主管部门确定的加工生产能力，企业的相关申请是否符合法律、行政法规的规定。电子化手册审核通过后，系统自动生成手册编号。

3. 备案变更

备案变更包括合同备案变更和通关备案变更。企业办理合同备案变更手续应当通过电子口岸向主管海关发送合同备案变更数据，并提供企业的变更申请与商务主管部门出具的"加工贸易业务批准证变更证明"以及相关单证材料。如果通关备案已通过，则合同备案变更通过后，系统将对通关备案的数据自动进行变更。

（二）进出口报关

电子化手册方式下联网监管企业的加工贸易货物报关与原纸质手册方式一样，适用进出口报关阶段程序的，也有进出境货物报关、深加工结转货物报关和其他加工贸易货物报关三种情形。

1. 进出境货物报关

首先，是报关清单的生成。企业在加工贸易货物进出境报关前，应从企业管理系统导出料号级数据生成归并前的报关清单，或通过电子口岸电子化手册系统按规定格式录入当次进出境的料号级清单数据，并向电子口岸数据中心报送。其次，是报关单的生成。数据中心按归并关系和其他合并条件，将企业申报的清单生成报关单。企业通过中小企业模式联网监管系统的报关申报系统调出清单所生成的报关单信息后，将报关单上剩余各项填写完毕，即可生成完整的报关单，向海关进行申报。

如属异地报关的，本地企业将报关单补充完整后，将报关单上传，由异地报关企业下载报关单数据，进行修改、补充后向海关申报。

对于报关单的修改、撤销，异地报关的报关单被退单，且涉及修改表体商品信息的，应由本地企业从清单开始修改，并重新上传报关单，异地下载后重新申报；如仅需修改表头数据的，则可在异地直接修改报关单表头信息后，直接向海关申报。

有关许可证管理和税收征管的规定与纸质手册管理下的加工贸易货物进出境报关程序一样，可参照纸质手册部分的有关内容。

2. 深加工结转货物报关

电子化手册加工贸易深加工结转货物报关与原纸质手册管理下的加工贸易深加工结转货物报关程序相同。

3. 其他加工贸易货物报关

电子化手册管理下的联网企业以内销、结转、退运、放弃、销毁等方式处理保税进口料件、成品、副产品、残次品、边角料和受灾货物的报关手续，与原纸质手册管理下的其他加工贸易货物报关程序相同。

后续缴纳税款时，同样要缴纳缓税利息（边角料除外）。缓税利息计息的起始日期为内销料件或者制成品所对应的加工贸易合同项下电子化手册记录的首批料件进口之日，截止日为海关签发税款缴款书之日。

（三）报核和核销

海关对电子化手册核销的基本目的是掌握企业在某个电子化手册下所进口的各项加工贸易保税料件的使用、流转、损耗的情况，确认是否符合以下的平衡关系：

$$进口保税料件（含深加工结转进口）=出口成品折料（含深加工结转出口）+内销料件$$
$$+内销成品折料+剩余料件+损耗-退运成品折料$$

海关核销除了对书面数据进行必要的核算外，还会根据实际情况采取盘库的方式进行核对。

电子化手册采用的是以企业合同（订单）为单元的管理方式。一个企业可以有多个电子化手册。海关根据加工贸易合同的有效期限确定核销日期，对实行电子化手册管理的联网企业进行定期核销管理，即对电子化手册按照对应的合同（订单）项下加工贸易进出口情况进行平衡核算。报核和核销的大体程序如下。

1. 报核

企业通过电子口岸数据中心向主管海关传送报核表头、报关单、进口料件、出口成品、单损耗等五方面的报核数据。

2. 核销

海关对报核的电子化手册进行数据核算，核对企业报核的料件、成品进出口数据与海关底账数据是否相同，核实企业申报的成品单损耗与实际耗用量是否相符，企业内销征税情况与实际内销情况是否一致。

3. 结案

海关对通过核销核算的电子化手册进行结案处理，并打印结案通知书交付企业。

新闻回顾

加工贸易管理系统在宁波正式上线　加工贸易管理再升级

据海关总署网站消息（记者　张长友　吴琳萍）2019年3月7日，多乐可精密刀具（宁波）有限公司通过"中国国际贸易单一窗口"平台，在海关加工贸易管理系统中设立了一份加工贸易电子化手册，这是宁波企业通过加工贸易管理系统办理的首票业务，标志着该系统在宁波市正式上线运行。

加工贸易管理系统主要用于全国加工贸易企业的手（账）册管理，是支撑加工贸易监管改革、促进加工贸易转型升级的基础性工程。新版系统综合运用大数据、云计算等新一代信息技术，旨在建立智能审核、无纸作业、集约管理、信息共享以及顺势监管的加工贸易信息化监管体系，将进一步简化业务办理手续。新系统将原有20多种保税底账整合为加工、物流、设备3类5种，将9个业务环节整合为3个，真正实现了流程优化、流转提效、成本降低。

更值得一提的是，新版系统取消了形式报关单、虚拟报关，对不涉证、不涉税、不涉贸易统计的保税流转货物，如余料结转、进出特殊监管区域等业务，直接通过保税核注清单管理，企业报关流程更加便捷，成本大大降低。

多乐可精密刀具（宁波）有限公司经理表示，"加工贸易管理系统全面实现了网络化、无纸化，对企业来说，办理业务更方便、更高效。"

四、加工贸易货物的报关管理

海关对加工贸易货物的监管模式有两大类：一类是物理围网的监管模式，如出口加工区和珠海跨境工业区；另一类是非物理围网的监管模式，采用纸质手册管理或计算机联网监管，具体见图5.1。

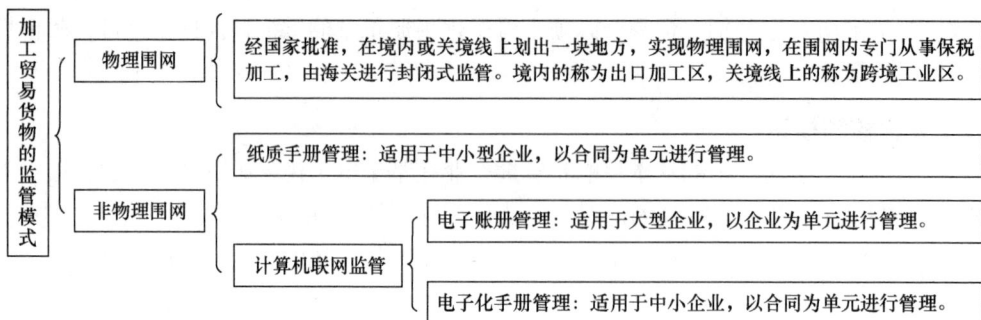

图 5.1　加工贸易货物的监管模式

加工贸易货物海关监管流程可以概括为商务审批、备案保税、暂缓纳税、监管延伸、核销结关。

1. 商务审批

加工贸易货物需要经过商务主管部门审批才能进入向海关备案的程序。具体审批情况有两种：审批加工贸易合同，审批加工贸易经营范围。

审批加工贸易合同：经营企业需向商务主管部门申请审批加工贸易合同。合同经审批后，经营单位凭"加工贸易业务审批单""加工贸易经营企业经营状况和生产能力证明"以及审批后的合同到加工企业所在地主管海关办理加工贸易合同备案。

审批加工贸易经营范围：经营企业凭"经营范围批准证书"和"加工贸易经营企业经营状况和生产能力证明"，到海关申请联网监管并建立电子账册、电子化手册。

2. 备案保税

加工贸易料件保税进口是由海关通过受理备案来实现的。凡是准予备案的加工贸易料件可以保税的形式进口，进口时可暂不办理纳税手续。

加工贸易无论实行纸质手册管理，还是联网管理，都必须在进口前通过海关的受理备案实现保税。

海关受理加工贸易料件备案的原则是企业合法经营、货物复运出境、全程可以监管。

3. 暂缓纳税

保税货物进境时先准予保税，待货物最终流向确定后，再确定征免税范围，即出境的货物免税，不出境的征税，由企业办理纳税手续。加工贸易货物，经批准内销的，要征收缓税利息。

4. 监管延伸

加工贸易货物的海关监管无论是时间，还是地点，都必须准予延伸。

从地点上来说，加工贸易的料件离开进境地口岸海关监管场所后进行加工、装配的地方，都是海关监管的场所。

从时间上来说，加工贸易货物在进境地被提取，不是海关监管的结束，而是海关后续监管的开始，一直到该货物储存、加工、装配后复运出境或办结海关核销手续为止。

海关监管涉及两个期限，见表 5.3。准予保税期限，是指经海关批准后，加工贸易货物在境内储存、加工、装配，直至复运出境的时间限制；申请核销期限，是指加工贸易货物的经营人向海关申请核销的最后日期。

5. 核销结关

加工贸易货物的报核必须如实申报实际单耗。加工贸易货物经过海关核销后才能结关。海关核销，不仅要确认进出口数量是否平衡，还要确认成品出口由所进口料件生产。

表 5.3　海关监管期限

监　管　模　式		期　　　限
纸质手册和电子化手册管理	准予保税期限	原则上不超过 1 年，经批准可延长，延长期限最长为 1 年
	申请核销期限	手册有效期到期之日起或最后一批成品出运后 30 天内报核
电子账册管理	准予保税期限	从企业电子账册记录第一批料件进口之日起，到该电子账册被撤销止
	申请核销期限	一般以 6 个月为 1 个报核周期，首次报核从电子账册建立之日起算，满 6 个月后的 30 天内报核
出口加工区管理	准予保税期限	从加工贸易料件进区到成品出区办结海关手续为止
	申请核销期限	每 6 个月向海关申报 1 次加工贸易货物的进出境、进出区的实际情况

第四节　区域保税货物的报关程序及管理

一、区域保税的主要类型

（一）保税区

1. 保税区的概念

保税区（bonded area），是经国家批准具有出口加工、转口贸易、商品展示、仓储运输等多种功能的海关特定监管区域。

在国际贸易过程中，从询价、签订合同到货物运输需要一段较长的时间。为了缩短贸易周期，降低国际市场价格波动的影响，先将货物运抵本国口岸，预先存入保税区内，可以使货物尽快投入使用；也可先将货物存入保税区域，待时机成熟再进入市场。

微课堂
区域保税货物的报关

2. 保税区的功能

保税区的功能定位为"保税仓储、出口加工、转口贸易"三大功能。保税区具有进出口加工、国际贸易、保税仓储商品展示等功能，享有"免证、免税、保税"政策，实行"境内关外"的运作方式。

保税区能便利转口贸易，增加有关费用的收入。运入保税区的货物可以进行储存、改装、分类、混合、展览以及加工制造，但必须处于海关监管范围内。外国商品存入保税区，不必缴纳进口关税，尚可自由出口，只需缴纳存储费和少量费用，但如果要进入关境则需缴纳关税。各国的保税区都有不同的期限规定，逾期货物未办理有关手续，海关有权对其进行拍卖，拍卖后扣除有关费用后，余款退回货主。

（二）保税港区

保税港区（bonded port）是指经国家批准设立的，在港口作业区和与之相连的特定区域内，集港口作业、物流和加工为一体，具有口岸功能的海关特殊监管区域。保税港区是海关按照我国国情实际需要，借鉴发达国家海关的先进管理经验，与国际通行做法相衔接，适应跨国公司运作和现代物流发展需要的新兴监管区域。

保税港区的功能具体包括仓储物流，对外贸易，国际采购、分销和配送，国际中转，检测和售后服务维修，商品展示，研发、加工与制造，港口作业九项功能。

保税港区享受保税区、出口加工区、保税物流园区相关的税收和外汇管理政策。主要为：境外货物入港区保税；货物出港区进入境内销售按货物进口的有关规定办理报关手续，保税

港区叠加了保税区和出口加工区税收和外汇政策，在区位、功能和政策上优势更明显。

（三）综合保税区

综合保税区（comprehensive bonded zone）和保税港区类似，是我国开放层次高、优惠政策多、功能齐全、手续简化的特殊开放区域。综合保税区功能更为齐全，它整合原来保税区、保税物流园区、出口加工等多种外向型功能区后，成为更为开放的一种形态，也更符合国际惯例。

综合保税区执行保税港区的税收和外汇管理政策，集保税区、出口加工区、保税物流园区、港口的功能于一身，可以发展国际中转、配送、采购、转口贸易和出口加工等业务。

根据《国务院办公厅关于印发加快海关特殊监管区域整合优化方案的通知》（国办发〔2015〕66号）相关精神，国家将着力推进海关特殊监管区域整合，逐步将现有出口加工区、保税物流园区、跨境工业区、保税港区及符合条件的保税区整合为综合保税区，新设立的海关特殊监管区域统一命名为综合保税区。

（四）自由贸易区

自由贸易区（free trade zone）是指在主权国家或地区的关境内划出特定的区域，准许外国商品豁免关税自由进出。实质上是采取自由港政策的关税隔离区。狭义的定义一般仅指提供区内加工出口所需原料等货物的进口豁免关税的地区，类似出口加工区。广义的定义还包括自由港和转口贸易区。

中国（上海）自由贸易试验区，简称上海自由贸易区或上海自贸区，是中国政府设立在上海的区域性自由贸易园区，位于浦东，属中国自由贸易区范畴。2013年9月29日，中国（上海）自由贸易试验区正式成立，面积28.78平方千米，涵盖上海市外高桥保税区、外高桥保税物流园区、洋山保税港区和上海浦东机场综合保税区等4个海关特殊监管区域。2014年12月，全国人民代表大会常务委员会授权国务院扩展中国（上海）自由贸易试验区区域，范围涵盖上海市外高桥保税区、外高桥保税物流园区、洋山保税港区和上海浦东机场综合保税区、金桥出口加工区、张江高科技园区和陆家嘴金融贸易区7个区域，面积扩展到120.72平方千米。

2014年12月，国务院决定设立中国（广东）自由贸易试验、中国（天津）自由贸易园区和中国（福建）自由贸易试验。其中，中国（广东）自由贸易试验区涵盖三个片区：广州南沙新区片区（广州南沙自贸区）、深圳前海蛇口片区（深圳前海自贸区）、珠海横琴新区片区（珠海横琴自贸区），总面积为116.2平方千米；中国（天津）自由贸易园区主要涵盖3个功能区，即天津港片区、天津机场片区以及滨海新区中心商务片区，试验区总面积为119.9平方千米；中国（福建）自由贸易试验区包括了福州片区、厦门和平潭片区，总面积为118.04平方千米。

2016年9月，国务院决定在辽宁省、浙江省、河南省、湖北省、重庆市、四川省、陕西省新设立7个自贸试验区，这标志着自由贸易试验区的范围在迅速扩大。

2018年4月，中国（海南）自由贸易试验区正式获批，这是目前我国政府设立的面积最大的自贸区，其实施范围为海南岛全岛。它以发展旅游业、现代服务业、高新技术产业为主导，科学安排海南岛产业布局。按发展需要增设海关特殊监管区域，在海关特殊监管区域开展以投资贸易自由化、便利化为主要内容的制度创新，主要开展国际投资贸易、保税物流、保税维修等业务。在三亚选址增设海关监管隔离区域，开展全球动植物种质资源引进和中转等业务。

2019年8月，国务院决定在山东省、江苏省、广西壮族自治区、河北省、云南省、黑龙江省新设自由贸易试验区，将对外开放提升到一个新水平。

二、区域保税货物的报关程序

1. 进出境报关

区域保税货物的进出境报关采用报关制和备案制相结合的运行机制。属自用的，采用报关制；属非自用的，采取备案制。

保税区与境外之间进出的货物，除"易制毒"化学品、监控化学品、消耗臭氧层物质等国家规定的特殊货物外，不实行进出口许可证管理，免交验许可证件。

从境外进入保税区的下列货物予以免税：区内生产性的基础设施建设项目所需的机器、设备和其他基建物资，予以免税；区内企业自用的生产、管理设备和自用合理数量的办公用品及其所需的维修零配件，生产用燃料，建设生产厂房、仓储设施所需的物资、设备，除交通车辆和生活用品外，予以免税；保税区行政管理机构自用合理数量的管理设备和办公用品及其所需的维修零配件，予以免税。

2. 进出区报关

（1）加工贸易货物进出区。进区，报出口，需要《加工贸易登记手册》或"加工贸易电子账册"，填写出口货物报关单。出口，报进口，按不同的流向填写进口货物报关单，办理进口报关手续；出区进入国内市场的，按一般进口货物报关，填写"进口货物报关单"，提供有关证件，加工贸易货物内销征税的完税价格由海关按有关规定审查确定；出区用于加工贸易的，按加工贸易货物报关；出区用于可以享受特定减免税企业的，按特定减免税货物报关。

进出区外发加工有关规定如下。

① 保税区企业货物外发到区外加工，或区外企业货物外发到保税区加工，需经主管海关核准。

② 进区提交外发加工合同向保税区海关备案，加工出区后核销，不填写进出口货物报关单，不缴纳税费。

③ 出区外发加工的，须由区外加工贸易经营企业在加工企业所在地海关办理加工贸易备案手续，需要建立"银行保证金台账"的应当设立台账，加工期限最长为6个月，情况特殊的，经海关批准可以延长，延长的最长期限为6个月；备案后按加工贸易货物出区进行报关。

（2）设备进出区。不管是施工设备还是投资设备，进出区均需向保税区海关备案，设备进区不填写报关单，不缴纳出口税，海关不签发"出口货物报关单"退税证明联，设备系从境外进口已征进口税的，不退进口税，设备退出区外，也不必填写报关单申报，但要报保税区海关销案。

三、区域保税货物的报关管理

区域保税货物的报关管理有以下几个规定。

（1）与境外之间进出的货物，除国家规定的特殊货物外，不实行出口许可管理，免交验许可证件。

（2）从非保税区域进入保税区域的货物，按照出口货物办理手续。企业在办结报关手续后，可办理结汇、外汇核销、加工贸易核销等手续，出口退税必须在货物实际报关离境后才能办理。

（3）区域内的转口货物可以在区内仓库或者区内其他场所进行分级、挑选、印刷运输标志、改换包装等简单加工。

（4）区内加工企业加工的制成品及其在加工过程中产生的边角余料运往境外时，应按照国家有关规定向海关办理相关手续，除法律、行政法规另有规定外，免征出口关税。

（5）区内加工企业将区内加工贸易料件及制成品，在加工过程中产生的副产品、残次品、边角料，运往非保税区时，应当依照国家有关规定向海关办理进口报关手续，并依法纳税，免交缓税利息。

（6）用含有境外保税进口料件加工的制成品销往非保税区域时，海关对其制成品按照所含进口料件数量征税；对所含进口料件的品名、数量、价值申报不实的，海关按照进口制成品征税。

技能训练

调研性实训：选择当地一家有保税资格的仓库、港区或者保税集团，观察其报关流程，写出 1 500 字的调研报告。

案例分析

来料加工派生的外发加工业务

广州大洋塑料制品有限公司（简称"大洋公司"）与中国香港纬元贸易有限公司（简称"纬元公司"）签订印花塑料餐具加工合同，由纬元公司向大洋公司免费提供 ABS 树脂一批，并支付加工费，成品由纬元公司在境外销售。大洋公司为此向海关申办了加工贸易电子化手册。在加工过程中，由于没有印花设备，大洋公司报经主管海关同意后，将半成品交深圳威龙胶印有限公司（简称"威龙公司"）印花后运回。在合同执行过程中产生的 1 000 千克边角料作内销处理，合同执行完毕，大洋公司向主管海关报核。

问题：

1. 大洋公司与纬元公司之间，大洋公司与威龙公司之间的行为关系如何？
2. 结合实际，谈谈你对来料加工和外发加工的认识。

同步测试

一、单项选择题

1. 加工贸易货物内销，海关按规定免征缓税利息的是（   ）。

    A. 副产品   B. 残次品

    C. 边角料   D. 不可抗力受灾保税货物

2. 下列（   ）选项不属于海关非物理围网监管模式的监管。

    A. 来料加工企业和进料加工企业   B. 保税工厂报关员考试报名

    C. 保税集团   D. 出口加工区

3. 加工贸易经营单位委托异地生产企业加工产品出口，应当向（   ）办理合同备案手续。

    A. 加工企业所在地主管海关   B. 经营单位所在地主管海关

    C. 海关总署   D. 进口料件进境地海关

4. 某 C 类管理的企业，与外商签订进口 1 000 美元的服装拉链（属于列明的 78 种辅料）加工贸易合同，用以加工产品出口，应（   ）。

    A. 设台账、实转、申领手册   B. 设台账、实转、免手册

C. 不设台账、申领手册　　　　　　　D. 不设台账、免手册

5. 保税业务中，进料加工和来料加工的相同之处是（　　　）。

　　A. 料件都需要进口、加工成品都需要出口

　　B. 料件进口时都全额保税

　　C. 成品出口时，属于国家许可证管理的商品都免领出口许可证

　　D. 加工期限都应在进口之日起1年内加工为成品返销出口

二、多项选择题

1. 海关对实行计算机联网管理的企业，实行定期或者周期性报核制度。下列选项表述正确的是（　　　）。

　　A. 报核周期是180天（6个月）

　　B. 报核周期是1年

　　C. 首次报核期限，是从电子账册建立之日起180天（6个月）后的30天内

　　D. 首次报核以后，报销期限是从上次报核之日起180天（6个月）后的30天内

2. 以下关于加工贸易保税期限的表述，正确的是（　　　）。

　　A. 实行电子账册管理的料件保税期限，从企业电子账册记录第一批料件进口之日起到该电子账册撤销止

　　B. 实行电子手册管理的料件，原则上不超过1年，经批准可以申请延长，延长的最长期限原则上也是1年

　　C. 出口加工区保税加工的保税期限，原则上是从加工贸易料件进区到加工贸易成品出区办结海关手续为止

　　D. 出口加工区保税货物内销后，其保税期限即随之终止

3. 某服装加工厂与外商签订了一份加工服装出口合同。该厂报关员到海关办理该批合同的备案手续时，应当向海关提交（　　　）单证资料。

　　A. 加工贸易合同批准证　　　　　　　B. 加工生产企业加工能力状况

　　C. 加工贸易登记手册　　　　　　　　D. 加工贸易合同

4. 保税区内的企业可以开展（　　　）等业务。

　　A. 对外贸易和国际采购，分销和配送　B. 商品加工、制造

　　C. 商品展示与商业零售　　　　　　　D. 港口作业

5. 在加工贸易活动中，（　　　）等情况必须纳入保证金台账管理。

　　A. 海关按企业分类管理制度确定的B类企业

　　B. 出口企业为加工出口产品而由外商提供并随主料同时进口的辅助材料，金额为2万美元的

　　C. 在保税区内开展加工贸易进口料件

　　D. 金额为2万美元的加工贸易合同项下进口料件

三、判断题

1. 国家规定，开展加工贸易业务应当由经营企业到其所在地直属海关办理加工贸易合同备案手续。

（　　　）

2. 保税加工进口料件在进口报关时，暂缓纳税，加工成品出口报关时再征税。（　　　）

3. 实行电子账册管理的企业不必设立"银行保证金台账"。（　　　）

4. 某中外合作企业被海关核定为D类企业，根据《海关对企业实施分类管理办法》的规定，该企业半年后可以开展加工贸易合同业务。（　　　）

5. 加工贸易合同项下海关不予备案的料件及试车材料，全额保税。（　　　）

6. 外商独资企业进口本企业自用的机器设备和物资，可免领进口货物许可证。（　　）

7. 外商与我国境内某加工企业签订来料加工装配合同后，委托该加工企业在我国境内购买供加工成品的部分原材料。这种情况下，凡属出口货物许可管理的商品均应申领出口许可证。（　　）

8. 所谓"异地加工贸易"是指加工贸易企业将保税料件加工的产品结转至另一直属海关关区内的加工贸易企业深加工后复出口的经营活动。（　　）

9. 纳税暂缓是海关对加工贸易货物监管的特征之一。（　　）

10. 我国 A 类企业与法国企业签订进口料件加工合同，加工成成品复运出口。由于不看好国外市场，A 企业可自行将该批成品全部转内销。（　　）

四、综合实务题

江苏甲公司（属加工贸易B类企业）使用现汇从境外购进天然橡胶和炭黑一批（价值100 000美元），用于生产挖掘机轮胎出口。合同执行过程中，由于市场原因，甲公司申请将《加工贸易登记手册》有效期延期3个月。加工生产完毕后，尚剩余炭黑若干（价值1 000美元）。甲公司办理了相关海关手续后，将轮胎销至山东乙公司，用作乙公司进料加工手册项下料件，装配挖掘机后出口。

根据上述案例，回答下列问题。

1. 甲公司在办理登记备案手续时，银行保证金台账应按（　　）办理。

    A. 设立银行保证金台账，天然橡胶和炭黑均无须缴纳保证金

    B. 天然橡胶按应征税款的 50%缴纳保证金，炭黑无须缴纳保证金

    C. 天然橡胶应按征税款的 100%缴纳保证金，炭黑无须缴纳保证金

    D. 天然橡胶和炭黑均按应征税款的 50%缴纳保证金

2. 在合同执行过程中，甲公司办理变更手续的必要程序为（　　）。

    A. 商务部门审批→海关受理变更→银行变更台账→海关变更手续

    B. 海关受理变更→银行变更台账→海关变更手续

    C. 商务部门审批→银行变更台账→海关变更手续

    D. 商务部门审批→银行变更台账→海关受理变更→海关变更手续

3. 甲公司将轮胎售予乙公司的经营行为属（　　）。

    A. 进料成品销售　　　B. 外发加工　　　C. 异地加工　　　D. 深加工结转

4. 对于甲公司剩余的炭黑，在手册有效期内，该公司可以按照（　　）方式处理。

    A. 凭商务主管部门"加工贸易保税进口料件内销批准证"，办理炭黑的进口报关纳税手续

    B. 向海关申请将炭黑转至本企业相同贸易方式下的另一份加工贸易合同

    C. 将炭黑退运出境

    D. 申请放弃炭黑，交由海关处理

5. 若甲公司最终选择将炭黑做内销处理，关于缓税利息，表述正确的是（　　）。

    A. 缓税利息计算期限的终止日期为企业向海关申报内销之日

    B. 缓税利息率为中国人民银行公布的活期存款利率

    C. 缓税利息 = 补征税款 × 计息期限 × 缓税利息率 ÷ 360

    D. 若缓税利息不足人民币 50 元，免于缴纳

五、论述题

1. 试述保税仓库货物与保税物流中心货物的异同。

2. 谈谈保税区、保税港区与自由贸易区的区别与联系。

第六章　减免税货物及其报关

孙子曰：夫兵形象水，水之行避高而趋下，兵之形避实而击虚；水因地而制流，兵因敌而制胜。——《孙子兵法·虚实 第六》

【知识目标】

（1）理解减免税货物的含义；（2）掌握减免税货物的特征、类型和监管年限；（3）清楚减免税备案与审批手续；（4）掌握进出境快件的报关程序；（5）了解跨境电商货物的海关监管事项。

【技能目标】

（1）能履行减免税货物的进口报关程序；（2）能进行减免税货物报关后的后续处置；（3）能进行进出境快件的通关申报；（4）能熟练处理跨境电商货物的减免税事宜。

【内容架构】

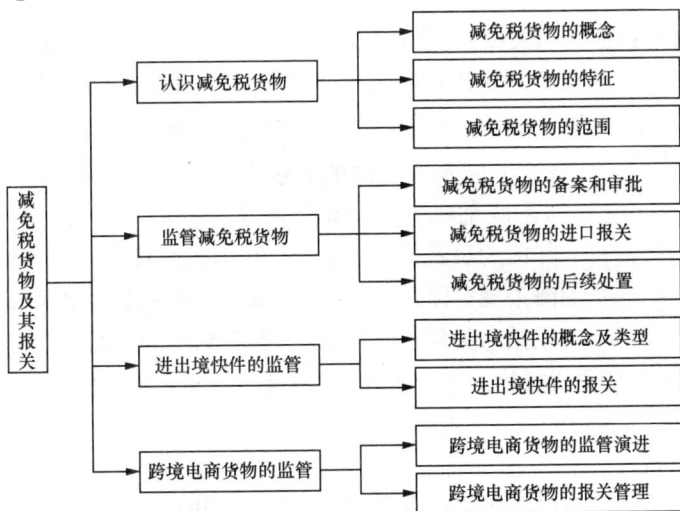

案例导入

特定减免税进口设备岂能"移作他用"

2010年10月，台州海关在对某汽配生产企业实施稽查的过程中，发现该企业减免税进口的五台加工中心均用于生产摩托车配件，该用途与上述设备项目产业政策审批条目"汽车关键零部件开发制造"不符。经了解，该企业的汽车配件订单受国外金融危机影响缩减严重，企业为应对困境，将销售重心逐步转向国内摩托车配件市场，因此在未经主管地海关批准的情况

小思考

海关对该企业减免税进口的摩托车配件稽查的法律依据是什么？该事件给我们带来了什么警示？

下，擅自将免税进口设备用于生产摩托车配件。因当事人未按照《国家鼓励发展的内外资项目确认书》的规定用途使用免税设备的行为违反了《海关法》的有关规定，构成将特定减免税设备移作他用的违规行为，2010年11月，台州海关稽查部门将该案移交缉私部门作进一步处理。

第一节　减免税货物概述

一、减免税货物的概念

（一）关税减免与减免税货物

关税减免又称为关税优惠，是减征关税和免征关税的合称。根据《海关法》第五十六条、第五十七条和第五十八条的规定：关税减免分为三大类，即法定减免税、特定减免税和临时减免税。实际上，特定减免税和临时减免税都属于政策性减免税范围，两者并无明显的区别。

法定减免税，一般是指《海关法》《进出口关税条例》以及其他法律、法规规定所实施的减免税。大多与国际通行规则相一致，除外国政府、国际组织无偿赠送的物资外，其他法定减免税货物一般无须办理免税审批手续。

政策性减免，是指根据国家政治、经济政策的需要，经国务院批准，对特定地区、特定企业或有特定用途的进出口货物，给予减免进出口税收的优惠政策，包括基于特定目的实行的临时减免税政策。

减免税货物是指按照《海关法》《进出口关税条例》《进出口税则》和国务院发布的减免税规定对进出口货物实施的税收优惠，在货物进出口时海关按照规定免征或减征有关税收的货物。

微视频
离岛免税带来的消费
驱动力

（二）减免税货物的关键点

1. 减免税货物的监管年限

除海关总署另有规定外，在海关监管年限内，减免税申请人应当按照海关规定保管、使用进口减免税货物，并依法接受海关监管。

根据海关总署公告2017年第51号《关于调整进口减免税货物监管年限的公告》，进口减免税货物的监管年限为：船舶、飞机8年；机动车辆6年；其他货物3年。监管年限自货物进口放行之日起计算。

2. 减免税申请人

减免税申请人可以自行向海关申请办理减免税备案、审批、税款担保和后续管理业务等相关手续，也可委托他人办理。

进出口货物减免税申请人，是指根据有关进出口税收优惠政策和法律法规的规定，可以享受进口税收优惠，并依法向海关申请办理减免税相关手续的具有独立法人资格的企事业单位、社会团体、国家机关；符合规定的非法人分支机构；经海关总署审查确认的其他组织。

已经在海关办理注册登记并取得报关注册登记证书的报关企业或进出口货物收发货人可以接受减免税申请人的委托，代为办理减免税相关事宜。

3. 凭税款担保先予办理货物放行手续

有下列情形之一的，减免税申请人可以向海关申请凭税款担保先予办理货物放行手续：①主管海关按照规定已经受理减免税备案或审批申请，尚未办理完毕的；②有关进出口税收优惠政策已经国务院批准，具体实施措施尚未明确，海关总署已确认减免税申请人属于享受该政策范围的；③其他经海关总署核准的情况。

国家对进出口货物有限制性规定，应当提供许可证件而不能提供的，以及法律、行政法规规定不得担保的其他情形，不得办理减免税货物凭税款担保放行手续。

减免税申请人需要办理税款担保手续的，应当在货物申报进口前向主管海关提出申请。主管海关准予担保的，出具"中华人民共和国海关准予办理减免税货物税款担保证明"，进口地海关凭以办理货物的税款担保和验放手续。税款担保期限不超过 6 个月，经主管海关核准可予以延期，延期时间自税款担保期限届满之日起计算，延长期限不超过 6 个月。因特殊情况仍需要延期的，应当经海关总署批准。海关按规定延长减免税备案、审批手续办理时限的，减免税货物税款担保时限可以相应延长，主管海关应当及时通知减免税申请人向海关申请办理减免税货物税款担保延期的手续。

4. 减免税货物的使用情况报告和稽查

在海关监管年限内，减免税申请人应当自进口减免税货物放行之日起，在每年的第一季度向主管海关递交减免税货物使用状况报告书（参见示例 6.1），报告减免税货物的使用状况。在海关监管年限及其后 3 年内，海关依照《海关法》和《海关稽查条例》有关规定对减免税申请人进口和使用减免税货物情况实施稽查。

示例 6.1

减免税货物使用状况报告书

_____海关：

现将我单位在海关监管年限内的进口减免税货物在_____年度的使用情况（详见附表）呈报你关。我单位保证报告内容真实、完整，并愿承担因未如实申报产生的法律责任。

联系人：

联系电话：

减免税申请人（签章）：　　　　　　　　法定代表人签字：

年　月　日

5. 减免税货物的转让和退运

在海关监管年限内，减免税申请人将进口减免税货物转让给进口同一货物享受同等减免税优惠待遇的其他单位的，不予恢复减免税货物转出申请人的减免税额度，减免税货物转入申请人的减免税额度按照海关审定的货物结转时的价格、数量或应缴税款予以扣减。减免税货物因品质或规格原因原状退运出境，减免税申请人以无代价抵偿方式进口同一类型货物的，不予恢复其减免税额度；未以无代价抵偿方式进口同一类型货物的，减免税申请人在原减免税货物退运出境之日起 3 个月内向海关提出申请，经海关批准，可以恢复其减免税额度。对于其他提前解除监管的情形，不予恢复减免税额度。

二、减免税货物的特征

我国的关税减免中，政策性减免税涉及的问题更为广泛和复杂，因此下面主要介绍这类减免税货物的特征。

（1）纳税义务人必须在货物进出口前办理减免税审批手续。

（2）政策性减免税货物放行后，在其监管年限内应当接受海关监管，未经海关核准并缴纳关税，不得移作他用。

（3）可以在两个享受同等税收优惠待遇的单位之间转让并无须补税。

在进口环节，由于特定减免税货物是指海关根据国家的政策规定准予减免进口税收并使用于特定地区、特定企业、特定用途的货物，属于政策性减免税货物，因此它又有特殊之处：

（1）特定条件下减免进口关税。特定减免税是我国关税优惠政策的重要组成部分，是国家无偿向符合条件的进口货物使用企业提供的关税优惠。其目的是优先发展特定地区的经济，鼓励外商在我国的直接投资，促进国有大中型企业和科学、教育、文化、卫生事业的发展。因而，这种关税优惠具有鲜明的特定性，只能在国家行政法规规定的特定条件下使用。

（2）进口申报应当提交进口许可证。特定减免税货物是实际进口货物。按照国家有关进出境管理的法律法规，凡属于进口需要交验许可证的货物，收货人或其代理人都应当在进口申报时向海关提交进口许可证。

（3）进口后在特定的海关监管期限内接受海关监管。进口货物享受特定减免税的条件之一就是在规定的期限内，使用于规定的地区、企业和用途，并接受海关的监管。特定减免税进口货物的海关监管期限按照货物的种类各有不同。

视野拓展

保税货物与减免税货物的区别

（1）性质不同。减免税货物是按照《海关法》《进出口关税条例》《进出口税则》和国务院发布的减免税规定实施的税收优惠，进口时海关按照规定免征或减征进口税，进口后在境内使用和消费，不再复运出境的货物。

保税货物是以在境内储存和加工为成品后复运出境为前提条件，不是在国内最终使用和消费的货物。另外，保税货物进境时是"暂缓纳税"，如果最终去向是复出口则免于征税；如果最终去向是销往境内则应按照一般进口货物征税。所以，保税规定是国家为了鼓励出口而实行的保税优惠政策。

（2）货物范围不同。减免税货物是在《海关法》《进出口关税条例》《进出口税则》和国务院发布的减免税规定范围内的进出口货物，即法定减免税货物、特定减免税货物和临时减免税货物。

保税货物是进口后保税储存或加工为成品后复出口的货物。

（3）海关手续不同。对于减免税货物，法定减免税货物，只要符合《海关法》《进出口关税条例》和《进出口税则》规定范围内的减免税货物，进出口人或其代理人无须事先向海关提出申请，海关征税人员可凭有关证明文件和报关单证按规定予以减免。特定减免税货物需进口前申领减免税证明。

对于保税货物，保税仓库在储存保税货物前，应经海关批准并获得海关签发的《保税仓库登记证书》，方可经营保税货物的经营业务；保税加工料件进口前，必须向海关办理合同登记备案手续，由海关签发《加工贸易登记手册》方能进口。

（4）海关监管方式不同。对于减免税货物，属于"法定减免税"货物的，海关按规定办理了减免税手续，查验放行后即为结关；"特定减免税"货物，海关按规定办理了减免税手续后，并未结关，海关仍进行后续管理，海关监管年限期满，办理解除监管手续才是结关。

对于保税货物，保税仓库储存货物进口时，海关放行存入保税仓库储存后，不是结关，海关仍进行监管。货物在储存期间不可进行实质性加工，待最终去向确定，经海关核销后，才是结关。保税加工进口料件，海关按保税货物放行后，海关即进入后续管理，待加工产品复出口，经海关核销后才是结关。

三、减免税货物的范围

进出口税费减免是指海关按照国家政策、《海关法》和其他有关法律、行政法规的规定，对进出口货物的关税和进口环节海关代征税给予减征或免征。减免税货物的范围包括三大类，即法定减免税、特定减免税和临时减免税。

1. **法定减免税**

对于法定减免税，其范围界定非常明确，所以，海关对其一般不进行后续管理。

根据有关规定，下列进出口货物、进出境物品属于法定减免税范围：

（1）关税税额在人民币50元以下的一票货物。

（2）无商业价值的广告品和货样。

（3）外国政府、国际组织无偿赠送的物资。

（4）在海关放行前遭受损坏或损失的货物。

（5）进出境运输工具装载的途中必需的燃料、物料和饮食用品。

（6）中华人民共和国缔结或参加的国际条约规定减征、免征关税的货物、物品。

（7）法律规定减征、免征关税的其他货物、物品。

进口环节增值税或消费税税额在人民币50元以下的一票货物也应免征。

2. **特定减免税货物的范围**

特定减免税货物的范围和管理办法由国务院规定，海关根据国务院的规定单独或会同国务院其他主管部门制定具体实施办法并加以贯彻执行。

为配合全国增值税转型改革，规范税制，自2009年1月1日起，国家对部分进口税收优惠政策进行相应调整。目前实施特定减免税的项目主要有以下几项：

（1）外商投资项目投资额度内进口自用设备。

（2）外商投资企业自有资金项目。

（3）国内投资项目进口自用设备。

（4）贷款项目进口物资。

（5）贷款中标项目进口零部件。

（6）重大技术装备。

（7）特定区域物资。

（8）科教用品。

（9）科技开发用品。

（10）无偿援助项目进口物资。

（11）救灾捐赠物资。

（12）扶贫慈善捐赠物资。

（13）残疾人专用品。

（14）集成电路项目进口物资。

（15）海上石油、陆上石油项目进口物资。

（16）进口远洋渔船及船用关键设备和部件。

（17）远洋渔业项目进口自捕水产品。

享受进口税收优惠政策的上述（1）（2）（3）（4）（14）项目和企业进口的自用设备以及按照合同随上述设备进口的技术及配套技术、配件、备件，免征关税，但进口环节增值税需照章征收。

其他项目免征关税和增值税，其中（8）（9）（11）（13）项还免征消费税。

3. **临时减免税货物的范围**

临时减免税是指法定减免税和特定减免税以外的其他减免税。由于临时性减免货物的特殊性，其范围的确定是由国务院根据某个单位、某类商品、某个时期或某批货物的特殊情况和需要，按规定给予特别的临时性减免税优惠，如汶川地震灾后重建进口物资即属临时性减免税货物。

第二节　减免税货物的备案和审批

减免税申请人应当向其所在地海关申请办理减免税备案、审批手续，特殊情况除外。

投资项目所在地海关与减免税申请人所在地海关不是同一海关的，减免税申请人应当向投资项目所在地海关申请办理减免税备案、审批手续。

投资项目所在地涉及多个海关的，减免税申请人可以向其所在地海关或有关海关的共同上级海关申请办理减免税备案、审批手续。有关海关的共同上级海关可以指定相关海关办理减免税备案、审批手续。

投资项目由投资项目单位所属非法人分支机构具体实施的，在获得投资项目单位的授权并经投资项目所在地海关审核同意后，该非法人分支机构可以向投资项目所在地海关申请办理减免税备案、审批手续。

一、减免税货物的备案

减免税申请人按照有关进出口税收优惠政策的规定申请减免税进出口相关货物，海关需要事先对减免税申请人的资格或投资项目等情况进行确认的，减免税申请人应当在申请办理减免税审批手续前凭下列单证向主管海关申请办理减免税备案手续。

（1）进出口货物减免税备案申请表。

（2）企业营业执照或事业单位法人证书、国家机关设立文件、社团登记证书、民办非企业单位登记证书、基金会登记证书等证明材料。

（3）相关政策规定的享受进出口税收优惠政策资格的证明材料。

（4）海关认为需要提供的其他材料。

上述单证应当交验原件，同时提交加盖减免税申请人有效印章的复印件。

二、减免税货物的审批

减免税备案后，减免税申请人应当在货物申报进出口前，向主管海关申请办理进出口货物减免税审批手续，并同时提交下列材料：

（1）进出口货物征免税申请表。

（2）企业营业执照或事业单位法人证书、国家机关设立文件、社团登记证书、民办非企业单位登记证书、基金会登记证书等证明材料。

（3）进出口合同、发票，以及相关货物的产品情况资料。

（4）相关政策规定的享受进出口税收优惠政策资格的证明材料。

（5）海关认为需要提供的其他材料。

上述单证应当交验原件，同时提交加盖减免税申请人有效印章的复印件。

海关审核同意后向减免税申请人签发"中华人民共和国海关进出口货物征免税证明"（简称"进出口货物征免税证明"或"征免税证明"），如示例6.2所示。

中华人民共和国海关进出口货物征免税证明

减免税申请人：			征免性质/代码：				审批依据：			
发证日期： 年 月 日			有效期： 至 年 月 日止							
到货口岸：			合同号：				项目性质：			

序号	货名	规格	税号	数量	单位	金额	币制	主管海关审批征免意见		
								关税	增值税	其他
1										
2										
3										
备注										

审批海关签章：	核放海关批注：	注意事项及权利义务提示
		1. 本证明使用一次有效。同一合同项下货物分口岸进口或分批到货的，应向审批海关申明，并按到货口岸、到货日期分别申请此证明。
		2. 货物进口时应向海关交验本证明，复印件无效。
		3. 本证明有效期应按照具体政策规定填写，但最长不得超过半年；如需延期，应在有效期内向原审批海关提出延期申请。
		4. 规定由海关监管使用的减免税货物，在海关监管年限内，减免税申请人应按照特定用途、特定企业、特定地区使用；未经海关许可，不得擅自转让、抵押、质押、移作他用或者进行其他处置，否则，海关将依法处理。
负责人：	负责人：	5. 如不服本证明决定，依照《中华人民共和国行政复议法》第九条、第十二条、第十六条，《海关法》第六十四条之规定，可以在本证明送达之日起六十日内向上一级海关（海关总署）申请行政复议……
年 月 日	年 月 日	

"进出口货物征免税证明"的有效期按照具体政策规定签发，但最长不得超过半年，持证人应当在征免税证明的有效期内办理有关进口货物通关手续。如情况特殊，可以向海关申请延期一次，延期时间自有效期届满之日起计算，延长期限不得超过 6 个月（海关总署批准的特殊情况除外）。

"进出口货物征免税证明"使用一次有效，即一份征免税证明上的货物只能在一个进口口岸一次性进口。如果同一合同项下的货物分口岸进口或分批到货的，应向审批海关申明，并按到货口岸、到货日期分别申请征免税证明。

除国家政策调整等原因并经海关总署批准外，货物征税放行后，减免税申请人申请补办减免税审批手续的，海关不予受理。

视野拓展

远洋渔业项目、远洋船舶设备及关键部件项目的申报资料

远洋渔业项目、远洋船舶设备及关键部件项目在减免税备案和报批时需分别提交以下资料。

（1）远洋渔业项目：①进出口货物征免税备案申请表；②远洋渔业企业的营业执照副本复印件；③农业农村部远洋渔业企业资格证书；④远洋渔船企业运回自捕水产品申报单（第一联）；⑤农业农村部批准从事远洋捕捞生产的有效批件；⑥企业法人印章印模；⑦代理群众渔船从事北太平洋鱿钓生产的企业与被代理渔船签订的代理协议；⑧减免税进出口设备企业须知（法定代表人签名）；⑨海关认为需要的其他单证。

（2）远洋船舶设备及关键部件项目：①进出口货物征免税备案申请表；②农业农村部渔业局和海关总署审核出具的国内建造远洋渔船进口关键设备和部件减免税通知单正本；③国内订造远洋渔船的远洋渔船企业营业执照副本复印件；④减免税进出口设备企业须知（法定代表人签名）；⑤海关认为需要的其他证件。

第三节　减免税货物的进口报关及后续处置

一、减免税货物的进口报关

政策性减免税货物进口报关程序，可参见本书第四章第二节"二、一般进出口货物申报流程"中的有关内容。但是政策性减免税货物进口报关的具体手续与一般进出口货物的申报有所不同。

（1）减免税货物进口报关时，进口货物收货人或其代理人除了向海关提交报关单及随附单证以外，还应当向海关提交"进出口货物征免税证明"。海关在审单时从计算机查阅征免税证明的电子数据，核对纸质的"进出口货物征免税证明"。

（2）减免税货物进口填制报关单时，报关员应当特别注意报关单上"备案号"栏目的填写。"备案号"栏内填写"进出口货物征免税证明"上的 12 位编号。12 位编号写错将不能通过海关计算机逻辑审核，或在提交纸质报关单证时无法顺利通过海关审单。

政策性减免税货物的报关程序如图 6.1 所示。

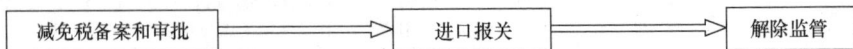

图 6.1　政策性减免税货物的报关程序示意图

二、减免税货物的后续处置

1. 变更使用地点

在海关监管年限内，减免税货物应当在主管海关核准的地点使用。需要变更使用地点的，减免税申请人应当向主管海关提出申请，说明理由，经海关批准后方可变更使用地点。减免税货物需要移出主管海关管辖地使用的，减免税申请人应当事先凭有关单证及需要异地使用的说明材料向主管海关申请办理异地监管手续，经主管海关审核同意并通知转入地海关后，减免税申请人可以将减免税货物运至转入地海关管辖地，转入地海关确认减免税货物情况后进行异地监管。

减免税货物在异地使用结束后，减免税申请人应当及时向转入地海关申请办结异地监管手续，经转入地海关审核同意并通知主管海关后，减免税申请人应当将减免税货物运回主管海关管辖地。

> **微课堂**
> 减免税货物的后续处置

视野拓展

擅自改变特定减免税货物使用主体和使用地区

某境外企业先后在上海、宁波等地设立 10 家外商投资企业。2001 年 7 月至 2003 年 8 月间，其中的四家外商投资企业根据境外母公司的统一部署，在未经海关许可的情况下，将合计 79 台特定减免税食品加工设备调拨给其他六家子公司使用，并开具集团固定资产转移单，固定资产所有权不作转移，也不收取任何费用。最终，上述行为被海关认定为构成将特定减免税设备移作他用的违规行为，对上述四家公司处以罚款并责令其补办结转手续。

类似的案例还经常发生于企业及其分支机构之间。例如，某外商投资企业因各种原因，未经海关许可，将特定减免税货物交由其在特定地区（经海关批准的地区）外设立的分公司（通常是加工工厂）使用。

在海关执法实践中，企业上述擅自调拨、挪用特定减免税货物的行为，通常都会涉嫌违反"三个特定"原则中的"特定地区"或"特定企业"这两个原则，进而被海关认定为构成将特定减免税货物"移作他用"的违规行为加以处罚。

2. 结转

在海关监管年限内，减免税申请人将进口减免税货物转让给进口同一货物享受同等减免税优惠待遇的其他单位的，应当按照下列规定办理减免税货物结转手续。

（1）减免税货物的转出申请人凭有关单证向转出地主管海关提出申请，转出地主管海关审核同意后，通知转入地主管海关。

（2）减免税货物的转入申请人向转入地主管海关申请办理减免税审批手续。转入地主管海关审核无误后签发征免税证明。

（3）转出、转入减免税货物的申请人应当分别向各自的主管海关申请办理减免税货物的出口、进口报关手续。

（4）转出地主管海关办理转出减免税货物的解除监管手续。结转减免税货物的监管年限应当连续计算，转入地主管海关在剩余年限内对结转减免税货物继续实施后续监管。

（5）转入地海关和转出地海关为同一海关的，按照第（1）条办理。

3. 转让

在海关监管年限内，减免税申请人将进口减免税货物转让给不享受进口税收优惠政策或进口同一货物不享受同等减免税优惠待遇的其他单位的，应当事先向减免税申请人主管海关申请办理减免税货物补缴税款和解除监管手续。

小思考

甲企业享受特定减免税进口船舶制造设备一套，两年后经海关批准按折旧价格转让给同样享受特定减免税待遇的乙企业。海关对乙企业该套船舶制造设备的监管期限应为多少年？

4. 移作他用

在海关监管年限内，减免税申请人需要将减免税货物移作他用的，应当事先向主管海关提出申请。经海关批准，减免税申请人可以按照海关批准的使用地区、用途、企业将减免税货物移作他用。主要包括以下情形：

（1）将减免税货物交给减免税申请人以外的其他单位使用。

（2）未按照原定用途、地区使用减免税货物。

（3）未按照特定地区、特定企业或特定用途使用减免税货物的其他情形。

按照规定将减免税货物移作他用的，减免税申请人应当按照移作他用的时间补缴相应的税款；移作他用时间不能确定的，应当提交相应的税款担保，税款担保不得低于剩余监管年限应补缴税款总额。

视野拓展

擅自改变特定减免税设备的用途

某外商投资饮料生产企业拟定了以生产果汁饮料、茶饮料和饮用水为主要产品的《可行性研究报告》，报主管商务部门审批后，取得的"国家鼓励发展的内外资项目确认书"中的"项目内容"核定为"水果加工"。此后该企业以特定减免税方式进口了价值近400万美元的灌装生产设备。但上述设备投产后，由于果蔬类饮料在国内市场销路不畅，该企业在未经海关批准的情况下，将灌装设备用于生产瓶装纯净水。随后，海关稽查部门在对该企业特定减免税设备使用情况核查过程中发现上述问题，遂对其立案调查，并认定该企业的转产行为已构成将特定减免税设备"移作他用"的违规行为，依照《海关行政处罚实施条例》做出了罚款人民币107万元的处罚规定，同时责令其补缴设备"移作他用"期间的应缴税款。

此后，该企业以"经商务部门批准的《可行性研究报告》中同时包含了饮用水，故不构成将特定减免税设备'移作他用'"为由，向海关总署申请行政复议。海关总署经审查后，驳回了该企业的复议请求，维持了原主管海关做出的行政处罚决定。

因此，外商投资企业在使用特定减免税货物进行生产经营时，一定要特别注意严格遵守"国家鼓励发展的内外资项目确认书"中核定的"项目产业政策审批条目"和"项目内容"等相关内容，否则很可能会因违反"三个特定"原则中的"特定用途"原则，而被海关认定为将特定减免税货物"移作他用"。

5. 变更、终止

在海关监管年限内，减免税申请人发生分立、合并、股东变更、改制等变更情形的，权利义务承受人应当自营业执照颁发之日起30日内，向原减免税申请人的主管海关报告主体变更情况及原减免税申请人进口减免税货物的情况。

经海关审核，需要补征税款的，承受人应当向原减免税申请人主管海关办理补税手续；可以继续享受减免税待遇的，承受人应当按照规定申请办理减免税备案变更或减免税货物结转手续。

在海关监管年限内，因破产、改制或其他情形导致减免税申请人终止，没有承受人的，原减免税申请人或其他依法应当承担关税及进口环节海关代征税缴纳义务的主体应当自资产清算之日起30日内向主管海关申请办理减免税货物的补缴税款和解除监管手续。

6. 退运、出口

在海关监管年限内，减免税申请人要求将进口减免税货物退运出境或出口的，应当报主管海关核准。

减免税货物退运出境或出口后，减免税申请人应当凭出口货物报关单向主管海关办理原进口减免税货物的解除监管手续。

减免税货物退运出境或出口的，海关不再对退运出境或出口的减免税货物补征相关税款。

7. 贷款抵押

在海关监管年限内，减免税申请人要求以减免税货物向金融机构办理贷款抵押的，应当向主管海关提出书面申请。经审核符合有关规定的，主管海关可以批准其办理贷款抵押手续。

减免税申请人不得以减免税货物向金融机构以外的公民、法人或其他组织办理贷款抵押。

减免税申请人以减免税货物向境内金融机构办理贷款抵押的，应当向海关提供下列形式的担保：

（1）与货物应缴税款等值的保证金。

（2）境内金融机构提供的相当于货物应缴税款的保函。

（3）减免税申请人、境内金融机构共同向海关提交"进口减免税货物贷款抵押承诺保证书"，书面承诺当减免税申请人抵押贷款无法清偿、需要以抵押物抵偿时，抵押人或抵押权人先补缴海关税款，或从抵押物的折（变）价款中优先偿付海关税款。

减免税申请人以减免税货物向境外金融机构办理贷款抵押的，应当向海关提交与货物应缴税款等值的保证金或境内金融机构提供的相当于货物应缴税款的保函。

涉嫌"进行其他处置"的情形

　　从海关的执法实践来看，未经海关批准，擅自将特定减免税货物进行改装、报废、毁损等行为，都可能会被海关认定为"进行其他处置"。此外，在实践中还有一些较为特殊的情形，也存在被认定为构成"进行其他处置"的行为。

　　例如，某中外合资企业在投资总额内进口了一批免税设备。该批设备处于海关监管期限内。后该企业申请减少投资总额和注册资本并获得审批机关批准，随之办理了工商变更登记手续。但在后来的海关稽查中，海关认定，该企业减少投资总额的行为导致其之前免税进口的设备价值超出了现有的投资总额，超出部分不符合享受减免税政策的有关要求，从而要求企业针对超出部分，按照审批部门批复其减少投资总额的日期确定折旧年限补缴税款，并办理解除监管手续。

三、减免税货物的监管解除

　　减免税货物海关监管年限届满的，自动解除监管。减免税申请人可以不用向海关申请领取"进口减免税货物解除监管证明"。减免税申请人需要海关出具解除监管证明的，可以自办结补缴税款和解除监管等相关手续之日或自海关监管年限届满之日起 1 年内，向主管海关申请领取解除监管证明。海关审核同意后出具"进口减免税货物解除监管证明"。

　　在海关监管年限内的进口减免税货物，减免税申请人书面申请提前解除监管的，应当向主管海关申请办理补缴税款和解除监管手续。按照国家有关规定在进口时免予提交许可证件的进口减免税货物，减免税申请人还应当补交有关许可证件。

第四节　进出境快件及跨境电商货物的监管

一、进出境快件的概念

　　进出境快件是指进出境快件运营人以向客户承诺的快速商业运作方式承揽、承运的进出境货物、物品。

　　进出境快件运营人（以下简称运营人）是指在中华人民共和国境内依法注册，在海关登记备案的从事进出境快件运营业务的国际货物运输代理企业。

微课堂
海外仓

国际四大快递公司

　　1. 联邦快递

　　联邦快递（Federal Express）隶属于美国联邦快递集团（FedEx Corp.），在 200 多个国家和地区开展了快递服务。

　　2. 联合包裹服务公司

　　联合包裹服务公司（United Parcel Service，UPS）最初作为一家信使公司于 1907 年在美国成立，后来逐渐成长为全球性的公司，业务包括快递、供应链和货运等。

　　3. 敦豪国际公司

　　敦豪国际公司(DHL)英文缩写是三个公司创始人 Adrian Dalsey、Larry Hillblom 和 Robert Lynn 姓氏的首字母，于 1969 年在美国旧金山成立，是德国邮政敦豪集团（Deutsche Post DHL）的一部分。DHL 的全球网络已经连接了世界上 200 多个国家和地区。中外运敦豪是于 1986 年由 DHL 和中国对外贸易运输集团总公司各注资一半成立的合资公司。

4. 荷兰国际快递公司 TNT

TNT（Thomas Nationwide Transport）集团总部设在荷兰，在全球 200 多个国家和地区有近 2 600 个运营中心、转运枢纽以及分捡中心。

TNT 快递中国区是 TNT 快递的分支机构，提供国际快递和国内公路货运服务。

二、进出境快件分类及其报关程序

（一）进出境快件分类

进出境快件分为文件类、个人物品类和货物类三类。

文件类进出境快件是指法律、法规规定予以免税且无商业价值的文件、单证、票据及资料。

个人物品类进出境快件是指海关法规规定自用、合理数量范围内的进出境旅客的运输行李物品、亲友间相互馈赠物品和其他个人物品。

货物类进出境快件是指文件类、个人物品类进出境快件以外的进出境快件。

（二）进出境快件报关程序

1. 申报场所

进出境快件通关应当在经海关批准的专门监管场所内进行，如因特殊情况需要在专门监管场所以外进行的，需事先征得所在地海关同意。

运营人应当在海关对进出境快件的专门监管场所内设有符合海关监管要求的专用场地、仓库和设备。

2. 申报时限

进境快件自运输工具申报进境之日起 14 日内，出境快件在运输工具离境 3 小时之前，应当向海关申报。

3. 提交单证

运营人应当按照海关的要求采用纸质文件方式或电子数据交换方式向海关办理进出境快件的报关手续。

运营人应向海关传输或递交进出境快件舱单或清单，海关确认无误后接受申报；运营人需提前报关的，应当提前将进出境快件运输和抵达情况书面通知海关，并向海关传输或递交舱单或清单，海关确认无误后接受预申报。

文件类进出境快件报关时，运营人应当向海关提交"海关进出境快件 KJ1 报关单"、总运单（副本）和海关需要的其他单证。

个人物品类进出境快件报关时，运营人应当向海关提交"海关进出境快件个人物品申报单"、每一进出境快件的分运单、进境快件收件人或出境快件发件人身份证件影印件和海关需要的其他单证。

货物类进境快件报关时，运营人应当按下列情形分别向海关提交报关单证。

（1）对关税税额在《进出口关税条例》规定的关税起征数额（50 元）以下的货物和海关规定准予免税的货样、广告品，应提交"海关进出境快件 KJ2 报关单"，每一进境快件的分运单、发票和海关需要的其他单证。

（2）对应予征税的货样、广告品（法律、法规规定实行许可证管理的、需进口付汇的除外），应提交"海关进出境快件 KJ3 报关单"、每一进境快件的分运单、发票和海关需要的其他单证。

宁波海关国际快件监管中心成立 3 个月监管量突破 24 万票

国际快件大多是航空快件，是现代快件运输服务方式之一。相比传统的航空货运业务、邮政运送业务，其速度更快，一般洲际快件运送 1～5 天完成，地区内部快件运送只需 1～3 天。而且，航空快件运送大部分在同一公司内部完成，更加可靠和安全。

快件业务已成为各大城市口岸贸易新的经济增长点，宁波也是如此。据不完全统计，快件货物在机场国内总货邮吞吐量中已超 50%，预计未来几年国际航空快件年平均增长率将保持在 40% 左右。自 2011 年 11 月 1 日，宁波机场至香港的快件全货机业务开通以来，宁波海关隶属机场海关克服人员紧缺、凌晨作业、监管任务重等诸多困难，优化快件监管模式，采取积极措施全力保障空港快件高效通关，为确保进出宁波口岸的航空快件能以最快速度送到客户手中奠定了良好基础。据统计，全货机业务开通 3 个月来，宁波海关共监管进出境国际快件 244 642 票，货物总重 843.41 吨，快件业务增长迅速。

随着宁波空港口岸经营进出境快件业务的企业越来越多，进出境快件的数量越来越大，对海关快件监管也提出了更多、更高的要求。宁波海关监通处负责人曾表示，宁波海关将根据业务量变化和自身实际情况不断调整和完善监管模式，加强海关政策宣传，解决快件运营企业疑难问题，在保证严密监管的同时稳步支持企业扩大快件业务量，为快件运营企业在宁波空港开展国际快件业务营造更加良好的通关环境、提供更加优质的服务。

三、跨境电商货物的监管政策演进

1. 跨境电商

跨境电子商务简称跨境电商，是指分属不同关境的交易主体，通过电子商务平台达成交易、进行支付结算，并通过跨境物流送达商品、完成交易的一种国际商业活动。通过跨境电子商务交易的货物称为跨境电商货物。

2. 跨境电子商务综合试验区（简称"跨境电商综试区"）

2015 年 3 月，国家同意设立中国（杭州）跨境电子商务综合试验区，要求以深化改革、扩大开放为动力，着力在跨境电子商务交易、支付、物流、通关、退税、结汇等各环节的技术标准、业务流程、监管模式和信息化建设等方面先行先试，通过制度创新、管理创新、服务创新和协同发展，破解跨境电子商务发展中的深层次矛盾和体制性难题，打造跨境电子商务完整的产业链和生态链，逐步形成一套适应和引领全球跨境电子商务发展的管理制度和规则。

2016 年 1 月，国家统一扩大跨境电子商务综合试点，新设宁波、天津、上海、重庆、合肥、郑州、广州、成都、大连、青岛、深圳、苏州 12 个跨境电子商务综合试验区。

2018 年 7 月，国务院又在北京等 22 个城市建立了跨境电子商务综合试验区。

3. 监管政策

随着跨境电子商务综合试验区的扩大和跨境电商业务量的大幅增加，国家对跨境电商货物的监管逐步走向规范化、法制化。为加强海关监管，国家要求建设线上"单一窗口"和线下"综合园区"两个平台，实现政府部门间信息互换、监管互认、执法互助，汇聚物流、金融等配套设施和服务，为跨境电子商务打造完整产业链和生态圈。以更加便捷高效的新模式释放市场活力，促进企业降成本、增效益，支撑外贸优进优出、升级发展。

2016 年 3 月，财政部、海关总署、国家税务总局联合下发《关于跨境电子商务零售进口税收政策的通知》，明确指出：

（1）跨境电子商务零售进口商品按照货物征收关税和进口环节增值税、消费税，购买跨境电子商务零售进口商品的个人作为纳税义务人，实际交易价格（包括货物零售价格、运费和保险费）作为完税价格，电子商务企业、电子商务交易平台企业或物流企业可作为代收代缴义务人。

（2）跨境电子商务零售进口商品的单次交易限值为人民币 2 000 元，个人年度交易限值为人民币 20 000 元。在限值以内进口的跨境电子商务零售进口商品，关税税率暂设为 0%；进口环节增值税、消费税取消免征税额，暂按法定应纳税额的 70%征收。超过单次限值、累加后超过个人年度限值的单次交易，以及完税价格超过 2 000 元限值的单个不可分割商品，均按照一般贸易方式全额征税。

（3）跨境电子商务零售进口商品自海关放行之日起 30 日内退货的，可申请退税，并相应调整个人年度交易总额。

2016 年 4 月，财政部、国家发改委、商务部、海关总署、国家税务总局等 11 部委联合公布《跨境电子商务零售进口商品清单》。清单共包括 1 142 类商品，消费者日常购买的生活消费品基本都位列其中，包括部分食品饮料、服装鞋帽、家用电器以及部分化妆品、纸尿裤、儿童玩具、保温杯等。对清单上的商品均按照跨境电商零售进口的新税制监管，清单之外的商品仍执行一般贸易税收政策或行邮税政策。

《跨境电子商务零售进口商品清单》中的商品免于向海关提交许可证件，检验检疫监督管理按照国家相关法律法规的规定执行；直购商品免于验核通关单，网购保税商品"一线"进区时需按货物验核通关单、"二线"出区时免于验核通关单。

由于跨境电商综试区仍处在探索发展阶段，国家对其减免税政策的支持仍在延续和拓展。

四、跨境电商货物的报关管理

1. 主体管理

根据海关总署公告 2018 年第 194 号《关于跨境电子商务零售进出口商品有关监管事宜的公告》精神，进一步加强了对跨境电商作业主体的管理。

（1）跨境电子商务企业、消费者（订购人）通过跨境电子商务交易平台实现零售进出口商品交易，并根据海关要求传输相关交易电子数据的，应按照该公告规定接受海关监管。参与跨境电子商务零售进出口业务并在海关注册登记的企业，纳入海关信用管理，海关根据信用等级实施差异化的通关管理措施。

（2）跨境电子商务平台企业、物流企业、支付企业等参与跨境电子商务零售进口业务的，应当依据海关报关单位注册登记管理相关规定，向所在地海关办理注册登记。物流企业应获得国家邮政管理部门颁发的"快递业务经营许可证"。直购进口模式下，物流企业应为邮政企业或者已向海关办理代理报关登记手续的进出境快件运营人。支付企业为银行机构的，应具备银保监会或者原银监会颁发的"金融许可证"；支付企业为非银行支付机构的，应具备中国人民银行颁发的"支付业务许可证"，支付业务范围应当包括"互联网支付"。

（3）境外跨境电子商务企业应委托境内代理人向该代理人所在地海关办理注册登记。

2. 申报管理

（1）对跨境电子商务直购进口商品及适用"网购保税进口"政策的商品，按照个人自用进境物品监管，不执行有关商品首次进口许可批件、注册或备案要求。但对相关部门明令暂停进口的疫区商品和对出现重大质量安全风险的商品启动风险应急处置时除外。

（2）适用"网购保税进口 A"政策的商品，按《跨境电子商务零售进口商品清单（2018

版）》尾注中的监管要求执行。

（3）海关对跨境电子商务零售进出口商品及其装载容器、包装物按照相关法律法规实施检疫，并根据相关规定实施必要的监管措施。

（4）跨境电子商务零售进口商品申报前，跨境电子商务平台企业或跨境电子商务企业境内代理人、支付企业、物流企业应当分别通过国际贸易"单一窗口"或跨境电子商务通关服务平台向海关传输交易、支付、物流等电子信息，并对数据真实性承担相应责任。

（5）直购进口模式下，邮政企业、进出境快件运营人可以接受跨境电子商务平台企业或跨境电子商务企业境内代理人、支付企业的委托，在承诺承担相应法律责任的前提下，向海关传输交易、支付等电子信息。

（6）跨境电子商务零售出口商品申报前，跨境电子商务企业或其代理人、物流企业应当分别通过国际贸易"单一窗口"或跨境电子商务通关服务平台向海关传输交易、收款、物流等电子信息，并对数据真实性承担相应法律责任。

（7）跨境电子商务零售商品进口时，跨境电子商务企业境内代理人或其委托的报关企业应提交"海关跨境电子商务零售进出口商品申报清单"（以下简称"申报清单"），采取"清单核放"方式办理报关手续。

（8）跨境电子商务零售商品出口时，跨境电子商务企业或其代理人应提交"申报清单"，采取"清单核放、汇总申报"方式办理报关手续；跨境电子商务综合试验区内符合条件的跨境电子商务零售商品出口，可采取"清单核放、汇总统计"方式办理报关手续。"申报清单"与"海关进出口货物报关单"具有同等法律效力。

（9）开展跨境电子商务零售进口业务的跨境电子商务平台企业、跨境电子商务企业境内代理人应对交易真实性和消费者（订购人）身份信息真实性进行审核，并承担相应责任；身份信息未经国家主管部门或其授权机构认证的，订购人与支付人应当为同一人。

（10）跨境电子商务零售商品出口后，跨境电子商务企业或其代理人应当于每月15日前（当月15日是法定节假日或者法定休息日的，顺延至其后的第一个工作日），将上月结关的"申报清单"依据清单表头同一收发货人、同一运输方式、同一生产销售单位、同一运抵国（地区）、同一出境关别，以及清单表体同一最终目的国（地区）、同一10位海关商品编码、同一币制的规则进行归并，汇总形成"海关出口货物报关单"向海关申报。允许以"清单核放、汇总统计"方式办理报关手续的，不再汇总形成"海关出口货物报关单"。

（11）"申报清单"的修改或者撤销，参照海关"海关进出口货物报关单"修改或者撤销有关规定办理。

3. 查验管理

（1）对需在进境口岸实施的检疫及检疫处理工作，应在完成后方可运至跨境电子商务监管作业场所。

（2）网购保税进口业务："一线"入区时以报关单方式进行申报，海关可以采取视频监控、联网核查、实地巡查、库存核对等方式加强对网购保税进口商品的实货监管。

（3）海关实施查验时，跨境电子商务企业或其代理人、跨境电子商务监管作业场所经营人、仓储企业应当按照有关规定提供便利，配合海关查验。

（4）跨境电子商务零售进出口商品可采用"跨境电商"模式进行转关。其中，跨境电子商务综合试验区所在地海关可将转关商品品名以总运单形式录入"跨境电子商务商品一批"，并需随附转关商品详细电子清单。

（5）网购保税进口商品可在海关特殊监管区域或保税物流中心（B型）间流转，按有关规定办理流转手续。以"网购保税进口"海关监管方式进境的商品，不得转入适用"网购保税进口 A"的城市继续开展跨境电子商务零售进口业务。网购保税进口商品可在同一区域（中心）内的企业间进行流转。

4. 征税监管

（1）对跨境电子商务零售进口商品，海关按照国家关于跨境电子商务零售进口税收政策征收关税和进口环节增值税、消费税，完税价格为实际交易价格，包括商品零售价格、运费和保险费。

（2）跨境电子商务零售进口商品消费者（订购人）为纳税义务人。在海关注册登记的跨境电子商务平台企业、物流企业或申报企业作为税款的代收代缴义务人，代为履行纳税义务，并承担相应的补税义务及相关法律责任。

（3）代收代缴义务人应当如实、准确向海关申报跨境电子商务零售进口商品的商品名称、规格型号、税则号列、实际交易价格及相关费用等税收征管要素。跨境电子商务零售进口商品的申报币制为人民币。

（4）为审核确定跨境电子商务零售进口商品的归类、完税价格等，海关可以要求代收代缴义务人按照有关规定进行补充申报。

（5）海关对符合监管规定的跨境电子商务零售进口商品按时段汇总计征税款，代收代缴义务人应当依法向海关提交足额有效的税款担保。海关放行后 30 日内未发生退货或修撤单的，代收代缴义务人在放行后第31日至第45日内向海关办理纳税手续。

技能训练

操作性实训：

1. 练习填写"进出口货物征免税申请表"。

2. 模拟减免税备案、审批流程。

案例分析

特定减免税设备能否对外租赁

（一）基本案情

2013年3月，某地合资企业天利食品饮料有限公司（以下简称"天利公司"）按外商投资鼓励项目将其所拟定的以生产果汁饮料为主要产品的可行性研究报告报所在地商务主管部门审批。同年5月，商务主管部门批准了该企业的可行性研究报告，并出具"国家鼓励发展的内外资项目确认书"（以下简称"项目确认书"）。2013年6月，天利公司凭"项目确认书"向某海关申请办理了生产果蔬类饮料（"项目确认书"批准生产项目）所需的吹瓶机，注塑设备，洗瓶、灌装、瓶盖三合一机，空气压缩机，液位瓶盖标签检测系统等灌装生产线设备的特定减免税证明。2013年7月至9月间，天利公司持海关出具的减免税证明从某海关陆续免税进口了上述设备，总价值折合人民币约850万元。此后，天利公司因生产资金出现大幅缺口、配套设备无法到位，上述果蔬类灌装饮料生产线进口后未能实际投入使用。为解决企业所面临的资金短缺问题，天利公司改变了先前制定的运营计划，与该市另一家食品饮料生产企业恒祥公司就上述免税进口设备签订租赁协议。双方在协议中约定：天利公司将果蔬类灌装饮料生产线出租给恒祥公司用于生产果汁饮料，租赁期限为3年，年租金为人民币50万元；租赁期间，设备归天利公司所有，恒祥公司拥有使用权，但不得转租或出售；租赁期届满后，天利公司收回全套设备。2013年11月15日，天利公司在未经海关许可的情况下，根据租赁协议将上述特定减免税设备移交恒祥公司使用，后者将该设备用于生产果蔬混合型罐装饮品。

2014年12月，某海关在对天利公司特定减免税设备使用情况进行中期稽查过程中发现上述问题，遂对此立案调查。某海关经调查认定，天利公司未经海关许可并办理有关手续，擅自将限于特定主体和特定用途的免税进口设备出租给他人使用，致使有关设备脱离海关监管，其行为违反了《海关法》第五十七条的规定，构成将特定减免税货物移作他用的违反海关监管规定的行为，该公司应承担相应的法律责任；天利公司在设备租赁期间（1年）所收取的50万元租金属不法收益，应予没收。2015年2月15日，某海关根据《海关法》第八十六条第（十）项和《海关行政处罚实施条例》第十八条第（一）项的有关规定，对天利公司做出没收租金50万元及罚款人民币55万元的行政处罚决定。

（二）行政复议情况

天利公司不服上述行政处罚决定，向某海关的上一级海关申请行政复议。天利公司在"复议申请书"中提出以下申辩理由：第一，该公司虽将免税进口的生产设备出租给恒祥公司，但上述设备一直为该公司所有，恒祥公司亦未改变"项目确认书"所批准的生产用途（该生产线还可以用于生产纯净水），仍用于生产灌装果汁饮料，涉案设备不存在"移作他用"情形，该公司并未违反海关监管规定；第二，即使该公司上述行为违反法律规定，但海关在对其处55万元罚款的同时又没收其所收取租金的做法显然于法无据，不符合"过罚相当"的行政处罚原则，侵犯了该公司的合法权益。鉴于此，天利公司请求复议机关撤销某海关做出的行政处罚决定。

复议机关经审理认为，本案涉案果蔬类灌装饮料生产线属于特定减免税进口货物，根据《海关法》第五十七条的规定，此类减免税设备只能用于特定地区、特定企业和特定用途，未经海关核准并补缴进口税款，不得移作他用。申请人天利公司在未经海关许可并补办有关手续的情况下，擅自将上述设备出租给其他企业，设备虽仍用于规定用途，但实际控制和使用者并非批准设备减免税时海关审定的特定企业（即天利公司），天利公司的涉案行为已构成将特定减免税设备移作他用的违反海关监管规定行为；天利公司出租设备所获取的租金属于违法收益，海关有权予以没收。基于此，复议机关认为某海关所做处罚决定认定事实清楚、证据确凿、适用依据准确，应予维持。2015年4月17日，复议机关对本案做出行政复议决定：驳回天利公司的复议申请，维持某海关对该公司做出的行政处罚决定。

问题：

1. 出租特定减免税设备是否构成"移作他用"？

2. 海关能否没收天利公司出租减免税设备所得租金？

3. 本案天利公司还须履行哪些法律义务？

一、单项选择题

1. 下列选项中（　　　）不属于海关减免税的优惠范围。

　　A. 保税区内自用的生产设备

　　B. 沿海经济开发区基建项目所需进口机械

　　C. 外商投资企业进口物资（用于国家鼓励发展产业项目）

　　D. 残疾人组织和单位进口的货物

2. 北京某外资企业从美国购进大型机器成套设备，分三批运输进口，其中两批从天津进口，另一批从青岛进口。该企业在向海关申请办理该套设备的减免税手续时，下列做法正确的是（　　　）。

　　A. 向北京海关申领两份征免税证明

　　B. 向北京海关申领三份征免税证明

　　C. 向天津海关申领一份征免税证明，向青岛海关申领一份征免税证明

　　D. 向天津海关申领两份征免税证明，向青岛海关申领一份征免税证明

3. 外商投资企业 A 公司在我国东部地区进行飞机制造项目的投资，经海关审定该项目的减免税额度为 5 000 万元。该公司进口一套价值 200 万元的飞机制造设备。两年后，经批准按折旧价格 100 万元转让给同样享受减免税待遇的 B 公司（该公司的减免税额度为 3 000 万元），在海关办理了有关的结转手续。在本题中 A 公司的减免税额度为（　　　），B 公司的减免税额度为（　　　），该套设备海关对其还需监管（　　　）。

　　A. 5 000 万元，3 000 万元，5 年　　　　B. 4 800 万元，2 900 万元，5 年

　　C. 4 800 万元，2 900 万元，3 年　　　　D. 5 000 万元，3 000 万元，3 年

4. 关于减免税申请人办理减免税备案、审批、税款担保和后续管理业务等相关手续，下列表述正确的是（　　　）。

　　A. 申请人必须自行办理，不能委托办理

　　B. 申请人可以自行办理，也可以委托办理

　　C. 申请人可以委托报关企业代理，不可以委托进口货物收货人代理

　　D. 申请人可以委托进口货物收货人代理，不可以委托报关企业代理

5. 特定减免税货物在海关监管期限内申请解除海关监管的，下列（　　　）选项不正确。

　　A. 在海关监管期限内在境内出售的，海关可免征进口税

　　B. 在海关监管期限内在境内转让给同样享受进口减免税优惠的企业，接受货物的企业可以凭"进出口货物征免税证明"办理结转手续，继续享受特定减免税优惠待遇。

　　C. 可以申请将特定减免税货物退运出境

　　D. 可以书面申请放弃交海关处理

二、多项选择题

1. 特定减免税货物的通关程序为（　　　）。

　　A. 特定减免税货物向主管海关审批备案

　　B. 进口时向进境地海关办理进口报关手续

C. 海关放行后提取货物使用，海关继续监管

D. 海关监管期满，向海关办理解除海关监管手续

2. 进出境快件主要类型包括（　　　）。

 A. 文件类　　　　　　B. 个人物品类　　　　　　C. 科教用品类　　　　　　D. 货物类

3. 下列关于特定减免税货物管理的表述，正确的是（　　　）。

 A. 特定减免税的申请，首先是减免税的资格确认，然后是"进出口货物征免税证明"的申领

 B. 国内投资项目和利用外资项目减免税资格确认的依据是由国务院有关部门或省市人民政府签发的"国家鼓励发展的内外资项目确认书"

 C. 对于民政部门或中国残疾人联合会所属单位专用品、专用仪器、专用生产设备的减免税，海关凭民政部门或中国残疾人联合会的批准文件签发"进出口货物征免税证明"

 D. "进出口货物征免税证明"的有效期为6个月，且不得延期

4. 海关规定特定减免税货物的海关监管期限是（　　　）。

 A. 飞机、船舶8年　　B. 机动车辆6年　　　　C. 机器设备3年　　　　　D. 其他货物3年

5. 特定减免税货物在海关监管期限内申请解除海关监管的，应该按照（　　　）办理。

 A. 在海关监管期限内在境内出售的，海关可免征进口税

 B. 在海关监管期限内在境内转让给同样享受进口减免税优惠的企业，接受货物的企业可以凭"征免税证明"办理结转手续，继续享受特定减免税优惠待遇

 C. 可以申请将特定减免税货物退运出境

 D. 可以书面申请放弃交海关处理

三、判断题

1. 特定减免税进口货物，除另有规定外，一般不豁免进口许可证件。（　　　）

2. 外商投资企业享受特定减免税优惠进口的机器设备自进口之日起超过3年的，可以向海关申请解除监管。（　　　）

3. 海关对特定减免税的机动车辆（特种车辆）、家用电器的监管期限为8年。（　　　）

4. 外商投资企业享受减免税优惠进口的机器设备和其他物资，属于海关监管货物，限于在本企业自用。（　　　）

5. 某大学校办工厂从境外进口的设备可以按照科教用品办理特定减免税。（　　　）

6. 小额跨境电商货物一律减免关税。（　　　）

7. 外商投资企业兴办的鼓励类项目，在投资总额内进口的机器设备，可免领许可证件。（　　　）

8. "进口货物征免税证明"的有效期为6个月，且实行"一证一批"的原则。（　　　）

9. 对于特定减免税货物，海关可以在未办理"征免税证明"的情况下，凭税款担保免税放行货物。（　　　）

10. 进口的特定减免税机器设备只能在本企业自用，不可以在两个享受特定减免税优惠的企业之间结转。（　　　）

四、综合实务题

 济南市红十字会一直属单位进口一批外国赠予的残疾人专用仪器。经海关审批后，该批货物获免税进口。2018年10月2日，载运该货物的运输工具抵达青岛港，收货人凭"进出口货物征免税证明"向青岛海关进行了申报，青岛海关在审核申报后免税放行。

根据上述案例，回答下列问题。

1. 该货物在进口时，在 2018 年（　　）前申报是符合海关法定申报期限的。

    A. 10 月 17 日　　　　　　　　　　　B. 10 月 14 日

    C. 10 月 15 日　　　　　　　　　　　D. 10 月 16 日

2. 该货物在进口后，在（　　）内将受到海关监管。

    A. 3 年　　　　　　B. 6 年　　　　　　C. 8 年　　　　　　　　D. 10 年

3. 享受特定减免税待遇进口的货物在货物进口时须出示"进出口货物征免税证明"，下面关于"进出口货物征免税证明"的说法，正确的有（　　）。

    A. "进出口货物征免税证明"的有效期为 6 个月

    B. "进出口货物征免税证明"的有效期为 1 年

    C. "进出口货物征免税证明"实行"一证一批"的原则

    D. "进出口货物征免税证明"实行"非一证一批"的原则

4. 若货物被使用四年半后，该单位因特殊原因需要对设备进行处理，可以用的方式有（　　）。

    A. 经海关批准补交进口税后销售给其他单位

    B. 擅自销售给国内其他公司

    C. 免费赠送给一家养老院使用

    D. 将货物转让给同样享受优惠待遇的企业使用，由该企业向主管海关申领"进出口货物征免税证明"

5. 该单位在进口专用仪器前应凭有关批文向（　　）提出免税申请。

    A. 民政部　　　　　　　　　　　　B. 海关总署

    C. 所在地直属海关　　　　　　　　D. 国务院关税税则委员会

五、论述题

1. 论述减免税的类别和特征。

2. 谈谈你对跨境电商货物海关监管的认识。

第七章 暂准进出境货物及其报关

孙子曰：故善出奇者，无穷如天地，不竭如江海。奇正相生，如循环之无端，孰能穷之哉！——《孙子兵法·兵势 第五》

【知识目标】

（1）掌握暂准进出境货物的概念；（2）了解暂准进出境货物的特征；（3）界定暂准进出境货物的范围；（4）掌握暂准进出境货物 ATA 单证册的概念；（5）把握 ATA 单证册的管理要点；（6）明晰进出境展品的范围和期限。

【技能目标】

（1）能厘清暂准进出境货物的类型；（2）能模拟使用 ATA 单证册进行报关、结关；（3）能独立完成进出境展品的申报。

【内容架构】

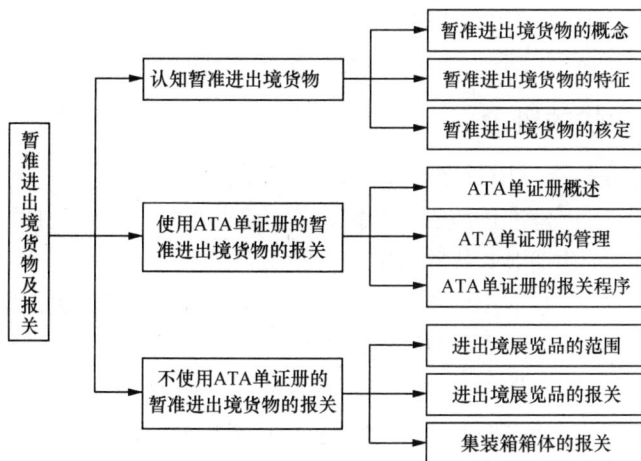

案例导入

中国国际进口博览会催生海关政策新突破

新华社上海2018年8月7日电（吴宇　陈定）延长展品入境时限，展览品与保税货物可以转换模式，预包装食品可免贴中文标签——为了首届中国国际进口博览会的海外参展客商更加便利高效地在中国做生意，三项海关政策近日实现突破。

据上海海关介绍，经海关总署批准同意，ATA单证册项下进口博览会暂时进境展览品的首次进境期限，单证册有效期由6个月延长至1年。这意味着进口博览会展览品"护照"有效期比一般进境展览品多了6个月，有利于海外参展商在进口博览会结束后继续利用进境展览品在中国拓展市场，进一步扩大进口博览会参展效应。

ATA单证册是世界海关组织为暂准进口货物专门创设的海关文件，相当于进境展览品的"护照"。对于汽车、机械设备、高端文化产品等推广周期较长的企业来说，常规6个月的签注期往往不够用，需要申请办理延期手续。

除了展品入境时限得以延长，首届进口博览会11月中旬闭幕后，相关参展展览品结转到海关特殊监管区域和保税监管场所，海关准予核销结案。

上海海关表示，这一监管新举措的出台，主要是考虑到很多参展商有计划将进境展览品继续留在中国境内进行保税展示。按照海关现行规定，进境展览品在展会结束后原则上应复运出境，即使这些展览品希望继续在中国境内通过保税展示寻觅买家，也必须实际出境"回家"一趟，办结相关手续后才能再次申报进境。

最新解决方案为进境展览品在中国找到了临时"新家"。具体做法是，进口博览会闭幕后，希望留在中国境内开展保税展示、继续寻找买家的展览品，可以结转到海关特殊监管区域和保税监管场所，无须实际出境"回家"即可办理结案手续，商品性质就从展览品转化为了保税货物，此后可以按照对保税货物的有关规定开展保税展示等相关业务。

第一节　暂准进出境货物概述

随着经济的不断增长，各国之间贸易、技术、文化、科学等方面的往来日益频繁，人们为了各种目的需暂时携运某种货物、样品、器材进入他国。对这一类暂时进口货物提供报关上的便利，可以促进国际间经济、技术、科学、文化活动的开展。

一、暂准进出境货物的概念

暂准进出境货物是暂准进境货物和暂准出境货物的合称。

暂准进境货物是指为了特定的目的，经海关批准暂时进境，按规定的期限原状复运出境的货物。

暂准出境货物是指为了特定的目的，经海关批准暂时出境，按规定的期限原状复运进境的货物。

根据2017年12月海关总署令第233号令公布的《海关暂时进出境货物管理办法》，暂准进出境货物的范围如下：

（1）在展览会、交易会、会议及类似活动中展示或者使用的货物。

（2）文化、体育交流活动中使用的表演、比赛用品。

（3）进行新闻报道或者摄制电影、电视节目使用的仪器、设备及用品。

（4）开展科研、教学、医疗活动使用的仪器、设备和用品。

（5）上述四项所列活动中使用的交通工具及特种车辆。

（6）暂时进出境的货样。

（7）慈善活动使用的仪器、设备及用品。

（8）供安装、调试、检测、修理设备时使用的仪器及工具。

（9）盛装货物的容器。

（10）旅游用自驾交通工具及其用品。

（11）工程施工中使用的设备、仪器及用品。

（12）测试用产品、设备、车辆。

（13）海关总署规定的其他暂时进出境货物。

二、暂准进出境货物的特征

暂准进出境货物具有以下特征。

1. 有条件暂时免予缴纳税费

暂准进出境货物在向海关申报进出境时，不必缴纳进出口税费，但收发货人须向海关提供担保。

2. 免予提交进出口许可证件

暂准进出境货物不是实际进出口货物，只要按照暂准进出境货物的有关法律、行政法规办理进出境手续，可以免予交验进出口许可证件。但是，涉及公共道德、公共安全、公共卫生所实施的进出境管制制度规定的暂准进出境货物应当凭许可证进出境。

3. 规定期限内按原状复运进出境

暂准进出境货物应当自进境或者出境之日起 6 个月内复运出境或者复运进境；经收发货人申请，海关可以根据规定延长复运出境或者复运进境的期限。

4. 按货物实际使用情况办结海关手续

暂准进出境货物都必须在规定期限内，由货物的收发货人根据货物的不同情况向海关办理核销结关手续。

视野拓展

英国关于暂准进口货物的监管

英国是 1960 年海关合作理事会《关于暂准进口货物公约》的签字方。该公约保证货运车辆和集装箱经过成员边境时，可以无须在边境关卡查验。因此，不论所装货物系运来英国或过境运往另一成员方，可凭司机交验的暂准进口货物报关手册（ATC carnet）通过，无须另办报关手续。

英国海关发布的《关于暂准进口和复出口货物的范围和免税手续的通令》规定，进口商得缴纳押金或出具保证，为货物的应纳税款提供担保。当上述货物复出口时，保单可以撤销，押金可以发还。复出口的期限定为 12 个月，并可申请延长。享受暂准进口权利的货物一般为用于工业生产、修理或技术检验的机器、工厂设备和器具等。

三、暂准进出境货物的核定

1. 货物认定

下列几类物品暂时进出境时，不在暂时进出境货物范围之内：①被测试的货物和物品，但用于测试的样品除外。②直接用于生产的货物，但对临时进口（期限在半年以内）的加工贸易生产所需不作价设备（限模具、单台设备），按暂时进口货物处理，逾期补征税款。③进行加工的货物和物品。④暂时进境货物应当复运出境，如果暂时进口的货物最终出口到第三方而非返回原发货人，则不属复运出境的范畴。

2. 几种规定

（1）暂时进出境货物并非都可暂时免征关税。海关总署规定的暂时进出境货物，在限定期限内复运出境或复运进境时可以暂不缴纳税款，但对所列范围以外的其他暂时进出境货物，海关都会按照审定进出口货物完税价格的有关规定，以及海关接受该货物申报进出境之日适用的计征汇率、税率，审核确定其完税价格，按月征收税款，或是在规定期限内货物复运出境或进境时征收税款。

（2）对暂时进境车辆的规定。暂时进境汽车不受国家汽车产业政策关于整车进口指定口岸的限制；暂时进境汽车允许转关监管，直至运抵海关办理暂时进境手续；经海关同意在境内留购的暂时进境汽车，必须转关至整车进口指定口岸办理进口手续。作为货样暂时进境的车辆，自进境之日起6个月内必须复运出境，不得留购，不得延期。测试用车辆及其零配件不论是否损毁，期满必须复运出境。

（3）禁止进口二手（旧）汽车、右舵车。其中经审核符合暂时进出境货物管理办法并能提交国家主管部门相关证明等文件的，可以办理暂时进境手续，但期满必须复运出境。

第二节　使用 ATA 单证册的暂准
进出境货物的报关

ATA 单证册是指世界海关组织（前身为海关合作理事会）在有关条约中规定使用的，用于替代各缔约方海关暂准进出境货物报关单和税费担保的国际性报关文件。截至2019年4月，ATA 单证册可以在欧盟、美国、日本、加拿大、澳大利亚、新加坡、印度、波兰、匈牙利等60多个国家和地区自由通用。

微课堂
ATA 单证册

ATA 单证册是国际性的报关文件，专用于暂准进出口货物报关使用。它既替代了货物在国内报关时所需要的所有报关文件，又使货物免纳进口关税，且无须提供担保金，确保持证人可以快捷方便地办理海关手续。因此，ATA 单证册又被国际经贸界称为"货物护照"（或"货物免税报关证"）。

一、ATA 单证册的格式和适用范围

（一）ATA 单证册的格式

ATA 单证册由四种颜色的彩单组成，一式八联，分别用于货物在暂准进口国的进出口报关、在所在国出口和复进口的报关和过境国的过境报关。每经过一国海关使用一页，无须再填制进出口货物报关单。

一页绿色封面单证（包括单证册的编号、签发机构、有效期等）、一页黄色出口单证、一页白色进口单证、一页黄色复进口单证、一页白色复出口单证、两页蓝色过境单证（进境地和出境地海关分别签注和保存）、一页绿色封底。

ATA 单证册必须使用英文或法文，如果需要，可以同时使用第三种文字印刷。我国接受中文或英文的 ATA 单证册的申报，用英文填写的 ATA 单证册，海关可要求提供中文译本。用其他文字填写的 ATA 单证册，必须随附忠实原文的中文或英文译本。

（二）ATA 单证册的适用范围

ATA 单证册在我国的适用范围仅限于展览会、交易会、会议及类似活动项下的货物。除此之外的货物，我国海关不接受持 ATA 单证册办理进出口申报手续。其范围具体包括以下几类货物。

（1）国际博览会、交易会、展览会、国际会议及类似活动中陈列或使用的物品。

（2）各类专业人员使用的专业设备，例如赴境外报道、录制节目、摄制影片所需的出版、音像广播、摄影设备；赴境外安装、调试机器所需的各种测量仪器；医务人员所需的医疗器械；演员、乐团、剧团所需的演出服装、器具等。

（3）集装箱、托盘、包装物料、样品等与商业活动有关的货物。

（4）科研设备、教学用品、海员福利用品及其与教育、科学或文化活动有关的货物。

（5）参加境外体育比赛、体育表演和训练所必需的体育用品及其他物品；赴境外从事观光、求医、学习、专业会议等活动所需的个人物品。

（6）参加境外的文化、宗教或专业聚会等活动所需的图片、照片、摄影作品、艺术品、印刷品，免费播放的纪录片、唱片等音像用品。

（7）边境地区的自然人或法人为完成农业、林业、养鱼业的工作，以及为修理、制造、加工目的所需的非商业性质的物品。

（8）为慈善目的暂时出口的医疗用品、外科和实验室设备以及救济物资。

（9）商业或私人用途的船舶、飞机、陆路引擎车辆、铁路货车等运输工具。

（10）边境地区用于放牧、表演、展览、竞技、比赛等活动所需的活动物。

（11）与制造活动有关的纸版、印版、图版、模子、图纸、模型等类似物品。

根据海关总署公告 2019 年第 13 号《关于暂时进出境货物监管有关事宜的公告》，海关扩大接受"专业设备"和"商业样品"用途的暂时进境 ATA 单证册。

新闻回顾

ATA 助精美印章高效出口参展

中国海关网 2017 年 7 月 18 日消息（文俊）2017 年 7 月，杭州海关为杭州西泠印社快速验放了一批出国参展的篆刻艺术精品。由于应用了 ATA 单证册，近百枚精品印章几分钟内就办理完毕全部通关手续，安全快速地走出国门。

这批精美印章是素有"印学圣地"之称的杭州西泠印社精心挑选出来赴日办展的，体现了中国篆刻文化的发展历程。自 2010 年杭州海关指导西泠印社办理 ATA 单证册以来，每年都有一批批的精美印石展品通过这条便捷通道"走出去"，向外国友人展示中国传统篆刻文化的魅力。

随着浙江省对外文化交流的日益频繁，越来越多的书画、玉石艺术品赴海外参展的同时，也在引进境外艺术品进境办展。4 月中旬，杭州海关为浙江美术馆办理了一票 ATA 单证暂时进口业务，旅美华人画家的 179 件书画作品得以快速通关。

为了便利这些文化展品出境参展、入境办展，杭州海关主动向在杭展览机构介绍国家相关政策，还专门在空港口岸设立 ATA 单证册专岗，为各类展品提供优质的进出口通关服务。

目前，越来越多的文化企业开始使用 ATA 单证册进行报关，ATA 通道已成为在杭文化单位进出口展品的重要通道之一。今年上半年，杭州海关累计办理 ATA 单证册业务 212 票，主要涉及美术品、工艺品、珠宝等货物。

二、ATA 单证册的管理

（一）出证及担保商会

在国际上，ATA 单证册的签发和担保一般是由国际商会国际局和各国海关批准的各国国际商会完成的。每个国家只能有一个担保商会，担保商会有权指定多个国内出证商会，并对下属出证商会签发的 ATA 单证册承担担保责任。

ATA 单证册应向货物所在国出证商会申办。中国国际贸易促进委员会中国国际商会是我国 ATA 单证册的唯一出证和担保机构。

（二）延期审批

使用 ATA 单证册报关的货物暂准进出境期限为自货物进出境之日起 6 个月，超过 6 个月的，持证人需向海关申请延期，延期最多不超过 3 次，每次延期不超过 6 个月，且持证人应当在规定期限届满 30 个工作日前向货物暂准进出境申请核准地海关提出延期申请，并提交"货物暂时进/出境延期申请书"及相关材料；直属海关受理延期申请的，应当于受理申请之日起 20 个工作日内做出是否延期的决定。

参加展期在 24 个月以上展览会的展览品，在 18 个月延长期届满后仍需要延期的，由主管地直属海关报海关总署审批。

ATA 单证册项下的暂时进境货物申请延长期限超过 ATA 单证册有效期的，持证人应当向原出证机构申请续签 ATA 单证册用以替代原册，新册使用，原册失效。

（三）追索

我国 ATA 单证册项下暂时进境货物未能按照规定复运出境或者过境的，ATA 核销中心将向中国国际商会提出追索。自提出追索之日起 9 个月内，中国国际商会向海关提供货物已经在规定期限内复运出境或者已办理了进口手续证明的，ATA 核销中心可以撤销追索；9 个月期满后未能提供上述证明的，中国国际商会应当向海关支付税款和罚款。

视野拓展

中国国际商会

中国国际商会（China Chamber of International Commerce，CCOIC）是由在中国从事国际商事活动的企业、团体和其他组织组成的国家级国际性会员制商会组织（民政部登记证号：社证字第 4768 号）。

1988 年，国务院批准成立中国国际商会。2007 年 12 月 24 日，中国国际商会在人民大会堂隆重召开了会员代表大会，近六百家会员代表出席会议。时任国务院副总理的吴仪亲临大会并作重要讲话，勉励中国国际商会发挥自身优势，积极推动企业开展国际化经营，坚持市场导向，不断拓展新的业务领域。此次盛会标志着中国国际商会登上新的历史起点，步入新的发展阶段，踏上新的远大航程。

中国国际商会以为会员提供专属优质服务为宗旨，其职责是向国际组织和政府部门反映中国工商业界的利益诉求，参与国际经贸规则与惯例的制定和推广，促进国内外经贸交流与合作，提供法律服务、商务咨询、信息资讯和业务培训等服务，倡导社会责任与公益事业等。

中国国际商会于 1994 年代表中国加入了国际商业组织——国际商会（International Chamber of Commerce，ICC），国际商会中国国家委员会（The Affiliate of International Chamber of Commerce in China，ICC CHINA）秘书局设在中国国际商会。中国国际商会在开展与国际商会相关的业务时，使用 ICC CHINA 的名义。中国国际商会组织会员单位，全面深入地参与国际商会的各种活动，

> 更多信息可参考中国国际商会官网"关于我们"栏目。

利用国际商会的全球商业网络，同各国商界、政府相关机构以及国际组织建立广泛联系，促进中外企业的合作与交流，推动中国经济融入世界的进程。

三、ATA 单证册的报关程序

（一）申领 ATA 单证册

申领 ATA 单证册时需办理以下手续。

1. 填写申请表，并附申请人的身份证明文件

申请人为自然人的，提供身份证或护照复印件；申请人为企业法人的，提供法人营业执

照的复印件；申请人为事业单位的，提供事业单位法人登记证书的复印件。

2. 填写货物总清单

填写货物总清单时应注意以下事项。

（1）总清单的填写应清晰并不易擦掉。

（2）货物品名、标记及编号完全一致的，可使用同一个项号。由若干独立部件（包括零部件和配件）组成的货物，可使用单一项号，每一个独立部件的属性、价值及重量（如有必要）应列入第二栏，在第四栏和第五栏中只列入其总重量和总价值。

（3）同类货物可以合并，但合并后每一货物均须使用单独项号。

（4）为便于海关监管，最好在货物（包括其零部件）上清晰地标明相应项号。

（5）除英文表述总价值外，填表时皆应使用阿拉伯数字。

（6）ATA 单证册一经签发，就不得在总清单上做任何修改或增添，总清单上所列货物也不得再进行更换。

3. 提供担保

担保形式可以是押金，银行或保险公司保函，或中国国际贸易促进委员会认可的书面保证。担保形式和适用对象如表 7.1 所示。

4. 缴纳 ATA 单证册申办手续费

向中国国际商会申请办理 ATA 单证册的申请人在填写好申请表及货物总清单后，须将上述两份文件发送到中国国际商会 ATA 处的电子邮箱。申请人也可通过中国国际商会网站在线申请系统提供相关信息。

中国国际商会 ATA 处工作人员在收到申请人的申请信息后将进行核查，然后根据相关信息向申请人

表 7.1　担保形式和适用对象

担保形式	适 用 对 象
押金（现金或支票）	所有申请人
银行保函	所有申请人
书面担保函	经中国出口信用保险公司备案的政府机关、事业单位或社会团体
资信评价保函	中国国际贸易促进委员会/中国国际商会资信评价系统评定的申请人

出具付款通知。申请人须按照付款通知上的金额及其在申请时所选择的付款方式交付款项，并将申请表、货物总清单、申请人身份证明文件原本复印件及商会所需其他文件在出证前送达中国国际商会 ATA 处。

自申请手续完备之日起，中国国际贸易促进委员会将根据申请人的预计离境日期尽快签发单证，加急出证时间最短为 2 个小时。

（二）进出境报关

1. 进境申报

进境展览品的所有人或其代理人持 ATA 单证册向海关申报进境展览品时，先在海关核准的出证协会（即中国国际商会以及其他商会）将 ATA 单证册上的内容预录入海关与商会联网的 ATA 单证册电子核销系统，然后向展览会主管海关提交纸质 ATA 单证册、提货单等单证。

海关在白色进口单证上签注，并留存白色进口单证（正联），退还其存根联和 ATA 单证册其他各联给进境货物收货人或其代理人。

2. 出境申报

出境展览品的所有人或其代理人持 ATA 单证册向海关申报出境展览品时，向出境地海关提交国家主管部门的批准文件、纸质 ATA 单证册、装货单等单证。海关在绿色封面单证和黄色出口单证上签注，并留存黄色出口单证正联，存根联随 ATA 单证册其他各联退还给出境展览品所有人或其代理人。

3. 异地复运出境、进境申报

使用 ATA 单证册进出境的货物异地复运出境、进境申报，ATA 单证册持证人应当持主管地海关签章的海关单证向复运出境、进境地海关办理手续。货物复运出境、进境后，主管地海关凭复运出境、进境地海关签章的海关单证办理核销结案手续。

4. 过境申报

过境货物的承运人或其代理人持 ATA 单证册向海关申报将货物通过我国转运至第三国参加展览会的，不必填制过境货物报关单。海关在两份蓝色过境单上分别签注后，留存蓝色过境单正联，将存根联随同 ATA 单证册其他各联退还运输工具承运人或其代理人。

（三）结关

结关过程包括正常结关和非正常结关两种情况。

1. 正常结关

持证人在规定期限内将进境展览品和出境展览品复运进出境，海关在白色复出口单证和黄色复进口单证上分别签注，留存单证正联，将存根联和 ATA 单证册其他各联退还持证人，正式核销结关。

2. 非正常结关

ATA 单证册项下暂准进境货物复运出境时，没有经过我国海关核销或签注的，ATA 核销中心可以依据另一个缔约国（地区）的海关在 ATA 单证册上签注的该批货物，从该国进境或者复运进境的证明，或者我国海关认可的、能够证明该批货物已经实际离开我国境内的其他文件，认定该批货物已经从我国复运出境，对 ATA 单证册予以核销。但是，ATA 单证册持有人应当按照规定向海关缴纳调整费。假如在我国海关尚未发出 ATA 单证册"追索通知书"前，持证人凭其他国家海关出具的、货物已经运离我国关境的证明要求予以核销 ATA 单证册的，则免于收取调整费。

使用 ATA 单证册的暂准进出境货物，因不可抗力的原因受损而无法原状复运出境或者进境的，ATA 单证册持有人应当及时向主管地海关报告，可以凭有关部门出具的证明材料办理复运出境或进境手续。因为不可抗力的原因灭失或者失去使用价值的，经海关核实后可以视为已经复运出境或进境。不可抗力以外的原因造成的灭失或损失，ATA 单证册持有人应当按照货物进出口有关规定办理海关手续。

第三节　不使用 ATA 单证册的展览品及集装箱箱体的报关

进境展览品包含在展览会中展示或示范用的货物、物品，为示范展出的机器或器具所需的物品，展览者设置临时展台的建筑材料及装饰材料，供展览品做示范宣传用的电影片、幻灯片、录像带、录音带、说明书、广告、光盘、显示器材等均不使用 ATA 单证册。

一、进出境展览品的范围

（一）进境展览品

1. 展示或示范用的货物、物品

这类物品包括为示范展出的机器或器具所需用的物品，展览者设置临时展台的建筑材料

及装饰材料，供展览品做示范用的电影片、幻灯片、录像带、录音带等。

2. 与展出活动有关的物品

以下物品应按展览品申报。

（1）为展出的机器或器具进行操作示范，并在示范过程中被消耗或损坏的物料。

（2）展出者为修建、布置或装饰展台进口的一次性廉价物品，如油漆、涂料、壁纸。

（3）参展商免费提供并在展出中免费散发的与展出活动有关的宣传印刷品、商业目录、说明书、价目表、广告招贴、广告日历、未装框照片等。

（4）供各种国际会议使用或与其有关的档案、记录、表格及其他文件。

需要指出的是，上述货物、物品应当符合下列条件：①由参展人免费提供并在展览期间专供免费分送给观众使用或者消费；②单价较低，做广告样品使用；③不适用于商业用途，并且单位容量明显小于最小零售包装容量。

3. 展览会中使用的物品，但不是展览品

展览会中使用的物品，但不是展览品的，包括以下两种：①展览会期间出售的小卖品，属于一般进口货物范围；②展览会期间使用的含酒精饮料、烟叶制品、燃料，虽然不是按一般进口货物管理，但海关对这些商品一律征收关税。

（二）出境展览品

出境展览品主要有以下三类：①国内单位赴境外举办展览会或参加外国博览会、展览会而运出的展览品；②与展览活动有关的宣传品、布置品、招待品及其他公用物品；③与展览活动有关的小卖品、展卖品。

二、进出境展览品的进出境期限

1. 基本期限

进境展览品的暂准进境期限是 6 个月，即自展览品进境之日起 6 个月内复运出境。如果需要延长复运出境的期限，应当向主管海关提出申请。经批准可以延长，延长期限最长不超过 6 个月。

出境展览品的暂准出境期限为自展览品出境之日起 6 个月内复运进境。如果需要延长复运进境的期限，应当向主管海关提出申请。

2. 超期申请

展览品申请延长复运出境、进境期限的，展览品收发货人应当在规定期限届满 30 个工作日前向货物暂准进出境申请核准地海关提出延期申请，并提交"货物暂时进/出境延期申请书"及相关申请材料。

直属海关受理延期申请的，应当于受理申请之日起 20 个工作日内制发"货物暂时进/出境延期申请批准决定书"或者"货物暂时进/出境延期申请不予批准决定书"。

参加展期在 24 个月以上展览会的展览品，在 18 个月延长期届满后仍需要延期的，由主管地直属海关报海关总署审批。

三、展览品的进出境申报

1. 进境申报

展览品进境之前，展览会主办单位应当将举办展览会的批准文件连同展览品清单一起送展出地海关，办理登记备案手续。

展览品进境申报手续可以在展出地海关办理。从非展出地海关进口的，可以申请在进境

地海关办理转关运输手续，在海关监管下，将展览品从进境口岸转运至展览会举办地主管海关办理申报手续。

展览会主办单位或其代理人应当向海关提交报关单、展览品清单、提货单、发票、装箱单等。展览品中涉及检验检疫等管制的，还应当向海关提交有关许可证件。展览会主办单位或其代理人应当向海关提供担保。海关一般在展览会举办地对展览品开箱查验。

视野拓展

上海浦东国际展览品监管服务中心

浦东国际展览品监管服务中心是上海首家一站式国际展览品进出境管理服务机构，主要为抵沪参展的国际展品提供更为便捷的服务。该监管服务中心集海关监管、检验检疫、现代物流服务等多种功能于一体。该中心位于浦东外高桥功能区内，到达机场、港口和上海新国际博览中心的交通都相当便捷。此中心是上海推进"大通关"建设的重要步骤，也是浦东综合配套改革的重要试点项目。

上海浦东国际展览品监管服务中心目前拥有 1.4 万平方米的仓库。内部已根据海关报关和检验检疫的工作要求，引进专用光缆数据线路，设有货物堆场、查验台、电子监控等设施，报关和检验检疫机构可实现对国际展览品的"统一报关、统一仓储、统一监管"，从而大大提高国际展览品的通关速度，方便参展企业。

国际参展商的货物到达上海口岸后，可以选择传统的报关运输方式将展品运往展览会场；也可以选择直接进入该展品监管服务中心，在中心完成国际展品的预录入、报关、报检、查验和库存监管，通过一个订单、面对一个窗口完成全程委托服务，再由中心将货物送到展览会场，展览结束后也可以通过中心实现出口退运、转关转展或留购代理。

2. 出境申报

展览品出境申报手续应当在出境地海关办理。在境外举办展览会或参加境外展览会的企业应当向海关提交国家主管部门的批准文件、报关单、展览品清单等单证，一式两份。

展览品应当缴纳出口关税的，向海关缴纳相当于税款的保证金；属于核用品、两用物项及相关技术的出口管制商品的，应当提交出口许可证。

海关须对展览品开箱查验，核对展览品清单。查验完毕，海关留存一份清单，另外一份进行"关封"后交还给出境货物发货人或其代理人，凭以办理展览品复运进境申报手续。

四、进出境展览品的结关

（一）复运进出境

进境展览品按规定期限复运出境，出境展览品按规定期限复运进境后，海关分别签发报关单证明联，展览品所有人或其代理人凭以向主管海关办理核销结关手续。

小思考

某企业之前办理了一票暂时进境设备业务，现在应外商要求要将该设备出口到出口加工区内某企业，请问出口到出口加工区是复运出境吗？

展览品未能按规定期限复运进出境的，展览会主办单位或出境举办展览会的单位应当向主管海关申请延期，在延长期内办理复运进出境手续。

（二）转为正式进出境

进境展览品在展览期间被人购买的，由展览会主办单位或其代理人向海关办理进境申报、纳税手续，其中属于许可证管理的，还应当提交进口许可证件。出境展览品在境外参加展览会后被销售的，由海关核对展览品清单后要求企业补办有关正式出口手续。

（三）展览品放弃或赠送

展览会结束后，进口展览品的所有人决定将展览品放弃交由海关处理的，由海关变卖后将所得款项上缴国库。有单位接受放弃展览品的，应当向海关办理进口申报、纳税手续。

展览品的所有人决定将展览品赠送的，受赠人应当向海关办理进口手续，海关根据进口礼品或经贸往来赠送品的规定办理。

（四）展览品毁坏、丢失、被窃

1. 非不可抗力

进出境展览品因不可抗力以外原因导致的灭失或受损，进出境展览品收发货人应当按照货物进出口的有关规定办理海关手续。进境展览品因毁坏、丢失、被窃等不能复运出境的，展览会主办单位或代理人应向海关报告。对于毁坏的展览品，海关根据毁坏的程度估价征税；对于丢失或被窃的展览品，海关按照进口同类货物征收进口税。

2. 不可抗力

进出境展览品因不可抗力受损，无法原状复运出境、进境的，进出境展览品收发货人应当及时向主管海关报告，可以凭有关部门出具的证明材料办理复运出境、进境手续；因不可抗力灭失或失去使用价值的，经海关核实后可以视为该货物已经复运出境、进境。

视野拓展

展览用品是否可以全部免征税款？

海关总署令第 157 号第二十条规定：下列在境内展览会期间供消耗、散发的用品（以下简称展览用品），由海关根据展览会的性质、参展商的规模、观众人数等情况，对其数量和总值进行核定，在合理范围内的，按照有关规定免征进口关税和进口环节税：①在展览活动中的小件样品，包括原装进口的或者在展览期间用进口的散装原料制成的食品或者饮料的样品；②为展出的机器或者器件进行操作示范被消耗或者损坏的物料；③布置、装饰临时展台消耗的低值货物；④展览期间免费向观众散发的有关宣传品；⑤供展览会使用的档案、表格及其他文件。

前款第①项所列货物，应当符合以下条件：①由参展人免费提供并在展览期间专供免费分送给观众使用或者消费的；②单价较低，作广告样品用的；③不适用于商业用途，并且单位容量明显小于最小零售包装容量的；④食品及饮料的样品虽未按照本款第③项规定的包装分发，但确实在活动中消耗掉的。

海关总署令第 157 号第二十一条规定：展览用品中的酒精饮料、烟草制品及燃料不适用有关免税的规定。

五、集装箱箱体报关

集装箱箱体既是一种运输设备，又是一种货物。作为运输设备，属于暂准进出境货物，进口免税、免证；作为一种货物，进口需征税。海关监管目的是防止以运输设备为名，逃税进口留在境内。这里介绍的是指通常作为运输设备暂时进出境的情况。

境内生产的集装箱及我国营运人购买进口的集装箱在投入国际运输前，营运人应当向其所在地海关办理登记手续。海关准予登记符合规定的集装箱箱体，无论是否装载货物，海关准予暂时进境和异地出境，营运人或其代理人无须对箱体单独向海关办理报关手续，进出境时也不受规定的期限限制。

境外集装箱箱体暂准进境，无论是否装载货物，承运人或其代理人应当对箱体单独向海关申报，并应当于入境之日起 6 个月内复运出境。如因特殊情况不能按期复运出境的，营运人应向暂准进境地海关提出延期申请，经海关核准后可以延期，但不得超过 3 个月，逾期应向海关办理进口报关纳税手续。进境需担保方可放行；复出境，凭出口货物报关单退保证金。

技能训练

调研性实训：参观本地的会展活动，模拟展品的进出境报关流程，并绘制一张流程图。

案例分析

展品问题的处理

经批准某地举行国际商品博览会。展品及与展出活动有关的其他物品，使用境外集装箱装载进境，经宁波海关验放，由主办单位向展出地海关申报进口。展出期间，部分展品被境内单位购买。展出结束后，上述展览品，除复运出境及已被留购的以外，因修建、布置展台等进口的一次性廉价物品被展览品所有人放弃；部分展品被展览品所有人赠送给境内与其有经贸往来的单位。

问题：

1. 展出期间，被境内单位购买的部分产品需要缴纳进出口税费吗？

2. 海关应如何处理其他未复运出境的物品？

同步测试

一、单项选择题

1. （   ）不按照暂时进出口货物进行管理。

    A. 进出境修理货物

    B. 参加巴黎博览会的出境货物

    C. 来华参加国际科技展览会运进的展示货物

    D. 俄罗斯大马戏团来华表演运进的器材、服装、道具

2. 我国 ATA 单证册的签发机构是（   ）。

    A. 海关总署   B. 中国国际商会   C. 国务院   D. 当地海关

3. 暂准进出境货物应当自进境或者出境之日起（   ）内，复运出境或复运进境。

    A. 6 个月   B. 1 年内   C. 3 个月   D. 1 个月

4. 根据国际公约的规定，ATA 单证册的有效期最长是（   ）。

    A. 6 个月   B. 1 年内   C. 3 个月   D. 1 个月

5. 在我国，ATA 单证册项下货物暂时进出境期限为货物进出境之日起（   ），如果有特殊情况超过（   ）的，需经海关总署批准。

    A. 6 个月；6 个月   B. 1 年；1 年

    C. 6 个月；24 个月   D. 1 年；6 个月

二、多项选择题

1. （   ）不属于展览品的范围，应照章征税。

   A. 布置展台用的油漆、涂料

   B. 为展出的机器设备进行示范并在操作过程中被消耗的物料

   C. 展览会期间出售的小卖品

   D. 展览会期间使用的含酒精饮料、烟叶制品、燃料

2. （   ）等暂时出境货物，在出口报关时应向海关提交出口许可证件。

   A. 消耗臭氧层物质

   B. 易制毒化学品

   C. 监控化学品及其他《两用物项和技术进出口许可证管理目录》所列商品

   D. 其他《出口许可证管理货物目录》所列货物

3. 以下关于 ATA 单证册，说法正确的有（   ）。

   A. ATA 单证册必须使用英文或法文，如果需要，可以同时使用第三种文字印刷。

   B. 我国接受中文或英文的 ATA 单证册的申报，用英文填写的 ATA 单证册，海关可要求提供中文译本。

   C. 用其他文字填写的 ATA 单证册，必须随附忠实原文的中文或英文译本。

   D. 一般情况下，持 ATA 单证册向海关申报进出境展览品，需要向海关提交进出口许可证件，并提供担保

4. 下列暂准进出境货物应当按"暂时进出境货物"申报的有（   ）。

   A. 体育比赛用的比赛用品

   B. 安装设备时使用的工具

   C. 集装箱箱体

   D. 来华进行文艺演出而暂时运进的器材、道具、服装等

5. 下列关于海关对进出境货物监管期限的表述，正确的有（   ）。

   A. ATA 单证册项下的展览品自货物进境之日起 6 个月内应当复运出境，但经海关批准后可以延期，延长的期限最长不得超过 3 个月

   B. 境外集装箱箱体暂准进境，应当于进境之日起 6 个月内复运出境，但经海关批准后可以延期，延长的期限最长不得超过 3 个月

   C. 过境货物的过境期限为 6 个月，但经海关批准后可以延期，延长的期限最长不得超过 3 个月

   D. 出料加工货物自出境之日起 6 个月内应当复运进境，但经海关批准后可以延期，延长的期限最长不得超过 3 个月

三、判断题

1. 海关规定，对于非商业目的的暂准进出境货物在 6 个月内应原状复运出境或复运进境，经直属海关批准可以延期，延期最多不超过 3 次，每次延长期限不超过 6 个月，在此期间包括延长期间，可以凭担保暂时免纳进出口税。   （   ）

2. 海关规定，对非商业目的的以外的暂准进出境货物，自申报进出境之日起，按月征收进出口税。   （   ）

3. 使用 ATA 单证册办理报关手续的展览会、交易会、会议及类似项下的货物，可以凭此单证册报关，但应向海关另外提供担保。   （   ）

4. 国际公约规定 ATA 单证册的有效期最长是 1 年。我国规定使用 ATA 单证册报关的暂准进出境的期限是自进出境之日起 6 个月。经直属海关批准可以延期，延期最多不超过 3 次，每次延长期限不超过 6 个月。对参展 24 个月以上展览会的展览品需报海关总署审批。（　　）

5. 我国 ATA 单证册的出证单位是经海关核准的中国国际商会及其他商会。（　　）

6. 目前在我国，ATA 单证册的适用范围已由展览会、交易会、会议及类似活动项下的货物扩展到包含"专业设备"和"商业样品"。（　　）

7. 对于因毁坏而不能复运出境的进境展览品，海关根据毁坏程度估价征税；对于丢失或被窃的进境展览品，海关按照进口同类货物征收进口税。（　　）

8. 展览会期间出售的小卖品，属于一般进出口货物范围。（　　）

9. 暂准进出境货物在向海关申报进出境时，暂不缴纳进出口税费，收发货人也不必向海关提供担保。（　　）

10. 暂准进境或出境的集装箱箱体无论是否装载货物，承运人或其代理人应当就箱体单独向海关申报。（　　）

四、综合实务题

德国科博公司经批准应邀参加2018年广州某展览会。该公司用于展出的货物于2018年3月1日由我国境内展览会主办单位的代理人持ATA单证册向广州黄埔海关申报进口。在展览完毕后，该公司未按时将货物复运出境，而是擅自将货物卖给了境内的一家公司。

根据实例回答下列问题：

1. 按照海关现有的对于进境展览品的一般规定，该货物应该在（　　）办理结关手续。

A. 该展览会结束后立即　　　　　　　　B. 2018 年 6 月 1 日前

C. 2018 年 9 月 1 日前　　　　　　　　D. 2019 年 3 月 1 日前

2. 根据我国《海关法》的规定，暂准进境货物可以由收货人在提供担保后免税放行，以下可以作为海关接受的担保有（　　）。

A. 以人民币现金提供担保　　　　　　　B. 以非银行金融机构出具的保函提供担保

C. 以汇票提供担保　　　　　　　　　　D. 以股票提供担保

3. 对于擅自将货物内销而产生的税费和罚款问题，海关应该首先向（　　）追索。

A. 德国海关　　　　　　　　　　　　　B. 德国国际商会

C. 展览会主办方　　　　　　　　　　　D. 中国国际商会

4. 该批展览品在向展览会主管海关申报进境时应该提交（　　）等单据。

A. 进口货物报关单　　　　　　　　　　B. 暂时进境货物报关单

C. 纸质 ATA 单证册　　　　　　　　　　D. 提货单

5. 按照我国海关对暂准进出境货物的不同监管方式，暂准进出境货物可以细分为（　　）。

A. 使用 ATA 单证册的暂准进出境货物

B. 集装箱箱体

C. 不使用 ATA 单证册报关的进出境展览品

D. 其他暂准进出境货物

五、论述题

1. 试述 ATA 单证册的管理要点。

2. 试述进出境展览品结关应处理的事项。

第八章 其他进出境货物及其报关

孙子曰：声不过五，五声之变，不可胜听也；色不过五，五色之变，不可胜观也；味不过五，五味之变，不可胜尝也；战势不过奇正，奇正之变，不可胜穷也。——《孙子兵法·兵势 第五》

【知识目标】

（1）掌握过境、转运、通运货物以及转关运输货物的概念；（2）把握加工贸易不作价设备、出料加工货物、进出境修理货物及租赁货物的范围；（3）明晰无代价抵偿货物、退运和退关货物以及误卸、放弃货物的含义。

【技能目标】

（1）能够办理过境、转运、通运货物以及转关运输货物的申报；（2）能模拟加工贸易不作价设备、出料加工货物、进出境修理货物及租赁货物的报关流程；（3）能处理无代价抵偿货物、退运和退关货物以及误卸、放弃货物的通关。

【内容架构】

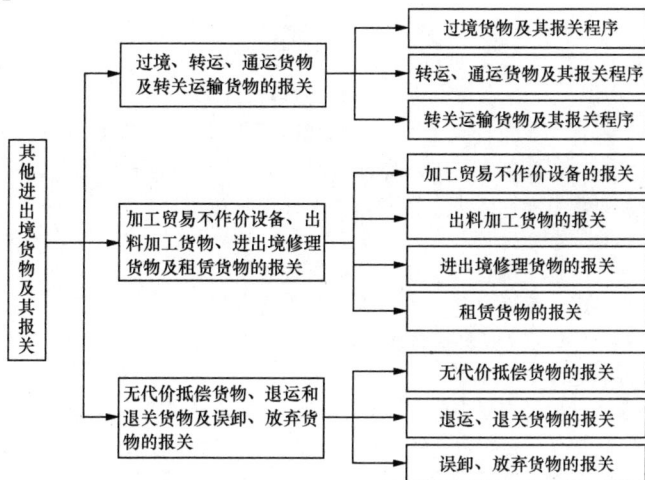

案例导入

秦皇岛海关助力"一带一路"过境货物快速通关

据中国海关网2019年4月23日讯（记者 李鹏）4月20日，绵绵小雨中，在秦皇岛港新港湾集装箱码头有限公司24号泊位，秦皇岛海关的两名关员在仔细核对一批刚从"新郁金香"轮上吊装下来的"一带一路"过境货物。

据了解，这批货物为一套发电机组，共两件，经"新郁金香"轮运抵秦皇岛口岸入境后，将通过汽车运输至霍尔果斯口岸，再出境到乌兹别克斯坦。由于货物尺寸较大，无法用集装箱装运施封，到秦皇岛港后需直接装运到拖车上，由海关关员现场核实货物品名、重量等信息后予以放行。

为了保证货物及时运往乌兹别克斯坦，秦皇岛海关主动作为，第一时间与出境地海关联系沟通，在监管到位的前提下，优化整合监管流程，减少货物滞港时间，降低企业运营成本，有效提升通关效率。

2013年秦皇岛港获海关总署批准成为河北首个开展过境业务的口岸以来，秦皇岛海关积极融入"一带一路"建设，坚持为过境贸易提供政策支持和高效监管服务。2019年一季度，共监管过境集装箱1 589标箱，货重2.07万吨，货值1 639.08万美元，同比分别增长52%、21.3%和32%。

第一节　过境、转运、通运货物及转关运输货物的报关管理

一、过境货物及其报关程序

微视频
UPS 上海国际转运中心

过境货物是指从境外启运，在中国境内不论是否换装运输工具，通过陆路运输继续运往境外的货物。

国际贸易中，由于各国地理条件的差异，采用过境运输可以缩短运输距离，节省运输费用。如东亚、东欧之间的贸易往来就经常取道中国境内过境运输。横贯中国东西的亚欧大陆桥也成为亚欧各国之间货物运输的重要通道。

视野拓展

新亚欧大陆桥

新亚欧大陆桥又称第二亚欧大陆桥，它东起我国连云港、日照等东方桥头堡群，经陇海、兰新线由阿拉山口出境，在中亚分三路通往欧洲：北路由哈萨克斯坦向北接莫斯科再向西至鹿特丹；中路由土库曼斯坦向西跨里海和黑海；南路由土库曼斯坦向西经伊朗、土耳其、过土耳其海峡西出欧洲，接东方快车干线的另一支。这支东方快车干线起于伦敦，经巴黎、斯特拉斯堡、慕尼黑、维也纳、布达佩斯、贝尔格莱德、索菲亚，至伊斯坦布尔，过土耳其海峡，由伊斯坦布尔对岸的于斯屈达尔往东进入伊朗，或进入伊拉克，止于巴士拉。利用东方快车干线除可连接汉堡、阿姆斯特丹、鹿特丹、安特卫普、敦刻尔克等西方桥头堡群外，还可北上波罗的海沿岸，连赫尔辛基、斯德哥尔摩等海港；南达地中海沿岸连马赛、热那亚、威尼斯等海港。

新亚欧大陆桥连接着中国、东亚、中亚、西亚、中东、俄罗斯、东欧、中欧、南欧、西欧等40余国，占世界国家数22%；面积为3 970万平方公里，占世界陆域面积26.6%；居住人口22亿，占世界人口36%，是一条对亚欧大陆经贸活动发挥巨大作用的现代"丝绸之路"。

新亚欧大陆桥在中国境内全长4 131千米，贯穿中国东、中、西部的江苏、山东、安徽、河南、山西、陕西、甘肃、宁夏、青海、新疆10个省（区），还影响到湖北、四川、内蒙古等地区。以上地区人口约4亿，占全国人口的30%；区域面积360万平方公里，占全国总面积的37%，在我国的社会经济发展中处于十分重要的位置。

（一）过境货物的范围及海关的监管要求

准予过境的货物主要包括以下几类：与中国签有过境货物协定国家或地区的过境货物；同中国签有铁路联运协定的国家或地区收、发货的过境货物；未与中国签有过境货物协定但经国家经贸、运输主管部门批准，并向入境地海关备案后准予过境的货物。

禁止过境的货物主要包括以下几类：来自或运往中国停止或禁止贸易的国家和地区的货物；各种武器、弹药、爆炸品及军需品（通过军事途径运输的除外）；各种烈性毒药、麻醉品和鸦片、吗啡、海洛因、可卡因等毒品；中国法律、法规禁止过境的其他货物、物品。

海关对过境货物的监管要求有以下几点：

（1）过境货物自入境起至出境止，属于海关监管货物，未经海关许可，不得开拆、提取、交付、发运、调换、改装、转让、更换标记或是移作他用。

（2）海关认为必要时，可对过境货物进行查验。海关查验时，经营人或承运人应当到场，并按海关要求负责搬移、开拆和重封货物包装。

（3）过境货物应自入境之日起 6 个月内运输出境。因特殊情况可向海关申请延期，但延长期限不得超过 3 个月。过境货物超过规定期限 3 个月仍未过境，海关将按规定提取变卖，所得款项按规定处理。

（4）过境货物在境内发生短少或灭失，除不可抗力原因外，经营人应负责向出境地海关补办有关货物进口手续，并补缴有关税款。

（5）过境货物入境后，因换装运输工具等原因需卸地储存时，应经海关批准，并在海关监管下存入海关同意的仓库或场所。

（6）过境货物在进境后、出境前，应该按照运输主管部门规定的路线运输；运输部门没有做出规定的，运输路线则由海关指定。

（7）海关需要派员押运过境货物时，经营人（或承运人）应该免费提供交通运输工具和执行监管任务的便利。

（二）过境货物的报关程序

海关对过境货物进行监管，是为了防止过境货物在我国境内运输过程中滞留在国内，或将我国货物混入过境货物随运出境，防止禁止过境货物从我国过境。因此，海关要求过境货物经营人必须办理相应的过境货物通关手续。

1. 过境货物进境手续

过境货物进境时，过境货物经营人应当向进境地海关如实申报，并递交过境货物报关单、过境货物运输单据（含提运单、装载清单、载货清单）、海关需要的其他单证（含发票、装箱清单），办理进境手续。

过境货物进境地海关审核无误后，海关在运单上加盖"海关监管货物"戳记，并将过境货物报关单和过境货物清单制作关封后加盖"海关监管货物"专用章，连同上述运单一并交经营人。

经营人或承运人应当负责将进境地海关签发的关封，完整、及时地带交出境地海关验核。

2. 过境货物复出境手续

过境货物出境时，经营人应当向出境地海关申报，并递交进境地海关签发的关封和海关需要的其他单证，经出境地海关审核有关单证、关封和货物无误后，由海关在运单上加盖放行章，在海关监管下出境。

东部省份企业及国际货运班列都将阿拉山口口岸作为通往中亚市场的黄金通道。口岸过货量平均每年以 25%的速度递增。除了阿拉山口口岸大陆桥具备距离短、运费低的优势之外，另一个重要原因是得益于口岸通关效率的提高。尤其是 2001 年以来，阿拉山口海关一方面自挖潜力，积极依托跨关区快速通关系统，实行了 24 小时通关作业，对大陆桥集装箱班列随到随验。另一方面主动加强与沿陇海线各海关的协作配合，指定专人负责转换、过境业务，规范转关、过境货物的核查核销工作，有效实现了严密监管与通关快捷的有机统一。

据悉，该口岸转关货物主要为钢材、氧化铝、铜精矿及绿茶、家用电器、电气设备、电脑组件等。过境货物则主要是由韩国、印度、日本运往哈萨克斯坦、乌兹别克斯坦、吉尔吉斯斯坦的汽车配件、家用电器、红茶、香烟等和由哈萨克斯坦运往韩国、日本等地的铬铁合金、粗铜、钛棉等。

十多年后，阿拉山口过境货物类别已有了明显的不同，可参考 2018 年 3 月 30 日《人民铁道报》报道（唐克军 栾丹丹 乔谦）。

二、转运、通运货物及其报关程序

（一）转运货物及其报关程序

转运货物是指由境外启运，通过我国境内设立海关的地点换装运输工具，而不通过境内陆路运输，继续运往境外的货物。其主要是在我国境内转机、转船的国际运输。

进境运输工具载运的货物必须具备下列条件之一，方可办理转运手续。

（1）持有转运或联运提货单的。

（2）进口载货清单上注明是转运货物的。

（3）持有普通提货单，但在卸货前向海关声明转运的。

（4）误卸下的进口货物，经运输工具经营人提供确实证明的。

（5）因特殊原因申请转运，获海关批准的。

海关对转运货物的监管要求如下：转运货物在口岸存放期间不得开拆、改换包装或进行加工。海关对转运货物有权检查，但如果没有发现违法或可疑情况，将只作外形查验；转运货物应在进境后 3 个月内办理海关手续转运出境；过期仍未转运出境或办理其他海关手续的，海关将按规定提取变卖；转运货物不能立即转运出境需卸地存放的，应向海关申请，经海关核准后存入海关同意的仓库或场所。

海关对转运货物实施监管，主要是防止货物在口岸换装过程中混卸进口或混装出口。为此，转运货物承运人的责任就是确保其继续运往境外。

装有转运货物的运输工具进境后，承运人应填写"境外货物转运审批单"向海关申报，并提供列明转运货物的名称、数量、启运地和指运地等内容的"进口载货清单"。经海关核准后，转运货物在海关监管下换装运输工具，并在规定时间内（3 个月）运送出境。

（二）通运货物及其报关程序

通运货物是指以船舶或航空器装载，由境外启运，经我国设立海关地点，不换装运输工具继续运往其他国家或地区的货物。

由于国际货物运输的原因，运输工具需中途靠港或降落，其装载的未到达目的国（或地区）的货物并不卸下，在运输工具完成靠、降作业后出境继续运输，海关对此类货物管理，主要是防止通运货物与其他货物的混卸、误卸，并监管其继续运往境外。

海关对通运货物的监管要求：通运货物自进境起至出境止，属于海关监管货物，未经海关许可不得从运输工具卸下；运输工具因装卸其他货物需要搬运或倒装卸下通运货物时，应向海关申请，在海关监管下进行，并如数装回原运输工具。

运输工具进境时，运输工具负责人应凭注明通运货物名称和数量的"国际航行船舶进口报告书"或"国际民航飞机进口载货舱单"向进境地海关申报。海关在运输工具抵、离时对申报的货物予以核查，并监管货物实际离境。

过境货物、转运货物、通运货物的区别见表8.1。

表8.1　过境货物、转运货物、通运货物的区别

	运输形式	是否在我国境内换装运输工具
过境货物	通过我国境内陆路运输	可能换装，也可能不换装运输工具
转运货物	不通过我国境内陆路运输	换装运输工具
通运货物	由原装载航空器、船舶运载进出境	不换装运输工具

三、转关运输货物及其报关程序

转关运输是指进出口货物在海关监管下，从一个海关运至另一个海关办理某项海关手续的行为。转关运输包括：货物由进境地入境，向海关申请转关，运往另一个设关地点进口报关；货物在启运地出口报关运往出境地，由出境地海关监管出境；海关监管货物从境内一个设关地点运往境内另一个设关地点报关。

（一）转关运输货物概述

1. 转关运输货物的类型

转关运输货物属海关监管货物，有以下三种类型。

（1）进口转关货物。它是指由进境地入境后，向海关申请转关，运往另一设关地点办理海关手续的货物。例如，杭州某公司从日本进口一批货物，运送船舶抵达宁波港口后，杭州某公司在宁波北仑港办结海关手续，也可以经宁波、杭州海关同意，在海关监管下将货物运到杭州，在杭州办结海关手续。

（2）出口转关货物。它是指在启运地已办理出口海关手续，运往出境地，由出境地海关监管放行的货物。

（3）境内转关货物。它是指从境内一个设关地点运往境内另一个设关地点并由该地海关监管放行的货物。例如，有些暂时进口货物或进境展览品在某一设关地展示后，需要运到另一设关地继续展出，这时经两地海关同意后，即可将其运到另一设关地，并在最终展览地海关办理退运出境或结关手续。

2. 转关运输的条件

为加强对转关运输货物的监管，海关对转关运输的条件进行了严格的规定，具体有以下几个方面：

（1）指运地和启运地必须设有海关。

（2）指运地和启运地应当设有经海关批准的监管场所。

（3）承运转关运输货物的企业，须是在海关注册登记的运输企业。

（4）承运转关的运输工具和装备，具备密封装置和加封条件（超高、超长及无法封入运输装置的除外）。

3. 不得申请转关运输的货物

以下几类物品不得申请转关运输。

（1）废物类。如动物废料、冶炼渣、木制品废料、纺织品废物、贱金属及其制品的废料、各类废旧五金、电机电器产品、废运输设备、特殊需进口的废物、废塑料和碎料及下脚料。

（2）可作为化学武器的化学品、化学武器关键前体、化学武器原料、易制毒化学品、消耗臭氧层物质、氯化钠。

（3）汽车类，包括成套的散件和二类底盘。

4. 转关运输的方式

转关运输有提前报关转关、直转转关和中转转关三种方式。

（1）提前报关转关。提前报关转关方式是指进口货物在指运地先申报，再到进境地办理进口转关手续；出口货物在货物未运抵启运地监管场所前先申报，货物运抵监管场所后再办理出口转关手续的方式。

（2）直转转关。进口直转转关是指在进境地海关办理转关手续，货物运抵指运地再在指运地海关办理报关手续的进境货物的进口转关运输方式。出口直转转关是指在货物运抵启运地海关监管作业场所报关后，在启运地海关办理出口转关手续的出境货物的出口转关运输方式。

（3）中转转关。中转转关方式是指在收发货人或其代理人向指运地或启运地海关办理进出口报关手续后，由境内承运人或其代理人统一向进境地或启运地海关办理进口或出口转关手续的转关运输方式。

视野拓展

转关运输业务更加规范

根据海关总署公告 2017 年第 48 号《关于规范转关运输业务的公告》精神，海关总署决定进一步规范转关运输业务。

1. 多式联运货物，以及具有全程提（运）单需要在境内换装运输工具的进出口货物，其收发货人可以向海关申请办理多式联运手续，有关手续按照联程转关模式办理。

2. 进口固体废物满足以下条件的，经海关批准后，其收发货人方可申请办理转关手续，开展转关运输：

（1）按照水水联运模式进境的废纸、废金属。

（2）货物进境地为指定进口固体废物口岸。

（3）转关运输指运地已安装大型集装箱检查设备。

（4）进口废金属的联运指运地为经国家环保部门批准设立、通过国家环保等部门验收合格、已实现海关驻点监管的进口固体废物"圈区管理"园区。

（5）联运至进口固体废物"圈区管理"园区的进口废金属仅限园区内企业加工使用。

3. 易受温度、静电、粉尘等自然因素影响或者因其他特殊原因，不宜在口岸海关监管区实施查验的进出口货物，满足以下条件的，经主管地海关（进口为指运地海关，出口为启运地海关）批准后，其收发货人方可按照提前报关方式办理转关手续。

（1）收发货人为高级认证企业。

（2）转关运输企业最近一年内没有因走私违法行为被海关处罚。

（3）转关启运地或指运地与货物实际进出境地，不在同一直属关区内。

（4）货物实际进境地已安装非侵入式查验设备。

进口转关货物应当直接运输至收货人所在地，出口转关货物应当直接在发货人所在地启运。

4. 市场采购方式出口货物、跨境电子商务零售进出口商品、免税品以及外交、常驻机构和人员公自用物品，其收发货人可按照现行相关规定向海关申请办理转关手续，开展转关运输。

5. 除上述情况外，海关不接受转关申报。

（二）进口货物转关的报关程序

1. 提前报关的转关

进口货物的收货人或其代理人在进境地海关办理进口货物转关手续前，向指运地海关录入进口货物报关单电子数据，指运地海关提前受理电子申报，生成进口转关货物申报单，向进境地海关传输有关数据。提前报关的转关货物收货人或其代理人应向进境地海关提供进口转关货物申报单编号，并提交下列单证办理转关运输手续：进口转关货物核放单或进境汽车载货清单、汽车载货登记簿或船舶监管簿以及提货单。

提前报关的进口转关货物应在电子数据申报之日起 5 日内，向进境地海关办理转关手续。超过期限仍未到进境地海关办理转关手续的，将被指运地海关撤销提前报关的电子数据。

提前报关的进口转关货物，进境地海关因故无法调阅进口转关数据时，可以按直转方式办理转关手续。

2. 直转方式的转关

货物的收货人或其代理人在进境地录入转关申报数据，持下列单证直接办理转关手续：进口转关货物申报单（广东省内公路运输的，提交"进境汽车载货清单"）和汽车载货登记簿或船舶登记簿。

直转的转关货物收货人或其代理人，应当在运输工具申报进境之日起 14 天内向进境地海关申报，办理转关运输手续。逾期办理的缴纳滞报金。

直转的转关货物应当在海关限定的时间内运抵指运地。货物运抵指运地之日起 14 天内，进口货物的收货人或其代理人向指运地海关申报。逾期申报的缴纳滞报金。

3. 中转方式的转关

中转方式的进口转关一般采用提前报关转关。具有全程提运单、需要换装境内运输工具的中转转关货物的收货人或其代理人向指运地海关办理进口报关手续后，由境内承运人或其代理人向进境地海关提交进口转关货物申报单、进口货物中转通知书、按指运地目的港分列的纸质舱单（空运方式提交"联程运单"）等单证办理货物转关手续。

（三）出口货物转关的报关程序

出口货物转关一般要按照以下程序报关。

1. 提前报关的转关

由货物的发货人或其代理人在货物未抵运启运地海关监管作业场所前，先向启运地海关录入"出口货物报关单"电子数据，由启运地海关提前受理电子申报，生成"出口转关货物申报单"数据，传输至出境地海关。

货物应于电子数据申报之日起 5 日内，运抵启运地海关监管作业场所，并持下列单证向启运地海关办理出口转关手续：出口货物报关单、汽车载货登记簿或船舶监管簿（广东省内公路运输的提交"出境汽车载货清单"）。

超过期限的，将被启运地海关撤销提前报关的电子数据。货物到达出境地后，发货人或其代理人应持下列单证向出境地海关办理转关货物出境手续：启运地海关签发的出口货物报关单、出口转关货物申报单、出境汽车载货清单以及汽车载货登记簿或船舶监管簿。

2. 直转方式的转关

由发货人或其代理人在货物运抵启运地海关监管作业场所后，向启运地海关录入出口货物报关单电子数据，启运地海关受理电子申报，生成"出口转关货物申报单"数据，传输至出境地海关。

发货人或其代理人应持出口货物报关单、汽车载货登记簿或船舶监管簿（广东省内公路运输提供的"出境汽车载货清单"）等单证在启运地海关办理出口转关手续。

直转的出口转关货物到达出境地后，发货人或其代理人应持启运地海关签发的出口货物报关单、出口转关货物申报单或出境汽车载货清单、汽车载货登记簿或船舶监管簿等单证向出境地海关办理转关货物的出境手续。

3. 中转方式的转关

具有全程提运单、需要换装境内运输工具的出口中转转关货物，货物的发货人或其代理人向启运地海关办理出口报关手续后，由承运人或其代理人向启运地海关录入并提交出口转关货物申报单、按出境运输工具分列的电子或纸质舱单、汽车载货登记簿或船舶监管簿等单证向启运地海关办理货物出口转关手续。

经启运地海关核准后，签发出口货物中转通知书，承运人或其代理人凭以办理中转货物的出境手续。

（四）转关运输货物监管和报关要点

1. 直转方式转关的期限

直转方式转关的进口货物应当自运输工具申报进境之日起14天内，向进境地海关办理转关手续，在海关限定期限内运抵指运地之日起14天内，向指运地海关办理报关手续。逾期按规定征收滞报金。在进境地办理转关手续逾期的，以自载运进口货物的运输工具申报进境之日起第15日为征收滞报金的起始日；在指运地申报逾期的，以自货物运抵指运地之日起第15日为征收滞报金的起始日。

小思考

宁波 A 公司向香港 B 公司出口叉车，经海关批准，该批货物运抵宁波海关监管现场前，先向该海关录入出口货物报关单电子数据。货物运至海关监管现场后，办理有关手续转关至上海吴淞口岸装运出境。该批出口货物的转关运输采用的是哪一种转关方式报关？

2. 提前报关方式转关的期限

进口转关货物应在电子数据申报之日起5日内，向进境地海关办理转关手续，超过期限仍未到进境地海关办理转关手续的，指运地海关撤销提前报关的电子数据；出口转关货物应于电子数据申报之日起5日内，运抵启运地海关监管作业场所，办理转关和验放等手续。超过期限的，启运地海关撤销提前报关的电子数据。

3. 转关运输申报单证的法律效力

转关货物申报的电子数据与书面单证具有同等的法律效力，对确实因为填报或传输错误的数据，有正当的理由并经海关同意，可作适当地修改或者撤销。对海关已决定查验的转关货物，则不再允许修改或撤销申报内容。

第二节　加工贸易不作价设备、出料加工货物、进出境修理货物及租赁货物的报关管理

一、加工贸易不作价设备及其报关管理

（一）概述

加工贸易不作价设备是指与加工贸易经营企业开展加工贸易（包括来料加工、进料加工

及外商投资企业履行产品出口合同）的境外厂商免费（不需境内加工贸易经营企业付汇，也不需用加工费或差价偿还）向经营单位提供的加工生产所需设备。

加工贸易不作价设备既包括来料加工项下进口的不作价设备，也包括进料加工项下进口的不作价设备。

1. 范围

加工贸易境外厂商免费提供的不作价设备，如果属于国家禁止进口商品和《外商投资项目不予免税的进口商品目录》所列商品，海关不能受理加工贸易不作价设备申请。除此以外的其他商品，加工贸易企业可以向海关提出加工贸易不作价设备免税进口的申请。

2. 特征

加工贸易不作价设备有以下特征。

（1）加工贸易不作价设备进境后也是用于加工贸易生产，但使用时一般不改变形态，国家政策不强调复运出境。

（2）加工贸易不作价设备在海关管理上按保税货物进行监管。

（3）加工贸易不作价设备与加工贸易货物、特定减免税货物一样，在进口放行后需要继续监管。

（二）报关程序

加工贸易不作价设备的报关程序包括备案、进口、核销三个阶段。

1. 备案

加工贸易经营企业凭商务主管部门批准的加工贸易合同（协议）、批准件及"加工贸易不作价设备申请备案清单"到加工贸易合同备案地主管海关办理合同备案申请手续。

主管海关根据加工贸易合同（协议）、批准件、加工贸易不作价设备申请备案清单及其他有关单证，对照《外商投资项目不予免税的进口商品目录》，审核准予备案后，核发登记手册。

海关核发的《加工贸易登记手册》有效期一般为1年。1年到期前，加工贸易经营企业向海关提出延期申请，延长期一般为1年，可以申请延长4次。

2. 进口

企业凭《加工贸易登记手册》向口岸海关办理进口报关手续，口岸海关凭手册验放。

加工贸易不作价设备，除国家另有规定的外，进境时免进口关税，不免进口环节增值税，如有涉及进口许可证管理的，可免交进口许可证件。

对临时进口（期限在6个月以内）加工贸易生产所需不作价模具、单台设备，按暂准进境货物办理进口手续。

3. 核销

从进口之日起到解除监管止，加工贸易不作价设备属于海关监管货物，企业应按海关的规定保管、使用。

加工贸易不作价设备的海关监管期限是根据特定减免税货物的海关监管期限来规定的。加工贸易不作价设备的海关监管期限一般是5年。

申请解除海关监管有以下两种情况。

（1）监管期内。监管期限未满，企业可以通过结转、转让、留用、修理替换、退运5种方式向海关申请提前解除监管。

（2）监管期满。加工贸易不作价设备5年监管期满，如果不退运出境，可以留用，也可以向海关申请放弃。

留用监管期满的不作价设备，要求留在境内继续使用的，企业可以向海关申请解除监管，也可以自动解除海关监管。放弃监管期满既不退运也不留用的加工贸易不作价设备，可以向海关申请放弃。放弃货物要填制进口货物报关单。

二、出料加工货物及其报关管理

出料加工货物是指我国境内企业运到境外进行技术加工后复运进境的货物。

出料加工的目的是借助境外先进的加工技术提高产品的质量和档次，因此只有在国内现有的技术手段无法或难以达到产品质量要求而必须运到境外进行某项工序加工的情况下，才可开展出料加工业务。

出料加工原则上不能改变原出口货物的物理形态。对完全改变原出口货物物理形态的出境加工，属于一般出口。

出料加工报关程序为：备案→进出境申报→核销。

（一）备案

开展出料加工的经营企业应当到主管海关办理出料加工合同的备案申请手续。海关根据出料加工的有关规定审核决定是否受理备案，受理备案的应当核发"出料加工登记手册"。

出料加工货物自运出境之日起 6 个月内应当复运进境；因正当理由不能在海关规定期限内将出料加工货物复运进境的，应当在到期之前书面向海关说明情况，申请延期。经海关批准可以延期，延长的期限最长不得超过 3 个月。

（二）进出境申报

1. 出境申报

出料加工货物出境，发货人或其代理人应当向海关提交《加工贸易登记手册》、出口货物报关单、货运单据及其他海关需要的单证申报出口，属许可证管理的商品，免交许可证件；属应征出口税的，应提供担保。

2. 进境申报

出料加工货物复运进口，收货人或其代理人应当向海关提交《加工贸易登记手册》、进口货物报关单、货运单据及其他海关需要的单证申报进口，海关对出料加工复进口货物以境外加工费、材料费、复运进境的运输及相关费用和保险审查确定完税价格征收进口税。

（三）核销

出料加工货物全部复运进境后，经营人应当向海关报核，海关进行核销，提供担保的，应当退还保证金或者撤销担保。

出料加工货物未按海关允许期限复运进境的，海关按照一般进出口货物办理，将货物出境时收取的税款担保金转为税款，货物进境时按一般进口货物征收进口关税和进口代征税。

三、进出境修理货物及其报关管理

进境修理货物是指运进境进行维护修理后复运出境的机械器具、运输工具或者其他货物，以及为维修这些货物需要进口的原材料、零部件。出境修理货物是指运出境进行维护修理后复运进境的机械器具、运输工具或者其他货物，以及为维修这些货物需要出口的原材料、零部件。

进境修理包括原出口货物运进境修理和其他货物运进境修理。出境修理包括原进口货物运出境修理和其他货物运出境修理。

1. 进出境修理货物的海关监管特征

进出境修理货物的海关监管特征有以下三点。

（1）进境维修货物免予缴纳进口关税和进口环节海关代征税，但要向海关提供担保，并接受海关后续监管。对于一些进境维修的货物，也可以申请按照保税货物办理进境手续。

（2）出境修理货物进境时，在保修期内并由境外免费维修的，可以免征进口关税和进口环节海关代征税；在保修期外的或者在保修期内境外维修收取费用的，应当按照境外修理费和材料费审定完税价格计征进口关税和进口环节海关代征税。

（3）进出境修理货物免予交验许可证件。

2. 进境修理货物的报关程序

进境修理货物进境后，收货人或其代理人持维修合同或者含有保修条款的原出口合同及申报进口需要的所有单证办理货物进口申报手续，并提供进口税款担保。

货物进口后在境内维修的期限为进口之日起 6 个月，可以申请延长，延长的期限最长不超过 6 个月。在境内维修期间受海关监管。

修理货物复出境申报，应当提供原修理货物进境申报时的报关单（留存联或复印件）。

修理货物复出境后应当申请销案。正常销案的，海关应当退还保证金或撤销担保；未复出境部分货物应当办理进口申报纳税手续。

3. 出境修理货物的报关程序

发货人在货物出境时，向海关提交维修合同或含有保修条款的原进口合同及申报出口需要的所有单证，办理出境申报手续。

货物出境后，在境外维修的期限为出境之日起 6 个月，可以申请延长，延长的期限最长不超过 6 个月。

货物复运进境时应当向海关申报在境外实际支付的修理费和材料费，由海关审查确定完税价格，计征进口关税和进口环节代征税。

四、租赁货物及其报关管理

租赁是指所有权和使用权之间的一种借贷关系，即资产所有者（出租人）按契约规定，将租赁货物租给使用人（承租人）使用，使用人在规定期限内支付租金并享有对租赁物件使用权的一种经济行为。

国际租赁有金融租赁和经营租赁两种形式。金融租赁带有融资性质。采用这种租赁方式进境的货物，一般是不复运出境的。租赁期满，出租人会以很低的名义价格转让给承租人。租金是分期支付的，租金的总额一般都大于货价。经营租赁带有服务性质。进口的货物一般都是暂时性的，按合同规定的期限复运出境，租金的总额一般都小于货价。

（一）金融租赁进口货物的报关程序

1. 按货物的完税价格缴纳税款

海关审查确定货物的完税价格计算税款数额，纳税人缴纳进口税费后予以放行。海关现场放行后，不再对货物进行监管。

2. 按租金分期缴纳税款

收货人或其代理人在租赁货物进口时应当向海关提供租赁合同，按照第一期应当支付的租金和货物实际价格分别填制报关单向海关申报。

海关审查确定第一期租金的完税价格计算税款数额，征收有关的税费。

对于按租金分期缴纳税款的货物，海关放行后，还需要对货物进行监管。纳税义务人在每次支付租金后 15 日（含第 15 日）按支付租金金额向海关申报。

需后续监管的，在租赁期届满之日起 30 日内，向海关办结海关手续。

（二）经营租赁进口货物的报关程序

经营租赁租金小于货价，所以纳税义务人只会选择按租金缴纳税款。按海关审查确定的第一期租金或租金总额的完税价格计算税款数额。海关放行后，还需要对货物进行监管。纳税义务人在每次支付租金后 15 日内向海关申报。在租赁期届满之日起 30 日内，向海关办结海关手续。

第三节　无代价抵偿货物、退运和退关货物及误卸、放弃货物的报关管理

一、无代价抵偿货物及其报关管理

无代价抵偿货物又称索赔进口货物，是指进出口货物在海关征税或免税放行后，发现货物残损、短少、品质不良或者规格不符，而由进出口货物发货人、承运人或保险公司免费补偿或更换与原货物相同或者与合同规定相同的货物。

（一）特征

无代价抵偿货物海关监管的基本特征如下。

（1）进出口无代价抵偿货物免予交验进出口许可证件。

（2）进口无代价抵偿货物，不征收进口关税和进口环节海关代征税；出口无代价抵偿货物，不征收出口关税。但是进出口与原货物或合同规定不完全相符的无代价抵偿货物，应当按规定计算与原进出口货物的税款差额。高出原征收税款数额的应当征收超出部分的税款；低于原征收税款数额的，原进出口货物的发货人、承运人或者保险公司同时补偿货款的，应当退还补偿货款部分的税款，未补偿货款的，不予退还。

（3）现场放行后，海关不再进行监管。

（二）报关程序

1. 申报程序

（1）原进口货物退运出境、原出口货物退运进境的报关。原进口货物的收货人（或代理人）应当办理被更换的原进口货物中残损、品质不良或者规格不符货物退运出境的报关手续，对被更换的原进口货物退运出境不征收出口关税。原出口货物的发货人（或代理人）应当办理被更换的原出口货物中残损、品质不良或者规格不符货物退运进境的报关手续，对被更换的原出口货物退运进境不征收进口关税。

（2）原进口货物不退运出境、放弃交由海关处理。原进口货物收货人（或代理人）对被更换的原进口货物中残损、品质不良或者规格不符货物不退运出境，而是同意放弃并交给海关处理的，海关应当依法处理，并且向收货人提供依据，用以申报进口无代价抵偿货物。

（3）原进口货物不退运出境也不放弃，原出口货物不退运进境。原进口货物收货人（或代理人）对被更换的原进口货物中残损、品质不良或者规格不符货物不退运出境也不放弃交

由海关处理的，原进口货物的收货人（或代理人）应当按照海关接受无代价抵偿货物申报进口之日适用的有关规定申报进口，按照海关对原进口货物重新确定的价格计算的税额缴纳进口关税和进口环节海关代征税，属于许可证管理的商品应该提交相应的许可证件。

原出口货物发货人（或代理人）对被更换的原出口货物中残损、品质不良或者规格不符货物不退运进境的，原出口货物的发货人（或代理人）应当按照海关接受无代价抵偿货物申报出口之日适用的有关规定申报出口，按照海关对原出口货物重新确定的价格计算的税额缴纳出口关税。属于许可证管理的商品应该提交相应的许可证件。

2. 申报单证

申报无代价抵偿货物进出口时，应该提供有效单证。

进口申报需要提交的单证如下。

（1）原进口货物报关单。

（2）原进口货物退运出境的出口货物报关单，或原进口货物交由海关处理的货物放弃处理证明，或已经办理纳税手续的单证（短少抵偿的除外）。

（3）原进口货物税款缴纳书或者进口货物征免税证明。

（4）买卖双方签订的索赔协议。

（5）海关要求纳税义务人应当提交具有资质的商品检验机构出具的原进口货物残损、短少、品质不良或者规格不符的检验证明书，或者其他有关证明。

出口申报需要提交的单证如下。

（1）原出口货物报关单。

（2）原出口货物退运进境的进口货物报关单，或已经办理纳税手续的单证（短少抵偿的除外）。

（3）原出口货物税款缴纳书。

（4）买卖双方签订的索赔协议。

（5）海关要求纳税义务人应当提交具有资质的、商品检验机构出具的原出口货物残损、短少、品质不良或者规格不符的检验证明书，或者其他有关证明。

3. 申报期限

向海关申报进出口无代价抵偿货物应当在原进出口合同规定的索赔期内，且不超过原货物进出口之日起 3 年。

二、退运货物及其报关管理

退运进出口货物是指原出口或进口货物因各种原因造成退运进口或者退运出口。退运货物包括一般退运货物和直接退运货物。

（一）一般退运货物

一般退运货物是指已办理进出口申报手续且海关已放行的退运货物。

视野拓展

广东湛江销毁 6 000 余件遭韩国退运的电饭锅产品

据中新网湛江 2016 年 4 月 27 日电（梁盛 陈国政）广东湛江检验检疫局 27 日晚向媒体通报称，当地 6 000 余件出口至韩国、因质量不合格遭退运的电饭锅蒸层被全部销毁。

2016年年初，该批电饭锅蒸层随同整锅出口至韩国，在经过韩国当地执法部门抽样检测后，发现蒸层的蒸发残渣含量高于标准限值，因此遭到韩国海关退运。随后，湛江检验检疫工作人员对该批蒸层抽样复查，检测结果显示蒸发残渣含量高于标准规定的限值，与韩方检测结果一致。

1. 一般退运进口货物的报关程序

原出口货物退运进境时，若该批出口货物已收汇、已核销，原发货人或其代理人应填写进口货物报关单向进境地海关申报，并提供原货物出口时的出口货物报关单，现场海关应凭加盖有已核销专用章的"外汇核销单出口退税专用联"（正本），或税务部门出具的"出口商品退税已补税证明"，保险公司证明或承运人溢装、漏卸的证明等有关资料办理退运进口手续，同时签发一份"进口货物报关单"。

原出口货物退运进口时，若出口未收汇，原发货人或其代理人在办理退运手续时，提交原出口货物报关单、外汇核销单、报关单退税联向进口地海关申报退运进口，应同时填制一份进口货物报关单；若出口货物部分退运进口，海关在原出口货物报关单上应批注退运的实际数量、金额后退回企业并留存复印件，海关核实无误后，验放有关货物进境。

因品质或者规格原因，出口货物自出口之日起1年内原状退货复运进境的，经海关核实后不予征收进口税；原出口时已经征收出口关税的，只要重新缴纳因出口而退还的国内环节税的，自缴纳出口税款之日起1年内准予退还。

2. 一般退运出口货物的报关程序

因故退运出口的进口货物，原收货人或其代理人应填写出口货物报关单申报出境，并提供原货物进口时的进口货物报关单、保险公司证明或承运人溢装、漏卸的证明等有关资料，经海关核实无误后，验放有关货物出境。

因品质或者规格原因，进口货物自进口之日起1年内原状退货复运出境的，经海关核实后可以免征出口税。已征收的进口税，自缴纳进口税款之日起1年内准予退还。

（二）直接退运货物

直接退运货物是指在进境后、办结海关放行手续前，进口货物收发货人、原运输工具负责人或者其代理人（以下统称当事人）申请直接退运境外，或者海关根据国家有关规定责令直接退运境外的全部或者部分货物。进口转关货物在进境地海关放行后，当事人申请办理退运手续的，不属于直接退运货物，应当按照一般退运货物办理退运手续。

1. 当事人申请直接退运的货物

在货物进境后、办结海关放行手续前，有下列情形之一的，当事人可以向海关申请办理直接退运手续。

（1）因国家贸易管制政策调整，收货人无法提供相关证件的。

（2）属于错发、误卸或者溢卸货物，能够提供发货人或者承运人书面证明文书的。

（3）收发货人双方协商一致同意退运，能够提供双方同意退运的书面证明文书的。

（4）有关贸易发生纠纷，能够提供法院判决书、仲裁机构仲裁决定书或者无争议的有效货物所有权凭证的。

（5）货物残损或者国家检验检疫不合格，能够提供国家检验检疫部门根据收货人申请而出具的相关检验证明文书的。

对在当事人申请直接退运前，海关已经确定查验或者认为有走私违规嫌疑的货物，不予办理直接退运，待查验或者案件处理完毕后，再按照海关有关规定处理。

2. 海关责令直接退运的货物

以下几类货物海关会责令直接退运。

（1）进口国家禁止进口的货物，经海关依法处理后的。

（2）违反国家检验检疫政策法规，经国家检验检疫部门处理并且出具"检验检疫处理通知书"或者其他证明文书后的。

（3）未经许可擅自进口属于限制进口的固体废物用作原料，经海关依法处理后的。

（4）违反国家有关法律、行政法规，应当责令直接退运的其他情形。

视野拓展

宁波口岸退运 3.6 万多吨安全环保指标不合格进口柴油

据海关总署网站 2006 年 10 月 27 日消息　2006 年 10 月 18 日，一批来自新加坡的 3.635 2 万吨、货值 2 039 万多美元的进口柴油经宁波检验检疫局检验，发现其安全环保指标——馏程指标超过我国法规要求，存在较大安全环保隐患。该指标是保证柴油在发动机燃烧室内迅速蒸发气化和燃烧的重要指标。经检测，该批进口柴油馏程 95% 回收温度达到 370℃，极易造成燃烧不完全和冒黑烟，对环境污染较大，同时有可能造成柴油机的启动困难，易产生积炭，损伤发动机，产生安全隐患。宁波检验检疫局迅速出具检验不合格证书，将该批货物退运。这是国内首次退运安全环保指标不合格的进口柴油，为我国企业挽回了巨大损失。

---

3. 直接退运货物的报关手续

当事人办理进口货物直接退运手续，除另有规定外，应当先填写出口货物报关单向海关申报，再填写进口货物报关单，并在进口货物报关单的"关联报关单"栏填报出口货物报关单号。因进口货物收发货人或者承运人的责任造成货物错发、误卸或者溢卸，经海关批准或者责令直接退运的，当事人免予填制报关单，凭准予直接退运决定书或者责令直接退运通知书向海关办理直接退运手续。

经海关批准或者责令直接退运的货物不需要交验进出口许可证或者其他监管证件，免予征收各种税费及滞报金，不列入海关统计。

视野拓展

出口退运货物是否免征进口关税？

海关总署 124 号令第五十七条规定：因品质或者规格原因，出口货物自出口放行之日起 1 年内原状退货复运进境的，纳税义务人在办理进口申报手续时，应当按照规定提交有关单证和证明文件。经海关确认后，对复运进境的原出口货物不予征收进口关税和进口环节海关代征税。

三、退关货物及其报关管理

退关货物又称出口退关货物，是指出口货物在向海关申报出口后被海关放行，因故未能装上运输工具，发货单位请求将货物退运出海关监管区域不再出口的货物。下面介绍其报关程序。

（1）出口货物的发货人及其代理人应当在得知出口货物未装上运输工具，并决定不再出口之日起 3 天内，向海关申请退关。

（2）经海关核准且撤销出口申报后方能将货物运出海关监管作业场所。

（3）已缴纳出口税的退关货物，可以在缴纳税款之日起1年内提出书面申请，向海关申请退税。

（4）出口货物的发货人及其代理人办理出口货物退关手续后，海关应对所有单证予以注销，并删除有关报关电子数据。

四、溢卸、误卸、放弃货物及其报关管理

（一）溢卸、误卸货物的报关管理

溢卸货物是指未列入进口载货清单、提单或运单的货物，或者多于进口载货清单、提单或运单所列数量的货物。

误卸货物是指将指运境外港口、车站或境内其他港口、车站而在本港（站）卸下的货物。

1. 海关对溢卸、误卸货物的处理

经海关核实的溢卸货物和误卸货物，由载运该货物的原运输工具负责人，自运输工具卸货之日起3个月内，向海关申请办理退运出境手续；或者由该货物的收发货人，自运输工具卸货之日起3个月内，向海关申请办理退运或者申报进口手续。

经载运该货物的原运输工具负责人，或者该货物的收发货人申请，海关批准，可以延期3个月办理退运出境或者申报进口手续。

超出上述规定的期限，未向海关办理退运或者申报进口手续的，由海关提取依法变卖处理。

溢卸货物、误卸货物属于危险品或者鲜活、易腐、易烂、易失效、易变质、易贬值等不宜长期保存的货物的，海关可以根据实际情况，提前提取，依法变卖处理，变卖所得价款按有关规定处理。

2. 报关程序

溢卸、误卸货物报关程序的适用是根据对该货物的处置来决定的，大体有以下几种情况。

（1）退运境外货物报关。属于溢卸或误卸货物，能够提供发货人或者承运人书面证明文书的，当事人可以向海关申请办理直接退运手续。

（2）溢短相抵货物报关。运输工具负责人或其代理人要求将溢卸货物抵补短卸货物的，应与短卸货物原收货人协商同意，并限于同一运输工具、同一品种的货物。非同一运输工具或同一运输工具非同一航次之间抵补的，只限于同一运输公司、同一发货人、同一品种的进口货物。上述两种情况都应由短卸货物原收货人或其代理人按照无代价抵偿货物的报关程序办理进口手续。

（3）物归原主货物报关。对于运往境外港口、车站的误卸货物，运输工具负责人或其代理人要求运往境外时，经海关核实后按照转运货物的报关程序办理海关手续，并且将货物转运出境。对于运往境内其他港口、车站的误卸货物，可由原收货人或其代理人就地向进境地海关办理进口申报手续，也可以经进境地海关同意办理转关运输手续。

（4）就地进口货物报关。溢卸货物由原收货人接受的，原收货人或其代理人应按一般进口货物报关程序办理进口手续，填写进口货物报关单向进境地海关申报，并提供相关的溢卸货物证明，如属于许可证管理商品的，应提供有关的许可证件。海关征收进口关税和进口环节海关代征税后，放行货物。

（5）境内转售。原收货人不接受溢卸货物、误卸货物，或不办理溢卸货物、误卸货物的

退运手续的，运输工具负责人或其代理人可以要求在国内进行销售，由购货单位向海关办理相应的进口手续。

（二）放弃货物的报关管理

放弃货物是指进口货物的收货人或其所有人声明放弃，并由海关提取依法变卖处理的货物。

1. 海关对放弃货物的管理

允许放弃的货物，包括以下几类：没有办结海关手续的一般进出口货物；保税货物；在监管期内的特定减免税货物；暂准进出境货物；其他没有办结海关手续的一般进出口货物。

不允许放弃的货物，主要指国家禁止和限制进口的废物、对环境造成污染的货物，不得声明放弃。

2. 对放弃货物的处理

由海关依法变卖处理的放弃进口货物的所得价款，在优先拨付变卖处理实际支出的费用后，再扣除运输、装卸、储存等费用。所得价款不足以支付上述运输、装卸、储存等费用的，按比例支付，尚有余款的，上缴国库。

技能训练

调研性实训：调研当地海关，统计出近三年该海关其他进出境货物的类别和数量，并撰写出 1 000 字的分析报告。

案例分析

海关区域通关一体化模式的便利

转关是指进口货物由进境地入境后，在海关监管下运往指运地海关办理进口通关手续；或者出口货物在启运地海关办理通关手续后运往出境地，由出境地海关监管出境。企业须使用海关监管车辆进行转关运输，海关对运输过程实施监管。

海关区域通关一体化模式下企业可以自主选择接单现场，并据此办理申报、接单、征税、放行等通关手续。对于已在现场办结海关手续的货物，企业可自主选择运输车辆，而不必使用海关监管车辆。

问题：

1. 根据本章内容和报关作业实务，谈谈我国对转关运输的政策走势；

2. 查阅资料，谈谈海关区域通关一体化模式为企业运输带来的便利。

同步测试

一、单项选择题

1. 从境外启运，在我国境内不论是否换装运输工具，通过我国陆路运输，继续运往境外的货物称为（　　）。

    A. 转运货物　　　　　　　　　　　B. 通运货物

C. 过境货物　　　　　　　　　　　　D. 以上答案都不对

2. 过境货物的过境期限为（　　　）。有特殊原因的，可以向海关申请延期，经海关同意后，可延期（　　　）。

    A. 6个月；3个月　　　　　　　　　B. 6个月；6个月

    C. 1年；6个月　　　　　　　　　　D. 1年；3个月

3. 转运货物必须在（　　　）之内办理海关有关手续，超出规定期限（　　　）仍未转运出境或办理其他海关手续的，海关将提取依法变卖处理。

    A. 3个月；3个月　　　　　　　　　B. 6个月；6个月

    C. 6个月；3个月　　　　　　　　　D. 6个月；2个月

4. 租赁进口货物按租金分期缴纳税款的，在租期届满之日起（　　　）天内，向海关办结报关手续。

    A. 10　　　　　　B. 15　　　　　　C. 20　　　　　　D. 30

5. 出口报关后发生退关事宜的，应当在得知出口货物未装上运输工具并决定不再出口之日起（　　　）天内，向海关申请退关。

    A. 3　　　　　　B. 5　　　　　　C. 7　　　　　　D. 10

二、多项选择题

1. 进境运输工具载运的货物必须具备（　　　）等条件之一，方可按转运手续办理。

    A. 持有转运或联运提单的

    B. 进口载货清单上注明是转运货物的

    C. 持有普通提货单，但在卸货前向海关声明转运的

    D. 因特殊原因申请转运，获海关批准的

2. 下列属于过境货物范围的有（　　　）。

    A. 与我国签有过境货物协定国家的货物

    B. 在同我国签有铁路联运协定的国家收发的货物，按照有关协定准予过境

    C. 未签有上述协定，经国家有关部门批准，并向入境地海关备案后准予过境

    D. 各种烈性毒药、麻醉品和鸦片、吗啡等毒品

3. （　　　）属于直接退运货物的范围。

    A. 经海关审单、检查，发现有走私违规嫌疑的

    B. 海关按国家规定责令直接退运的货物

    C. 货物进境后向海关申报进口前，合同执行期间国家贸易管制政策调整，收货人无法补办有关审批手续，并能提供有关证明的

    D. 货物进境后向海关申报进口前，发现货物属于错发、误卸货物，能提供运输部门书面证明的

4. 无代价抵偿货物进口，在向海关申报时，应提供（　　　）。

    A. 原进口货物报关单　　　　　　　B. 买卖双方的索赔协议

    C. 原进口货物税款缴纳书　　　　　D. 原进口货物退运出境的出口货物报关单

5. 关于进出境修理货物，下列说法正确的有（　　　）。

    A. 进境维修货物免缴纳进口关税和进口环节代征税，但要向海关提供担保，并接受海关后续监管

    B. 进出境修理货物免交验许可证件

C. 出境修理货物进境时，在保修期内并由境外免费维修的，免征进口关税和进口环节代征税

D. 出境修理货物进境时，在保修期外的或在保修期内但境外维修收费的，按境外修理费和料件费审定完税价格，计征进口关税和进口环节代征税

三、判断题

1. 过境货物自入境时起至出境时属于海关监管货物，未经海关许可不得开拆、提取、交付、发运、调换、转让、更换标记或是移作他用，但允许在海关监管下在边境换装运输工具。　　（　　）

2. 用船舶或航空器装载从一国境外启运，经该国设立海关地点，不换装运输工具，继续运往其他国家的货物，称为转运货物。　　（　　）

3. 对于过境、转运和通运货物，运输工具负责人应当向进境地海关如实申报，并应当在规定期限内运输出境。　　（　　）

4. 由于非不可抗力的原因造成的过境货物在境内发生损毁或灭失的，经营人应当负责向进境地海关补办进口纳税手续。　　（　　）

5. 金融租赁进口货物按货物的完税价格缴纳税款的，海关审查确定货物的完税价格计算税款数额，缴纳进口税费后放行，放行后，不再对货物进行监管。　　（　　）

6. 需要提交许可证件进口的货物，属无许可证到货的，除海关按国家规定责令直接退运的货物外，不得办理直接退运。　　（　　）

7. 进出口无代价抵偿货物免予交验进出口许可证件。　　（　　）

8. 无代价抵偿货物，被更换的原进口货物中，如属国家限制进口商品，与原货品名、数量、价值、贸易方式一样，无论原货是否退还境外，均可免予另办许可证件。　　（　　）

9. 已缴纳出口税的退关货物，可以在缴纳税款之日起2年内提出书面申请，向海关申请退税。

（　　）

10. 放弃货物是指进口货物的收货人或其所有人声明放弃的货物。　　（　　）

四、综合实务题

江西某信息科技有限公司供日本电信业所需的51 265枚SIM卡于2018年4月上旬顺利出口，这预示着办理出料加工生产的货物顺利完成了出口、复运进口、成品出口并交付给客户的贸易流程。从2018年3月初该公司接到订单到成品的出口如期交货，仅用了1个月的时间。

该公司负责人介绍说："随着公司业务量加大，我们开始将产品发往境外，由境外企业给我们加工。随着国际贸易方式的转变和省内经济的发展，相信省内企业也会逐步从传统的加工型生产贸易向更深层次的贸易方式发展。"

此次"出料加工"备案在江西以加工贸易的形式出现，标志着加工贸易形式的多元化已经形成。

根据实例回答下列问题。

1. 出料加工货物是指（　　　）。

A. 中国境内企业运到境外进行技术加工后复运进境的货物

B. 国内企业将国内原辅料或半成品交由境外厂商按国内企业要求进行加工或装配的货物

C. 国内企业将境外的半成品运到国内组装的货物

D. 国内企业与境外企业联合加工的货物

2. 下列说法正确的是（　　　）。

A. 出料加工一般将改变原出口货物的物理形态

B. 出料加工与一般出口没有本质区别

C. 出料加工的目的是为了借助境外先进的加工技术提高产品的质量和档次

D. 出料加工是为了就近出口

3. 境外加工的期限要求为（　　　）。

A. 出料加工货物自运出境之日起一般要求 3 个月内应当复运进境

B. 出料加工货物自运出境之日起一般要求 6 个月内应当复运进境

C. 出料加工货物自运出境之日起一般要求 9 个月内应当复运进境

D. 出料加工货物自运出境之日起一般要求 12 个月内应当复运进境

4. 出料加工货物复运进口，海关对其征收进口税的依据是（　　　）。

A. 以境外加工费确定完税价格征收进口税

B. 以境外加工费、材料费确定完税价格征收进口税

C. 以境外加工费、材料费和保险审查确定完税价格征收进口税

D. 以境外加工费、材料费、复运进境的运输及相关费用和保险审查确定完税价格征收进口税

5. 海关对出料加工货物管理的最后一道手续是（　　　）。

A. 对出料加工货物进口税的征收

B. 对出料加工货物的核销

C. 对出料加工货物进境的查验

D. 对出料加工货物的放行

五、论述题

1. 试述海关对转运货物的监管要求。

2. 试述过境、转运、通运货物的区别。

第三篇

运 用 篇

本篇主要内容

- 第九章　进出口商品归类
- 第十章　进出口税费计算
- 第十一章　进出口货物报关单填制

Customs
Declaration Practice

第九章 进出口商品归类

孙子曰：凡治众如治寡，分数是也；斗众如斗寡，形名是也；三军之众，可使必受敌而无败者，奇正是也。——《孙子兵法·兵势 第五》

【知识目标】

（1）了解《商品名称及编码协调制度》的基本结构和特点；（2）熟悉进出口商品归类的国内目录架构；（3）掌握归类总规则的具体规定；（4）掌握正确进行商品归类的流程。

【技能目标】

（1）能够熟练运用总规则，对进出口商品进行归类；（2）能够严格按照商品归类的操作程序和步骤进行归类；（3）能够正确运用归类依据对相关产品进行准确归类；（4）能够快速准确地找到货物的HS编码。

【内容架构】

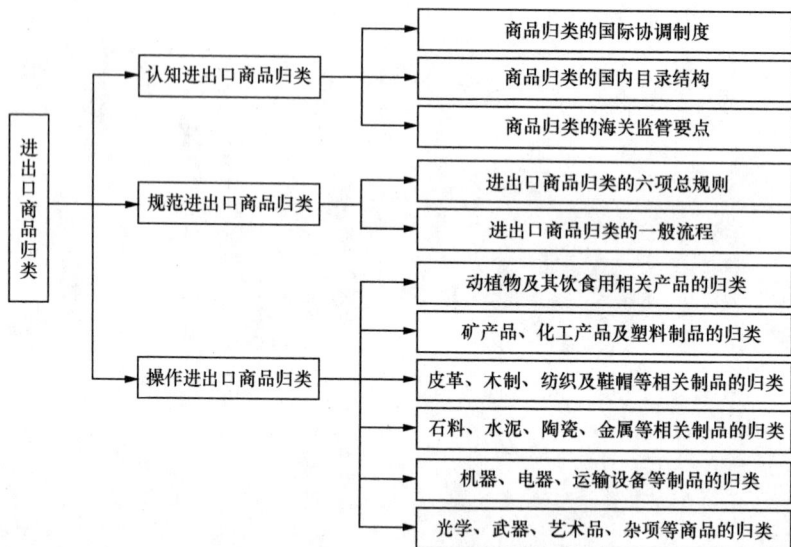

案例导入

海关编码错不得

据媒体报道，上海市第一中级人民法院2009年10月29日审理了联合利华（中国）有限公司（以下简称"联合利华"）采购部和该部门化学品采购经理范某以及供应商保信捷的一起走私案。该案暴露了联合利华在对一项日化原料进口报关时，使用了错误HS编码，从而达到逃税目的。

2002年10月至2008年2月间，联合利华通过多家贸易公司，共进口了近百票货物。涉及联合利华的这起走私案案发于2008年年初。保信捷在对一项日化原料进口报关时，被上海海关发现使用了错误的

HS编码。保信捷为一家澳大利亚贸易公司，是联合利华的代理进口商。据上海海关称，保信捷HS编码使用错误，是指其在进口一项名为"羊毛醇"的日化原料时，申报品名却是"固醇"。两者的化学成分相似，但前者的关税税率为27%，后者仅为5.5%。因此，错误的HS编码使用，导致其在这项原料进口时少交了部分关税，在6年中总计少缴了300多万元的税款。

通过此案例，我们知道了HS归类的重要性。那么，什么是HS？如何对进出口商品进行合理归类？这将是本章研究的重要内容。

第一节　进出口商品归类概述

海关进出口商品归类是建立在商品分类目录基础上的。早期的国际贸易商品分类目录只是因为要对进出本国的商品征收关税而产生的，其结构较为简单。后来随着社会化大生产的发展，进出口商品品种与数量的增加，除了税收的需要，人们还要了解进出口贸易情况，即还要进行贸易统计。因此，海关合作理事会（1995 年更名为世界海关组织）与联合国统计委员会分别编制了两个独立的商品分类目录，即《海关合作理事会商品分类目录》（以下简称 CCCN）和《国际贸易标准分类目录》（以下简称 SITC）。由于商品分类目录的不同，一种商品有时在一次国际贸易过程中要使用不同的编码，从而给国际贸易带来极大的不便。因此，海关合作理事会于 1983 年 6 月通过了《商品名称及编码协调制度公约》（以下简称《协调制度公约》）及其附件《商品名称及编码协调制度》。

一、商品归类的国际协调制度

《商品名称及编码协调制度》（The Harmonized Commodity Description and Coding System，HS，以下简称《协调制度》）是指在原海关合作理事会商品分类目录和国际贸易标准分类目录的基础上，为协调国际上多种商品分类目录而制定的一部多用途的国际贸易商品分类目录。

▶ 微视频
WCO 对《协调制度》
编码进行周期性审查

在现实工作中，为了适用于海关监管、海关征税及海关统计，需要按照进出口商品的性质、用途、功能或加工程度等将商品准确地归入《协调制度》中与之对应的类别和编号。

随着新产品的不断出现和国际贸易结构的变化，《协调制度》一般每隔若干年就要修订一次。我国海关自 1983 年开始研究《协调制度》并参与了《协调制度》的制订工作。1987 年，我国海关将《协调制度》译成了中文，并开始着手于根据《协调制度》对我国海关原有的税则目录和海关统计商品目录进行转换。1992 年 1 月 1 日，我国海关正式采用《协调制度》使进出商品归类工作成为我国海关最早与国际接轨的执法项目之一，同年6 月 23 日，我国海关又根据外交部授权，代表中国政府正式签字成为《协调制度公约》的缔约方。《协调制度》已经过 1992 年、1996 年、2002 年、2007 年、2012 年和 2017 年 6 次修订，现在仍在不断完善中。

（一）《协调制度》的基本结构

《协调制度》将国际贸易中的商品根据生产部类、自然属性和不同功能、用途等划分为二十

微课堂
商品归类协调制度的由来

一类 97 章（其中第 77 章空缺，为备用章），每一章由若干品目构成，品目项下又细分为一级子目和二级子目。其总体结构包括以下三个部分。

1. 归类总规则

归类总规则有 6 条，位于《协调制度》文本的卷首，是指导整个《协调制度》商品归类的总规则，是具有法律效率的归类依据。

2. 注释

《协调制度》的注释有三种：类注释、章注释和子目注释。位于类标题下的文字说明称为类注释，简称"类注"；位于章标题下的文字说明称为章注释，简称"章注"；位于类或章标题下的为"子目注释"。注释严格界定了归入该类或该章的商品范围，有利于简化项目条文，杜绝分类交叉，保证商品正确归类。注释也具有法律效力。运用注释解决商品归类问题时，其使用顺序是：子目注释在先，其次是章注，再次是类注。注释采用的表述方法有以下几种。

（1）定义解释法。用解释名词或下定义的方式对品目及子目中的某些名词作出解释。例如，第十五类类注四对"金属陶瓷"下了定义，第 72 章章注一以名词解释方式对该章的 15 个名词作出解释。

（2）排除法。用排他性条款列举若干不能归入某一编码或某一章的商品。例如，第 30 章章注一列举了本章不包括的七类商品。

（3）列举法。将归入某一编码的商品一一列出。例如，第 30 章章注四逐一列举了品目 30.06 仅适用的十一类商品。

（4）技术指标法。以商品成分所含技术指标对项目范围加以限定。例如，第 72 章章注一对有关金属的技术指标进行了规定。

（5）阐述归类原则。例如，第 9 章章注一阐述了混合调味香料的归类原则。

3. 商品编码表

商品编码表是《协调制度》商品分类目录的主体，由商品编码和商品名称组成（见表 9.1）。不同商品名称对应不同的商品编码。例如，牛的商品编码分为家牛和水牛两类，每一类又细分为改良种用和其他。"改良种用家牛"对应的编码是 0102.21，而"改良种用水牛"对应的编码则是 0102.31。对于羊则分为绵羊和山羊，绵羊又进一步细分为改良种用绵羊和其他绵羊，山羊又分为改良种用山羊和其他山羊。改良种用绵羊的商品编码为 0104.10，而改良种用山羊的商品编码则为 0104.20。

表 9.1　商品编码表

商品编码	商品名称	商品编码	商品名称
	家牛：	01.04	绵羊、山羊
0102.21	改良种用		绵羊：
0102.29	其他	0104.10	改良种用绵羊
	水牛：	0104.10	其他绵羊
0102.31	改良种用		山羊：
0102.39	其他	0104.20	改良种用山羊
		0104.20	其他山羊

（二）《协调制度》的分类原则

《协调制度》是一部系统的国际贸易商品分类目录，所列商品名称的分类和编排具有一定规律。

1. "类"中的规律

从类来看，它基本上是按社会生产的分工（或称生产部类）分类的，共分 21 类。它将属于同一生产部类的产品归在同一类里，如农业产品在第一、第二类；化学工业产品在第六类；纺织工业产品在第十一类；冶金工业产品在第十五类；机电制造业产品在第十六类等。

2. "章"中的规律

从章来看,基本上是按商品的属性或用途来划分的,共分97章。

第1～83章(第64～66章除外)基本上是按商品的自然属性来分章的,而每章的前后顺序则是按照动物、植物、矿物和先天然后制造的顺序排列的。如第1～5章是活动物和动物产品;第6～14章是活植物和植物产品;第50章和第51章是动物纤维;第52章和第53章是植物纤维;第54章和第55章为化学纤维。商品按自然属性分类是因为其成分或原料比较容易区分,同时也因为商品价值的高低往往取决于构成商品本身的原材料价值。

第64～66章和第84～97章是按货物的用途或功能来分章的。如第64章是鞋,第65章是帽,第84章是机械设备,第85章是电气设备,第89章是船舶等。商品按功能或用途来分类是因为制造业的产品往往由多种材料构成,难以按某一种材料制成的物品来分类。另外,商品的价值不仅仅体现在构成商品原材料的价值上,还往往主要体现在生产或使用该物品所耗用的时间或所创造的价值上。如一台机器,其价值一般主要看生产这台机器所耗费的社会必要劳动时间,而不是看机器用了多少贱金属等。

3. "品目"中的规律

从品目的排列看,商品的排列顺序是有规律的,一般是原材料在前,制成品在后;整机在前,零件在后;具体列名在前,一般列名在后。如在第44章内,品目4403是原木,品目4404～4408是经简单加工的木材,品目4409～4413是木制的半成品,品目4414～4421是木制的成品。

二、商品归类的国内目录结构

(一)我国海关进出口商品的分类目录

我国海关自1992年1月1日起开始采用《协调制度》,并结合我国进出口货物的实际情况,增设了本国子目(三级子目和四级子目),制定了《进出口税则》和《海关统计商品目录》(以下简称《统计商品目录》),形成了我国海关进出口商品的分类目录。

(二)我国海关进出口商品分类目录的基本结构

《进出口税则》和《统计商品目录》是以《协调制度》为基础编写而成的,因此目录编排第一类至第二十一类,第1章～第97章以及前6位数码、商品名称等与《协调制度》完全一致。

《进出口税则》中的商品号列称为税号。为征税需要,每项税号后列出了该商品的税率。《统计商品目录》中的商品号列称为商品编号。为统计需要,每项商品编号后列出了该商品的计量单位,并增加了第二十二类"特殊交易品及未分类商品",内分第98章和第99章。

《协调制度》中的编码只有6位数,而我国海关进出口商品分类目录的编码为8位数,其中第7位和第8位是"本国子目"。为响应党中央和国务院对海关监管工作的要求,提高海关监管的计算机管理水平,在8位分类编码的基础上,我国对部分税号又进一步分出了第9位和第10位编码。

我国商品目录采用结构号列。品目号列有一定含义,表示方法如下例所示。

【例9.1】 "活猪(重量在50千克以上)"商品编码为0103.9200。

编码:	0 1	0 3	9	2	0	0
位数:	①②	③④	⑤	⑥	⑦	⑧
含义:	章号	顺序号	一级子目	二级子目	三级子目	四级子目

前四位0103为品目,其中01表示章号,03表示顺序号;后四位9200为子目,分别表示一级、

二级、三级、四级子目。在商品编码表中的商品名称前分别用"—""— —""— — —""— — — —"表示。其中，一级、二级、三级、四级子目又可简称为一杠、二杠、三杠、四杠子目。

商品编码 0103.9200 的具体含义如下。

（1）01：该商品在第 1 章。

（2）03：该商品在第 1 章的第 3 个品目，表示重量在 50 千克以上的活猪。

（3）商品编码的第 5 位数"9"表示该商品一级子目为除改良种以外的其他活猪。

（4）商品编码中的第 7 位和第 8 位数为"0"，表示在二级子目下未设三级子目和四级子目。

微课堂
进出口税则本国子目注释

需要指出的是，若第 5～8 位上出现数字"9"，则通常情况下代表未具体列名的商品，即在"9"的前面一般留有空序号，以便将来修订时增添商品。如上述编码中第 5 位的"9"并不代表实际顺序号，而是代表除改良种以外未具体列名的其他活猪，其中 2～9 之间的空序号可以用于将来增添新的需要具体列名的其他活猪。

三、商品归类的海关监管要点

（一）商品归类的依据和原则

商品归类的依据有《进出口税则》《进出口税则商品及品目注释》《进出口税则本国子目注释》、海关总署发布的关于商品归类的行政裁定和海关总署发布的关于商品归类的决定。

《进出口货物商品归类管理规定》第四条规定了商品归类的原则：进出口货物的商品归类应当遵循客观、准确、统一的原则。

（二）商品归类的申报要求

商品归类的申报要求有以下几点：

（1）如实申报。这是最基本的要求，报关人员申报不实造成补税、行政处罚等应负法律责任。

（2）提供归类所需资料。商品归类是一项技术性很强的工作，报关人员应向海关详细提供归类所需要的货物形态、性质、成分、加工程度、结构原理、功能、用途等技术指标和技术参数。如涉及商业秘密的，可通过事先书面申请的方式要求海关予以保密。

（3）必要时，海关可要求补充申报。

（三）商品归类争议的处理

申请人与海关的归类争议可通过磋商或行政复议的方式解决。

（1）下列情形可通过磋商途径解决：已向海关申报，货物尚未放行的；应税货物尚未缴纳税款的；有关证件管理部门的归类与海关归类不一致的；对海关的预归类决定有异议的。

（2）下列情况的商品归类争议应通过复议途径解决：应税货物已缴纳税款的；经磋商途径仍无法解决的；海关已做结关处理的。

（四）其他管理要求

因商品归类引起的退税或者补征、追征税款以及征收滞纳金的，按照有关法律、行政法规以及海关总署规章的规定办理。

违反《归类管理规定》，构成走私行为的，违反海关监管规定或者其他违反《海关法》行为的，由海关按照有关规定予以处理；构成犯罪的，依法追究刑事责任。

第二节　进出口商品归类的规则和流程

一、进出口商品归类的六项总规则

归类总规则是具有法律效力的指导进出口商品归类的总体原则，位于《协调制度》文本的卷首，共有六条。归类总规则的使用顺序为规则一优先于规则二，规则二优先于规则三，必须依次按顺序使用。

（一）规则一

规则一的内容为：类、章及分章的标题，仅为查找方便而设；具有法律效力的归类，应按品目条文和有关类注或章注确定，如品目、类注或章注无其他规定，按以下规则确定。

规则一有以下三层含义。

（1）类、章及分章的标题仅仅是为了查找方便而设置的，不是具有法律效力的归类依据。标题是对类、章、分章商品的高度概括，有助于快速定位，但不能简单地根据标题进行归类。第十五类的标题为"贱金属及其制品"，但许多贱金属制品并不归入该类，如铜钮扣归入第96章"杂项制品"。贱金属制的机械设备归入第84章"核反应堆、锅炉、机器、机械器具及其零件"。再如，第22章的标题为"饮料、酒及醋"，但是通常被我们认为是饮料的瓶装蒸馏饮用水却不归入该章，而应归入第28章"无机化学品"。类似的例子还有很多。

（2）具有法律效力的归类依据是品目条文、类注和章注。这里有两层含义，第一，具有法律效力的商品归类，是按品目名称和有关类注或章注确定商品编码；第二，许多商品可直接按目录规定进行归类。例如，鲜番茄根据07.02的品目条文"鲜或冷藏的番茄"归入品目07.02；活龙虾根据第1章的章注及03.06的品目条文归入品目03.06。

（3）说明了归类总规则其他规则运用的场合。只有在品目条文、类注或章注无其他规定，商品归类又不能确定的情况下，才按归类总规则的其他规则处理。

（二）规则二

规则二包含以下两项内容：一是品目所列货品，应视为包括该项货品的不完整品或未制成品，只要在报验时该项不完整品或未制成品具有完整品或制成品的基本特征，还应视为包括该项货品的完整品或制成品（或按本款可作为完整品或制成品归类的货品）在报验时的未组装件或拆散件。二是品目中所列材料或物质，应视为包括该种材料或物质与其他材料或物质混合或组合的物品。品目所列某种材料或物质构成的货品，应视为包括全部或部分由该种材料或物质构成的货品。由一种以上材料或物质构成的货品，应按规则三归类。

规则二主要是为扩大商品范围而设定的，由两条分规则组成，适用于品目条文、类注、章注无其他规定的场合。其含义分述如下。

1. 规则二（Ⅰ）

有条件地将不完整品、未制成品、未组装件或拆散件包括在完整品或制成品所在品目之内，但仅适用于第七类至第二十一类，具体包括下述两层含义。

（1）报验时具有完整品或制成品基本特征的不完整品或未制成品，应按完整品或制成品归入相应品目。"具有完整品基本特征的不完整品"是指缺少一些非关键性零附件或价值至少达到完整品价值60%的货品。例如，一辆完整的汽车和缺少某些零部件的汽车，在归类时都按整汽车归类。"具有制成品基本特征的未制成品"是指具有制成品的形状特征，但还不能直接使用，需进一步加工才能使用的货品。例如，未上油漆的木桌应按制成的木桌归类。

（2）完整品或制成品在报验时的未组装件或拆散件，应按已组装货品归入完整品或制成品所在的品目。按完整品或制成品归类的未组装件或拆散件，必须是因运输、包装等原因而未组装或被拆散，仅经焊接、紧固等简单的加工便可装配起来的货品。例如机电产品的成套散件，此类成套散件只需简单组装即可成为完整成品。

2. 规则二（Ⅱ）

规则二（Ⅱ）的主要含义是：品目中所列某种材料包括了该种材料的混合物或组合物，但加入的材料或组合而成的货品不能失去原商品的特征。例如加糖的牛奶，还应按牛奶归类，添加了糖的牛奶并未改变牛奶的特性。

运用规则二（Ⅱ）归类时应注意，对于因混合或组合导致商品失去原有特征，看上去可归入两个或两个以上品目的，应按规则三进行归类。

（三）规则三

当货品按规则二（Ⅱ）或由于其他原因看起来可归入两个或两个以上品目时，应按以下规则归类。

（Ⅰ）列名比较具体的品目，优先于列名一般的品目。但是，如果两个或两个以上品目都仅述及混合或组合货品所含的某部分材料或物质，或零售的成套货品中的某些货品，即使其中某个品目对该货品描述得更为全面、详细，这些货品在有关品目的列名应视为同样具体。

（Ⅱ）混合物、不同材料构成或不同部件组成的组合物以及零售的成套货品，如果不能按规则三（Ⅰ）归类时，在本款可适用的条件下，应按构成货品基本特征的材料或部件归类。

（Ⅲ）货品不能按规则三（Ⅰ）或（Ⅱ）归类时，应按号列顺序归入其可归入的最末一个品目。

规则三仅适用于货品看起来可归入两个或两个以上品目，运用规则品目条文、有关注释和规则二仍无法解决归类的场合。规则三由三条分规则构成，应按先后次序使用，即规则三（Ⅰ）具体列名原则；规则三（Ⅱ）基本特征原则；规则三（Ⅲ）从后归类原则。

1. 规则三（Ⅰ）

规则三（Ⅰ）简称具体列名原则，其主要含义是列名比较具体的品目优先于列名一般的品目，可以从以下几个方面来理解。

（1）商品名称比类别名称更具体。例如，紧身胸衣是一种女性内衣，有两个编码可归，一个是 6208 女内衣、一个是 6212 妇女紧身胸衣，前一个是类名称，后一个是具体商品名称，故应归入 6212.3000。如两个税号属同一类商品，可根据它的功能（用途）进行深度比较，哪个功能（用途）更为接近，就应视为更具体。

（2）所列名称明确包括某一货品的品目比所列名称未明确包括该货品的品目更具体。应用举例：专用于小汽车的化纤簇绒地毯，可能归入两个税号：机动车辆的附件 87.08 或纺织材料制簇绒地毯 57.03，按规则三（Ⅰ）应选列明最明确的品目，所以该商品归入品目 57.03。

（3）对于单一功能的机器设备，按原理、功能列名比按用途列名更为具体；同为按用途列名的，以范围最小、关系最直接的视为更具体。

但规则三（Ⅰ）同时规定，如果两个或两个以上品目都仅述及混合或组合货品所含的某部分材料或物质，或零售成套货品中的某些货品，即使其中某个品目比其他品目对该货品描述得更为全面、详细，这些货品在有关品目的列名应视为同样具体。在这种情况下，货品应按规则三（Ⅱ）或（Ⅲ）的规定进行归类。

2. 规则三（Ⅱ）

规则三（Ⅱ）简称基本特征原则，适用于不能按以上规则归类的混合物、不同材料的组合货品、不同部件的组合货品、零售的成套货品。

不同货品确定其基本特征的因素有所不同，一般来说确定商品的主要特征，可根据商品的外观形态、使用方式、主要用途、购买目的、价值比例、贸易习惯、商业习惯、生活习惯等诸多因素进行综合考虑分析来确定。本款所称"零售的成套货品"，是指同时符合以下三个条件的货品：①至少由两种看起来可归入不同编码的不同物品构成的；②为了适应某一项活动的特别需要而将几件产品或物品包装在一起的；③其包装形式适于直接销售给用户而货物无须重新包装的。

【例 9.2】 由一块面饼、一个脱水蔬菜包、一个调味包组成的袋装方便面可能归入第 19 章的面食、第 7 章的干制蔬菜、第 9 章的调味料。查阅第 19 章、第 7 章、第 9 章的注释，并无具体规定，按规则三（Ⅰ）选最明确的品目。第 19 章的面食构成了整袋方便面的基本特征，比干制蔬菜和调味料更具体，应归入 1902.3030。

3. 规则三（Ⅲ）

规则三（Ⅲ）简称从后归类原则，适用于不能按规则三（Ⅰ）或（Ⅱ）归类的货品。在此情况下，货品应按号位顺序归入其可归入的最后一个品目。

例如，浅蓝色的平纹机织物，由 50%棉、50%聚酰胺短纤织成，每平方米重量超过 170 克。查阅类、章标题，棉属第 52 章，聚酰胺属第 55 章，查阅第 11 类和第 52 章、第 55 章注释，并无提到该合成织物的归类。按聚酰胺应归入 5514，所以应从后归入 5514.3010。

（四）规则四

规则四的内容为：根据上述规则无法归类的货品，应归入与其最相类似的品目。

规则四适用于不能按照规则一至规则三归类的货品，这些货品应归入与其最相类似的货品的品目中。"最相类似"，是指名称、功能、用途或结构上的相似。在 HS 编码中，每个品目都下设有"其他"子目，不少章节单独列出"未列名货品的品目"（如编码 8479、8543、9031）来收容未考虑到的商品。因此，规则四实际使用频率很低。

本条规则的使用方法如下：待归商品，列出最相类似的商品的归类品目，从中选择一个最适合的品目。

（五）规则五

规则五规定：除上述规则外，本规则适用于下列货品的归类。

（Ⅰ）制成特殊形状仅适用于盛装某个或某套物品并适合长期使用的，如照相机套、乐器盒、枪套、绘图仪器盒、项链盒及类似容器，如果与所装物品同时进口或出口，并通常与所装物品一同出售的，应与所装物品一并归类。但本款不适用于本身构成整个货品基本特征的容器。

（Ⅱ）除规则五（Ⅰ）规定的以外，与所装货品同时进口或出口的包装材料或包装容器，如果通常是用来包装这类货品的，应与所装货品一并归类。但明显可重复使用的包装材料和包装容器可不受本款限制。

规则五是一条关于包装物品归类的专门条款，由两条分规则构成。

规则五（Ⅰ）仅适用于同时符合以下各条规定的容器。

（1）制成特定形状或形式，专门盛装某一物品或某套物品的容器。

（2）适合长期使用的，其使用期限与所盛装物品的使用期限相称，在物品不使用时，容器可起保护作用。

（3）与所装物品同时报验，不论其是否为了运输方便而与所装物品分开包装。

（4）通常与所装物品一同出售的。

（5）包装物本身并不构成整个货品的基本特征，即包装物本身无独立使用价值。

规则五（Ⅰ）不适用于本身构成整个商品基本特征的容器。例如，装有茶叶的银质茶叶罐，银罐本身价值昂贵，远远超出茶叶的价格，并已构成整个货品的基本特征，因此应按银制品归入税目7114.1100；又如装有糖果的成套装饰性瓷碗应按瓷碗归类而不是按糖果归类。

规则五（Ⅱ）实际上是对规则五（Ⅰ）规定的补充。当包装材料或包装容器不符合规则五（Ⅰ）条件时，如果通常是用来包装某类货品的，则应与所装货品一同归类。但本款不适用于明显可以重复使用的包装材料或包装容器，例如，装有压缩液化气体的钢瓶应按钢铁制品和液化气分别归类。

（六）规则六

规则六的内容为：货品在某一品目项下各子目的法定归类，应按子目条文或有关的子目注释以及以上各条规则来确定，但子目的比较只能在同一数级上进行。除《协调制度》条文另有规定的以外，有关的类注、章注也适用于本规则。

规则六是专门针对子目归类的规则，其含义如下。

（1）子目归类首先按子目条文和有关子目注释确定。

（2）如果按子目条文和子目注释还无法确定归类，则上述各规则的原则同样适用于子目的确定。

（3）除条文另有规定的以外，有关的类注、章注也适用于子目的确定。

但在具体确定子目时，还应当注意以下两点。

（1）依次确定。在确定子目时，一定要按货品所给条件先确定一级子目，若符合条件，再依次确定二级子目、三级子目、四级子目。

（2）同级比较。在确定子目时，应遵循同级比较的原则，即一级子目与一级子目比较，进行归类选择，决定哪个子目更为具体，较为合适，通过层层比较，依次确定。

视野拓展

总规则的内涵

规则一：归类总的指导规则；

规则二（Ⅰ）：不完整品、未制成品、未组装件、拆散件的归类；

规则二（Ⅱ）：混合物或组合物的归类；

规则三（Ⅰ）：具体列名归类原则；

规则三（Ⅱ）：基本特征归类原则；

规则三（Ⅲ）：从后归类原则；

规则四：最相类似物品的归类；

规则五（Ⅰ）：特殊包装容器的归类；

规则五（Ⅱ）：包装材料及包装容器的归类；

规则六：子目的归类。

二、进出口商品归类的一般流程

商品归类是外贸进出口业务中必不可少的环节。归类的正确与否直接关系到进出口商品能否顺利通关。要对进出口商品进行正确归类，必须熟悉税则结构，掌握其编排规律；同时，还要注意积累必要的商品知识，了解相关商品的区别和联系特性，以正确使用归类依据，准确归类。

（一）进出口商品的预归类

为加速货物通关，提高归类的准确性，便利报关单位办理海关手续，我国海关对进出口商品实行预归类制度。

预归类是指在海关注册登记的进出口货物经营单位（以下简称申请人），可以在货物实际进出口前的 45 日内，向直属海关申请就其拟进出口的货物预先进行商品归类。

1. 预归类申请程序

预归类申请程序有以下两步。

（1）申请人提出申请。申请人填写并提交"海关商品预归类申请表"向拟实际进出口货物所在地的直属海关提出预归类申请。

（2）预归类受理和预归类决定。直属海关经审核认为申请预归类的商品归类事项属于《进出口税则》《进出口税则商品及品目注释》《进出口税则本国子目注释》以及海关总署发布的关于商品归类的行政裁定、商品归类决定有明确规定的，应当在接受申请之日起 15 个工作日内制发"预归类决定书"并告知申请人。属于没有明确规定的，应当在接受申请之日起 7 个工作日内告知申请人按照规定申请行政裁决。

2. 预归类决定书的使用

申请人在制发预归类决定书的直属海关所辖关区进出口预归类决定书所述商品时，应当主动向海关提交预归类决定书，海关按照预归类决定书所确定的归类意见审核放行。

3. 预归类决定书的撤销与停止使用

做出预归类决定书所依据的有关规定发生变化导致有关的预归类决定书不再适用或预归类决定书内容存在错误的，做出预归类决定书的直属海关应当制发"预归类决定书撤销通知单"，或者发布公告，通知申请人停止使用有关的预归类决定书。

（二）进出口商品的归类步骤

商品归类的一般步骤如下。

1. 确定品目（四位数级编码）

从商品特性分析开始，初判商品在《协调制度》中的大概位置，查品目条文，查类注、章注，运用规则二和规则三确定品目。具体如下：①根据有关资料分析商品特性，如结构、加工、用途等；②根据 HS 的分类规律初步分析该商品可能涉及的章和品目；③查找涉及的几个有关品目的品目条文；④查看所涉及品目所在章和类的注释，检查一下相关章注和类注是否有特别的规定；⑤仍有几个品目可归而不能确定时，运用规则二、规则三。

2. 确定子目（五至八位数级编码）

比较所属品目的一级子目条文和子目注释。如对该商品规定得很明确，则可直接确定一级子目（五位数级），如无规定明确则运用变化了的归类总规则二至规则五确定一级子目。依次重复前述程序，确定二、三、四级子目，即六、七、八位数级子目，最终完成归类。需要注意的是，子目的比较只能在同一数级上进行。

第三节　进出口商品归类实务

一、动植物及其饮食用相关产品的归类

（一）第一类：活动物；动物产品（第 1～5 章）

1. 本类商品范围及结构

本类共 5 章，几乎包括了所有的活动物，以及未经加工或仅经简单加工的动物产品。其

中第 1 章到第 4 章都是可以食用的活动物或动物产品，第 5 章为非食用动物产品。结构如下：

第 1 章　活动物

第 2 章　肉类和食用杂碎

第 3 章　鱼类、甲壳动物、软体动物及其他水生无脊椎动物

第 4 章　乳品；蛋品；天然蜂蜜；其他食用动物产品

第 5 章　其他动物产品

2. 归类技能

（1）归入其他类的动物产品主要有以下几类：通常作为某些行业原材料使用的动物产品，如纺织行业的原料羊毛应归入第十一类的第 51 章；作为培养微生物使用的活生物，如培养微生物应归入第六类的第 30 章；巡回展出用的活动物，如马戏团巡回展出用的猴子应归入第二十类的第 95 章。

（2）归入本类的各种活动物，均包括其幼崽。

（3）注意本类动物产品所允许的加工程度。归入本类的动物产品与归入其他类的动物产品，主要是根据加工程度来区分的。一般来说，简单加工的归入第一类，复杂加工的归入其他类。

3. 习题解析

【例 9.3】　请对商品供食用的活珍珠鸡（重量大于 2 千克）进行归类编码。

解析：活珍珠鸡属活动物中的家禽类，应按家禽归入品目 01.05，然后按重量和用途归入编码 0105.9993。

【例 9.4】　请对商品经冷冻的龙虾进行归类编码。

解析：该商品经过冷冻加工，应视为一种简单加工，应归入 0306.1100。如果龙虾没有经过冷冻，则需根据实际情况，相应归入 0306.2100 或 0306.2100。

（二）第二类：植物产品（第 6～14 章）

1. **本类商品范围及结构**

本类商品包括各种活植物以及绝大多数未经加工或仅简单加工的植物产品。

本类共分 9 章，可分为三部分，即：活植物（第 6 章）；食用植物产品（第 7 章至第 12 章）；非食用植物产品（第 13 章和第 14 章）。结构如下：

第 6 章　活树及其他活植物；鳞茎、根及类似品；插花及装饰用簇叶

第 7 章　食用蔬菜、根及块茎

第 8 章　食用水果及坚果；甜瓜或柑橘属水果的果皮

第 9 章　咖啡、茶、马黛茶及调味香料

第 10 章　谷物

第 11 章　制粉工业产品；麦芽；淀粉；菊粉；面筋

第 12 章　含油子仁及果实；杂项子仁及果实；工业用或药用植物；稻草、秸秆及饲料

第 13 章　虫胶；树胶、树脂及其他植物液、汁

第 14 章　编结用植物材料；其他植物产品

2. **归类技能**

（1）通常作为某些行业使用的植物产品不归入本类（例如，原木归入第九类）。

（2）植物产品按加工程度的不同，归类时应首先在第二类相应章的有关品目条文与章注、类注中查找，如相符归入本章；如不符，则作为深加工归入第四类。

3. 习题解析

【例9.5】 请对商品天然圣诞树（未经装饰）进行归类编码。

解析： 未装饰的天然圣诞树不具有明显节日用品特征，为此不能作为圣诞节用品归入品目9505。根据规则一，作为装饰用的但还未装饰的天然圣诞树应归入0604.9100。

（三）第三类：动、植物油、脂及其分解产品；精制的食用油脂；动、植物蜡（第15章）

1. 本类商品范围及结构

本类只有一章，包括以第一类、第二类中的动物、植物为原料加工得到的动物、植物油脂；油脂的分解产品、混合食用油脂；动物、植物蜡、处理油脂或蜡所剩的残渣。结构如下：

第15章 动、植物油、脂及其分解产品；精制的食用油脂；动、植物蜡

2. 归类技能

（1）归入其他类的油脂主要有：未炼制的猪脂肪及家禽脂肪应归入品目02.09，从乳中提取的黄油及其他油、脂应归入品目04.05；可可油、可可脂应归入品目18.04；动物油渣、植物油渣应归入第23章食品油料。

（2）脂肪酸、脂肪醇等应按化工品归入第六类，但从动、植物油脂分解产品中得到的粗甘油归入本类15.20。

（3）本章的动、植物蜡不能混合，由动、植物蜡混合制成的产品应作为人造蜡归入品目34.04。

3. 习题解析

【例9.6】 请对商品精制的玉米油进行归类编码。

解析： 玉米油是从玉米仁中制得的一种植物半干性油，可供食用，它不是本章章注中列明排除的货品，应该按未改性的植物油归入品目1515.2900。

（四）第四类：食品；饮料、酒及醋；烟草、烟草制品及烟草代用品的制品（第16～24章）

1. 本类商品范围及结构

本类共9章，除可可制品和烟草制品外，本类的货品通常以第一类和第二类中的动、植物品为原料，用第一类和第二类不允许的方式加工而成的制品。结构如下：

第16章 肉、鱼、甲壳动物、软体动物及其他水生无脊椎动物的制品

第17章 糖及糖食

第18章 可可及可可制品

第19章 谷物、粮食粉、淀粉或乳的制品；糕饼点心

第20章 蔬菜、水果、坚果或植物其他部分的制品

第21章 杂项食品

第22章 饮料、酒及醋

第23章 食品工业的残渣及废料；配制的动物饲料

第24章 烟草、烟草制品及烟草代用品的制品

2. 归类技能

（1）注意结合第一类和第二类的有关规定完成本类货品的归类。

（2）均化食品的归类：配料为肉、食用杂碎或动物血的归入1602.1000；配料为蔬菜的归入2005.1000；配料为果实的归入2007.1000；配料为两种或两种以上的归入2104.2000。在判断配料总类时应注意：所有的肉、食用杂碎或动物血算一种，所有的蔬菜算一种，所有的果实算一种，所有的鱼算一种，调味料不能计入配料种类。

（3）混合食品的归类。对于混合食品，如果动物类原料含量在20%以上，应归第16章

相应品目（包馅食品除外）。①对于含有两种或两种以上原料的混合食品，按其中含量最大的那种原料归类；②同一品目的动物原料有多种时，可合并计算重量；③当几种动物原料不存在哪种重量最大时，按从后归类原则。如果混合食品属于包馅食品，不论其中的动物原料含量是否在 20% 以上，不再归入第 16 章，而归入品目 1902。

3. 习题解析

【例 9.7】 商品归类编码：商品是罐头食品，按重量计，含 10% 鸡肉、10% 猪肉、15% 鱼肉、55% 蔬菜，其余为配料。

解析： 同一品目的鸡肉和猪肉含量达到 20%，超过鱼肉含量，应归入品目 1606.4910。

【例 9.8】 请对商品肉包（猪肉含量为 25%）进行归类编码。

解析： 猪肉含量超过 20%，但肉包属于包馅食品，应归入 19.02。进一步查对，应归入 1902.2000。

二、矿产品、化工产品及塑料制品的归类

（一）第五类：矿产品（第 25～27 章）

1. 本类商品范围及结构

本类商品包括从陆地上或海洋里直接提取的原产状态或只经过洗涤、粉碎或机械物理方法精选的矿产品及残渣、废料，而其加工后的制品则归入以后的类章。本类共分三章，结构如下：

第 25 章　盐；硫磺；泥土及石料；石膏料、石灰及水泥

第 26 章　矿砂、矿渣及矿灰

第 27 章　矿物燃料、矿物油及其蒸馏产品；沥青物质；矿物蜡

2. 归类技能

注意本类各章注释或条文所允许的加工方法，用第五类所不允许的方法加工的矿产品不能归入本类。

3. 习题解析

【例 9.9】 商品归类编码：经过简单切割的大理石归入品目 2515，表面磨光的大理石归入品目 6802。

（二）第六类：化学工业及其相关工业的产品（第 28～38 章）

1. 本类商品范围及结构

本类商品包括化学工业产品以及化学工业产品为原料做进一步加工的相关工业产品。总体上讲，本类可分为两大部分：第一部分由第 28 章的无机化学品及第 29 章的有机化学品构成，为基本化工原料，是单独的已有化学定义的化学品（少数产品除外），用于合成或制造其他相关工业的各种制成品。第二部分由第 30～38 章构成，基本上为各种制成品，是非单独的已有化学定义的化学品（少数除外）。结构如下：

第 28 章　无机化学品；贵金属、稀土金属、放射性元素及其同位素的有机及无机化合物

第 29 章　有机化学品

第 30 章　药品

第 31 章　肥料

第 32 章　鞣料浸膏及染料浸膏；鞣酸及其衍生物；染料、颜料及其他着色料；油漆及清漆；油灰及其他类似胶粘剂；墨水、油墨

第 33 章　精油及香膏；芳香料制品及化妆盥洗品

第34章　肥皂、有机表面活性剂、洗涤剂、润滑剂、人造蜡、调制蜡、光洁剂、蜡烛及类似品、塑型用膏、"牙科用蜡"及牙科用熟石膏制剂

第35章　蛋白类物质；改性淀粉；胶；酶

第36章　炸药；烟火制品；火柴；引火合金；易燃材料制品

第37章　照相及电影用品

第38章　杂项化学产品

2．归类技能

（1）优先归类原则。优先归类关键要熟悉和掌握有关符合第六类类注中优先归类的具体品目名称：①优先于本协调制度其他品目的归类原则；②优先于本类其他品目货品的归类原则；③制成一定剂量或零售包装的货品而归入本类相关条目，不论是否可归入《协调制度》的其他品目，应一律归入本类条目中。

（2）配套货品归类原则。有两种或两种以上单独成分配套的货品，其部分或全部成分属于本类范围以内，应按混合后产品归入相应的条目。

3．习题解析

【例9.10】　请对商品脲（毛重大于10千克，生产脲醛树脂用原料）进行归类编码。

解析：脲是化学名称，俗名是尿素，是一种常见的氮肥。脲尽管是一种有机化合物，但根据第29章章注二的规定，应归入的编码号为3102.1000。

（三）第七类：塑料及其制品；橡胶及其制品（第39～40章）

1．本类商品范围及结构

本类包括两章，由高分子量聚合物组成的塑料、橡胶及其制品，但这两章并不包括所有的聚合物。结构如下：

第39章　塑料及其制品

第40章　橡胶及其制品

2．归类技能

（1）根据其形状（运用章注六）判断是否属于3901—3914初级形状范围。

（2）如果某共聚物中有一种单体单元含量在95%及以上，则按该聚物归类。

（3）将属于同一税（品）目（4位数）下的单体单元的含量相加。

（4）按含量高的税目归类，如果含量相等，则"从后归类"。

（5）如果含量相等，则"从后归类"。

3．习题解析

【例9.11】　商品归类编码：商品是乙烯-乙酸乙烯酯-氯乙烯接枝聚合物，其中乙烯单体单元为36%、乙酸乙烯酯单体单元为24%、氯乙烯单体单元为40%，外观为白色粉末，未加增塑剂。

解析：本题的共聚物，由三种单体单元组成，而且都不属于同一个品目，因此不能合并重量，按重量最大的单体单元来归类。氯乙烯单体单元为40%最大，因此按氯乙烯归类，确定四位数编码为3904。再确定子目，归入3904.4000。

【例9.12】　商品归类编码：商品是乙烯、丙烯、异丁烯的单体单元组成的初级形状的共聚物，其中乙烯单体单元为45%，丙烯单体单元为35%，异丁烯单体单元为20%。

解析：由于丙烯与异丁烯的聚合物同属品目3902，二者相加为55%，超过乙烯单体单元的含量，所以应归入3902。又由于丙烯单体单元的含量超过了异丁烯单体单元的含量，所以归入的编码号应为3902.3090。

三、皮革制品、木制品、纺织制品及鞋帽等相关制品的归类

（一）第八类：生皮、皮革、毛皮及其制品；鞍具及挽具、旅行用品、手提包及类似容器；动物肠线（蚕胶丝除外）制品（第41～43章）

1. 本类商品范围及结构

本类包括三章，结构如下：

第41章　生皮（毛皮除外）及皮革

第42章　皮革制品；鞍具及挽具；旅行用品、手提包及类似容器；动物肠线（蚕胶丝除外）制品

第43章　毛皮、人造毛皮及其制品

2. 归类技能

（1）第41章章注一，本章不包括的内容。

（2）第42章章注一，本章不包括的内容。

（3）皮革服装和毛皮服装的归类。以皮革或再生皮革制成的服装，归入4203；以毛皮制成的服装，归入4303；毛皮做面或毛皮作里衬的服装，归入4303；人造毛皮服装归入4304；毛皮或人造毛皮仅作为装饰用的服装按服装面料归类。

3. 习题解析

【例9.13】　请对商品女士大衣（面料为兔毛皮，衬里为涤纶）进行编码归类。

解析： 该商品是以毛皮作面的衣服，应按毛皮衣服归入品目43.03。

（二）第九类：木及木制品；木炭；软木及软木制品；稻草、秸秆、针茅或其他编结材料制品；篮筐及柳条编结品（第44～46章）

1. 本类商品范围及结构

本类共三章，其结构如下：

第44章　木及木制品、木炭

第45章　软木及软木制品

第46章　稻草、秸秆、针茅或其他编结材料制品、篮筐及柳条编结品

2. 归类技能

（1）第44章结构按加工程度由低到高排列，其规律如下。

木制原料（包括竹的原料）归入4401～4406；经简单锯、削、刨平、端接及制成连接形状的木材归入4407～4409；木质碎料板、纤维板、胶合板及强化木等归入4410～4413；木制品归入4414～4421。

（2）第46章编织材料的范围，要特别注意章注（一）。截面尺寸不超过1毫米的塑料单丝及宽度不超过5毫米的塑料扁条制品，归入纺织品第十一类。

3. 习题解析

【例9.14】　请对商品竹制一次性筷子（零售包装）进行归类编码。

解析： 该商品属于竹制的餐具，应归入第44章，编码号为4419.0032。

（三）第十类：木浆及其他纤维状纤维素浆；回收（废碎）纸或纸板；纸、纸板及其制品（第47～49章）

1. 本类商品范围及结构

本类商品范围及结构如下：

第47章　木浆及其他纤维状纤维素浆；回收（废碎）纸或纸板

第48章　纸及纸板；纸浆、纸或纸板制品

第 49 章　书籍、报纸、印刷图画及其他印刷品；手稿、打字稿及设计图纸

2.　归类技能

（1）本章是按照纸浆的类型及制浆方法排列品目的，归类时应注意纸浆的类型及加工方式。

（2）品目 47.07"回收（废碎）纸或纸板"不包括主要用于回收贵金属的含有贵金属或贵金属化合物的废碎料。

3.　习题解析

【例 9.15】　商品归类编码：商品是经砑光处理的书写纸，规格为 45 厘米 × 30 厘米，80 克/平方米，用机械木浆制得。

解析：根据章注三，砑光处理不属于特殊加工的纸，仍归入品目 4802，再根据加工方法，由机械木浆制得，因此归入最后一个一级子目，再确定二级子目，然后根据规格归入 4802.6990。

【例 9.16】　商品归类编码：商品是进口的英文字典。

解析：根据书籍归类，字典应归入品目 4901，再根据子目细分，英文字典的编码号为 4901.9100。

（四）第十一类：纺织原料及纺织制品（第 50～63 章）

1.　本类商品范围及结构

本类纺织原料及制品由 13 条类注、2 条子目注释和 14 章构成。除注释规定的除外商品外，其余各种纺织原料及制品均归入本类。

本类分为两大部分。第一部分包括第 50～55 章，共 6 章，包括普通纺织原料、纱线和织物，是按原料性质顺序排列的，排列顺序为动物纺织原料、植物纺织原料，然后是化学纺织原料，各种纺织原料一般根据纤维长度按先长后短的顺序排列。每章中，再按原料、废料、普通机织物顺序排列。

第二部分是第 56～63 章，共 8 章，包括了除第一部分货品以外的纺织物及制品，是按加工程度，从絮胎、特种纱线、特种织物、针织或钩编织物、服装、其他纺织制品和废旧纺织品，按章顺序排列。

归入第 50～55 章及税（品）目号 5809 或 5902 的由两种或两种以上不同纺织材料混合制成的货品，应按其中重量最大的那种纺织材料归类。当没有一种纺织材料按重量计占主要地位时，应按可归入的有关税（品）目中最后一个品目所列的纺织材料归类。

本类商品范围及结构如下：

第 50 章　蚕丝

第 51 章　羊毛、动物细毛或粗毛；马毛纱线及其机织物

第 52 章　棉花

第 53 章　其他植物纺织纤维；纸纱线及其机织物

第 54 章　化学纤维长丝

第 55 章　化学纤维短丝

第 56 章　絮胎、毡呢及无纺织物；特种纱线；线、绳、索、缆及其制品

第 57 章　地毯及纺织材料的其他铺地制品

第 58 章　特种机织物；簇绒织物；花边；装饰毯；装饰带；刺绣品

第 59 章　浸渍、涂布、包覆或层压的纺织物；工业用纺织制品

第 60 章　针织物及钩编织物

第 61 章　针织或钩编的服装及衣着附件

第 62 章　非针织或非钩编的服装及衣着附件

第 63 章　其他纺织制成品；成套物品；旧衣着及旧纺织品；碎织物

2. 归类技能

对纺织品进行归类，首先应根据商品的名称判断商品是否属于纺织纤维——纱线——织物——服装，然后再按照各自的归类步骤进行归类。

3. 习题解析

【例 9.17】 商品归类编码：商品是含棉 40%、涤纶短纤 40%、桑蚕丝 20% 的普通机织物。

解析：这三种单线分属于不同章，故先按含量高的来确定章，而棉和涤纶的含量一样，依据"从后归类"，归入第 55 章，再按机织物来最后确定，归入的编号为 5513.1900。

（五）第十二类：鞋、帽、伞、杖、鞭及其零件；已加工的羽毛及其制品；人造花；人发制品（第 64～67 章）

1. 本类商品范围及结构

本类有四章，按商品属性设立，其结构如下：

第 64 章　鞋靴、护腿和类似品及其零件

第 65 章　帽类及其零件

第 66 章　雨伞、阳伞、手杖、鞭子、马鞭及其零件

第 67 章　已加工羽毛、羽绒及其制品；人造花；人发制品

2. 归类技能

（1）鞋靴、机器零件的归类。鞋靴一般按其外底和鞋面的材料归入不同的品目，原则是：鞋面的材料应以占表面面积最大的那种材料为准；外底的主要材料应以与地面接触最多的那种材料为准。明显已穿用的旧鞋归入品目 6309，装有冰刀或轮子的滑冰鞋，要归入第 95 章。

（2）帽的归类。石棉制的帽类归入品目 6812，旧的帽类归入品目 6309，玩偶用帽及其他玩具或狂欢节的用品归入第 95 章。

3. 习题解析

【例 9.18】 商品归类编码：商品是全塑料泡沫拖鞋（鞋底与鞋面为一体式）。

解析：该商品的鞋底与鞋面不是用栓塞连接，而是一体式，根据制作材料，将其归入编码 6402.9900。

四、石料、石膏、水泥、陶瓷、玻璃、宝石、金属等相关制品的归类

（一）第十三类：石料、石膏、水泥、石棉、云母及类似材料的制品；陶瓷产品；玻璃及其制品（第 68～70 章）

1. 本类商品范围及结构

本类共三章，其结构如下：

第 68 章　石料、石膏、水泥、石棉、云母及类似材料的制品

第 69 章　陶瓷产品

第 70 章　玻璃及其制品

2. 归类技能

（1）陶瓷制品的归类。第 69 章主要包括成型后经过烧制的陶瓷制品，即使某些制品具有第十六类机器或零部件的特征，仍应归入该章，如陶瓷泵、陶瓷水龙头等。

（2）石料、石膏、水泥、石棉等制品归类。这类货品的特点是：大都是第 25 章货品进一步加工所得，其加工范围超出了第 25 章所允许的范围。以石棉为原料的服装、鞋靴、帽类等应归入第 68 章。

3. 习题解析

【例9.19】 商品归类编码：商品是每边长20米，厚度为1厘米，一面经平面磨光的正方形大理石块。

解析：该货品超出了第25章加工范围，归入的编码为6802.2110。

（二）第十四类：天然或养殖珍珠、宝石或半宝石、贵金属、包贵金属及其制品；仿首饰；硬币（第71章）

1. 本类商品范围及结构

第71章分为三个分章，第1分章为天然或养殖珍珠、宝石、半宝石，第2分章为贵金属及包贵金属，第3分章为珠宝首饰、金、银器及其他制品。

2. 归类技能

（1）本章在确定品目前，应根据材质及加工程度确定分章。

（2）要明确本章章注四中，对"贵金属""铂"及"宝石或半宝石"的范围规定。

（3）贵金属合金的归类。本章章注五规定，只要其中任何一种贵金属的含量达到合金含量的2%，则视为本章的贵金属合金。贵金属合金归类的先后顺序如下：首先铂合金最优先，其次是金合金，最后是银合金。

（4）超过100年的天然或养殖珍珠、宝石或半宝石的制品应归入第97章，但未超过100年的天然或养殖珍珠、宝石或半宝石应归入本章。

（5）品目71.12优先归类原则，即凡符合品目71.12规定的货品，应优先归入该品目。

3. 习题解析

【例9.20】 商品归类编码：商品是涂有金属银化合物的废纸板（用于回收金属银）。

解析：该商品既符合品目47.07，又符合品目71.12，根据第71章章注八的规定，优先归入品目71.12。对照含有银或银化合物的废碎料，应归入的编码为7112.9220。

【例9.21】 商品归类编码：商品是按重量计含铁80%、铜15%、银3%、金2%的金属合金，未锻造，非货币使用。

解析：只要其中任何一种贵金属的含量达到合金含量的2%，则视为本章的贵金属合金。本题银、金的含量均超过2%，且金优先于银，应归入的编码为7108.1200。

（三）第十五类：贱金属及其制品（第72～83章）

1. 本类商品范围及结构

本类共12章，包括三个部分：钢铁及其制品（第72～73章）；有色金属、金属陶瓷及其制品（第74～81章）；结构较为简单的贱金属制品（第82～83章）。结构如下：

第72章　钢铁

第73章　钢铁制品

第74章　铜及其制品

第75章　镍及其制品

第76章　铝及其制品

第77章（空章）

第78章　铅及其制品，本章包括铅、铅合金、铅材及其制品

第79章　锌及其制品，本章包括锌、锌合金、锌材及其制品

第80章　锡及其制品，本章包括锡、锡合金、锡材及其制品

第81章　其他贱金属、金属陶瓷及其制品

第 82 章　贱金属工具、器具、利口器、餐匙、餐叉及其零件

第 83 章　贱金属杂项制品

2. 归类技能

（1）通用零件的归类。对于通用零件，应根据用途、功能等归入相应的品目。

（2）贱金属合金的归类。本类贱金属与贵金属的合金，如果合金中没有一种贵金属的重量达到合金重量的 2%以上，则按贱金属归类；本类贱金属之间形成的合金，除铜母合金和铁合金以外，这类合金应按其所含重量最大的金属归类；由本类贱金属与非本类的元素构成的合金，如果所含贱金属的总量等于或大于所含其他元素的总重量，则按本类贱金属合金归类；除金属陶瓷外，金属粉末的烧结混合物及熔炼而得的不均匀紧密混合物及金属间化合物，都应作为合金对待。

（3）钢及钢材的归类。钢材在 HS 一般分类为：平板轧材、条杆、丝和各种型材、异型材。归类时，首先应分析钢材的材料性质，判断该钢材应归入哪个分章；其次根据钢材的外型尺寸和报验状况，确定应归入的品目。

3. 习题解析

【例 9.22】　商品归类编码：商品是未经锻轧加工，按重量计含硅 50%、锌 40%、铬 10%的合金锭。

解析：锌和铬是本类的贱金属，合计重量为 50%，与非金属硅的含量一样，应按贱金属合金归入本类。又因为锌的含量大于铬的含量，最终按锌合金归入品目 79.01。

【例 9.23】　商品归类编码：商品是不规则盘卷状的不锈钢（截面为矩形，宽 50 毫米，厚 5 毫米，除热轧外未进一步加工）。

解析：不锈钢应到第 72 章的第 3 分章中查找，由于题目中的钢材是热轧、不规则盘卷状，根据第 72 章章注一（十一）的规定，将其归入编码 7221.0000。

五、机器、电器、运输设备等制品的归类

（一）第十六类：机器、机械器具；电器设备及其零件；录音机及放声机；电视图像、声音的录制和重放设备及其零件、附件（第 84～85 章）

1. 本类商品范围及结构

本类共两章，结构如下：

第 84 章　核反应堆、锅炉、机器、机械器具及其零件

第 85 章　电机、电气设备及其零件；录音机及放声机；电视图像、声音的录制和重放设备及其零件、附件

2. 归类技能

本类归类的关键是要熟悉本类商品四位数编码所对应的商品名称；熟悉类注一不包括的品目。

3. 习题解析

【例 9.24】　商品归类编码：商品是"帅康"牌抽油烟机（罩面尺寸为 45 厘米×80 厘米）。

解析：抽油烟机属于装有风扇的通风罩，应归入 8414，根据其尺寸及具体列名，最后将其归入编码 8414.6010。

（二）第十七类：车辆、航空器、船舶及有关运输设备（第 86～89 章）

1. 本类商品范围及结构

本类共分四章，按照陆路→航空→水路的顺序排列，结构如下：

第 86 章　铁道及电车道机车、车辆及其零件；铁道及电车道轨道固定装置及其零件、附

件；各种机械（包括电动机械）交通信号设备

第87章　车辆及其零件、附件，但铁道及电车道车辆除外

第88章　航空器、航天器及其零件

第89章　船舶及浮动结构体

2. 归类技能

（1）本类所称"零件"及"附件"的归类原则。本类零附件，仅包括同时符合下列三个条件的零件及附件：一是专用或主要用于第86~88章所列货品的零件及附件；二是本类类注二所述的不包括的货品；三是其他章列名更具体的货品。对于不符合以上三个条件的零件及附件，即使确定为供本类货品使用，也不归入本类。对于可归入本类中的两个或两个以上品目的零件及附件，应按其主要用途归入相应的品目。

（2）特殊运输工具的归类。根据本类类注四的规定，特殊运输工具应按以下规则归类：既可在道路上又可在轨道上行驶的特殊构造车辆，以及水陆两用机动车辆，归入第87章相应品目；可兼作地面车辆使用的特殊构造的航空器，应归入第88章相应品目。

（3）气垫运输工具及其相关产品的归类。气垫运输工具及其零附件，应按本类最类似的运输工具及其零附件一并归类。气垫火车的导轨固定装置及附件应与铁道轨道固定装置及附件一并归类。气垫火车运行系统的信号、安全或交通管理设备应与铁路的信号、安全或交通管理设备一并归类。

3. 习题解析

【例9.25】　商品归类编码：商品是装有18个座位和4把折叠椅的普通中巴客车（汽油发动机）。

解析：中巴客车属于机动车辆，应在第87章中查找，然后根据该车用途和座位数归入8702；由于该车装配的是汽油发动机，还由于三级子目是按照车辆的座位数来分类的，该车座位数是22座，最终归入编码8702.9020。

六、光学、医疗、钟表、武器、杂项以及艺术、收藏品的归类

（一）第十八类：光学、照相、电影、计量、检验、医疗或外科用仪器及设备、精密仪器及设备；钟表；乐器；上述物品的零件、附件（第90~92章）

1. 本类商品范围及结构

本类商品范围很广，包括各种仪器及设备，共三章。结构如下：

第90章　光学、照相、电影、计量、检验、医疗或外科用仪器及设备；精密仪器及设备；上述物品的零件、附件

第91章　钟表及其零件

第92章　乐器及其零件、附件

2. 归类技能

（1）光学元件的归类。未经光学加工的光学元件应按材料归入品目7014；经过光学加工的光学元件，但未装配的，归入9001；已装配，同时作为仪器装置的光学元件，归入9002；其他材料，如有机玻璃制的光学元件，不论是否经过加工，一律归入9001。

（2）医疗器械及器具的归类。在确定其品目时，一般要根据其工作原理、特性及用途等因素进行分析而归入不同品目。

（3）钟表的归类。用于计时或与时间有关的某些操作器具及其零件归入第91章。归类排

列顺序为：完整品、不完整品、零件。但章注一排除的某些钟表零件，不能归入本章。

品目9101与9102所列手表的区别：只有表壳全部用贵金属或包贵金属制作的表，才归入9101；表壳用贵金属或包贵金属以外材料制作的表，归入9102；表壳用贵金属或包贵金属制作而表背面用钢制作的表，归入9102；表壳用镶嵌贵金属的贱金属制作的表，归入9102；

3. 习题解析

【例9.26】 商品归类编码：商品是X射线治疗仪（治疗肿瘤用）。

解析：治疗仪属于医疗仪器，应到第90章查找；由于X射线治疗仪属于X射线的应用设备，故归入9022，再按子目条文的规定，归入编码9022.1400。

（二）第十九类：武器、弹药及其零件、部件（第93章）

本类只包括一章：第93章，武器、弹药及其零件、附件。

其他章已列名的武器及其零件不应归入本章，如第87章的坦克、装甲车等。

（三）第二十类：杂项制品（第94～96章）

1. 本类商品范围及结构

本类商品主要包括前述各类、章、品目未包括的货品，分为三章。结构如下：

第94章 家具；寝具、褥垫、弹簧床垫、软座垫及类似的填充制品；未列名灯具及照明装置；发光标志、发光铭牌及类似品；活动房屋（各种家具、材料制品等）

第95章 玩具、游戏品、运动用品及其零件、附件

第96章 杂项制品

2. 归类技能

（1）家具及其零件归类：具有实用价值的落地式或悬挂的"可移动"的家具，应归入品目9401～9407；单独报验的组合家具各件均归入第94章，但落地灯不能按家具归类，而应按灯具归入品目9405；具有特定用途或为安装特定用途的装置、设备而特制的家具，一般按特定用途的装置、设备归类。如作为缝纫机台架用的家具归入品目8452；机动车辆、飞机等用的坐具及零件，不按车辆或飞机归类，而要归入第94章。

（2）床上用品及寝具的归类：床上用品及寝具需要装有弹簧或内部填充棉花、羽绒、合成纤维等，或以海绵橡胶或泡沫塑料制成的，归入品目9404；未装有内部填充物的床上用品及其寝具，如床罩、被套等则按纺织品归入第63章。

3. 习题解析

【例9.27】 商品归类编码：商品是一款家庭两用沙发（可以当床用），有木框架、弹簧加上软垫和化纤布面制成。

解析：沙发作为坐具，应归入品目9401，由于本货品是一种能作为床来使用的两用椅，因此归入9401.4090。

（四）第二十一类：艺术品、收藏品及古物（第97章）

1. 本类商品范围及结构

本类商品包括艺术品和收藏品，以及超过100年的古物，共一章。

第97章 艺术品、收藏品及古物

2. 归类技能

（1）对超过100年的物品，同时又适合品目9701～9705的，则不应归入品目9706，而应归入9701～9705的相应品目。

（2）品目9703只包括各种材料制的雕塑品原件，而不包括成批生产的复制品。

（3）使用过的邮票或未使用过其他国家流通的邮票，应归入品目9704；我国发行流通的未经使用过的邮票应归入品目4907。

3．习题解析

【例9.28】 商品归类编码：商品是超过100年的水墨画原件，有收藏价值。

解析： 水墨画原件是一种艺术品，有收藏意义，由于该商品已经超过100年，根据第97章章注四（二），归入的编码号为9701.1010。

技能训练

调研性实训：参观本地一报关企业，记录其商品归类的全过程。

案例分析

A公司进口货物商品编码申报不实案

2018年3月，某海关发现其管辖的A贸易公司向海关申报进口一般贸易的集成电路16万余件，申报商品编码8542.3900（该编码关税税率为0）。经查，该公司进口的实际货物是储存卡片，商品编码是8523.5210（该商品的编码关税税率为8.3%）。海关于2018年4月1日立案对该公司进行调查。

经调查发现，在2017年8月至2017年12月间，A公司曾先后多次向海关申报进口一般贸易项下"集成电路IC"924 288个，申报价值共CIF 101万余美元，申报商品编码为8542.3900。在上述进口的货物中，储存卡片3万余个，价值CIF46万余美元。该储存卡片是数码相机专用，为未录制媒体，商品编码应为8523.5210，应征关税税率为8.3%。

当事人未按进口货物商品属性和功能如实申报，品名和商品编码申报不实，造成了少征关税的后果。经海关有关部门核实，本案案值为42万余元人民币，涉税37万元人民币。

问题：

1．海关应如何处罚当事人？

2．从本案例你能得到哪些启示？

同步测试

一、单项选择题

1. 《协调制度》共有（　　）。

    A. 20 类、96 章　　B. 21 类、97 章　　C. 6 类、97 章　　D. 21 类、96 章

2. HS 编码制度，所列商品名称的分类和编排，从类来看，基本上是按（　　）分类的。

    A. 贸易部门　　　B. 社会生产　　　C. 同一起始原料　　D. 同一类型产品

3. 在海关注册登记的进出口货物的经营单位，可以在货物实际进出口的（　　）前，向（　　）申请就其拟进口的货物进行商品归类。

    A. 45 日，所在地海关　　　　　　B. 30 日，直属海关

    C. 30 日，海关总署　　　　　　　D. 45 日，直属海关

4. 对商品进行归类时，品目条文所列的商品，应包括该项商品的非完整品或未制成品，只要在进口或出口时，这些非完整品或未制成品具有完整品或制成品的（　　）。

    A. 基本功能　　　B. 相同用途　　　C. 基本特征　　　D. 核心组成部件

5. 在进行商品税则分类时，对看起来可归入两个或以上税号的商品，在税目条文和注释均无规定时，其归类次序为（　　）。

    A. 基本特征、最相类似、具体列名、从后归类

    B. 具体列名、基本特征、从后归类、最相类似

    C. 最相类似、具体列名、基本特征、从后归类

    D. 具体列名、最相类似、基本特征、从后归类

二、多项选择题

1. 下列选项中属于商品归类依据的有（　　）。

    A. 《进出口税则》　　　　　　　　B. 《商品及品目注释》

    C. 《本国子目注释》　　　　　　　D. 海关总署发布的关于商品归类的行政裁定或决定

2. 《协调制度》中的税（品）目所列货品，除完整品或制成品外，还应包括（　　）。

    A. 在进出口时具有完整品基本特征的不完整品

    B. 在进出口时具有制成品基本特征的未制成品

    C. 完整品或制成品在进出口时的未组装件或拆散件

    D. 具有完整品或制成品基本特征的不完整品或未制成品在进出口时的未组装件或拆散件

3. 所谓"零售的成套货品"必须同时符合的条件有（　　）。

    A. 包装形式适于直接销售给用户而无须重新包装

    B. 由归入不同品目号的货品组成

    C. 为了开展某项专门活动而将几件物品包装在一起

    D. 为了迎合某项需求而将几件产品包装在一起

4. 下列选项中哪些是符合货物与包装容器分开归类条件的正确表述（　　）。

    A. 通常用来盛装某类货物的包装，与所装货物同时进口或出口的

    B. 包装容器本身构成整个货物基本特征的

    C. 容器与适宜盛装的货物分别报验的

    D. 明显可重复使用的包装容器

5. 下列货物属于 HS 归类总规则中所规定的"零售的成套货品"的有（   ）。

    A. 一个礼盒，内有咖啡一瓶、咖啡伴侣一瓶、塑料杯子两只

    B. 一个礼盒，内有一瓶白兰地酒、一只打火机

    C. 一个礼盒，内有一包巧克力、一个塑料玩具

    D. 一碗方便面，内有一块面饼、两包调味品、一把塑料小叉

三、判断题

1. 《协调制度公约》规定，缔约方海关在制定本国（地区）海关税则时，应全部采用《协调制度》商品目录六位数级编码，不能增加或减少任何编码。（   ）

2. 归类总规则一规定：具有法律效力的归类，应按品目条文和有关类注或章注确定，如品目条文、类注或章注无其他规定，按以下规则确定。这条规则也适用于各级子目。（   ）

3. 商品预归类决定在全关境范围内有效。（   ）

4. 直属海关签发的商品预归类决定书在本关区内各海关有效。（   ）

5. 商品归类争议可以与申报地海关磋商解决，也可以按行政复议程序解决。（   ）

6. 电视机的成套散件分批（不同时期）进口时可将各批货物合并起来归类。（   ）

7. 按归类总规则二的规定，鲜牛奶归入品目 0401，如加入适量的糖即为混合物，这种混合物没有改变 0401 鲜牛奶的基本性质，仍归入品目 0401。（   ）

8. 报检单上填写的 HS 编码应该与实际出入境的货物 HS 编码一致。（   ）

9. 子目号由六位数字组成，第四位与第五位数字间有一个圆点，前四位数字表示该商品的品目号。（   ）

10. HS 结构严谨、复杂，其分类系统科学，几乎每一个商品都可以在 HS 中找到其对应的品目号或子目号。（   ）

四、综合实务题

请对下述商品进行归类编码，并作出简洁解析。

1. 彩色印刷油墨;

2. 荧光增白剂;

3. 棉制眼镜布（用于擦拭眼镜）;

4. PVC 外壳，海绵制衬里的摩托车专用头盔;

5. 陶制存钱罐;

6. 金属鞋拔;

7. 装有塑料外壳的手工转笔刀;

8. 吹雪机;

9. 观光电梯用轿厢门;

10. 半导体晶体切片机（切片直径为 150mm）;

11. 移动基站控制器;

12. 牛皮长筒靴，外底由橡胶构成;

13. 残疾人专用摩托车整套散件;

14. 巴式杀菌器;

15. 紫砂茶壶;

16. 钛白粉;

17. 卷发器;

18. 内径为 70cm 的下水道铸铁管（圆截面）;

19. 皮革机器中的切皮革的刀片;

20. 经车床切削钢铁零件后留下的铁屑。

五、论述题

1. 谈谈《协调制度》产生的意义。

2. 试述我国进出口商品归类的六项总规则。

第十章　进出口税费计算

孙子曰：兵者，国之大事，死生之地，存亡之道，不可不察也。故经之以五事，校之以计，而索其情。——《孙子兵法·始计 第一》

【知识目标】

（1）掌握关税、进口环节税、船舶吨税及税款滞纳金的概念；（2）了解我国海关审价的依据和进出口完税价格的审定方法；（3）熟悉货物原产地申报要求以及原产地认定标准；（4）掌握税率适用的规定和实际运用规定；（5）掌握税费的减免、缴纳、退补等规定。

【技能目标】

（1）能正确审定进出口货物的完税价格；（2）能确定进出口货物的原产地；（3）能合理应用进出口税率；（4）能正确计算关税、滞纳金和进口环节税等。

【内容架构】

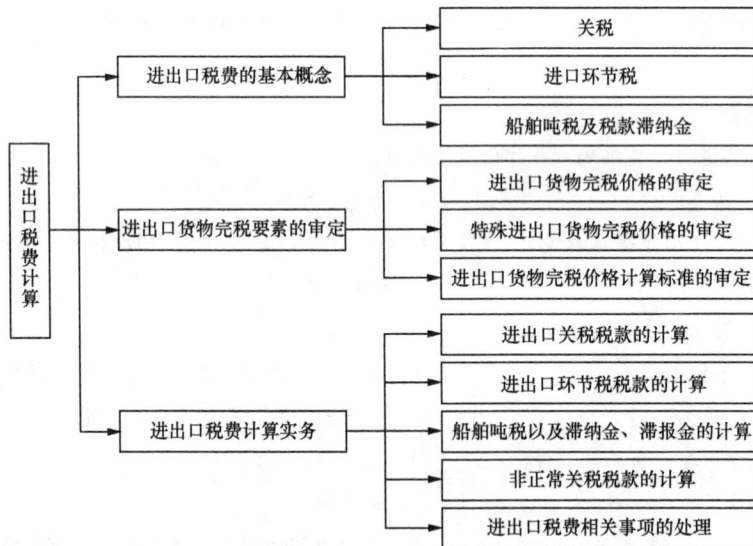

案例导入

宁波海关查获首起网络代购走私案

据央广网宁波2012年2月9日消息（记者　陈亮）2011年4月，宁波海关侦破首起以网络代购从业者为实际收货人、恶意低报价格走私进口 "PRPS" 牛仔裤案。当事人低报价款154万元，涉嫌偷逃税款约45.8万元。

2010年10月至11月间，宁波某物流公司委托宁波某进出口公司代理申报进口338条牛仔裤，宁波海关审单关员发现报关单证有伪造嫌疑，且缺乏牛仔裤品牌、型号等重要申报要素，于是下达布控查验指令。经过查验取样，发现牛仔裤品牌为 "PRPS"，原产地为日本，与申报的原产地美国不符。

　　"PRPS" 牛仔裤是国外顶级奢侈品牌，国外网站上新款商品零售价格均在300美元以上。该品牌在中国没有代理公司，也没有零售网点。淘宝网代购等电商网站该品牌牛仔裤真品的价格普遍在2 000元/条以上，而这批牛仔裤的报关价仅25美元/条。为核定申报价格是否低报，宁波海关要求货主提供相关付汇凭证，而货主随后提供的 "支付金额" 凭证却与 "合同金额" 不一致，价格瞒骗嫌疑重大。

　　为掌握货主进口的牛仔裤真实的价格证据，经过严密侦查，海关在货主随身携带的电脑里发现了进口1 158条牛仔裤、共计4票货物的全部真实价格资料及相关详细清单，以及其他个人支付差额款的相关纸面证据材料。随后，海关缉私人员对涉案的尚未被销售掉的牛仔裤全部予以扣留。后来，该案被移交至检察院做进一步处理。

第一节　进出口税费的基本概念

　　进出口税费是指在进出口环节中由海关依法征收的关税、消费税、增值税等税费。另外，按规定，船舶吨税、滞报金、滞纳金以及反倾销税、反补贴税和保障措施税等非正常税费也由海关代征。

一、关税

　　关税是国家税收的重要组成部分，是由海关代表国家按照国家制定的关税政策和有关法律法规的规定，对准许进出关境的货物及物品向纳税义务人征收的一种流转税。

　　关税是一种国家税收。关税的征收主体是国家，由海关代表国家向纳税义务人征收；课税对象是进出关境的货物和物品。

　　关税纳税义务人是指依法负有直接向国家缴纳关税义务的法人或自然人。我国关税的纳税义务人是进口货物的收货人、出口货物的发货人、进出境物品的所有人。

　　关税是国家保护国内经济、实施财政政策、调整产业结构、发展进出口贸易的重要手段，也是世界贸易组织允许各缔约方保护其境内经济的一种手段。

> **微课堂**
> 关税的概念

> **史海拾零**
>
> **关税的起源**
>
> 　　随着社会生产力的发展，出现了商品的生产和交换。关税正是随着商品交换和商品流通领域的不断扩大以及国际贸易的不断发展而产生并逐步发展的。
>
> 　　在古代，统治者在其领地内对流通中的商品征税，是取得财政收入的一种最方便的手段和财源。近代国家出现后，关税成为国家税收中的一个单独税种，形成了近代关税。其后，又发展成为现代各国所通行的现代关税。
>
> 　　《周礼·地官》中就有了 "关市之征" 的记载，春秋时期以后，诸侯割据，纷纷在各自领地边界设立关卡，"关市之征" 的记载也多起来。关税从其初始意义上是对进出关卡的物品征税；市税是在领地内商品聚散集市上对进出集市的商品征税。征税的目的是 "关市之赋以待王之膳服"。据《周礼·天官》记载，中央征收九种赋税，关市税是其中一种，直接归王室使用，关和市是相提并论的。边界关卡之处也可能是商品的交换集市。关税和市税都是对流通环节中的商品进行的征税。《管子·问篇》曾提到 "征于关者勿征于市，征于市者勿征于关"，对同一商品

不主张重复征税，以减轻商人负担。关市之征是我国关税的雏形，我国的"关税"称谓也是由此演进而来的。

秦统一天下以后，汉唐各代疆界不断扩大。在陆地边境关口和沿海港口征税，具有了边境关税的性质。我国古代对外贸易虽有陆上和海上"丝绸之路"的贸易往来，但较之欧洲各国，发展不快，数量不大。鸦片战争以后，受到西方国家的入侵，门户被迫开放，海关大权落入外人之手，尤其是英国人一直统治着我国海关，并引进了近代关税概念和关税制度，国境关税和内地关税才逐渐有所区别。1931 年，又取消了常关税、子口税、厘金税等国内税（转口税不久也取消），此后，我国的关税就仅指进口税和出口税，对进出国境的货物只在进出境时征收关税。

新中国成立后，我国真正取得了关税自主权。但在新中国成立初期，由于发达资本主义国家对我国封锁禁运等一些历史原因，我国关税工作比较简单，关税不被重视。自 20 世纪 80 年代我国实施对外开放政策后，国际间的经济贸易往来大量增加，经济改革使关税的作用日益受到重视，国际间关税协定的有关关税的事务日益繁多，关税制度不断得到改革和完善，逐步实现了现代化和国际化。

（一）进口关税

进口关税是指一国海关以进境货物和物品为课税对象所征收的关税。在国际贸易中，它一直被公认是一种重要的经济保护手段。

进口关税以计税标准划分，可分为从价税、从量税、复合税、滑准税等。

1. 从价税

从价税是以货物、物品的价格作为计税标准，以应征税额占货物价格的百分比为税率，价格和税额成正比例关系的关税。从价税是包括中国在内的大多数国家使用的主要计税标准。我国对进口货物征收进口关税主要采用从价税计税标准。

2. 从量税

从量税是以货物和物品的计量单位（如重量、数量、容量等）作为计税标准，按每一计量单位的应征税额征收的关税。我国目前对冻鸡、石油、啤酒、胶卷等相关进口商品征收从量税。

3. 复合税

复合税是指《进出口税则》中，一个税目中的商品同时使用从价、从量两种标准计税，计税时按两者之和作为应征税额征收的关税。我国目前对录像机、放像机、摄像机、非家用型摄录一体机、部分数字照相机等进口商品征收复合税。

4. 滑准税

滑准税，又称滑动税，是在《进出口税则》中预先按产品的价格高低分档制定若干不同的税率，然后根据进口商品价格的变动而增减进口税率的一种关税。当商品价格上涨时采用较低税率，当商品价格下跌时则采用较高税率，其目的是使该种商品的国内市场价格保持稳定。

自 2005 年 5 月开始，我国对关税配额外进口的一定数量的棉花（税号：5201.0000）实行滑准税。2006 年、2007 年、2008 年、2012 年、2019 年对滑准税的基准价和目标价进行了调整，确定滑准税暂定关税税率的具体方式如下（以 2019 年规定为准）：当进口棉花完税价格高于或等于 15 元/千克时，按 0.300 元/千克计征从量税。当进口棉花完税价格低于 15 元/千克时，暂定从价税率按下式计算：

$$R = 9.45/P + 2.6\% \times P - 1 \tag{10-1}$$

对上式计算结果四舍五入保留 3 位小数，将 R 值换算为暂定从价税率，高于 40%时，取 40%；P 为关税完税价格，单位为元/千克。

另外，从进口关税的税率标准来看，关税可分为最惠国待遇关税、协定关税、特惠关税、普通关税和暂定关税等。

从征收进口关税的主次程度来看，关税可分为进口正税和进口附加税。进口正税即按《进出口税则》中的进口税率征收的关税。进口附加税是指国家由于特定需要对进口货物征收关税正税之外另行征收的一种进口税。进口附加税一般具有临时性，主要有反倾销税、反补贴税、保障措施关税、报复性关税等特别关税。世界贸易组织不准其成员方在一般情况下随意征收进口附加税，只有符合世界贸易组织反倾销、反补贴条例等有关规定的，才可以征收。

（二）出口关税

出口关税是指海关以出境货物、物品为课税对象所征收的关税。征收出口关税的主要目的是限制和调控某些商品的过度、无序出口，特别是防止本国一些重要自然资源和原材料的无序出口。为鼓励出口，世界各国一般不征收出口关税或仅对少数商品征收出口关税。

我国出口关税主要以从价税为计征标准。

根据实际情况，我国还在一定时期内对部分出口商品临时开征出口暂定关税，或在不同阶段实行不同的出口暂定关税税率，或加征特别出口关税。

根据《进出口关税条例》的规定，适用出口税率的出口货物有暂定税率的，应当适用暂定税率。除法律法规有明确规定免征出口关税外，对出口应税商品一律照章征收出口关税。

二、进口环节税

进口环节税是进口环节海关代征税的简称。进口货物、物品办理海关放行手续后，进入国内流通领域，与国内货物同等对待，应征国内税。目前，海关代征的进口环节税主要有增值税和消费税两种。

（一）增值税

增值税是以商品的生产、流通和劳务服务各个环节所创造的新增价值为课税对象的一种流转税。

进口环节的增值税由海关依法向进口货物的法人或自然人征收，其他环节的增值税由税务机关征收。

进口环节增值税的免税、减税项目及税率的调整由国务院规定，任何地区、部门都无权擅自决定增值税的减免。

进口环节增值税以组成价格作为计税价格，征税时不得抵扣任何税额，即由关税完税价格加上关税税额组成，应征消费税的货物的增值税要另加上消费税税额。

进口环节增值税税率的调整及减、免项目由国务院规定，起征点为人民币 50 元。

在我国境内销售货物或者提供加工、修理、修配、劳务以及进口货物的单位和个人，为增值税的纳税义务人，应当依照《增值税暂行条例》缴纳增值税。进口货物由纳税义务人向办理进口手续的海关申报纳税。

我国增值税按照中性、简便、规范的原则，采取基本税率再加一档低税率的模式。一般情况下适用基本税率17%的范围包括纳税人销售或者进口除适用低税率以外的货物以及提供加工、修理、修配、劳务。

适用低税率13%的货物范围如下：①粮食、食用植物油；②自来水、暖气、冷气、热水、煤气、石油液化气、天然气、沼气、居民用煤炭制品；③图书、报纸、杂志；④饲料、化肥、农药、农机、农膜；⑤国务院规定的其他货物。

根据国内外形势的变化，我国对进出口关税税率会作适时调整。

（二）消费税

消费税是以消费品或消费行为的流转额作为课税对象而征收的一种流转税。其征收目的是调节我国的消费结构，引导消费方向，确保国家财政收入。它是在对货物普遍征收增值税的基础上，选择少数消费品再予征收的税。

在我国境内生产、委托加工和进口《消费税暂行条例》中规定消费品的单位和个人，以及国务院确定的销售《消费税暂行条例》中规定消费品的单位和个人，为消费税纳税义务人。我国的消费税由税务机关征收，进口应税消费品的消费税由海关代征。

我国进口应税消费品的消费税采用从价、从量和复合计税的方法计征。消费税的税目、税率的调整由国务院决定，其起征点为人民币 50 元。

消费税的征收范围，仅限于少数消费品，大体分为以下四类。

（1）一些过度消费会对人的身体健康、社会秩序、生态环境等方面造成危害的特殊消费品，如烟、酒、酒精、鞭炮等。

（2）奢侈品、非生活必需品，如贵重首饰及珠宝玉石、化妆品等。

（3）高能耗的高档消费品，如小汽车、摩托车等。

（4）不可再生和替代的资源类消费品，如汽油、柴油等。

三、船舶吨税及税款滞纳金

（一）船舶吨税

船舶吨税（以下简称吨税）是海关代表国家交通管理部门在设关口岸对进出我国国境的船舶征收的用于航道设施建设的一种使用税。

《船舶吨税法》于 2018 年 7 月 1 日起正式施行，进一步规范了船舶吨税相关事宜。

吨税的征收范围为自中华人民共和国境外港口进入境内港口的船舶。但下列船舶免征吨税：

（1）应纳税额在人民币五十元以下的船舶；

（2）自境外以购买、受赠、继承等方式取得船舶所有权的初次进口到港的空载船舶；

（3）吨税执照期满后二十四小时内不上下客货的船舶；

（4）非机动船舶（不包括非机动驳船）；

（5）捕捞、养殖渔船；

（6）避难、防疫隔离、修理、改造、终止运营或者拆解，并不上下客货的船舶；

（7）军队、武装警察部队专用或者征用的船舶；

（8）警用船舶；

（9）依照法律规定应当予以免税的外国驻华使领馆、国际组织驻华代表机构及其有关人员的船舶；

（10）国务院规定的其他船舶。

> 📚 **史海拾零**
>
> **梁 头 税**
>
> 　　闽海关时期船舶吨税称梁头税。它根据船只的长、宽和梁头的高度相乘的容积计征税费。康熙二十四年（1685 年），清政府准许闽海关开征沿海帆船梁头税。闽海关的梁头税征自国内外商

船。国内商船按梁头丈尺计征。凡南台、厦门、泉州、涵江四口各类商船，按丈尺征收 5 钱至 2 两不等，每年征两次。道光二十三年九月（1843 年 10 月）后，根据不平等条约，海关规定凡商船进口按吨位每吨缴银 5 钱，小船不及 150 吨者，每吨缴银 1 钱。咸丰八年（1858 年）后，凡船 150 吨以上，每吨缴纳船钞银改为 4 钱，不及 150 吨者照旧。缴纳船钞后，4 个月内转往其他通商口岸，"毋庸另纳船钞"。新关设立后，闽厦两关按章对外商轮船征收船钞。闽厦两关对国内民船征收梁课和船例。根据咸丰八年（1858 年）的《天津条约》，闽厦两关征收的船钞主要用于口岸的海务建设。同治和光绪年间，海关分别施行《征免洋商船钞章程》和《通商口岸海关征免船钞章程》，对各类船只船钞征免都做了明确的规定。

（二）税款滞纳金

征收滞纳金是税收管理中的一种行政强制措施。在海关监督管理中，滞纳金指应纳税的单位或个人因逾期向海关缴纳税款而依法应缴纳的款项。按规定，关税、进口环节增值税、进口环节消费税、船舶吨税等的纳税义务人或其代理人，应当自向海关填发税款缴款书之日起 15 日内向指定银行缴纳税款，逾期缴纳的，海关依法在原应纳税款的基础上，按日加收滞纳税款 0.5‰的滞纳金，其目的在于促使纳税义务人尽早履行纳税义务。

根据规定，对逾期缴纳税款应征收滞纳金的，还有以下几种情况：

（1）进出口货物放行后，海关发现因纳税义务人违反规定造成少征或者漏征税款的，可以自缴纳税款或货物放行之日起 3 年内追征税款，并从缴纳税款或货物放行之日起至海关发现之日止，按日加收少征或者漏征税款 0.5‰的滞纳金。

（2）因纳税义务人违反规定造成海关监管货物少征或者漏征税款的，海关应当自纳税义务人应缴纳税款之日起 3 年内追征税款，并自应缴纳税款之日起至海关发现违规行为之日止，按日加收少征或者漏征税款 0.5‰的滞纳金。这里所述的应缴纳税款之日是指纳税义务人违反规定的行为发生之日；该行为发生之日不能确定的，应当以海关发现该行为之日作为应缴纳税款之日。

（3）租赁进口货物，分期支付租金的，纳税义务人应当在每次支付租金后的 15 日内向海关申报办理纳税手续，逾期办理申报手续的，海关除了征收税款外，还应当自申报办理纳税手续期限届满之日起至纳税义务人申报纳税之日止，按日加收少征或者漏征税款 0.5‰的滞纳金。租赁进口货物自租期届满之日起 30 日内，应向海关申请办结海关手续。逾期办理手续的，海关除按照审定进口货物完税价格的有关规定和租期届满后第 30 日该货物适用的计征汇率、税率，审核确定其完税价格、计征应缴纳的税款外，还应当自租赁期限届满后 30 日起至纳税义务人申报纳税之日止按日加收应缴纳税款 0.5‰的滞纳金。

（4）暂时进出境货物未在规定期限内复运出境或者复运进境，且纳税义务人未在规定期限届满前向海关申报办理进出口及纳税手续的，海关除按照规定征收缴纳的税款外，还应当自规定期限届满之日起至纳税义务人申报纳税之日止，按日加收少征或者漏征税款 0.5‰的滞纳金。

视野拓展

成都海关支持四川地震灾后重建

四川长虹电器股份有限公司是一家集彩电、背投、空调、视听等产业研发、生产、销售的多元化、综合型跨国企业。震后曾向成都海关打来电话，感谢成都海关大力支持受灾企业生产。2008 年 6 月中旬，成都海关隶属绵阳海关收到了长虹公司递交的"关于免于缴纳滞纳金的申请"，立即核实情况，落实《成都海关支持四川抗震救灾重建工作九条措施》精神。地震之后，该公司受损较重，银行等机构短时中断工作，企业 39 票税单 97 万元税金超期滞纳，每日约产生滞纳金 488 元。

第二节　进出口货物完税要素的审定

进出口货物完税价格是海关对进出口货物征收从价税时审查估定的应税价格，是凭以计征进出口货物关税及进口环节税税额的基础。审定进出口货物完税价格是贯彻关税政策的重要环节，也是海关依法行政的重要体现。

海关审价的法律依据包括以下三个层次。

（1）法律层次上是《海关法》，"进出口货物的完税价格，由海关以该货物的成交价格为基础审查确定。成交价格不能确定时，由海关估定。"

（2）行政层次上是《关税条例》。

（3）部门规章层次上是《海关审定进出口货物完税价格办法》和《海关进出口货物征税管理办法》等，以下分别简称为《审价办法》和《征管办法》。

一、一般进口货物完税价格的审定

海关确定进口货物完税价格共有进口货物成交价格法、相同货物成交价格法、类似货物成交价格法、倒扣价格法、基于成本的价格计算法和合理估价法等六种估价方法。上述估价方法必须依次使用，即只有在不能使用前一种估价方法的情况下，才可以顺延使用其他估价方法。如果进口货物收货人提出要求并提供相关资料，经海关同意，可以颠倒倒扣价格法和基于成本的价格计算法的适用次序。

（一）进口货物成交价格法

进口货物成交价格法是《关税条例》及《审价办法》规定的第一种估价方法，进口货物的完税价格应首先以成交价格估价方法审查确定。这里应注意进口货物成交价格法中，成交价格和完税价格两个概念的差异。

《审价办法》规定：进口货物的完税价格，由海关以该货物的成交价格为基础审查确定，并应包括货物运抵中华人民共和国境内输入地点起卸前的运输及相关费用、保险费。"相关费用"主要是指与运输有关的费用，如装卸费、搬运费等属于广义的运费范围内的费用。成交价格需满足一定的条件才能被海关所接受。

进口货物的成交价格，是指卖方向中华人民共和国境内销售该货物时买方为进口该货物向卖方实付、应付的，并按有关规定调整后的价款总额，包括直接支付的价款和间接支付的价款。"实付和应付"是指必须由买方支付，支付的目的是获得进口货物，支付的对象既包括卖方也包括与卖方有联系的第三方，且包括已经支付和将要支付两者的总额。此外，成交价格不完全等同于贸易中实际发生的发票价格，需要按有关规定进行调整。

调整因素包括以下几项：①除购货佣金以外的佣金和经纪费；②与进口货物视为一体而又未纳入价格的容器费用；③包装材料和包装劳务费用；④协助价值，即买方以免费或低于成本价的方式向卖方提供的货物或服务，如工具、磨具、材料、工程设计、境外技术研发等；⑤未作为货物价格一部分的特许权使用费，如商标使用费、专有/利技术使用费等，但与货物无关的或费用的支出与向我国境内销售无关的不能计入；⑥返回给卖方的转售收益。

上述因素纳入完税价格计算需同时满足三个条件：由买方负担；未包括在进口货物的实付或应付价格中；有客观量化的数据资料。

进口货物的价款中单独列明的下列税收、费用，不计入该货物的完税价格：①厂房、机械或者设备等货物进口后发生的建设、安装、装配、维修或者技术援助费用，但是保修费用除外；②货物运抵境内输入地点起卸后发生的运输及其相关费用、保险费；③进口关税、进口环节税及其他国内税；④为在境内复制进口货物而支付的费用；⑤境内外技术培训及境外考察费用。

此外，同时符合下列条件的利息费用不计入完税价格：①买方为购买进口货物而融资所产生的利息费用；②有书面的融资协议的利息费用；③单独列明的利息费用；④纳税义务人可以证明有关利率不高于融资当时当地此类交易通常具有的利率水平，且没有融资安排的相同或者类似进口货物的价格与进口货物的实付、应付价格非常接近的利息费用。

视野拓展

购货佣金、经纪费和码头装卸费

购货佣金是指买方向其采购代理人支付的佣金，不计入进口货物的完税价格。

经纪费是指买方为购进进口货物向代表买卖双方利益的经纪人支付的劳务费用，应计入完税价格。

码头装卸费是指货物从船舷到集装箱堆场间发生的费用，属于货物运抵中华人民共和国境内输入地点起卸后的运输相关费用，因此不计入货物的完税价格。

成交价格本身须满足的条件包括：买方对进口货物的处置和使用权不受限制；货物的价格不应受到导致该货物成交价格无法确定的条件或因素的影响；卖方不得直接或间接从买方获得因转售、处置或使用进口货物而产生的任何收益，除非上述收益能够被合理确定；买卖双方之间没有特殊关系，或虽有特殊关系但不影响成交价格。

有下列情形之一的，应当视为对买方处置或者使用进口货物进行了限制：①进口货物只能用于展示或者免费赠送的；②进口货物只能销售给指定第三方的；③进口货物加工为成品后只能销售给卖方或者指定第三方的；④其他经海关审查，认定买方对进口货物的处置或者使用受到限制的。

进口货物成交价格法是海关估价中使用最多的一种估价方法。但是如果货物的进口非因销售引起或销售不能符合成交价格须满足的条件，就不能采用成交价格法，而应该依次采用下列方法审查确定货物的完税价格。

（二）相同及类似货物成交价格法

相同及类似进口货物成交价格法，即以与被估货物同时或大约同时向中华人民共和国境内销售的相同货物及类似货物的成交价格为基础，审查确定进口货物完税价格的方法。

"相同货物"是指与进口货物在同一国家或地区生产的，在物理性质、质量和信誉等所有方面都相同的货物，但是表面的微小差异允许存在。

"类似货物"是指与进口货物在同一国家或地区生产的，虽然不是在所有方面都相同，但却具有相似的特征、相似的组成材料、相同的功能，并且在商业中可以互换的货物。

相同或类似货物的时间要素的要求是指相同或类似货物必须与进口货物同时或大约同时进口，其中的"同时或大约同时"是指在海关接受申报之日的前后各45天内。

在运用这两种估价方法时，首先应使用和进口货物处于相同商业水平、大致相同数量的相同或类似货物的成交价格，只有在上述条件不满足时，才可采用以不同商业水平和不同数量销售的相同或类似进口货物的价格，但不能将上述价格直接作为进口货物的价格，还须对由此而产生的价格方面的差异做出调整。

此外，对进口货物与相同或类似货物之间由于运输距离和运输方式不同而在成本和其他费用方面产生的差异应进行调整。这些调整都必须建立在客观量化的数据资料的基础上。

同时还应注意，在采用相同或类似货物成交价格法确定进口货物完税价格时，首先应使用同一生产商生产的相同或类似货物的成交价格，只有在没有同一生产商生产的相同或类似货物的成交价格的情况下，才可以使用同一生产国或地区不同生产商生产的相同或类似货物的成交价格。如果有多个相同或类似货物的成交价格，应当以最低的成交价格为基础估定进口货物的完税价格。

（三）倒扣价格法

倒扣价格法即以进口货物、相同或类似进口货物在境内第一环节的销售价格为基础，扣除境内发生的有关费用估定完税价格的方法。上述"第一环节"是指有关货物进口后进行的第一次转售，且转售与境内买方之间不能有特殊关系。

用以倒扣的上述销售价格应同时符合以下条件。

（1）在被估货物进口时或大约同时，将该货物、相同或类似进口货物在境内销售的价格。

（2）按照该货物进口时的状态销售的价格。

（3）在境内第一环节销售的价格。

（4）向境内无特殊关系方销售的价格。

（5）按照该价格销售的货物合计销售总量最大。

倒扣价格法的核心要素有以下三项。

（1）按进口时的状态销售。必须首先以进口货物、相同或类似进口货物按进口时的状态销售的价格为基础。如果没有按进口时的状态销售的价格，应纳税义务人要求，可以使用经过加工后在境内销售的价格作为倒扣的基础。

（2）时间要素。必须是在被估货物进口时或大约同时转售给境内无特殊关系方的价格，其中"进口时或大约同时"为在进口货物接受申报之日的前后各45天以内。如果进口货物、相同或类似货物没有在海关接受进口货物申报之日前后45天内在境内销售，可以将在境内销售的时间延长至接受货物申报之日前后90天内。

（3）合计的货物销售总量最大。必须使用被估的进口货物、相同或类似进口货物售予境内无特殊关系方合计销售总量最大的价格为基础估定完税价格。

确定销售价格以后，在使用倒扣价格法时，还必须扣除一些费用。这些需要倒扣的费用项目根据规定有以下四项：①该货物的同级或同种类货物在境内第一环节销售时通常支付的佣金以及利润和一般费用；②货物运抵境内输入地点之后的运输及其相关费用、保险费；③进口关税、进口环节税及其他国内税；④加工增值额，如果以货物经过加工后在境内转售的价格作为倒扣价格的基础，则必须扣除上述加工增值部分。

（四）基于成本的价格计算法

基于成本的价格计算法既不是以成交价格也不是以在境内的转售价格作为基础，而是以发生在生产国或地区的生产成本作为基础的价格。

按有关规定采用该方法时，进口货物的完税价格由下列各项目的总和构成。

（1）生产该货物所使用的料件成本和加工费用。"料件成本"是指生产被估货物的原料成本，包括原材料的采购价值，以及原材料投入实际生产之前发生的各类费用。"加工费用"是指将原材料加工为制成品过程中发生的生产费用，包括人工成本、装配费用及相关间接成本。

（2）向境内销售同等级或同种类货物通常的利润和一般费用（包括直接费用和间接费用）。

（3）货物运抵中华人民共和国境内输入地点起卸前的运输及其相关费用、保险费。

基于成本的价格计算法按顺序为第五种估价方法，但如果进口货物纳税义务人提出要求，并经海关同意，可以与倒扣价格法颠倒次序使用。此外，海关在征得境外生产商同意且提前通知有关国家或地区政府后，可以在境外核实该生产商提供的有关资料。

（五）合理估价法

合理估价法，是指当海关不能根据成交价格估价法、相同货物成交价格估价法、类似货物成交价格估价法、倒扣价格估价法和基于成本的价格计算法确定完税价格时，根据公平、统一、客观的估价原则，以客观量化的数据资料为基础审查确定进口货物完税价格的估价方法。

在运用合理估价方法估价时，禁止使用以下六种价格。

（1）境内生产的货物在境内的销售价格。

（2）在两种价格中较高的价格。

（3）货物在出口地市场的销售价格。

（4）以计算价格法规定之外的价值或费用计算的相同或类似货物的价格。

（5）出口到第三国或地区货物的销售价格。

（6）最低限价或武断、虚构的价格。

二、出口货物完税价格的审定

出口货物的完税价格由海关以该货物的成交价格为基础审查确定，包括货物运至中华人民共和国境内输出地点装载前的运输及其相关费用、保险费。

出口货物的成交价格是指该货物出口销售时，卖方为出口该货物向买方直接收取和间接收取的价款总额。

不计入出口货物完税价格的税费包括以下几项：出口关税；在货物价款中单独列明的货物运至中华人民共和国境内输出地点装载后的运费及其相关费用、保险费；货物价款中单独列明由卖方承担的佣金。

出口货物的成交价格不能确定的，海关经了解有关情况，并与纳税义务人进行价格磋商后，依次以下列价格审查确定该货物的完税价格。

（1）同时或大约同时向同一国家或地区出口的相同货物的成交价格。

（2）同时或大约同时向同一国家或地区出口的类似货物的成交价格。

（3）根据境内生产相同或类似货物的成本、利润和一般费用（包括直接费用和间接费用）、境内发生的运输及其相关费用、保险费计算所得的价格。

（4）按照合理估价法估定的价格。如果出口货物的销售价格中包含了出口关税，则出口货物完税价格的计算公式如下：

$$出口货物完税价格 = FOB（中国境内口岸价）- 出口关税 \qquad (10\text{-}2)$$

三、特殊进出口货物完税价格的审定

根据《审价办法》的规定，特殊进出口货物完税价格采用以下审定方法。

（一）出境修理复运进境货物的估价方法

运往境外修理的机械器具、运输工具或其他货物，出境时已向海关报明，并在海关规定的期限内复运进境的，海关以境外修理费和料件费审查确定完税价格。

出境修理货物复运进境超过海关规定期限的，由海关按照审定一般进口货物完税价格的规定审查确定完税价格。

（二）出境加工复运进境货物的估价方法

运往境外加工的货物，出境时已向海关报明，并在海关规定期限内复运进境的，海关以境外加工费和料件费，以及该货物复运进境的运输及相关费用、保险费审查确定完税价格。

出境加工货物复运进境超过海关规定期限的，由海关按照审定一般进口货物完税价格的规定审查确定完税价格。

（三）暂时进境货物的估价方法

经海关批准的暂时进境货物，应当缴纳税款的，由海关按照本章审定一般进口货物完税价格的规定审查确定完税价格。经海关批准留购的暂时进境货物，以海关审查确定的留购价格作为完税价格。

（四）租赁进口货物的估价方法

租赁进口货物的估价方法有以下几种。

（1）以租金方式对外支付的租赁货物，在租赁期间以海关审定的该货物的租金作为完税价格，利息予以计入。

（2）留购的租赁货物以海关审定的留购价格作为完税价格。

（3）纳税义务人申请一次性缴纳税款的，可以选择申请按照规定的估价方法确定完税价格，或按照海关审查确定的租金总额作为完税价格。

（五）减免税货物的估价方法

特定减免税货物在监管年限内不能擅自出售、转让、移作他用，如果有特殊情况，经过海关批准可以出售、转让的，须向海关办理纳税手续。对减税或免税进口货物需予以征税时，海关以审定的该货物原进口时的价格，扣除折旧部分价值作为完税价格。其计算公式如下：

$$完税价格 = 海关审定的该货物原进口时的价格$$
$$\times [1 - 征税时实际已进口的月数 \div (监管年限 \times 12)] \quad (10\text{-}3)$$

上式中"征税时实际已进口的月数"，不足 1 个月但超过 15 日的，按照 1 个月计算；不超过 15 日的，不予计算。

（六）无成交价格货物的估价方法

易货贸易、寄售、捐赠、赠送等不存在成交价格的进口货物，海关与纳税义务人进行价格磋商后，按照相同货物成交价格估价法、类似货物成交价格估价法、倒扣价格估价法、基于成本的价格计算法或合理估价法审查确定完税价格。

（七）软件介质的估价方法

进口载有专供数据处理设备用软件的介质，具有下列情形之一的，以介质本身的价值或成本为基础审查确定完税价格。

（1）介质本身的价值或成本与所载软件的价值分列；

（2）介质本身的价值或成本与所载软件的价值虽未分列，但是纳税义务人能够提供介质本身的价值或成本的证明文件，或能提供所载软件价值的证明文件。

含有美术、摄影、声音、录像、影视、游戏、电子出版物的介质不适用上述规定。

四、进出口货物完税要素计算标准的审定

（一）运费的计算标准

进口货物的运费，按照实际支付的费用计算。如果进口货物的运费无法确定，海关按照该货物的实际运输成本或该货物进口同期运输行业公布的运费率（额）计算运费。

运输工具作为进口货物，利用自身动力进境的，海关在审查确定完税价格时，不再另行计入运费。

（二）保险费的计算标准

进口货物的保险费，按照实际支付的费用计算。如果进口货物的保险费无法确定或未实际发生，海关按照"货价加运费"两者总额的 3‰ 计算保险费，其计算公式如下：

$$保险费 = （货价 + 运费）× 3‰ \qquad (10\text{-}4)$$

（三）邮运货物运费的计算标准

邮运进口的货物，以邮费作为运输及其相关费用、保险费。

邮运进口货物主要是指快件，而超过一定价格的快件应按货物管理，所以同样存在运保费的问题，而邮运进口货物，其邮费即为运保费。

（四）边境口岸运费计算标准

以境外边境口岸价格条件成交的铁路或公路运输进口货物，海关应当按照境外边境口岸价格的 1% 计算运输费及相关费用、保险费。这里所称的"边境口岸"是指与我国接壤的国家或地区的边境口岸。

1. 价格质疑程序

在确定完税价格过程中，海关对价格的真实性或准确性有疑问，或有理由认为买卖双方的特殊关系可能影响成交价格时，向纳税义务人或其代理人制发"价格质疑通知书"，将质疑的理由书面告知纳税义务人或其代理人。

纳税义务人或其代理人应自收到价格质疑通知书之日起 5 个工作日内，以书面形式提供相关资料或其他证据，证明其申报价格真实、准确或买卖双方之间的特殊关系未影响成交价格。纳税义务人或其代理人确有正当理由无法在规定时间内提供资料或证据的，可以在规定期限届满前以书面形式向海关申请延期。除特殊情况外，延期不得超过 10 个工作日。

价格质疑程序的履行是为了核实成交价格的真实性、准确性和完整性。如进出口货物没有成交价格，海关无须履行价格质疑程序，可直接进入价格磋商程序。

2. 价格磋商程序

价格磋商是指海关在使用除成交价格法以外的估价方法时，在保守商业秘密的基础上，与纳税义务人交换彼此掌握的用于确定完税价格的数据资料的行为。

海关按照《审价办法》的规定通知纳税义务人进行价格磋商时，纳税义务人需自收到"价格磋商通知书"之日起 5 个工作日内与海关进行价格磋商。纳税义务人未在规定的时限内与海关进行磋商的，视为其放弃价格磋商的权利，海关可以直接按照《审价办法》规定的方法

审查确定进出口货物的完税价格。

海关与纳税义务人进行价格磋商时，应当制作"价格磋商记录表"。

对符合下列情形之一的，经纳税义务人书面申请，海关可以不进行价格质疑或价格磋商，依法审查确定进出口货物的完税价格。

（1）同一合同项下分批进出口的货物，海关对其中一批货物已经实施估价的。

（2）进出口货物的完税价格在人民币 10 万元以下或关税及进口环节税总额在人民币 2 万元以下的。

（3）进出口货物属于危险品、鲜活品、易腐品、易失效品、废品、旧品等的。

（五）进出口货物税率适用的审定

在对外贸易中，原产地是指货物生产的国家（地区），就是货物的"国籍"。原产地的不同决定了进出口商品所享受的待遇不同。

各国为了适应国际贸易的需要，并为执行本国关税及非关税方面的国别歧视性贸易措施，必须对进出口商品的原产地进行认定。为此，各国以本国立法形式制定出其鉴别货物"国籍"的标准，这就是原产地规则。

世界贸易组织《原产地规则协议》将原产地规则定义为：一国（地区）为确定货物的原产地而实施的普遍适用的法律、法规和行政决定。原产地规则分为优惠原产地规则和非优惠原产地规则。

1. 优惠原产地规则

优惠原产地规则是指一国（或地区）为了实施国别优惠政策而制定的法律、法规，通常以优惠贸易协定为基础，通过双边、多边协定或本国自主形式制定的一些原产地认定标准，因此也称为协定原产地规则。

微课堂
货物原产地证书

优惠原产地规则具有很强的排他性，优惠范围以原产地为受惠国（地区）的进口产品为限。

优惠原产地规则的实施方式：①通过自主方式授予，如欧盟普惠制（GSP）、中国对最不发达国家的特别优惠关税待遇；②通过协定以互惠性方式授予，如北美自由贸易协定、中国-东盟自贸区协定等。

2. 非优惠原产地规则

非优惠原产地规则，是一国（或地区）根据实施其海关税则和其他贸易措施的需要，由本国立法自主制定的原产地认定标准，因此也称为自主原产地规则。按照世界贸易组织的规定，适用于非优惠性贸易政策措施的原产地规则，其实施必须遵守最惠国待遇原则，即必须普遍地、无差别地适用于所有原产地为最惠国的进口货物。它包括实施最惠国待遇、反倾销和反补贴、保障措施、数量限制或关税配额、原产地标记或贸易统计、政府采购时所采用的原产地规则。《WTO 协调非优惠原产地规则》正在统一协调中，完成后，世界贸易组织成员将实施统一的协调非优惠原产地规则，以取代各国（地区）自主制定的非优惠原产地规则。

视野拓展

原产地规则的作用

世界大多数国家（地区）根据进口产品的不同来源，分别给予不同的待遇。在实行差别关税的国家（地区），进口货物的原产地是决定其能否享受一定的关税优惠待遇的重要依据之一。在采取禁运、反倾销、进出口数量限额、贸易制裁、联合抵制、卫生防疫管制、外汇管制等贸易措施时，只有在能对进口货物的原产地做出准确判定时，贸易措施才能真正发挥作用。因此，在许多情况下，原产地规则都是国家贸易政策的重要组成部分，具有多方面作用。

（1）关税方面。在采用多种进口税率的情况下，如果从不同国家（地区）进口的货物在关税规定中享受不同的待遇，则进口国（地区）首先必须确定进口货物的原产地，从而进一步对来自不同国家（地区）的货物给予不同的关税待遇。

（2）海关统计方面。在实施配额和许可证管理等贸易政策时，往往以产品原产地为根据统计某特定国家（地区）年度内货物进口量，以此为政府提供贸易统计数据。政府则根据海关统计的数据检查许可证和配额等制度的执行情况，并制定和修改地区贸易政策，掌握国家（地区）政策，实现外贸平衡。

（3）在非关税方面。进口国根据某些限制规定，对来自不同国家（地区）的货物给予不同待遇，则必须首先确定进口货物的原产地。这些限制包括的范围非常广泛，例如在提起反倾销诉讼时，一国（地区）常以原产地为依据统计某项进口商品在国（地区）内市场上的占有量，以此判断该项产品给国（地区）内的工业是否造成了"重大损害或产生重大威胁或者对某一国（地区）内工业的重建产生严重阻碍"。此外，国家（或地区）间实行贸易报复或因其他原因排斥某国（地区）货物的进口也是以产品的原产地为依据的。

3. 原产地的认定标准

在认定货物的原产地时，会出现以下两种情况：一种是货物完全是在一个国家（地区）获得或生产制造；另一种是货物由两个或两个以上国家（地区）生产或制造。无论是优惠原产地规则还是非优惠原产地规则，都要确定这两种货物的原产地认定标准。

（1）完全获得标准。完全在一个国家（地区）获得的货物，以该国（地区）为原产地；两个以上国家（地区）参与生产的货物，以最后完成实质性改变的国家（地区）为原产地。

在确定货物是否在一个国家（地区）完全获得时，为运输、储存期间保存货物而进行的加工或处理，为货物便于装卸而进行的加工或处理，为货物销售而进行的包装、加工或处理等，不予考虑。

（2）实质性改变标准。货物原产地发生实质性改变的认定以税则改变为基本标准；当税则归类改变不能反映实质性改变时，以从价百分比、制造或者加工工序等为补充标准。

税则归类改变，是指在某一国家（地区）对非该国（地区）原产材料进行制造、加工后，所得货物在《进出口税则》中的 4 位数税号一级的税则归类发生改变。

制造或者加工工序标准，是指在某一国家（地区）进行的赋予制造、加工后所得货物基本特征的主要工序。如税号 6209"婴儿服装及衣着附件"要求实质性改变标准为：裁剪、缝制至成衣。

从价百分比标准，是指在某一国家（地区）对非该国（地区）原产材料进行制造、加工后的增值部分，不低于所得货物价值的 30%。用公式表示如下：

$$[工厂交货价-非该国（地区）原产材料价值] / 工厂交货价 \times 100\% \geqslant 30\% \qquad (10\text{-}5)$$

式中，"工厂交货价"是指支付给制造厂所生产的成品的价格，"非该国（地区）原产材料价值"是指直接用于制造或装配最终产品而进口的原料、零部件的价值（含原产地不明的原料、零部件），以其进口的成本、保险费加运费价格（CIF 价）计算。

实质性改变标准适用于非优惠性贸易措施项下两个及以上国家（地区）所参与生产的货物原产地的确定。

原产地认定案

1886 年，美国在贸易的贝壳案中最早提出了关于产品原产地认定的思路。该案争论的焦点是"进口的经清洗和磨光后的贝壳是否仍为贝壳制品"，如果是贝壳制品，按美国当时的法律应征收 35%的从价税；如果不是贝壳制品，则免征进口税。

美国最高法院最后认定"经清洗及磨光后的贝壳仍为贝壳。与贝壳相比，清洗及磨光后的贝壳并未加工成具有完全不同的名称、特征或用途的一项不同的新产品"。

该案对原产地认定的思路对于后来国际贸易中货物原产地的界定产生了重大影响。如今，被普遍接受的原产地定义是：经一个以上国家（地区）加工制造的产品的原产地，是对该产品施加最后一个实质性改变（形成了一种完全不同的名称、特征或用途的新产品）的国家（地区），而原产地原则的主要作用体现在关税的征收上。假设有甲、乙两国是世界贸易组织的成员，丙国不是世界贸易组织成员。丙国生产的服装对乙国出口，再将其出口到甲国，对这一交易甲国打算征收 15%的关税。假设甲国在世界贸易组织中的承诺关税是 10%，丙国是否可以控告甲国违背世界贸易组织的承诺或是最惠国待遇原则？回答是否定的，因为服装产于丙国，而它不是世界贸易组织成员，不受世界贸易组织规则的约束和保护。

4. 税率适用的规定

进口税则分设最惠国税率、协定税率、特惠税率、关税配额税率等税率。对进口货物在一定期限内可以实行暂定税率。根据我国加入世界贸易组织时承诺的关税减让义务，2007 年之后，我国的进口关税总水平保持在 9.8%，自 2018 年 11 月 1 日起，我国进口关税总水平降至 7.5%。

出口税则按进口税则列目方式确定出口税则税目，对部分出口商品实行暂定出口税率。

（1）进口税率。对于同时适用多种税率的进口货物，在选择适用的税率时，基本原则是"从低适用"，特殊情况除外。

原产于共同适用最惠国待遇条款的世界贸易组织成员的进口货物，原产于与中华人民共和国签订含有相互给予最惠国待遇条款的双边贸易协定的国家（地区）的进口货物，以及原产于中华人民共和国境内的进口货物，适用最惠国税率。

原产于与中华人民共和国签订含有关税优惠条款的区域性贸易协定的国家（地区）的进口货物，适用协定税率。原产于与中华人民共和国签订含有特殊关税优惠条款的贸易协定的国家（地区）的进口货物，或者原产于中华人民共和国自主给予特别优惠关税待遇的国家（地区）的进口货物，适用特惠税率。

上述之外的国家（地区）的进口货物，以及原产地不明的进口货物，适用普通税率。

适用最惠国税率的进口货物有暂定税率的，应当适用暂定税率；适用协定税率、特惠税率的进口货物有暂定税率的，应当从低适用税率；适用普通税率的进口货物，不适用暂定税率。对于无法确定原产国（地区）的进口货物，按普通税率征税。

按照国家规定实行关税配额管理的进口货物，关税配额以内的，适用关税配额税率；关税配额以外的，其税率的适用按其所适用的其他相关规定执行。

按照有关法律、行政法规的规定对进口货物征收反倾销税、反补贴税、保障措施税的，其税率的适用按照《反倾销条例》《反补贴条例》和《保障措施条例》的有关规定执行。

任何国家（地区）违反与中华人民共和国签订或共同参加的贸易协定及相关协定，对中华人民共和国在贸易方面采取禁止、限制、加征关税或其他影响正常贸易措施的，对原产于该国家（地区）的进口货物可以征收报复性关税，适用报复性关税税率。征收报复性关税的货物、适用国别、税率、期限和征收办法，由国务院关税税则委员会决定并公布。

凡进口原产于与我国达成优惠贸易协定的国家（地区）并享受协定税率的商品，同时该商品又属于我国实施反倾销或反补贴措施范围内的，应按照优惠贸易协定税率对其计征进口关税；凡进口原产于与我国达成优惠贸易协定的国家（地区）并享受协定税率的商品，同时该商品又属于我国采取保障措施范围内的，应在该商品全部或部分中止、撤销、修改关税减让义务后所确定的适用税率基础上对其计征进口关税。

执行国家有关税率减征政策时，首先应当在最惠国税率基础上计算有关税目的减征税率，然后根据进口货物的原产地及各种税率形式的适用范围，将这一税率与同一税目的特惠税率、协定税率、进口暂定最惠国税率进行比较，税率从低执行。但不得在暂定最惠国税率基础上再进行减免。

（2）出口税率。对于出口货物，在计算出口关税时，出口暂定税率的执行优先于出口税率。

视野拓展

2019 年关税调整方案（部分）

《2019 年关税实施方案》自 2019 年 1 月 1 日起实施。

一、2019 年关税调整方案的主要内容

（一）调整进口关税税率

1. 最惠国税率

（1）自 2019 年 1 月 1 日起，对 706 项商品实施进口暂定税率；自 2019 年 7 月 1 日起，取消 14 项信息技术产品进口暂定税率，同时缩小一项进口暂定税率适用范围。

> 提示：读者可通过第一章第三节中提供的海关法规查询方法查询最新年度关税实施方案。

（2）对《中华人民共和国加入世界贸易组织关税减让表修正案》附表所列信息技术产品最惠国税率自 2019 年 7 月 1 日起实施第四次降税。

2. 关税配额税率

继续对小麦等 8 类商品实施关税配额管理，税率不变。其中，对尿素、复合肥、磷酸氢铵 3 种化肥的关税配额税率继续实施 1% 的进口暂定税率。继续对配额外进口的一定数量的棉花实施滑准税，并进行适当调整。

3. 协定税率

（1）根据我国与有关国家或地区签署的贸易或关税优惠协定，除此前已报经国务院批准的协定税率降税方案继续实施外，自 2019 年 1 月 1 日起，对我国与新西兰、秘鲁、哥斯达黎加、瑞士、冰岛、韩国、澳大利亚、格鲁吉亚以及亚太贸易协定国家的协定税率进一步降低。根据我国内地与我国香港、澳门《关于建立更紧密经贸关系的安排》的货物贸易，除我国内地在有关国际协议中作出特殊承诺的产品外，对原产于香港、澳门的产品全面实施零关税。

（2）当最惠国税率低于或等于协定税率时，按相关协定的规定执行。

4. 特惠税率

根据亚太贸易协定规定，对亚太贸易协定项下的特惠税率进一步降低。

（二）出口关税税率

自 2019 年 1 月 1 日起，继续对铬铁等 108 项出口商品征收出口关税或实行出口暂定税率，税率维持不变，取消 94 项出口暂定税率。

二、其他说明事项

为服务进出口企业，保证《2019 年进出口暂定税率等调整方案》顺利实施，便于进出口货物的收发货人、经营单位及其代理人有所对照以正确申报，海关总署已编制 2019 年《进出口商品暂定税率表》和《中华人民共和国海关进出口商品规范申报目录》，供通关参考（详见海关总署门户网站）。

5. 税率的实际运用

《关税条例》规定，进出口货物应当适用海关接受该货物申报进口或出口之日实施的税率。

在实际应用时应区分以下不同情况。

（1）进口货物到达前，经海关核准先行申报的，应当适用装载该货物的运输工具申报进境之日实施的税率。

（2）进口转关运输货物，应当适用指运地海关接受该货物申报进口之日实施的税率；货物运抵指运地前，经海关核准先行申报的，应当适用装载该货物的运输工具抵达指运地之日实施的税率。

（3）出口转关运输货物，应当适用启运地海关接受该货物申报出口之日实施的税率。

（4）经海关批准，实行集中申报的进出口货物，应当适用每次货物进出口时海关接受该货物申报之日实施的税率。

（5）因超过规定期限未申报而海关依法予以变卖的进口货物，其税款计征应当适用装载该货物的运输工具申报进境之日实施的税率。

（6）因纳税义务人违反规定需要追征税款的进出口货物，应当适用违反规定的行为发生之日实施的税率；行为发生之日不能确定的，适用海关发现该行为之日实施的税率。

（7）已申报进境并放行的保税货物、减免税货物、租赁货物或者已申报进出境并放行的暂时进出境货物，有下列情形之一需缴纳税款的，应当适用海关接受纳税义务人再次填写报关单申报办理纳税及有关手续之日实施的税率：保税货物经批准不复运出境的；保税仓储货物转入国内市场销售的；减免税货物经批准转让或者移作他用的；可暂不缴纳税款的暂时进出境货物，经批准不复运出境或者进境的；租赁进口货物，分期缴纳税款的。

进出口货物关税的补征和退还，按照上述规定确定适用的税率。

第三节　进出口税费计算实务

海关征收的税费，包括进出口环节增值税、消费税、船舶吨税、滞纳金等，这些税费一律以人民币计征，起征点为人民币 50 元。完税价格、税额采用四舍五入法计算至分。

进出口货物的成交价格及有关费用以外币计价的，计算税款前海关按照该货物适用税率当日所适用的计征汇率折合为人民币计算完税价格。海关每月使用的计征汇率为上一个月第三个星期三（若为法定节假日的，顺延采用第四个星期三）中国人民银行公布的外币对人民币的基础汇率。以基准汇率币种以外的外币计价的，采用同一时间中国银行公布的现汇买入价和现汇卖出价的中间值（人民币元后采用四舍五入法保留 4 位小数）。如果上述汇率发生重大波动，海关总署认为必要时，可另行规定计征汇率，并对外公布。

一、进口关税税款的计算

（一）从价税

从价税的计算公式为

$$应征税额 = 进口货物完税价格 × 进口从价税率 \tag{10-6}$$
$$减税征收的进口关税税额 = 进口货物完税价格 × 减按进口关税税率 \tag{10-7}$$

从价税的计算程序如下：第一步，按照归类原则确定税则归类，将应税货物归入适当的税号；第二步，根据原产地规则和税率适用规定，确定应税货物所适用的税率；第三步，根据审定完税价格的有关规定，确定应税货物的 CIF 价格；第四步，根据汇率适用规定，将以外币计价的 CIF 价格折算成人民币（完税价格）；第五步，按照计算公式正确计算应征税款。

【例 10.1】 国内某公司从我国香港购进日本产丰田皇冠轿车 10 辆，成交价格合计为 FOB 中国香港 120 000.00 美元，实际支付运费 5 000 美元，保险费 800 美元。已知小轿车的汽缸容量为 2 000ml，适用的中国人民银行外汇折算价为 1 美元 = 人民币 6.938 0 元。计算应征进口关税。

计算方法如下：

第一步，确定税则归类，汽缸容量为 2 000ml 的小轿车应归入税号 8 703.234 1。

第二步，确定应税货物所适用的税率，原产国日本适用最惠国税率为 25%。

第三步，审定完税价格为 125 800（120 000 + 5 000 + 800）美元；

第四步，将外币价格折算成人民币为 125 800 × 6.938 0 = 872 800.4（元）。

第五步，计算应征税款。

应征进口关税税额 = 完税价格 × 进口从价税税率 = 872 800.4 × 25% = 218 200.1（元）

（二）从量税

从量税的计算公式为

$$应征税额 = 进口货物数量 × 单位税额 \qquad (10\text{-}8)$$

从量税的计算程序如下：第一步，按照归类原则确定税则归类，将应税货物归入适当的税号；第二步，根据原产地规则和税率适用规定，确定应税货物所适用的税率；第三步，确定其实际进口量；第四步，如计征进口环节增值税，根据审定完税价格的有关规定，确定应税货物的 CIF 价格；第五步，根据汇率适用规定，将外币折算成人民币（完税价格）；第六步，按照计算公式正确计算应征税款。

【例 10.2】 国内某公司从我国香港购进日本产的彩色胶卷 50 400 卷（宽度 35 毫米，长度 1.8 米），成交价格为 CIF 境内某口岸 10.00 港币/卷，已知适用的中国人民银行外汇折算价为 1 港币 = 人民币 0.811 7 元；以规定单位换算表折算，规格"135/36"的彩色胶卷 1 卷 = 0.057 75 平方米。计算应征进口关税。

计算方法如下：

第一步，确定税则归类，彩色胶卷应归入税号 3702.5410。

第二步，确定应税货物所适用的税率，原产国日本适用最惠国税率 22.00 元/平方米。

第三步，确定其实际进口量为 50 400 卷 × 0.057 75 平方米/卷 = 2 910.6 平方米。

第四步，审定完税价格为 504 000 港币，将外币总价格折算成人民币为 409 096.68 元（计征进口环节增值税时需要）。

第五步，计算应征税款。

应征进口关税税额 = 货物数量 × 单位税额 = 2 910.6 × 22.00 = 64 033.20（元）

（三）复合税

复合税的计算公式为

$$应征税额 = 进口货物数量 × 单位税额 + 进口货物完税价格 × 进口从价税税率 \qquad (10\text{-}9)$$

复合税的计算程序如下：第一步，按照归类原则确定税则归类，将应税货物归入适当的税号；第二步，根据原产地规则和税率适用规定，确定应税货物所适用的税率；第三步，确定实际进口量；第四步，根据审定完税价格的有关规定，确定应税货物的完税价格；第五步，根据汇率适用规定，将外币折算成人民币；第六步，按照计算公式正确计算应征税款。

【例 10.3】 国内某公司从日本购进该国生产的广播级电视摄像机 40 台，其中有 20 台成交价格为 CIF 境内某口岸 4 000 美元/台，其余 20 台成交价格为 CIF 境内某口岸 5 200 美元/台，已知适用的中国人民银行外汇折算价为 1 美元 = 人民币 6.938 0 元。计算应征进口关税。

计算方法如下：

第一步，确定税则归类，该批摄像机应归入税号 8525.8012。

第二步，该货物原产国为日本，关税税率适用最惠国税率。经查关税税率为：完税价格不高于 5 000 美元/台的，关税税率为单一从价税率 35%；完税价格高于 5 000 美元/台的，关税税率为 3%，加 12 960 元从量税。

第三步，确定成交价格分别合计为 80 000 美元（每台 4 000 美元的 20 台）和 104 000 美元（每台 5 200 美元的 20 台）。

第四步，将外币价格折算成人民币分别为 555 040.00 元和 721 552.00 元。

第五步，按照计算公式分别计算进口关税税款：

$$单一从价进口关税税额（20 台）= 完税价格 \times 关税税率$$
$$= 555\ 040.00 \times 35\%$$
$$= 194\ 264.00（元）$$

$$复合进口关税税额（20 台）= 货物数量 \times 单位税额 + 完税价格 \times 关税税率$$
$$= 20 \times 12\ 960 + 721\ 552.00 \times 3\%$$
$$= 259\ 200.00 + 21\ 646.56$$
$$= 280\ 846.56（元）$$

$$合计进口关税税额（40 台）= 从价进口关税税额 + 复合进口关税税额$$
$$= 194\ 264.00 + 280\ 846.56$$
$$= 475\ 110.56（元）$$

（四）滑准税

滑准税的计算公式为

$$从价应征进口关税税额 = 完税价格 \times 暂定关税税率 \tag{10-10}$$
$$从量应征进口关税税额 = 进口货物数量 \times 暂定关税税率 \tag{10-11}$$

滑准税的计算程序如下：第一步，按照归类原则确定税则归类，将应税货物归入适当的税号；第二步，根据原产地规则和税率适用规定，确定应税货物所适用的税率；第三步，根据审定完税价格的有关规定，确定应税货物的完税价格；第四步，根据关税税率计算公式确定暂定关税税率；第五步，根据汇率适用规定，将外币折算成人民币；第六步，按照计算公式正确计算应征税款。

【例 10.4】 国内某公司购进配额外未梳棉花 1 吨，原产地为美国，成交价格为 CIF 某口岸 1 012.27 美元/吨。该公司已向海关提交由国家发展和改革委员会授权机构出具的"关税配额外优惠关税税率进口棉花配额证"，经海关审核确认后，征收滑准税。已知其适用的中国人民银行外汇折算价为 1 美元 = 人民币 6.938 0 元。按 2019 年滑准税规则计算应征进口关税税款：

计算方法如下。

第一步，确定税则归类，未梳棉花应归入税号 5201.0000。

第二步，确定关税税率，审定完税价格为 1 012.27 × 6.938 0 = 7 023.13，四舍五入约为 7.023 元/千克，将此完税价格与 15 元/千克作比较，鉴于 7.023 元/千克低于 15 元/千克，该进口货物原产国适用最惠国税率，根据"当配额外进口棉花完税价格低于 15 元/千克时，暂定关税税率按公式（暂定关税税率 = 9.45 ÷ 完税价格 + 2.6% × 完税价格 − 1）计算，当公式计算值高于 40% 时取值 40%"的规定，确定该货物的暂定关税税率：

$$暂定关税税率 = 9.45 \div 完税价格 + 2.6\% \times 完税价格 - 1$$
$$= 9.45 \div 7.023 + 2.6\% \times 7.023 - 1$$
$$= 0.529$$

该滑准税税率计算后为 52.9%，大于 40%，故按照 40%的关税税率计征关税。

第三步，计算应征税款：

$$应征进口关税税额 = 完税价格 \times 暂定关税税率 = 7\,023.13 \times 40\% = 2\,809.25（元）$$

二、出口关税税款的计算

出口关税税款的计算公式为

$$应征出口关税税额 = 出口货物完税价格 \times 出口关税税率 \qquad （10\text{-}12）$$

其中，

$$出口货物完税价格 = FOB（中国境内口岸价）\div （1 + 出口关税税率）$$

即出口货物是以 FOB 价成交的，应以该价格扣除出口关税后作为完税价格；如果以其他价格成交的，应换算成 FOB 价后再按上述公式计算。

出口关税税款的计算程序如下：第一步，按照归类原则确定税则归类，将应税货物归入适当的税号；第二步，根据审定完税价格的有关规定，确定应税货物的成交价格；第三步，根据汇率适用规定，将外币折算成人民币；第四步，按照计算公式正确计算应征出口关税税款。

【例 10.5】 国内某企业从广州出口硅铁一批，申报成交价格为 FOB 广州黄埔港 9 060.25 美元，其适用的中国人民银行外汇折算价为 1 美元 = 人民币 6.938 0 元。计算出口关税。

计算方法如下：

第一步，确定税则归类，该批硅铁应归入税号 7202.2100，出口关税税率为 25%。

第二步，审定 FOB 价为 9 060.25 美元。

第三步，将外币价格折算成人民币为 62 860.01 元。

第四步，计算应征税款：

$$出口关税税额 = [成交价格 \div （1 + 出口关税税率）] \times 出口关税税率$$
$$= [62\,860.01 \div （1 + 25\%）] \times 25\%$$
$$= 50\,288.01 \times 25\%$$
$$= 12\,572.00（元）$$

三、进出口环节税税款的计算

（一）消费税税款的计算

实行从价税率办法计算应纳税额，采用价内税的计税方法，即计税的组成中包括了消费税税额。其计算公式为

$$消费税组成计税价格 = （进出口关税完税价格 + 进出口关税税额）\div （1 - 消费税比例税率）$$
$$消费税应纳税额 = 消费税组成计税价格 \times 消费税比例税率 \qquad （10\text{-}13）$$

从量征收的消费税的计算公式为

$$消费税应纳税额 = 应征消费税消费品数量 \times 消费税单位税额 \qquad （10\text{-}14）$$

实行从价税率和从量定额复合计税办法计算纳税的组成计税价格，其计算公式为

$$消费税组成计税价格 = （关税完税价格 + 关税 + 进口数量 \times 消费税定额税率）/（1 - 消费税比率）$$
$$消费税应纳税额 = （进出口关税完税价格 + 进出口关税税额）/（1 - 消费税比例税率）$$
$$\times 消费税比例税率 + 应征消费税消费品数量 \times 消费税单位税额 \qquad （10\text{-}15）$$

消费税的计算程序如下：第一步，按照归类原则确定税则归类，将应税货物归入适当的税号；第二步，根据有关规定，确定应税货物所适用的消费税税率；第三步，根据审定完税价格的有关规定，确定应税货物的 CIF 价格；第四步，根据汇率适用规定，将外币折算成人民币（完税价格）；第五步，按照计算公式正确计算消费税税款。

【例 10.6】 国内某公司进口俄罗斯白酒 1 000 瓶，成交价为 CIF 宁波口岸 16 美元/瓶，其适用的中国人民银行外汇折算价为 1 美元＝人民币 6.938 0 元，关税税率为 14%，消费税税率为 10%。计算应征的进口环节消费税税款。

计算方法如下：

第一步，确定税号：根据归类方法，该货物的税号应为 22086000。

第二步，审定价格：CIF 宁波口岸总价为 16 美元/瓶×1 000 瓶＝16 000 美元，折合人民币为 111 008.00 元。

第三步，计算关税税额：

$$应征关税税额 ＝ 关税完税价格 × 关税税率$$
$$＝111 008.00 × 14\%$$
$$＝15 541.12（元）$$

第四步，计算消费税税额：

$$应征消费税税额 ＝ 消费税组成计税价格 × 消费税比例税率$$
$$＝（111 008.00 ＋ 15 541.12）÷（1－10\%）× 10\%$$
$$＝126 549.12 ÷ 90\% × 10\%$$
$$＝14 061.01（元）$$

（二）增值税税款的计算

增值税税款的计算公式为

$$应纳税额 ＝ 增值税组成计税价格 × 增值税税率 \tag{10-16}$$
$$增值税组成计税价格 ＝ 进口关税完税价格 ＋ 进口关税税额 ＋ 消费税税额$$

其中，增值税税款的计算程序如下：第一步，按照归类原则确定税则归类，将应税货物归入适当的税号；第二步，根据有关规定，确定应税货物所适用的增值税税率；第三步，根据审定完税价格的有关规定，确定应税货物的 CIF 价格；第四步，根据汇率适用规定，将外币折算成人民币（完税价格）；第五步，按照计算公式正确计算关税税款；第六步，按照计算公式正确计算消费税税款、增值税税款。

【例 10.7】 某公司进口货物一批，经海关审核其成交价格为 1 200.00 美元，其适用的中国人民银行外汇折算价为 1 美元＝人民币 6.938 0 元。已知该批货物适用的关税税率为 12%，消费税税率为 10%，增值税税率为 17%。计算应征增值税税额。

计算方法如下：

第一步，将外币价格折算成人民币为

$$1 200.00 美元 × 6.938 0 ＝ 8 325.60 元。$$

第二步，计算关税税额：

$$应征关税税额 ＝ 完税价格 × 关税税率 ＝ 8 325.60 × 12\% ＝ 999.07（元）$$

第三步，计算消费税税额：

$$应征消费税税额 ＝ [（完税价格 ＋ 关税税额）÷（1－消费税税率）] × 消费税税率$$
$$＝ [（8 325.60 ＋ 999.07）÷（1 － 10\%）] × 10\%$$
$$＝ 10 360.74 × 10\%$$
$$＝ 1 036.07（元）$$

第四步，计算增值税税额：

$$应征增值税税额 = （完税价格 + 关税税额 + 消费税税额）× 增值税税率$$
$$= （8\,325.60 + 999.07 + 1\,036.07）× 17\%$$
$$= 10\,360.74 × 17\%$$
$$= 1\,761.33（元）$$

四、船舶吨税以及滞纳金、滞报金的计算

（一）船舶吨税的计算

中华人民共和国国籍的应税船舶，船籍国（地区）与中华人民共和国签订含有相互给予船舶税费最惠国待遇条款的条约或者协定的应税船舶，适用优惠税率。其他应税船舶，适用普通税率。吨税按照船舶净吨位[①]和吨税执照期限[②]征收。应税船舶负责人在每次申报纳税时，可以按照"吨税税目税率表"（见表10.1）选择申领一种期限的吨税执照。

表 10.1　吨税税目税率表

税　目	税率（元/净吨）						备　注
	普通税率（按执照期限划分）			优惠税率（按执照期限划分）			
	1 年	90 日	30 日	1 年	90 日	30 日	
不超过 2 000 净吨	12.6	4.2	2.1	9.0	3.0	1.5	拖船和非机动驳船分别按相同净吨位船舶税率的50%计征税款
超过 2 000 净吨,但不超过 10 000 净吨	24.0	8.0	4.0	17.4	5.8	2.9	
超过 10 000 净吨, 但不超过 50 000 净吨	27.6	9.2	4.6	19.8	6.6	3.3	
超过 50 000 净吨	31.8	10.6	5.3	22.8	7.6	3.8	

吨税的计算公式为

$$吨税的应纳税额 = 船舶净吨位 × 适用税率 \tag{10-17}$$

应税船舶在进入或离开港口办理入境或出境手续时，应当向海关申报纳税领取或交验吨税执照。

应税船舶负责人应当自海关填发吨税缴款凭证之日起 15 日内向指定银行缴清税款。未按期缴清税款的，自滞纳税款之日起，按日加收滞纳税款 0.5‰的滞纳金。

（二）滞纳金的计算

按照规定，对海关征收的关税、进口环节增值税和消费税、吨税，进出口货物的纳税义务人，应当自海关填发税款缴款书之日起 15 日内缴纳税款；如纳税义务人或其代理人逾期缴纳税款的，由海关自缴款期限届满之日起至缴清税款之日止，按日加收滞纳税款 0.5‰的滞纳金。纳税义务人应当自海关填发滞纳金缴款书之日起 15 日内向指定银行缴纳滞纳金。

在实际计算纳税期限时，应从海关填发税款缴款书之日的第二天起计算。缴纳期限的最后一日是星期六、星期天或法定节假日的，关税缴纳期限顺延至周末或法定节假日过后的第一个工作日。如果税款缴纳期限内含有星期六、星期天或法定节假日，则不予扣除。滞纳天数从缴纳期限最后一日的第二天起，按照实际滞纳天数计算，滞纳期限内的星期六、星期天或法定节假日一并计算。

滞纳金的计算公式为

---

① 净吨位，是指由船籍国（地区）政府授权签发的船舶吨位证明书上标明的净吨位。
② 吨税执照期限，是指按照公历年、日计算的期间。

$$关税滞纳金金额 = 滞纳金关税税额 \times 0.5‰ \times 滞纳天数 \qquad (10\text{-}18)$$
$$进口环节税滞纳金金额 = 滞纳进口环节税税额 \times 0.5‰ \times 滞纳天数 \qquad (10\text{-}19)$$

【例 10.8】 国内某公司从我国香港购进日本丰田皇冠牌轿车一批，已知该批货物应征关税为 352 793.52 元，应征进口环节消费税为 72 860.70 元，应征进口环节增值税为 247 726.38 元。海关于 2019 年 3 月 7 日填发海关专用缴款书，该公司于 2019 年 4 月 2 日缴纳税款。现计算应征的滞纳金。

计算方法如下：

首先确定滞纳天数，然后再分别计算应缴纳的关税、进口环节消费税和进口环节增值税的滞纳金，对其中滞纳金额超过起征点 50 元人民币的，予以征收。

税款缴款期限为 2019 年 3 月 22 日（星期五），3 月 23 日—4 月 2 日为滞纳期，共滞纳 11 天。

按照计算公式分别计算进口关税、进口环节消费税和进口环节增值税的滞纳金。

$$关税滞纳金 = 滞纳关税税额 \times 0.5‰ \times 滞纳天数$$
$$= 352\ 793.52 \times 0.5‰ \times 11 = 1\ 940.36（元）$$
$$消费税滞纳金 = 滞纳消费税税额 \times 0.5‰ \times 滞纳天数$$
$$= 72\ 860.70 \times 0.5‰ \times 11 = 400.73（元）$$
$$增值税滞纳金 = 滞纳增值税税额 \times 0.5‰ \times 滞纳天数$$
$$= 247\ 726.38 \times 0.5‰ \times 11$$
$$= 1\ 362.50（元）$$
$$应征滞纳金 = 1\ 940.36 + 400.73 + 1\ 362.50$$
$$= 3\ 703.59（元）$$

（三）滞报金的计算

滞报金是由于进口货物收货人或其代理人超过法定期限向海关申报，由海关按规定征收的一种海关监管费，是海关税收管理中的一种行政强制措施。对应征收滞报金的进口货物，在未缴纳滞报金之前，海关不放行货物。

小思考

若将【例 10.8】中海关填发专用缴款书的时间改为 2019 年 3 月 8 日，其他条件不变，结果又会如何？

滞报金的征收以人民币"元"为计征单位，不足 1 元部分免予计征，起征点为人民币 50 元。根据海关规定，因不可抗力等特殊情况产生的滞报可以向海关申请减免滞报金。

滞报天数以自装载该批货物的运输工具申报进境之日起第 15 日为起始日，以海关接收申报之日为截止日，即进口货物申报期限结束后，滞报金按日计征。起始日和截止日均计入滞报期间。滞报金的计征起始日如遇休息日或法定节假日，则顺延至其后的第一个工作日。

特殊情形下滞报期间的确定如下。

（1）进口货物收货人或其代理人在向海关传送报关单电子数据申报后，未在规定期限或核准的期限内提交纸质报关单，海关予以撤销电子数据报关单，进口货物收货人或其代理人因此重新向海关申报而产生滞报的，滞报金的征收，以自装载该批货物的运输工具申报进境之日起第 15 日为起始日，以海关重新接受申报之日为截止日。

（2）进口货物收货人或其代理人申报并经海关依法审核必须撤销原电子数据报关单的，重新申报而产生滞报的，经进口货物收货人或其代理人申请并经海关审核同意，滞报金的征收，以撤销原电子数据报关单之日起第 15 日为起始日，以海关重新接受申报之日为截止日。

（3）进口货物因收货人或其代理人在运输工具申报进境之日起超过 3 个月未向海关申报，被海关提取进行变卖处理后，进口货物因收货人或其代理人申请发还余款的，滞报金的征收，以自装载该批货物的运输工具申报进境之日起第15日为起始日，以该3个月期限的最后一日为截止日。

滞报金的计算公式为

$$滞报金 = 进口货物完税价格 \times 0.5‰ \times 滞报天数 \qquad (10\text{-}20)$$

滞报金的计算步骤如下：第一步，确定进口货物完税价格（元）；第二步，确定滞报天数；第三步，根据公式计算滞报金。

【**例 10.9**】 载有某企业从境外购买的进口货物的轮船于 2019 年 7 月 1 日（星期一）向海关申报进境。该企业于 2019 年 7 月 24 日（星期三）向海关就进口的货物进行申报，海关同时接受申报。该批货物的成交价格为 CIF 上海 100 000 美元。计算应缴纳的滞报金。（适用的汇率为 1 美元 = 6.938 0 元）人民币

计算方法如下：

第一步，确定进口货物的完税价格。如无特殊情况，海关则以申报的成交价格作为该批进口货物的完税价格。

$$进口货物的完税价格 = 100\,000 \times 6.938\,0 = 693\,800 （元）$$

第二步，确定滞报天数：货物于 2019 年 7 月 1 日（星期一）申报进境，法定申报时间为 14 天，即 2019 年 7 月 14 日（星期日）。根据海关操作实务，2019 年 7 月 15 日（星期一）前完成申报不构成滞报。所以，应从 7 月 16 日开始计算滞报天数，共滞报 9 天。

第三步，根据公式计算滞报金额：

$$
\begin{aligned}
滞报金额 &= 进口货物完税价格 \times 0.5‰ \times 滞报天数 \\
&= 693\,800 \times 0.5‰ \times 9 \\
&= 3\,122.1 （元）
\end{aligned}
$$

有下列情形之一的可免予征收滞报金。

（1）收货人在运输工具申报进境之日起超过三个月未向海关申报，海关根据《海关法》第二十一条的规定已将货物提取变卖处理。

（2）收货人经海关批准向海关提供担保，先提取货物并在担保期限内已补办申报手续。

（3）被海关扣留的进口货物在被扣留期间，不计征滞报金。

五、非正常关税税款的计算

非正常关税主要包括反倾销税、反补贴税和保障措施税等。下面仅以反倾销税为例，介绍计算方法。

反倾销税税款的计算公式为

$$反倾销税税额 = 完税价格 \times 适用的反倾销税税率 \qquad (10\text{-}21)$$

反倾销税税款的计算程序如下：第一步，按照归类原则确定税则归类，将应税货物归入适当的税号；第二步，根据反倾销税有关规定，确定应税货物所适用的反倾销税税率；第三步，根据审定完税价格的有关规定，确定应税货物的完税价格；第四步，根据汇率适用规定，将外币折算成人民币；第五步，按照计算公式正确计算应征反倾销税税款。

【**例 10.10**】 国内某公司从韩国购进厚度为 0.7 毫米的冷轧板卷一批，成交总价为 120 401.95 美元，已知需要时该批冷轧板卷征收反倾销税，适用的中国人民银行外汇折算价为 1 美元 = 人民币 6.938 0 元。计算应征的反倾销税税款。

计算方法如下：

第一步，确定税则归类，厚度为 0.7 毫米的冷轧卷板应归入税号 7209 1790。

第二步，确定应税货物所适用的反倾销税税率，该批冷轧卷板适用的反倾销税税率为14%。

第三步，审定成交价格为120 401.95美元。

第四步，将外币价格折算成人民币为835 348.73元。

第五步，计算应征税款：

反倾销税税额 = 完税价格 × 反倾销税税率 = 835 348.73 × 14% = 116 948.82（元）

六、相关事项的处理

（一）减免税货物的管理

关于减免税货物的备案、审批和后续处置、解除监管等内容已在第六章介绍，本节涉及的主要是减免税货物补缴税款的管理内容。

减免税申请人经主管海关批准将减免税货物移作他用，应当补缴税款的，税款的计算公式为

$$补缴税款 = 海关审定的货物原进口时的价格 × 税率$$
$$× 需补缴税款的时间 / （监管年限 × 12 × 30）\qquad（10\text{-}22）$$

上述计算公式中的税率，应当适用海关接受申报办理纳税手续之日实施的税率；需补缴税款的时间是指减免税货物移作他用的实际时间，按日计算，每日实际生产不满8小时或超过8小时的均按1日计算。

减免税货物因转让或其他原因需要补缴税款的，补税的完税价格以海关审定的货物原进口时的价格为基础，按照减免税货物已进口时间与监管年限的比例进行折旧，其计算公式如下：

$$补税的完税价格 = 海关审定的货物原进口时的价格$$
$$× [1 - 减免税货物已进口时间 ÷ （监管年限 × 12）]\qquad（10\text{-}23）$$

上述计算公式中"减免税货物已进口时间"自减免税货物的放行之日起按月计算，不足1个月但超过15日的，按1个月计算；不超过15日的，不予计算。已进口时间的截止日期按以下规定确定。

（1）转让减免税货物的，应当以海关接受减免税申请人申请办理补税手续之日作为计算其已进口时间的截止之日。

（2）减免税申请人未经海关批准，擅自转让减免税货物的，应当以货物实际转让之日作为计算其已进口时间的截止之日；转让之日不能确定的，应当以海关发现之日作为截止之日。

（3）在海关监管年限内，减免税申请人发生破产、撤销、解散或其他依法终止经营情形的，已进口时间的截止日期应当为减免税申请人破产清算之日或依法认定终止生产经营活动的日期。

（二）进出口税费的追征和补征

追征和补征税款的范围如下：进出口货物放行后，海关发现少征或者漏征税款的；因纳税义务人违反规定造成少征或者漏征税款的；海关监管货物在海关监管期内因故改变用途，按照规定需要补征税款的，追征和补征的期限和要求如下。

（1）进出口货物完税后，由于海关方面的原因，造成的少征或者漏征税款，海关应当自缴纳税款或者货物放行之日起1年内，向纳税义务人补征税款。

（2）因纳税义务人违反规定而造成的少征或者漏征税款的，海关可以自缴纳税款或货物放行之日起3年内追征税款，并按规定加收滞纳金。

（3）海关发现海关监管货物因纳税义务人违反规定造成少征或漏征税款的，应当自纳税义务人应缴纳税款之日起3年内追征，并按规定加收滞纳金。

追征和补征税款的凭证与正常缴纳税款的凭证一致，纳税人可持海关专用缴款书向指定银行或开户银行缴纳税款。

（三）延期纳税

纳税义务人因不可抗力或者因国家税收政策调整不能按期缴纳税款的，应当在货物进出口前向办理进出口申报纳税手续所在地直属海关提出延期缴纳税款的书面申请并随附相关材料，同时还应当提供缴税计划，由海关总署审核批准。

延期缴纳税款的期限，自货物放行之日起最长不超过 6 个月。逾期缴纳税款的，自延期缴纳税款期限届满之日起至缴清税款之日止，按日加收滞纳税款万分之五的滞纳金。

（四）税收保全措施

进出口货物的纳税义务人在规定的纳税期限内有明显的转移、藏匿其应税货物以及其他财产迹象的，海关可以要求纳税义务人在海关规定的期限内提供海关认可的担保。纳税义务人不能在海关规定的期限内按照海关要求提供担保的，经直属海关关长或者其授权的隶属海关关长批准，海关应当采取税收保全措施。

1. 暂停支付存款

海关书面通知纳税义务人开户银行或其他金融机构（以下统称金融机构）暂停支付纳税义务人相当于应纳税款的存款。

纳税义务人在规定的纳税期限内缴纳税款的，海关书面通知金融机构解除对纳税义务人相应存款实施的暂停支付措施。

纳税义务人在规定的纳税期限内未缴纳税款的，海关书面通知金融机构从暂停支付的款项中扣缴相应税款。海关确认金融机构已扣缴税款的，书面告知纳税义务人。

2. 暂扣货物或财产

因无法查明纳税义务人账户、存款数额等情形，不能实施暂停支付措施的，书面通知（随附扣留清单）纳税义务人扣留其价值相当于应纳税款的货物或者其他财产。货物或者其他财产本身不可分割，又没有其他财产可以扣留的，被扣留货物或者其他财产的价值可以高于应纳税款。

纳税义务人在规定的纳税期限内缴纳税款的，海关书面通知纳税义务人解除扣留措施，随附发还清单，在办理确认手续后将有关货物、财产发还纳税义务人。

纳税义务人在规定的纳税期限内未缴纳税款的，海关书面通知纳税义务人依法变卖被扣留的货物或者其他财产，并以变卖所得抵缴税款。变卖所得不足以抵缴税款的，海关继续采取强制措施抵缴税款的差额部分；变卖所得抵缴税款及扣除相关费用后仍有余款的，发还纳税义务人。

3. 税收强制措施

进出口货物的纳税义务人、担保人自规定的纳税期限届满之日起超过 3 个月未缴纳税款的，海关可依次采取下列强制措施：①书面通知金融机构从其存款中扣缴税款；②将应税货物依法变卖，以变卖所得抵缴税款；③扣留并依法变卖其价值相当于应纳税款的货物或者其他财产，以变卖所得抵缴税款。

实施强制措施的，海关书面通知金融机构从纳税义务人、担保人的存款中扣缴相应税款，同时书面告知纳税义务人、担保人。海关采取强制措施时，对纳税义务人未缴纳的税款滞纳金同时强制执行。

海关决定以应税货物、被扣留的价值相当于应纳税款的货物或者其他财产变卖并抵缴税款的，书面告知纳税义务人、担保人。变卖所得不足以抵缴税款的，海关继续采取强制措施抵缴税款的差额部分；变卖所得抵缴税款及扣除相关费用后仍有余款的，应当发还纳税义务人、担保人。

无法采取税收保全措施、强制措施，或者采取税收保全措施、强制措施仍无法足额征收税款的，海关依法向人民法院申请强制执行，并按照法院要求提交相关材料。

纳税义务人、担保人对海关采取税收保全措施、强制措施不服的，可以依法申请行政复议或者提起行政诉讼。

技能训练

调研性实训：参观本地一进出口报关企业，搜集一手资料计算相应的进出口税费。

案例分析

滞纳金是否该缴？

某公司从日本进口电信设备零件一批，价格为CIF宁波10 000美元（当天外汇牌价的买卖中间价为1美元＝6.938 0元人民币）。装载货物的船舶于4月3日（星期二）进境，当日，海关填发税款缴纳书，4月18日，该公司向海关缴清税金。

问题：

1. 该笔业务是否该缴滞纳金？为什么？

2. 谈谈你对滞纳金作用的认识。

同步测试

一、单项选择题

1. 采用价内税计税方法的税种是（   ）。

   A. 进口关税　　　　　B. 进口环节增值税　　C. 进口环节消费税　　D. 出口关税

2. 对于税率的适用原则，以下表述错误的是（   ）。

   A. 适用最惠国税率的进口货物有暂定税率的，应当适用暂定税率

   B. 适用协定税率、特惠税率的进口货物有暂定税率的，应当适用暂定税率

   C. 适用普通税率的进口货物，不适用暂定税率

   D. 适用出口税率的出口货物有暂定税率的，应适用暂定税率

3. 非优惠原产地认定标准之一的从价百分比标准，是指在某一国家（地区）对非该国（地区）原产原料进行制造、加工后的增值部分，超过所得货物价值的比例为（   ）。

   A. ≥30%　　　　　　B. ≥40%　　　　　　C. ≥55%　　　　　　D. ≥60%

4. 某公司从我国香港购买一批日本产彩色胶卷8 000卷（宽度35毫米，长度在2米之内），成交

价格为 CIF 上海 HKD12/卷。设外汇折算价为 1 港元 = 0.811 7 元人民币，以上胶卷规格 0.05m²/卷。该批商品适用的最惠国税率为 22 元人民币/m²，计算应征进口关税税额为（　　　）

    A. 4 400 元   B. 3 400 元   C. 2 400 元   D. 8 800 元

  5. 下列类别的特定减免税货物，同时免征进口关税和进口环节增值税的是（　　　）。

    A. 外商投资企业自有资金项目   B. 国内投资项目进口自用设备

    C. 贷款中标项目进口零部件   D. 重大技术装备

二、多项选择题

  1. 关税的纳税义务人包括（　　　）。

    A. 进口货物的收货人   B. 出口货物的发货人

    C. 进出境物品的所有人   D. 运输工具的负责人

  2. 下列应计入出口货物完税价格的项目有（　　　）。

    A. 出口关税

    B. 在货物价款中单独列明由卖方承担的佣金

    C. 境内生产货物的成本、利润和一般费用

    D. 货物运至境内输出地点装载前的运输及其相关费用、保险费

  3. 下列属于可免征进口关税和进口环节增值税、消费税的特定减免税货物的有（　　　）。

    A. 科教用品   B. 残疾人专用品   C. 科技开发用品   D. 扶贫慈善捐赠物资

  4. 纳税义务人自纳税期限届满之日起超过 3 个月未缴纳税款的，海关可以采取的税收强制措施有（　　　）。

    A. 通知金融机构暂停向其支付存款

    B. 书面通知金融机构从其存款中扣缴税款

    C. 将应税货物依法变卖，以变卖所得抵缴税款

    D. 暂扣其他货物或其他财产

  5. 关于进出口货物税费的计算，下列表述正确的有（　　　）。

    A. 海关应按照该货物适用税率当日所适用的计征汇率折合外币为人民币计算完税价格

    B. 关税税额采用四舍五入法计算至人民币分

    C. 完税价格采用四舍五入法计算至人民币元

    D. 海关征税的完税价格由纳税义务人自行确定

三、判断题

  1. 进口环节增值税的征收管理，适用关税征收管理的规定。（　　　）

  2. 海关审定的进口货物的成交价格，是指卖方向中华人民共和国境内销售该货物时买方为进口该货物向卖方实付、应付的价格总额，包括直接交付的价款和间接支付的价款。（　　　）

  3. 优惠原产地规则的实施必须遵守最惠国待遇原则，即必须普遍地、无差别地适用于所有原产地为最惠国的进口货物。（　　　）

  4. 进口享受协定税率的商品，同时该商品又属于我国实施反倾销措施范围内的，按普通税率计征进口关税。（　　　）

  5. 进出口货物的价格及有关费用以外币计价的，海关按照该货物适用税率当日所适用的计征汇率折合为人民币计算完税价格，完税价格采用四舍五入法计算至元。（　　　）

  6. 运往境外加工的货物，出境时已向海关报明，并在海关规定的期限内复运进境的，应当以海关审定的境外加工费和料件费及该货物复运进境的运输及相关费用、保险费估定完税价格。（　　　）

7. 纳税义务人应当自海关填发税款缴款书之日起 14 日内向指定银行缴纳税款。　　（　　）

8. 纳税义务人逾期缴纳税款的，由海关自缴款期限届满之日起至缴清税款之日止，按日加收滞纳税款 3‰的滞纳金。　　（　　）

9. 买卖双方只要存在特殊关系，则其成交价格就不能作为完税价格。　　（　　）

10. 我国目前征收的进口附加税主要是报复性关税。　　（　　）

四、综合实务题

广州某化工产品有限公司和新加坡一化工产品集团公司投资了一家外商独资企业。2019年3月，广州该公司与新方公司签约进口××型号的聚乙烯（法定检验，自动进口许可管理）200吨，每吨为CIF广州港990美元。装载该货物的运输工具于2019年6月3日（星期一）申报进境，该公司于2019年6月28日向海关办理该批货物的进口报关手续。

根据上述资料，回答下列问题：

1. 该公司向海关办理申报手续时应提交（　　）。

 A. 进口货物报关单   B. 提单、发票

 C. 自动进口许可证   D. 入境货物通关单

2. 假设海关在 6 月 3 日适用的计征汇率为 1 美元＝7 元人民币，6 月 28 日适用的计征汇率为 1 美元＝7.1 元人民币，该批进口货物的关税税率为 10%，那么该批进口货物的关税税额应为（　　）。

 A. 138 600 元人民币   B. 140 580 元人民币

 C. 703 元人民币   D. 19 800 美元

3. 海关在确定该批进口货物的完税价格时，对申报价格提出质疑。根据案例提供的材料，你认为海关提出价格质疑的理由应该是（　　）。

 A. 卖方对买方处置或者使用该进口货物进行了限制

 B. 该批进口货物的价格受到了使该货物成交价格无法确定的条件或者因素的影响

 C. 买卖双方存在特殊关系，且影响了成交价格的达成

 D. 卖方可能直接或间接从买方获得了转售、处置或者使用该进口货物而产生的部分收益

4. 该公司在规定的时间内向海关提供相关证据资料后，海关接受了该批进口货物的成交价格。相关证据资料可以是（　　）。

 A. 证明该成交价格与卖方当月出售给境内其他普通买方的相同或类似进口货物的成交价格相近的材料

 B. 证明该成交价格与卖方当月出售给境外其他普通买方的相同或类似进口货物的成交价格相近的材料

 C. 证明该成交价格与按倒扣价格法计算的相同或者类似进口货物的价格相近的材料

 D. 证明该成交价格与按基于成本的价格计算法计算的相同或者类似进口货物的价格相近的材料

5. 按照货物申报的规定，该批货物滞报的时间为（　　）。

 A. 8 天   B. 9 天   C. 10 天   D. 11 天

五、论述题

1. 进出口货物完税价格是如何审定的？

2. 我国对原产地认定的标准有哪些？

第十一章　进出口货物报关单填制

孙子曰：夫未战而庙算胜者，得算多也；未战而庙算不胜者，得算少也。多算胜少算，而况于无算乎！——《孙子兵法·始计 第一》

【知识目标】

（1）了解进出口货物报关单的含义；（2）了解进出口货物报关单的类别；（3）掌握进出口货物报关单各联填制的基本要求；（4）熟悉进出口货物报关单填制规范。

【技能目标】

（1）能熟练进行关检融合申报；（2）能熟练填制进出口货物报关单表头栏目；（3）能准确填制进出口货物报关单表体栏目。

【内容架构】

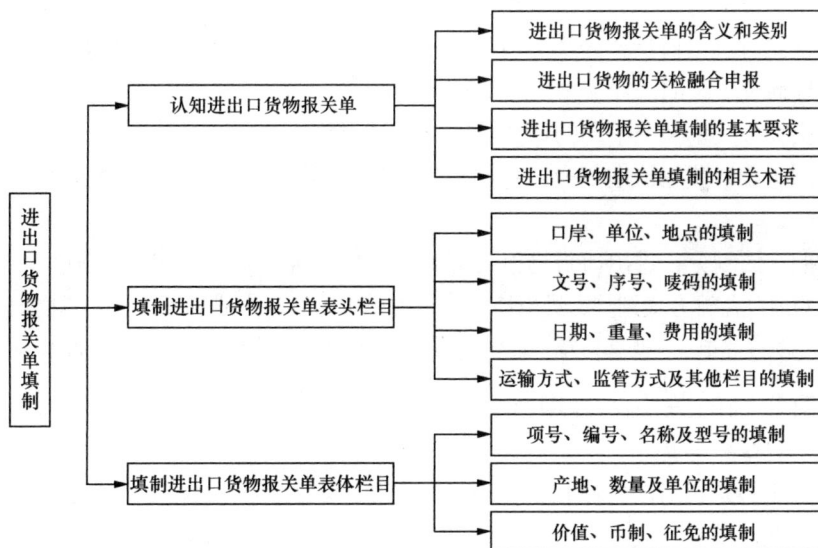

案例导入

仿造进口货物报关单骗汇走私

1998年7月22日，中国农业银行三亚分行和中国建设银行唐山分行分别电函，要求东山海关核对该行开户企业提供的六份进口货物报关单。其中中国农业银行三亚分行三份，单面金额总计239.75万美元；中国建设银行唐山分行三份，单面金额总计249.05万美元，合计488.80万美元。经东山海关认真核查，上述六份假报关单终于原形毕露。

企业向银行骗取外汇干什么？行家一针见血指出：一是炒汇；二是为走私融资。近年来，一些不法商人为非法牟利，以"电脑化、规范化"的"仿真"科技手段，大量制造以假乱真的报关单。其用汇理由都是冠冕堂皇的进口生产设备和原材料。假单都具有下列特点：一是"多单小额"，此举虽不引人注目，但累计金额巨大；二是在"空间差""地域差"上做文章，对22份假单分析发现，骗汇企业均是在远离签发海关的三亚、唐山、上海等地的商业银行开户，抱有"银行难以派员核对""海关业务繁杂、单证如山、假单小数额无目标"的侥幸心理；三是骗汇企业做贼心虚，多有"投石问路，打探虚实"伎俩，以便采取对策，东山海关未收到或刚收到银行寄出的报关单，便有一些自称"企业办事员"来电询问二次核对办理情况，甚至询问海关何时寄出鉴别证明书。

第一节　进出口货物报关单概述

进出口货物报关单是报关员代表报关单位向海关办理货物进出境手续的主要单证。进出口货物报关单既是海关对进出口货物进行监管、征税、统计及开展稽查、调查的重要依据，又是出口退税和外汇管理的重要凭证，也是海关处理进出口货物走私、违规案件及税务、外汇管理部门查处骗税、逃套汇犯罪活动的重要书面证明。

微课堂
报关单

一、进出口货物报关单的含义和类别

进出口货物报关单是指进出口货物的收发货人或其代理人，按照海关规定的格式对进出口货物的实际情况做出的书面证明，以此要求海关对其货物按适用的海关制度办理通关手续的法律文书。

进出口货物报关单按照不同的标准可进行以下分类。

（1）按照进出口货物流向划分，进出口货物报关单可以分为出口货物报关单和进口货物报关单。

（2）按照介质划分，进出口货物报关单可以分为纸质报关单和电子数据报关单。

（3）按照海关监管方式划分，进出口货物报关单可以分为进料加工进出口货物报关单、来料加工进出口货物报关单、一般贸易及其他贸易进出口货物报关单和需国内退税的出口货物报关单。

二、进出口货物的关检融合申报

1. 关检融合的含义

关检融合申报是指对海关原报关单申报项目和检验检疫原报检单申报项目进行梳理，报关报检面向企业端整合形成"四个一"，即"一张报关单、一套随附单证、一组参数代码、一个申报系统"。

2. 关检融合申报的变化

关检融合的新版报关单以原报关单 48 个项目为基础，增加部分原报检内容形成了具有 56 个项目的新报关单打印格式。该报关单对原进口、出口货物报关单和进境、出境货物备案清单布局结构进行优化，版式由竖版改为横版，与国际推荐的报关单样式更加接近，纸质单证全部采用普通打印方式，取消套打，不再印制空白格式单证。融合后的进口、出口货物报关单和进境、出境货物备案清单格式自 2018 年 8 月 1 日起启用，原报关单、备案清单同时废止，原入境、出境货物报检单同时停止使用。

关检融合报关单整合简化了申报随附单证，对企业原报关、报检所需随附单证进行了梳理，整理了随附单证类别代码及申报要求，整合了原报关、报检重复提交的随附单据和相关单证，形成了统一的随附单证申报规范。

关检融合报关单对原报关、报检项目涉及的参数代码进行了梳理，参照国际标准，实现了现有参数代码的标准化。梳理整合后，统一了8个原报关、报检共有项的代码，包括国别（地区）代码、港口代码、币制代码、运输方式代码、监管方式代码、计量单位代码、包装种类代码、集装箱规格代码等。

关检融合报关单在申报项目整合的基础上，将原报关报检的申报系统进行整合，形成一个统一的申报系统。用户由"互联网+海关"、国际贸易"单一窗口"接入。新系统按照整合申报内容对原有报关、报检的申报数据项、参数、随附单据等都进行了调整。

当前在实际操作中，融合填报后从系统中打印的纸质报关单内容只包含报关科目。

三、进出口货物报关单填制的基本要求

进出口货物的收发货人或其代理人向海关申报时，必须填写并向海关递交进口或出口货物报关单。报关人员在填制报关单时，必须做到真实、准确、齐全、清楚。

1. 真实性

报关人员必须按照《海关法》《货物申报管理规定》和《进出口货物报关单填制规范》的有关规定，向海关如实申报。

报关单的填报必须真实，做到两个相符：一是单证相符，即报关单中所列各项与合同、发票、装箱单、提单以及批文等相符；二是单货相符，即报关单中所列各项所报内容与实际进出口货物情况相符，特别是货物的品名、规格型号、数（重）量、原产国、价格等内容必须真实，不允许有伪报、瞒报或虚报等情况存在。

2. 完整性

报关单中填报的项目必须准确、齐全、完整、清楚。报关单所列各项内容要逐项详细填写，字迹清楚、整洁、端正，不得用铅笔或红色复写纸填写；不得出现差错，若有更正，必须在更正项目上加盖校对章。

3. 分单性

不同批文或合同的货物、同一批货物中不同贸易方式的货物、不同备案号的货物、不同提运单的货物、不同征免性质的货物、不同运输方式或相同运输方式但不同航次的货物等，均应分单填报。一份原产地证书只能对应一份报关单。同一份报关单上的商品，不能同时享受协定税率和减免税。在一批货物中，对于实行原产地证书联网管理的，如涉及多份原产地证书或含非原产地证书商品，也应分单填报。

4. 可更正性

向海关申报的进出口货物报关单，事后由于特殊原因发生原填报内容与实际进出口货物不一致的情况，而又有正当理由的，可向海关申请更正，经海关核准后，应立即对原填报项目的内容及其相关内容进行更改或撤销。

四、进出口货物报关单填制的相关术语

1. 国别（地区）代码

我国自1980年恢复海关统计后，对外公布进出口贸易额均基于海关统计数据。我国作为世界海关组织的重要成员方，在海关管理中采用了国际通行的国别（地区）代码，以简便表

表 11.1　主要国别（地区）代码表

代码	中文名称	代码	中文名称
111	印度	331	瑞士
116	日本	344	俄罗斯联邦
132	新加坡	501	加拿大
133	韩国	502	美国
142	中国	601	澳大利亚
303	英国	609	新西兰
304	德国	701	国（地）别不详的
305	法国	702	联合国及其机构和国际组织
307	意大利		

2．国内口岸编码与关区代码

国内口岸编码描述了中华人民共和国口岸及相关地点代码，是联合国口岸及相关地点代码体系（UN/LOCODE）的组成部分。如，宁波港（国家一类港口口岸）对应的编码为 CNNBG，宁波栎社机场（国家一类航空口岸）对应的编码为 CNNGB。它不包括我国香港特别行政区、澳门特别行政区及台湾地区的口岸及相关地点代码。

关区代码是中华人民共和国海关对各直属海关、隶属海关和海关办事处制定的代码。如宁波关区代码为 3100，宁波海关的代码为 3101，甬驻余（姚）办（事处）的代码是 3107。

3．AEO

AEO 是 Authorized Economic Operator 的缩写，表示经认证的经营者。根据世界海关组织（WCO）制定的《全球贸易安全与便利标准框架》，AEO 是指以任何一种方式参与货物国际流通，并被海关当局认定符合世界海关组织或相应供应链安全标准的一方，包括生产商、进口商、出口商、报关行、承运商、理货人、中间商、口岸和机场、货站经营者、综合经营者、仓储业经营者和分销商。

4．报关单录入凭单/预录入报关单/报关单证明联

（1）报关单录入凭单是指申报单位按报关单的格式填写的凭单，用作报关单预录入的依据。该凭单的编号规则由申报单位自行决定。

（2）预录入报关单是指预录入单位按照申报单位填写的报关单凭单录入、打印由申报单位向海关申报，海关尚未接受申报的报关单。

（3）报关单证明联是指海关在核实货物实际进出境后按报关单格式提供的，用作进出口货物收发货人向国家税务、外汇管理部门办理退税和外汇核销手续的证明文件。

第二节　进出口货物报关单表头栏目的填制

一、口岸、单位、地点的填制

（一）入境口岸/离境口岸

入境口岸填报进境货物从跨境运输工具卸离的第一个境内口岸的中文名称及代码；采取多式联运跨境运输的，填报多式联运货物最终卸离的境内口岸中文名称及代码；过境货物填报货物进入境内的第一个口岸的中文名称及代码；从海关特殊监管区域或保税监管场所进境的，填报海关特殊监管区域或保税监管场所的中文名称及代码。其他无实际进境的货物，填报货物所在地的城市名称及代码。

出境口岸填报装运出境货物的跨境运输工具离境的第一个境内口岸的中文名称及代码；采取多式联运跨境运输的，填报多式联运货物最初离境的境内口岸中文名称及代码；过境货物填报货物离境的第一个境内口岸的中文名称及代码；从海关特殊监管区域或保税监管场所出境的，填报海关特殊监管区域或保税监管场所的中文名称及代码。其他无实际出境的货物，填报货物所在地的城市名称及代码。

入境口岸/离境口岸类型包括港口、码头、机场、机场货运通道、边境口岸、火车站、车辆装卸点、车检场、陆路港、坐落在口岸的海关特殊监管区域等。按海关规定的《国内口岸编码表》选择填报相应的境内口岸名称及代码。

（二）进出境关别

根据货物实际进出境的口岸海关，填报海关规定的《关区报关代码表》中相应口岸海关的名称及代码。

特殊情况填报要求如下：

（1）进口转关运输货物填报货物进境地海关名称及代码，出口转关运输货物填报货物出境地海关名称及代码。按转关运输方式监管的跨关区深加工结转货物，出口货物报关单填报转出地海关名称及代码，进口货物报关单填报转入地海关名称及代码。

（2）在不同海关特殊监管区域或保税监管场所之间调拨、转让的货物，填报对方海关特殊监管区域或保税监管场所所在的海关名称及代码。

（3）其他无实际进出境的货物，填报接受申报的海关名称及代码。

（三）境内/境外收发货人

1. 境内收发货人

境内收发货人填报在海关备案的对外签订并执行进出口贸易合同的中国境内法人、其他组织名称及编码。编码填报18位法人和其他组织统一社会信用代码，没有统一社会信用代码的，填报其在海关的备案编码。

特殊情况下填报要求如下。

（1）进出口货物合同的签订者和执行者非同一企业的，填报执行合同的企业。例如，中国煤炭进出口总公司对外签订出口煤炭合同而由地方煤炭进出口公司负责执行合同，收发货人是地方煤炭进出口公司。

（2）外商投资企业委托进出口企业进口投资设备、物品的，填报外商投资企业，并在标记唛码及备注栏注明"委托某进出口企业进口"，同时注明被委托企业的18位法人和其他组织统一社会信用代码。如北京宇都商贸有限公司是外商投资企业，委托大连化工进出口公司与韩国签约，收发货人应为"北京宇都商贸有限公司"，备注栏填写"委托大连化工进口"。如果外商投资企业委托有进出口经营权的企业进出口的不是投资设备、物品，而是一般贸易货物的生产原料，就不属于这种情形。

【例11.1】 中外合资沈阳贝沈钢帘线有限公司（2101232999）使用自有资金，委托上海新元五矿贸易公司（3105913429）持 2100-2003-WZ-00717 号自动进口许可证（代码7）进口镀黄铜钢丝。

本例中外商投资企业委托有进出口经营权的企业进口的镀黄铜钢丝是生产原料，进口的不是投资设备、物品，那么收发货人填写报关单的时候，就不能填报该外商投资企业，在报关单备注栏填上"委托××公司进口"，而应填报有进出口经营权的企业。

（3）有代理报关资格的报关企业代理其他进出口企业办理进出口报关手续时，填报委托的进出口企业。例如，北京宇都商贸有限公司委托大连化工进出口公司与韩国签约进口电动叉车，根据填制规范，收发货人应该填写代理方"大连化工进出口公司"。

（4）海关特殊监管区域收发货人应填报该货物的实际经营单位或海关特殊监管区域内经营企业。

2. 境外收发货人

境外收货人通常指签订并执行出口贸易合同中的买方或合同指定的收货人；境外发货人通常指签订并执行进口贸易合同中的卖方。

境外收发货人的名称一般填报英文名称，检验检疫要求填报其他外文名称的，在英文名称后填报，以半角括号分隔。

对于 AEO 互认国家（地区）企业的，境外收发货人的编码填报 AEO 编码，填报样式按照海关总署发布的相关公告要求填报（如新加坡 AEO 企业填报样式为：SG123456789012，韩国 AEO 企业填报样式为 KR1234567，具体可查阅相关公告要求）；非互认国家（地区）AEO企业等其他情形，编码免于填报。

特殊情况下无境外收发货人的，名称及编码填报"NO"。

视野拓展

报关单表头编码

编码由 10 位数字组成：第 1~4 位为进出口企业属地的行政区划代码；第 5 位为市经济区代码（见表 11.2）；第 6 位为进出口企业经济类型代码（见表 11.3）；第 7~8 位为海关设置的顺序代码。

表 11.2　市经济区划代码（第 5 位）

代码	经济区划
1	经济特区
2	经济技术开发区和上海浦东新区、海南洋浦经济开发区
3	高新技术产业开发区
4	保税区
9	其他

表 11.3　进出口企业经济类型代码（第 6 位）

代码	企业性质
1	有进出口经营权的国有企业
2	中外合作企业
3	中外合资企业
4	外商独资企业
5	有进出口经营权的集体企业
6	有进出口经营权的个体企业
8	有报关权而没有进出口经营权的企业
9	其他

第 5 位、第 6 位数字代表什么意思要牢记，在填制"境内目的地/境内货源地"栏的时候要用到。

（四）消费使用单位/生产销售单位

（1）消费使用单位填报已知的进口货物在境内的最终消费、使用单位的名称，包括自行进口货物的单位和委托进出口企业进口货物的单位。

（2）生产销售单位填报出口货物在境内的生产或销售单位的名称，包括自行出口货物的单位和委托进出口企业出口货物的单位。

（3）减免税货物报关单的消费使用单位/生产销售单位应与"进出口货物征免税证明"的"减免税申请人"一致；保税监管场所与境外之间的进出境货物，消费使用单位/生产销售单位填报保税监管场所的名称，保税物流中心（B 型）填报中心内企业名称。

（4）海关特殊监管区域的消费使用单位/生产销售单位填报区域内经营企业（"加工单位"或"仓库"）。

（5）编码填报要求：①填报 18 位法人和其他组织统一社会信用代码；②无 18 位统一社会信用代码的，填报"NO"。

（6）进口货物在境内的最终消费或使用以及出口货物在境内的生产或销售的对象为自然人的，填报其身份证号、护照号、台胞证号等有效证件号码及姓名。

（五）境内目的地/境内货源地

（1）在境内目的地栏填报已知的进口货物在国内的消费、使用地或最终运抵地，其中最终运抵地为最终使用单位所在的地区。最终使用单位难以确定的，填报货物进口时预知的最终收货单位所在地。

（2）在境内货源地栏填报出口货物在国内的产地或原始发货地。出口货物产地难以确定的，填报最早发运该出口货物的单位所在地。

（3）海关特殊监管区域、保税物流中心（B 型）与境外之间的进出境货物，境内目的地/境内货源地填报本海关特殊监管区域、保税物流中心（B 型）所对应的国内地区名称及代码。

（4）按海关规定的《国内地区代码表》选择填报相应的国内地区名称及代码，并根据《行政区划代码表》选择填报境内目的地对应的县级行政区名称及代码。无下属区县级行政区的，可选择填报地市级行政区。

（六）贸易国（地区）

（1）发生商业性交易的进口填报购自国（地区），出口填报售予国（地区）。未发生商业性交易的填报货物所有权拥有者所属的国家（地区）。

（2）按海关规定的《国别（地区）代码表》选择填报相应的贸易国（地区）中文名称及代码。

（七）启运国（地区）/运抵国（地区）

（1）在启运国（地区）栏填报进口货物启始发出直接运抵我国或者在运输中转国（地）未发生任何商业性交易的情况下运抵我国的国家（地区）。

（2）在运抵国（地区）栏填报出口货物离开我国关境直接运抵或者在运输中转国（地区）未发生任何商业性交易的情况下最后运抵的国家（地区）。

（3）不经过第三国（地区）转运的直接运输进出口货物，以进口货物的装货港所在国（地区）为启运国（地区），以出口货物的指运港所在国（地区）为运抵国（地区）。

（4）经过第三国（地区）转运的进出口货物，如在中转国（地区）发生商业性交易，则以中转国（地区）作为启运/运抵国（地区）。

例如，我国某公司从伦敦进口一批货物，途经我国香港转运至我国内地，如果在我国香港没有发生买卖行为，则启运国仍为英国；如果经我国香港发生了买卖行为，那么启运国（地区）则为中国香港。

（5）本栏目应按海关规定的《国别（地区）代码表》选择填报相应的启运国（地区）或运抵国（地区）中文名称及代码。

（6）无实际进出境的，填报"中国"（代码 142）。

（八）启运港/经停港/指运港

（1）启运港栏目填报进口货物在运抵我国关境前的第一个境外装运港。

（2）如果在运输的途中有中转或者是换船的情况，启运港为换船后的港口，也就是说要填中转港。

【例11.2】承运船舶在帕拉那瓜港装货启运，航经大阪，又停泊釜山港转 HANSA STAVANGER 号轮 HV300W 航次（提单号：HS03D8765）于 2018 年 7 月 30 日抵吴淞口岸申报进境。

那么从已知条件可以知道最后一个中转港是釜山，釜山港是最后一个装运货物进口的境外装卸港，因此"启运港"栏应填报釜山。

（3）经停港填报进口货物在运抵我国关境前的最后一个境外装运港。

（4）指运港填报出口货物运往境外的最终目的港；最终目的港不可预知的，按尽可能预知的目的港填报。

（5）根据实际情况，按海关规定的《港口代码表》选择填报相应的港口名称及代码。本栏目在《港口代码表》中无港口名称及代码的，可选择填报相应的国家名称及代码。货物从海关特殊监管区域或保税监管场所运至境内区外的，填报《港口代码表》中相应海关特殊监管区域或保税监管场所的名称及代码，未在《港口代码表》中列明的，填报"未列出的特殊监管区"及代码。

（6）无实际进出境的货物，填报"中国境内"及代码。

视野拓展

启运国（地区）与装运港的区别

（1）发生运输中转的货物，如果中转地没有发生任何商业性交易，那么启运国不变。如中转地发生商业性交易，那么就以中转地作为启运国（地区）填报。

（2）对于装运港的要求是：只要发生运输中转的货物，不管在中转地有没有发生商业性交易，装运港都填中转港。

二、文号、序号、唛码的填制

（一）预录入编号

预录入编号是指申报单位或预录入单位预录入报关单的编号，用于申报单位与海关之间引用其申报后尚未接受申报的报关单。

一份报关单对应一个预录入编号，由系统自动生成。报关单预录入编号为 18 位，其中第 1～4 位为接受申报海关的代码（海关规定的《关区报关代码表》中相应海关代码），第 5～8 位为录入时的公历年份，第 9 位为进出口标志（"1"为进口，"0"为出口；集中申报清单"I"为进口，"E"为出口），后 9 位为顺序编号。

（二）海关编号

海关编号是指海关接受申报时给予报关单的编号，一份报关单对应一个海关编号，由系统自动生成。

报关单海关编号为 18 位，其数字意义同预录入编号。

（三）备案号

本栏目填报进出口货物收发货人、消费使用单位、生产销售单位在海关办理加工贸易合同备案或征、减、免税备案审批等手续时，海关核发的《加工贸易登记手册》《海关特殊监管区域和保税监管场所保税账册》征免税证明或其他备案审批文件的编号。

一份报关单只允许填报一个备案号。备案号长度为 12 位，其中第 1 位是标记码，第 2～5 位为关区代码，第 6 位为年份（一般填年份最后一位数字），第 7～12 位为序列号。

备案标记代码表如表 11.4 所示，具体填报要求如下。

（1）加工贸易项下货物，除少量低值辅料按规定不使用《加工贸易登记手册》及以后续补税监管方式办理内销征税的外，填报《加工贸易登记手册》编号。

使用异地直接报关分册和异地深加工结转出口分册在异地口岸报关的，填报分册号；本地直接报关分册和本地深加工结转分册限制在本地报关，填报总册号。

表 11.4　备案标记代码表

备案手册 标记码	标记代码含义
B	来料加工登记手册
C	进料加工登记手册
D	外商免费提供的加工贸易不作价设备登记手册
F	加工贸易异地进出口分册
G	加工贸易深加工结转分册
H	出入出口加工区的保税货物的电子账册
Y	原产地证书
Z	征免税证明

加工贸易成品凭征免税证明转为减免税进口货物的，进口货物报关单填报征免税证明编号，出口货物报关单填报《加工贸易登记手册》编号。

对加工贸易设备、使用账册管理的海关特殊监管区域内减免税设备之间的结转，转入和转出企业分别填制进、出口货物报关单，在报关单"备案号"栏目填报《加工贸易登记手册》编号。

（2）涉及征、减、免税审核确认的报关单，填报征免税证明编号。

（3）减免税货物退运出口，填报"海关进口减免税货物准予退运证明"的编号；减免税货物补税进口，填报"减免税货物补税通知书"的编号；减免税货物进口或结转进口（转入），填报"征免税证明"的编号；相应的结转出口（转出），填报"海关进口减免税货物结转联系函"的编号。

视野拓展

一般可从给出的单据中找到手册号，如果确定备案号所列货物不是加工贸易合同货物（如一般贸易），本栏不用填写。"备案号"栏与其他栏如"贸易方式""征免性质""征免""用途""项号"这几个栏目都有着很大的关联。

（四）提运单号

提运单号指的是进出口货物提单或运单的编号。

本栏目填报的内容应与运输部门向海关申报的载货清单所列相应内容一致。一份报关单只允许填报一个提运单号。一票货物对应多个提运单时，应分单填报。具体填报要求如下。

（1）直接在进出境地或采用区域通关一体化通关模式办理报关手续的，具体要求为：①水路运输，填报进出口提单号，如有分提单的，填报进出口提单号+"*"+分提单号；②公路运输，启用公路舱单前，免予填报；启用公路舱单后，填报进出口总运单号；③铁路运输，填报运单号；④航空运输，填报总运单号+"_"+分运单号，无分运单的填报总运单号；⑤邮件运输，填报邮运包裹单号。

（2）转关运输货物的报关单，对进口货物，要求为：①水路运输，直转、中转填报提单号。提前报关免予填报；②铁路运输，直转、中转填报铁路运单号，提前报关免予填报；③航空运输，直转、中转货物填报总运单号+"_"+分运单号，提前报关免予填报；④其他运输方式，免予填报；⑤以上运输方式进境货物，在广东省内用公路运输转关的，填报车牌号。对出口货物，要求为：①中转货物填报提单号；非中转货物免予填报；广东省内汽车运输提前报关的转关货物，填报承运车辆的车牌号。②其他运输方式，免予填报。广东省内汽车运输提前报关的转关货物，填报承运车辆的车牌号。

（3）采用"集中申报"通关方式办理报关手续的，报关单填报归并的集中申报清单的进出口起止日期［按年（4位）月（2位）日（2位）］。

（4）无实际进出境的，本栏目免予填报。

（五）许可证号

进出口货物许可证是指一国根据其进出口管制法令，由商务主管部门签发的允许管制商品进出口的证件。许可证号是指由商务部及其授权发证机关签发的进出口货物许可证的编号。

本栏目填报以下许可证的编号：进出口许可证、两用物项和技术进出口许可证、两用物项和技术出口许可证（定向）、纺织品临时出口许可证、出口许可证（加工贸易）、出口许可证（边境小额贸易）的编号。

一份报关单只允许填报一个许可证号。

> **视野拓展**
>
> **进出口货物许可证的区分**
>
> 进出口货物许可证针对的是限制类进出口货物，而自动进口许可证管理的货物则属于自由进出口货物。这两者不是一个意思。"自动进口许可证号"不应填报在许可证号栏中，而是填报在随付单据栏中。
>
> 例如：中外合资沈阳贝沈钢帘线有限公司（2101232999）使用自有资金，委托上海新元五矿贸易公司（3105913429）持 2100-2003-WZ-00717 号自动进口许可证（代码 7）进口镀黄铜钢丝。
>
> 本例中自动进口许可证号"2100-2003-WZ-00717 号"，就不能填报在许可证号栏目中。

（六）合同协议号

合同协议号是指在进出口贸易中，买卖双方或数方当事人根据国际贸易惯例或国家的法律、法规，自愿按照一定的条件买卖某种商品所签署的合同协议的编号。

本栏目应填报进出口货物合同（包括协议或订单）编号。未发生商业性交易的免予填报。

（七）标记唛码及备注

标记唛码又称运输标志，是为了方便运输和识别货物，刷写在运输包装上的标记。

本栏目填报要求如下：

（1）填报标记唛码中除图形以外的文字、数字，无标记唛码的填报 N/M。

（2）受外商投资企业委托代理其进口投资设备、物品的，在备注栏填报进出口企业名称。

（3）与本报关单有关联关系的，同时在业务管理规范方面又要求填报的备案号，填报在电子数据报关单中"关联备案"栏。加工贸易结转货物及凭"征免税证明"转内销货物，其对应的备案号应填报在"关联备案"栏；减免税货物结转进口（转入），报关单"关联备案"栏应填写本次减免税货物结转所申请的"海关进口减免税货物结转联系函"的编号；减免税货物结转出口（转出），报关单"关联备案"栏应填写与其相对应的进口（转入）报关单"备案号"栏中"征免税证明"的编号。

（4）与本报关单有关联关系的，同时在业务管理规范方面又要求填报的报关单号，填报在电子数据报关单中"关联报关单"栏。保税间流转、加工贸易结转类的报关单，应先办理进口报关，并将进口货物报关单号填入出口货物报关单的"关联报关单"栏。办理进口货物直接退运手续的，除另有规定外，应先填制出口货物报关单，再填制进口货物报关单，并将出口货物报关单号填报在进口货物报关单的"关联报关单"栏。减免税货物结转出口（转出），应先办理进口报关，并将进口（转入）货物报关单号填入出口（转出）货物报关单的"关联报关单"栏。

（5）办理进口货物直接退运手续的，填报"<ZT"+"海关审核联系单号或者"海关责令进口货物直接退运通知书"编号"+">"。

（6）保税监管场所进出货物，在"保税/监管场所"栏填报本保税监管场所编码（保税物流中心（B型）填报本中心的国内地区代码），其中涉及货物在保税监管场所间流转的，在本栏填报对方保税监管场所代码。

（7）涉及加工贸易货物销毁处置的，填写海关加工贸易货物销毁处置申报表编号。

（8）当监管方式为"暂时进出境货物"（2600）和"展览品"（2700）时，如果为复运进出境货物，在进出口货物报关单的本栏内分别填报"复运进境""复运出境"。

（9）跨境电子商务进出口货物，在本栏目内填报"跨境电子商务"。

（10）加工贸易副产品内销，在本栏内填报"加工贸易副产品内销"。

（11）公式定价进口货物应在报关单备注栏内填写公式定价备案号，格式为"公式定价"+备案编号+"@"。对于同一报关单下有多项商品的，如需要指明某项或某几项商品为公式定价备案的，则备注栏内应填写为"公式定价"+备案编号+"#"+商品序号+"@"。

（12）获得与"预裁定决定书"列明情形相同的货物时，按照"预裁定决定书"填报，格式为："预裁定+"预裁定决定书"编号"（例如：某份预裁定决定书编号为R-2-0100-2018-0001，则填报为"预裁定R-2-0100-2018-0001"）。

（13）含归类行政裁定报关单，填报归类行政裁定编号，格式为："c"+四位数字编号，例如c0001。

（14）已经在进入特殊监管区时完成检验的货物，在出区入境申报时，填报"预检验"字样，同时在"关联报关单"栏填报实施预检验的报关单号。

（15）海关特殊监管区域与境内区外之间采用分送集报方式进出的货物，填报"分送集报"字样。

（16）申报HS为3821000000、3002300000的，属于下列情况的，填报要求为：属于培养基的，填报"培养基"字样；属于化学试剂的，填报"化学试剂"字样；不含动物源性成分的，填报"不含动物源性"字样。

（17）使用集装箱装载进出口货物时，需填报集装箱箱体信息，该信息填报集装箱号（在集装箱箱体上标示的全球唯一编号）、集装箱规格、集装箱商品项号关系（单个集装箱对应的商品项号，半角逗号分隔）、集装箱货重（集装箱箱体自重+装载货物重量，单位为千克）。

（18）申报时其他必须说明的事项。

三、日期、重量、费用的填制

（一）进口日期/出口日期

进口日期是指运载所申报货物的运输工具申报进境的日期。本栏目填报的日期必须与运载所申报货物的运输工具申报进境的实际日期一致。

出口日期是指运载所申报货物的运输工具办结出境手续的日期，本栏目供海关签发打印报关单证明联用，在申报时免予填报。

无实际进出境的报关单填报海关接受申报的日期。本栏目为 8 位数字，顺序为年（4 位）、月（2 位）、日（2 位）。

（二）申报日期

申报日期是指海关接受进出口货物收发货人、受委托的报关企业申报数据的日期。以电子数据报关单方式申报的，申报日期为海关计算机系统接受申报数据时记录的日期。以纸质报关单方式申报的，申报日期为海关接受纸质报关单并对报关单进行登记处理的日期。

申报日期为 8 位数字，顺序为年（4 位）、月（2 位）、日（2 位）。本栏目在申报时免予填报。

（三）运费

本栏目填报进口货物运抵我国境内输入地点起卸前的运输费用，出口货物运至我国境内输出地点装载后的运输费用。

运费可按运费单价、总价或运费率三种方式之一填报，注明运费标记（运费标记"1"表示运费率，"2"表示每吨货物的运费单价，"3"表示运费总价），并按海关规定的《货币代码表》（见表 11.5）选择填报相应的币种代码。

运费标记"1"表示运费率，"2"表示每吨货物的运费单价，"3"表示运费总价。例如：5%的运费率填报为 5；24 美元的运费单价填报为 502/24/2；7 000 美元的运费总价填报为 502/7000/3。

表 11.5　货币代码表

货币代码	货币符号	货币名称
110	HKD	港币
116	JPL	日本元
121	MOP	澳门元
132	SGD	新加坡元
142	CNY	人民币
300	EUR	欧元
502	USD	美元

（四）保费

本栏目填报进口货物运抵我国境内输入地点起卸前的保险费用，出口货物运至我国境内输出地点装载后的保险费用。

保费可按保险费总价或保险费率两种方式之一填报，注明保险费标记（保险费标记"1"表示保险费率，"3"表示保险费总价），并按海关规定的《货币代码表》选择填报相应的币种代码。

例如，3‰的保险费率填报为 0.3；10 000 港元保险费总价填报为 110/10000/3。

注：进口时使用 FOB 和 CIF 术语；出口时使用 CIF 术语，此栏目才须填报。

（五）杂费

本栏目填报成交价格以外的、按照《进出口关税条例》相关规定应计入完税价格或应从完税价格中扣除的费用。可按杂费总价或杂费率两种方式之一填报，注明杂费标记（杂费标记"1"表示杂费率，"3"表示杂费总价），并按海关规定的《货币代码表》选择填报相应的币种代码。

应计入完税价格的杂费填报为正值或正率，应从完税价格中扣除的杂费填报为负值或负率。

（六）重量

毛重指货物及其包装材料的重量之和。本栏目填报进出口货物实际毛重，计量单位为千克，不足 1 千克的填报为"1"。

净重指货物的毛重减去外包装材料后的重量，即商品本身的实际重量。本栏目填报进出口货物的实际净重，计量单位为千克，不足 1 千克的填报为"1"。

四、运输方式、监管方式及其他栏目的填制

（一）运输方式

运输方式是指载运货物进出关境所使用的运输工具的分类。

运输方式包括实际运输方式和海关规定的特殊运输方式，前者指货物实际进出境的运输方式，按进出境所使用的运输工具分类；后者指货物无实际进出境的运输方式，按货物在境内的流向分类。

本栏目应根据货物实际进出境的运输方式或货物在境内流向的类别，按照海关规定的《运输方式代码表》选择填报相应的运输方式。

1. 特殊情况填报要求

（1）非邮件方式进出境的快递货物，按实际运输方式填报。

（2）进出境旅客随身携带的货物，按旅客所乘运输工具填报。

（3）进口转关运输货物，按载运货物抵达进境地的运输工具填报；出口转关运输货物，按载运货物驶离出境地的运输工具填报。

（4）不复运出（入）境而留在境内（外）销售的进出境展览品、留赠转卖物品等，填报"其他运输"（代码9）。

2. 无实际进出境货物在境内流转时填报要求

（1）境内非保税区运入保税区货物和保税区退区货物，填报"非保税区"（代码0）。

（2）保税区运往境内非保税区货物，填报"保税区"（代码7）。

（3）境内存入出口监管仓库和出口监管仓库退仓货物，填报"监管仓库"（代码1）。

（4）保税仓库转内销货物，填报"保税仓库"（代码8）。

（5）从境内保税物流中心外运入中心或从中心运往境内中心外的货物，填报"物流中心"（代码W）。

（6）从境内保税物流园区外运入园区或从园区内运往境内园区外的货物，填报"物流园区"（代码X）。

（7）保税港区、综合保税区、出口加工区、珠澳跨境工业区（珠海园区）、中哈霍尔果斯边境合作区（中方配套区）等特殊区域与境内（区外）（非特殊区域、保税监管场所）之间进出的货物，区内、区外企业应根据实际运输方式分别填报，"保税港区/综合保税区"（代码Y），"出口加工区"（代码Z）。

（8）境内运入深港西部通道港方口岸区的货物，填报"边境特殊海关作业区"（代码H）。

（9）经横琴新区和平潭综合实验区（以下简称综合试验区）二线指定申报通道运往境内区外或从境内经二线制定申报通道进入综合试验区的货物，以及综合试验区内按选择性征收关税申报的货物，填报"综合试验区"（代码T）。

（10）其他境内流转货物，填报"其他运输"（代码9），包括特殊监管区域内货物之间的流转、调拨货物，特殊监管区域、保税监管场所之间相互流转货物，特殊监管区域外的加工贸易余料结转、深加工结转、内销等货物。

常用运输方式代码及说明如表11.6所示。

表 11.6　常用运输方式代码表及说明

代码	名称	运输方式说明
0	非保税区	非保税区运入保税区和保税区退区
1	监管仓库	境内存入出口监管仓库和出口监管仓库退仓
2	水路运输	
3	铁路运输	
4	公路运输	
5	航空运输	
6	邮件运输	
7	保税区	保税区运往境内非保税区
8	保税仓库	保税仓库转内销
9	其他运输	人扛、驮畜、输水管道、输油管道、输电网等方式

（二）运输工具名称

本栏目填报载运货物进出境的运输工具名称或编号。填报内容应与运输部门向海关申报的舱单（载货清单）所列相应内容一致。具体填报要求如下。

1. 直接在进出境地或采用区域通关一体化通关模式办理报关手续的报关单

（1）水路运输，填报船舶编号（来往港澳小型船舶为监管簿编号）或者船舶英文名称。

（2）公路运输，启用公路舱单前，填报该跨境运输车辆的国内行驶车牌号，深圳提前报关模式的报关单填报国内行驶车牌号+"/"+"提前报关"。启用公路舱单后，免予填报。

（3）铁路运输，填报车厢编号或交接单号。

（4）航空运输，填报航班号。

（5）邮件运输，填报邮政包裹单号。

（6）其他运输，填报具体运输方式名称，如管道、驮畜等。

2. 转关运输货物的报关单填报要求

转关运输货物的报关单填报，对进口货物，要求如下：

（1）水路运输：直转、提前报关填报"@"+16位转关申报单预录入号（或13位载货清单号）；中转填报进境英文船名。

（2）铁路运输：直转、提前报关填报"@"+16位转关申报单预录入号；中转填报车厢编号。

（3）航空运输：直转、提前报关填报"@"+16位转关申报单预录入号（或13位载货清单号）；中转填报"@"。

（4）公路及其他运输：填报"@"+16位转关申报单预录入号（或13位载货清单号）。

（5）以上各种运输方式使用广东地区载货清单转关的提前报关货物填报"@"+13位载货清单号。

转关运输货物的报关单填报，对出口货物，要求如下：

（1）水路运输，非中转填报"@"+16位转关申报单预录入号（或13位载货清单号）。如多张报关单需要通过一张转关单转关的，运输工具名称字段填报"@"。中转货物，境内水路运输填报驳船船名；境内铁路运输填报车名（主管海关4位关区代码+"TRAIN"）；境内公路运输填报车名（主管海关4位关区代码+"TRUCK"）。

（2）铁路运输，填报"@"+16位转关申报单预录入号（或13位载货清单号），如多张报关单需要通过一张转关单转关的，填报"@"。

（3）航空运输，填报"@"+16位转关申报单预录入号（或13位载货清单号），如多张报关单需要通过一张转关单转关的，填报"@"。

（4）其他运输方式，填报"@"+16位转关申报单预录入号（或13位载货清单号）。

3. 其他要求

采用"集中申报"通关方式办理报关手续的，报关单本栏目填报"集中申报"。

无实际进出境货物的报关单，本栏目免予填报。

（三）监管方式

监管方式是指以国际贸易中进出口货物的交易方式为基础，结合海关对进出口货物的征税、统计及监管条件综合设定的海关对进出口货物的管理方式。其代码由4位数字构成，前两位是按照海关监管要求和计算机管理需要划分的分类代码，后两位是参照国际标准编制的贸易方式代码。

本栏目应根据实际对外贸易情况按海关规定的《监管方式代码表》选择填报相应的监管方式简称及代码。一份报关单只允许填报一种监管方式。

特殊情况下加工贸易货物监管方式填报要求如下。

（1）进口少量低值辅料（即5 000美元以下，78种以内的低值辅料）按规定不使用《加工贸易登记手册》的，填报"低值辅料"。使用《加工贸易登记手册》的，按《加工贸易登记手册》上的监管方式填报。

（2）加工贸易料件转内销货物以及按料件办理进口手续的转内销制成品、残次品、未完成品，填制进口货物报关单，填报"来料料件内销"或"进料料件内销"；加工贸易成品凭"征免税证明"转为减免税进口货物的，分别填制进、出口货物报关单，出口货物报关单填报"来料成品减免"或"进料成品减免"，进口货物报关单按照实际监管方式填报。

（3）加工贸易出口成品因故退运进口及复运出口的，填报"来料成品退换"或"进料成品退换"；加工贸易进口料件因换料退运出口及复运进口的，填报"来料料件退换"或"进料料件退换"；加工贸易过程中产生的剩余料件、边角料退运出口，以及进口料件因品质、规格等原因退运出口且不再更换同类货物进口的，分别填报"来料料件复出""来料边角料复出""进料料件复出""进料边角料复出"。

（4）加工贸易边角料内销和副产品内销，填制进口货物报关单，填报"来料边角料内销"或"进料边角料内销"。

（5）企业销毁处置加工贸易货物未获得收入，销毁处置货物为料件、残次品的，填报"料件销毁"；销毁处置货物为边角料、副产品的，填报"边角料销毁"。企业销毁处置加工贸易货物获得收入的，填报"进料边角料内销"或"来料边角料内销"。

（四）征免性质

征免性质指海关对进出口货物实施征、减、免税管理的性质类别。

本栏目应根据实际情况按海关规定的《征免性质代码表》（参考"征免性质"关联表11.7）选择填报相应的征免性质简称及代码，持有海关核发的"征免税证明"的，应按照"征免税证明"中批注的征免性质填报。一份报关单只允许填报一种征免性质。

表 11.7 "征免性质"关联表

贸易方式	征免性质	用途	征免	备案凭证首位
一般贸易（0110）	一般征税（101）	外贸自营自销（1）	照章征税（1）	
		其他内销（3）		
	科教用品（401） 重大项目（406） 鼓励项目（789）	企业自用（4）	全免（3）	Z（征免税证明）
来料加工（0214）	来料加工（502）	加工返销（5）	全免（3）	B（登记手册）
进料加工（0615）	进料加工（503）			C（登记手册）
合资合作设备（2025）	中外合资（601） 中外合作（602） 鼓励项目（789）	企业自用（4）	全免（3）	Z（征免税证明）
	一般征税（101）		照章征税（1）	
外资设备物品（2225）	外贸企业（603） 鼓励项目（789）	企业自用（4）	全免（3）	Z（征免税证明）
	一般征税（101）		照章征税（1）	
不作价设备（0320）	加工设备（501）	企业自用（4）	全免（3）	D（登记手册）
加工贸易设备（作价）	一般征税（101）		照章征税（1）	

加工贸易货物报关单应按照海关核发的《加工贸易登记手册》中批注的征免性质简称及代码填报。特殊情况填报要求如下。

（1）加工贸易转内销货物，按实际情况填报（如一般征税、科教用品、其他法定等）。

（2）料件退运出口、成品退运进口货物填报"其他法定"（代码0299）。

（3）加工贸易结转货物，免予填报。

（五）成交方式

本栏目应根据实际成交价格条款按海关规定的《成交方式代码表》（见表11.8）选择填报相应的成交方式代码。

表11.8　成交方式代码表

成交方式代码	成交方式名称	成交方式代码	成交方式名称
1	CIF	4	C&I
2	CFR	5	市场价
3	FOB	6	垫仓

无实际进出境的，进口填报CIF价，出口填报FOB价。

（六）件数

本栏目应填报有外包装的进出口货物的实际件数。特殊情况下填报要求如下：①舱单件数为集装箱（TEU）的，填报集装箱个数；②舱单件数为托盘的，填报托盘数。

本栏目不得填报为零，裸装货物填报为"1"。

（七）包装种类

本栏目应根据进出口货物的实际外包装种类，按海关规定的《包装种类代码表》填写。包装种类从"装箱单""提运单据"或"发票"中查找。单证上一般以"Packing""PKGS"表示。

（八）随附单证及编号

随附单证指随进出口货物报关单一并向海关递交的单证或文件，合同、发票、装箱单等必备的随附单证代码和编号。

本栏目分为随附单证代码和随附单证编号两栏，其中代码栏按海关规定的《监管证件代码表》和《随附单据代码表》选择填报相应证件代码；随附单证编号栏填报证件编号。

（1）加工贸易内销征税报关单，随附单证代码栏填报"c"，随附单证编号栏填报海关审核通过的内销征税联系单号。

（2）一般贸易进出口货物，只能使用原产地证书申请享受协定税率或者特惠税率（以下统称优惠税率）的（无原产地声明模式），"随附单证代码"栏填报原产地证书代码"Y"，"随附单证编号"栏填报"〈优惠贸易协定代码〉"和"原产地证书编号"。可以使用原产地证书或者原产地声明申请享受优惠税率的（有原产地声明模式），"随附单证代码"栏填写"Y"，"随附单证编号"栏填报"〈优惠贸易协定代码〉""C"（凭原产地证书申报）或"D"（凭原产地声明申报），以及"原产地证书编号（或者原产地声明序列号）"。一份报关单对应一份原产地证书或原产地声明。

（3）海关特殊监管区域和保税监管场所内销货物申请适用优惠税率的，有关货物进出海关特殊监管区域和保税监管场所以及内销时，已通过原产地电子信息交换系统实现电子联网的优惠贸易协定项下货物报关单，按照上述一般贸易要求填报；未实现电子联网的优惠贸易协定项下货物报关单，"随附单证代码"栏填报"Y"，"随附单证编号"栏填报"〈优惠贸易协定代码〉"和"原产地证据文件备案号"。"原产地证据文件备案号"为进出口货物的收发货人或者其代理人录入原产地证据文件电子信息后，系统自动生成的号码。

微课堂
随附单证

（4）向香港或者澳门特别行政区出口用于生产香港 CEPA 或者澳门 CEPA 项下货物的原材料时，按照上述一般贸易填报要求填制报关单，香港或澳门生产厂商在香港工贸署或者澳门经济局登记备案的有关备案号填报在"关联备案"栏。

（5）"单证对应关系表"中填报报关单上的申报商品项与原产地证书（原产地声明）上的商品项之间的对应关系。报关单上的商品序号与原产地证书（原产地声明）上的项目编号应一一对应，不要求顺序对应。同一批次进口货物可以在同一报关单中申报，不享受优惠税率的货物序号不填报在"单证对应关系表"中。

（6）各优惠贸易协定项下，免提交原产地证据文件的小金额进口货物"随附单证代码"栏填报"Y"，"随附单证编号"栏填报"〈协定编号〉XJE00000"，"单证对应关系表"享惠报关单项号按实际填报，对应单证项号与享惠报关单项号相同。

第三节　进出口货物报关单表体栏目的填制

一、项号、编号、名称及型号的填制

（一）项号

本栏目分两行填报及打印。第一行填报报关单中的商品顺序编号；第二行专用于加工贸易、减免税等已备案、审批的货物，填报和打印该项货物在《加工贸易登记手册》或"征免税证明"等备案、审批单证中的顺序编号。

加工贸易项下进出口货物的报关单，第一行填报报关单中的商品顺序编号，第二行填报该项商品在《加工贸易登记手册》中的商品项号，用于核销对应项号下的料件或成品数量。其中第二行特殊情况填报要求如下。

（1）深加工结转货物，分别按照《加工贸易登记手册》中的进口料件项号和出口成品项号填报。

（2）料件结转货物（包括料件、制成品和未完成品折料），出口货物报关单按照转出《加工贸易登记手册》中进口料件的项号填报；进口货物报关单按照转进《加工贸易登记手册》中进口料件的项号填报。

（3）料件复出货物（包括料件、边角料），出口货物报关单按照《加工贸易登记手册》中进口料件的项号填报；如边角料对应一个以上料件项号时，填报主要料件项号。料件退换货物（包括料件、不包括未完成品），进出口货物报关单按照《加工贸易登记手册》中进口料件的项号填报。

（4）成品退换货物，退运进境货物报关单和复运出境货物报关单按照《加工贸易登记手册》原出口成品的项号填报。

（5）加工贸易料件转内销货物（以及按料件办理进口手续的转内销制成品、残次品、未完成品）应填制进口货物报关单，填报《加工贸易登记手册》进口料件的项号；加工贸易边角料、副产品内销，填报《加工贸易登记手册》中对应的进口料件项号。如边角料或副产品对应一个以上料件项号时，填报主要料件项号。

（6）加工贸易成品凭"征免税证明"转为减免税货物进口的，应先办理进口货物报关手续。进口货物报关单填报"征免税证明"中的项号，出口货物报关单填报《加工贸易登记手册》原出口成品项号，进、出口货物报关单货物数量应一致。

（7）加工贸易货物销毁，本栏目应填报《加工贸易登记手册》中相应的进口料件项号。

（8）加工贸易副产品退运出口、结转出口，本栏目应填报《加工贸易登记手册》中新增的变更副产品的出口项号。

（9）经海关批准实行加工贸易联网监管的企业，按海关联网监管要求，企业需申报报关清单的，应在向海关申报进出口（包括形式进出口）报关单前，向海关申报"清单"。一份报关清单对应一份报关单，报关单上的商品由报关清单归并而得。加工贸易电子账册报关单中项号、品名、规格等栏目的填报规范比照《加工贸易登记手册》。

（二）商品编码

本栏目填报的商品编码由 103 位数字组成。前 8 位为《进出口税则》确定的进出口货物的税则号列，同时也是《海关统计商品目录》确定的商品编码，9 位、10 位为监管附加编号，11～13 位为检验检疫附加编号。

（三）商品名称及规格型号

本栏目分两行填报。第一行填报进出口货物规范的中文商品名称，第二行填报规格型号。具体填报要求如下。

（1）商品名称及规格型号应据实填报，并与进出口货物收发货人或受委托的报关企业所提交的合同、发票等相关单证相符。

（2）商品名称应当规范，规格型号应当足够详细，以能满足海关归类、审价及许可证管理要求为准，可参照《进出口商品规范申报目录》中对商品名称、规格型号的要求进行填报。

（3）加工贸易等已备案的货物，填报的内容必须与备案登记中同项号下货物的商品名称一致。

（4）对需要海关签发"货物进口证明书"的车辆，商品名称栏应填报"车辆品牌+排气量（注明 cc）+车型（如越野车、小轿车等）"。进口汽车底盘不填报排气量。车辆品牌应按照《进口机动车辆制造厂名称和车辆品牌中英文对照表》中"签注名称"一栏的要求填报。规格型号栏可填报"汽油型"等。

（5）由同一运输工具同时运抵同一口岸并且属于同一收货人、使用同一提单的多种进口货物，按照商品归类规则应当归入同一商品编号的，应当将有关商品一并归入该商品编号。商品名称填报一并归类后的商品名称；规格型号填报一并归类后的商品规格型号。

（6）加工贸易边角料和副产品内销，边角料复出口，本栏目填报其报验状态的名称和规格型号。

（7）进口货物收货人以一般贸易方式申报进口属于《需要详细列名申报的汽车零部件清单》（海关总署 2006 年第 64 号公告）范围内的汽车生产件的，应按以下要求填报：

① 商品名称填报进口汽车零部件的详细中文商品名称和品牌，中文商品名称与品牌之间用"/"相隔，必要时加注英文商业名称；进口的成套散件或者毛坯件应在品牌后加注"成套散件""毛坯"等字样，并与品牌之间用"/"相隔。

② 规格型号填报汽车零部件的完整编号。在零部件编号前应当加注"S"字样，并与零部件编号之间用"/"相隔，零部件编号之后应当依次加注该零部件适用的汽车品牌和车型。

③ 汽车零部件属于可以适用于多种汽车车型的通用零部件的，零部件编号后应当加注

"TY"字样，并用"/"与零部件编号相隔。

④ 与进口汽车零部件规格型号相关的其他需要申报的要素，或者海关规定的其他需要申报的要素，如"功率""排气量"等，应当在车型或"TY"之后填报，并用"/"与之相隔。

⑤ 汽车零部件报验状态是成套散件的，应当在"标记唛码及备注"栏内填报该成套散件装配后的最终完整品的零部件编号。

（8）进口货物收货人以一般贸易方式申报进口属于《需要详细列名申报的汽车零部件清单》（海关总署 2006 年第 64 号公告）范围内的汽车维修件的，填报规格型号时，应当在零部件编号前加注"W"，并与零部件编号之间用"/"相隔；进口维修件的品牌与该零部件适用的整车厂牌不一致的，应当在零部件编号前加注"WF"，并与零部件编号之间用"/"相隔。其余申报要求同上条执行。

（9）品牌类型。品牌类型为必填项目。可选择"无品牌""境内自主品牌""境内收购品牌""境外品牌（贴牌生产）""境外品牌（其他）"如实填报。其中，"境内自主品牌"是指由境内企业自主开发、拥有自主知识产权的品牌；"境内收购品牌"是指境内企业收购的原境外品牌；"境外品牌（贴牌生产）"是指境内企业代工贴牌生产中使用的境外品牌；"境外品牌（其他）"是指除代工贴牌生产以外使用的境外品牌。

（10）出口享惠情况。出口享惠情况为出口货物报关单必填项目。可选择"出口货物在最终目的国（地区）不享受优惠关税""出口货物在最终目的国（地区）享受优惠关税""出口货物不能确定在最终目的国（地区）享受优惠关税"如实填报。进口货物报关单不填报该申报项。

视野拓展

海关总署公告 2006 年第 64 号（摘要）

一、本公告所称汽车零部件是指用于生产汽车的零部件（以下简称生产件）和用于维修汽车的零部件（以下简称维修件），不含构成整车特征的汽车零部件。

二、进口货物收货人以一般贸易方式申报进口属于《需要详细列名申报的汽车零部件清单》（见附件 1）范围内的汽车零部件时，应当按照本公告的规定逐项进行申报，不得进行简化或者合并归类。

三、进口货物收货人申报进口生产件应当符合本公告填报要求。

四、进口货物收货人申报进口维修件应当符合本公告填报要求。

五、《需要详细列名申报的汽车零部件清单》由海关总署发布，并根据需要不定期调整、公布。

六、未列入《需要详细列名申报的汽车零部件清单》的进口汽车零部件，仍按照海关的相关规定申报。

二、产地、数量及单位的填制

（一）原产国（地区）/最终目的国（地区）

原产国（地区）指进出口货物的生产、开采或加工制造国家（地区）。

最终目的国（地区）指已知的出口货物的最终实际消费、使用或进一步加工制造国家（地区）。

原产国（地区）应依据《进出口货物原产地条例》《中华人民共和国海关关于执行〈非优惠原产地规则中实质性改变标准〉的规定》以及海关总署关于各项优惠贸易协定原产地管理规章规定的原产地确定标准填报。同一批进出口货物的原产地不同的，应分别填报原产国（地区）。进出口货物原产国（地区）无法确定的，填报"国别不详"（代码 701）。本栏目应按海关规定的《国别（地区）代码表》选择填报相应的国家（地区）名称或代码。

最终目的国（地区）填报已知的进出口货物的最终实际消费、使用或进一步加工制造国家（地区）。不经过第三国（地区）转运的直接运输货物，以运抵国（地区）为最终目的国（地区）；经过第三国（地区）转运的货物，以最后运往国（地区）为最终目的国（地区）。同一批进出口货物的最终目的国（地区）不同的，应分别填报最终目的国（地区）。进出口货物不能确定最终目的国（地区）时，以尽可能预知的最后运往国（地区）为最终目的国（地区）。

（二）数量及单位

本栏目分三行填报。

（1）第一行应按进出口货物的法定第一计量单位填报数量及单位，法定计量单位以《海关统计商品目录》中的计量单位为准。

（2）凡列明有法定第二计量单位的，应在第二行按照法定第二计量单位填报数量及单位；无法定第二计量单位的，本栏目第二行为空。

（3）成交计量单位及数量应填报在第三行。

（4）法定计量单位为"千克"的数量填报，特殊情况下填报要求如下。

① 装入可重复使用的包装容器的货物，应按货物扣除包装容器后的重量填报，如罐装同位素、罐装氧气及类似品等。

② 使用不可分割包装材料和包装容器的货物，按货物的净重填报（即包括内层直接包装的净重重量），如采用供零售包装的罐头、化妆品、药品及类似品等。

③ 按照商业惯例以公量重计价的商品，应按公量重填报，如未脱脂羊毛、羊毛条等。

④ 采用以毛重作为净重计价的货物，可按毛重填报，如粮食、饲料等大宗散装货物。

⑤ 采用零售包装的酒类、饮料，按照液体部分的重量填报。

（5）成套设备、减免税货物如需分批进口，货物实际进口时，应按照实际报验状态确定数量。

（6）具有完整品或制成品基本特征的不完整品、未制成品，根据《协调制度》归类规则应按完整品归类的，按照构成完整品的实际数量填报。

（7）加工贸易等已备案的货物，成交计量单位必须与《加工贸易登记手册》中同项号下货物的计量单位一致，加工贸易边角料和副产品内销、边角料复出口，本栏目填报其报验状态的计量单位。

（8）优惠贸易协定项下进出口商品的成交计量单位必须与原产地证书上对应商品的计量单位一致。

（9）法定计量单位为立方米的气体货物，应折算成标准状况（即摄氏零度及 1 个标准大气压）下的体积进行填报。

三、价值、币制、征免的填制

（一）单价

本栏目填报同一项号下进出口货物实际成交的商品单位价格。无实际成交价格的，本栏目填报单位货值。

（二）总价

本栏目填报同一项号下进出口货物实际成交的商品总价格。无实际成交价格的，本栏目填报货值。

（三）币制

本栏目应按海关规定的《货币代码表》选择相应的货币名称及代码填报，如《货币代码表》中无实际成交币种，需将实际成交货币按申报日外汇折算率折算成《货币代码表》列明的货币填报。

（四）征免

本栏目应按照海关核发的"征免税证明"或有关政策规定，对报关单所列每项商品选择海关规定的《征减免税方式代码表》中相应的征免税方式填报。

加工贸易货物报关单应根据《加工贸易登记手册》中备案的征免规定填报；《加工贸易登记手册》中备案的征免规定为"保金"或"保函"的，应填报"全免"。

技能训练

调研性实训：参观本地一海关口岸或查阅口岸资料，总结出进出口货物报关单的填制方法和技巧。

案例分析

收发货人、申报单位和收货单位辨析

甲中外合资企业从英国进口一批作为投资的机器设备。该企业委托乙进出口公司对外签订进口合同，并代办进口手续。乙公司向外商订货后，随即委托丙公司具体办理货物运输事宜，同时委托丁报关公司负责办理进口报关手续。

问题：

1. 请指出报关单栏目内的收发货人、消费使用单位。

2. 谈谈你对收发货人、消费使用单位和报关单位的理解。

同步测试

一、单项选择题

1. 海关规定进口货物的进口日期是指（　　）。

    A. 申报货物办结海关进口手续的日期

    B. 向海关申报货物进口的日期

    C. 运载货物的运输工具申报进境的日期

    D. 所申报货物进入海关监管场地或仓库的日期

2. 我国某进出口公司（甲方）与新加坡某公司（乙方）签订一份出口合同。合同中订明，甲方向乙方出售 5 000 件衬衫，于 2019 年 4 月 10 日在上海装船，途经我国香港运往新加坡。在签订合同时，甲方得知乙方还要将该批货物从新加坡运往智利。根据上述情况填写报关单时，以下填写正确的是（　　）。

    A. 运抵国（地区）为"中国香港"，最终目的国（地区）为"新加坡"

B. 运抵国（地区）为"新加坡"，最终目的国（地区）为"智利"

C. 运抵国（地区）为"中国香港"，最终目的国（地区）为"智利"

D. 运抵国（地区）为"智利"，最终目的国（地区）为"智利"

3. 大连盛凯公司（0903535020）委托辽宁省机械设备进出口公司（0801914031）与日本三菱重工签约进口工程机械，并委托大连外运公司代理报关。在填制进口货物报关单时，"收发货人"栏应为（　　　）。

A. 大连盛凯公司 0903535020　　　　B. 辽宁省机械设备进出口公司 0801914031

C. 大连盛凯公司　　　　　　　　　　D. 大连外运公司

4. 日本商人从北京购买地毯，陆运至我国香港，再空运经日本到伦敦。最终目的国（地区）为（　　　）。

A. 日本　　　　　B. 中国香港　　　　C. 伦敦　　　D. 英国

5. 某进出口公司向某国出口 500 吨散装小麦。该批小麦分装在一条船的三个船舱内。海关报关单上的"件数"和"包装种类"两个项目的正确填报应是（　　　）。

A. 件数为 500，包装种类为"吨"　　　B. 件数为 1，包装种类为"船"

C. 件数为 3，包装种类为"船舱"　　　D. 件数为 1，包装种类为"散装"

二、多项选择题

1. （　　　）可以作为收发货人进行填报。

A. 对外签订合同但并非执行合同的单位

B. 非对外签订合同但具体执行合同的单位

C. 委托外贸公司对外签订并执行进口投资设备合同的外商投资企业

D. 援助、赠送、捐赠的货物，"收发货人"栏填报直接接受货物的单位的中文名称及编码

2. 下列叙述正确的有（　　　）。

A. "件数"栏裸装货物填报为 1

B. "毛重"栏计量单位为千克，不足 1 千克的填报为 1

C. 0.3% 的保险费率，币制是美元，填报为 502/0.3/1

D. "杂费"栏为 303/502/3，指应计入完税价格为 502 英镑的杂费总额

3. 下列说法正确的有（　　　）。

A. 一份报关单只允许填报一个运输工具名称

B. 一份报关单只允许填报一个提运单号

C. 一份报关单只允许填报一种贸易方式

D. 一份报关单只允许填报一个集装箱号

4. 下列单证或文件应填入随附单证及编号栏内的有（　　　）。

A. 合同　　　　B. 商检证明　　　　C. 通关单　　　D. 自动进口许可证

5. 在填报报关单"总价"项时，下列叙述正确的有（　　　）。

A. 一般贸易货物应按合同上订明的实际价格填报

B. 总价如非整数，其小数点后保留到第 4 位，第 5 位及以后略去

C. 免费赠送的货样、广告品，可以免予填报

D. 某公司进口数码相机 1 000 台，单价为 300 美元，则总价栏目应该填写"502/300000/3"

三、判断题

1. 进出口货物报关单是海关对进出口货物进行监管、征税、统计和开展稽查、调查的重要依据，是加工贸易进出口货物核销、出口货物退税和外汇管理的重要凭证，也是查处进出口货物走私、违规

的重要的书面依据。 （　　）

2．"出口货物报关单"的"出口退税证明联"是海关对已办理出口申报的货物所签发的证明文件。
（　　）

3．某仪器进出口公司从日本购得分属三个合同的同样规格，不同数量的精密仪器，并同一船同时运达。这些货物品种单一且数量不大，申报时可用一份进口货物报关单，准确、真实、齐全地向海关填报。 （　　）

4．某化工进出口公司下属某厂以进料加工贸易方式进口原料一批，经海运抵港后，进口货物报关单的"备案号"栏应填报为该货物的《进料加工登记手册》的编号。 （　　）

5．某进出口公司承揽一笔来料加工业务，委托某个体企业加工，该个体企业可以以自己的名义向海关办理报关手续。 （　　）

6．同一张报关单上不允许填写不同海关统计商品编号的货物。 （　　）

7．报关单上的"消费使用单位"应为进口货物在境内的最终消费、使用的单位名称，"生产销售系统"应为出口货物在境内的生产或销售的单位名称。 （　　）

8．一份报关单可以允许填报多个许可证号。 （　　）

9．报关单上"商品名称及规格型号"栏目，正确的填写内容应有中文商品名称、规格、型号、商品的英文名称和品牌，缺一不可。 （　　）

10．北京煤炭进出口总公司（011091×××）对巴基斯坦签约出口"水洗炼焦煤"10万吨，由唐山煤炭分公司（043091×××）执行合同，组织货源，并安排进出口。在这一情况下，报关单"收发货人"栏目应填报为：北京煤炭进出口总公司011091××××。 （　　）

四、综合实务题

仔细阅读以下资料及示例11.1～示例11.4，根据《海关报关单的填制规范》的要求，填写报关单（见示例11.1），并完成下面的单项选择题。

台资企业华阳电业有限公司（注册编号350694××××）在投资总额内委托福建机械进出口公司（注册编号350691×××）进口一批投资设备（属法定检验检疫货物）。装载该货物的运输工具于2018年8月29日申报进境。该公司于2018年8月31日委托大通报关公司持免税表及其他随附单据向厦门海关（代码3701）申报。投资设备征免税表编号：Z37018A03980，海关签注为"鼓励项目"。

请根据以上资料，选择以下栏目的正确选项。

1．进出口关别栏应填（　　）。

 A．高雄海关   B．厦门海关

 C．厦门海关3701   D．3701

2．备案号栏应填（　　）。

 A．Z37018A03980   B．C52554825254

 C．3506941136   D．8ET74

3．进口日期栏应填（　　）。

 A．2018.08.29   B．20180829

 C．20180831   D．免于填报

4．收发货人栏应填（　　）。

 A．福建机械进出口公司350691××××   B．华阳电业有限公司350694××××

 C．大通报关公司   D．华阳电业有限公司

5. 运输方式栏应填（　　　）。

A. 5　　　　　　　　B. 1　　　　　　　C. 水路运输　　　D. 航空运输

6. 运输工具名称栏应填（　　　）。

A. MILDSTAR V998　　　　　　　B. 229

C. STELLA FAIRY　　　　　　　　D. STELLA FAIRY/229

7. 提运单号栏应填（　　　）。

A. GUK-6　　　　　　　　　　　　B. 8ET74

C. STELLA FAUBY/229　　　　　　D. J88508

8. 消费使用单位栏应填（　　　）。

A. 3506941136　　　　　　　　　B. 福建机械进出口公司 350691××××

C. 华阳电业有限公司 3506941136　　D. 大通报关公司

9. 监管方式应填（　　　）。

A. 合资合作设备　　　　　　　　B. 外资设备物品

C. 中外合资　　　　　　　　　　D. 2025

10. 征免性质栏应填（　　　）。

A. 789　　　　　　　B. 799　　　　　　C. 2025　　　　　D. 2225

11. 启运港栏应填（　　　）。

A. 泉州　　　　　　　B. 基隆　　　　　C. 高雄　　　　　D. 厦门

12. 成交方式栏应填（　　　）。

A. 1　　　　　　　　B. 2　　　　　　　C. 一般贸易　　　D. 3

13. 件数栏应填（　　　）。

A. 14　　　　　　　B. 24　　　　　　　C. 28　　　　　　D. 5

14. 包装种类栏应填（　　　）。

A. 箱　　　　　　　B. 纸箱　　　　　　C. 件　　　　　　D. 其他

15. 集装箱号栏应填（　　　）。

A. GUK-6　　　　　　　　　　　　B. 8ET74

C. STELLA FAUBY/229　　　　　　D. 0

16. 运费栏应填（　　　）。

A. 空　　　　　　　　　　　　　　B. 000/0.3/1

C. 502/3000/3　　　　　　　　　　D. 3000

17. 毛重栏应填（　　　）。

A. 20280　　　　　B. 20298　　　　　C. 30400　　　　D. 43982

18. 原产国（地区）栏应填（　　　）。

A. 厦门　　　　　　B. 台湾　　　　　　C. 142　　　　　D. 143

19. 标记唛码及备注栏中的"备注"项应填（　　　）。

A. A：××××××××××××××　　　B. 委托福建机械进出口公司

C. 0　　　　　　　　　　　　　　D. 此项为空

20. 征免性质栏应填（　　　）。

A. 全免　　　　　　B. 减半征税　　　　C. 照章征税　　　D. 减免 15%

五、论述题

1. 论述进出口货物报关单各联的用途。

2. 试述进出口货物报关单填制的基本要求。

示例 11.1

中华人民共和国海关进口货物报关单

预录入编号：　　　　　　　　　　　　　　　　　　　　　　　　海关编号：

境内收货人	进口关别		进口日期		申报日期	备案号
境外发货人	运输方式		运输工具名称及航次号		提运单号	货物存放地点
消费使用单位	监管方式		征免性质		许可证号	启运港
合同协议号	贸易国（地区）		启运国（地区）		经停港	入境口岸
包装种类	件数	毛重（千克）	净重（千克）	成交方式	运费　　保费	杂费
随附单证及编号						
标记唛码及备注						
项号 商品编码 商品名称及规格型号 数量及单位 单价/总价/币制 原产国（地区） 最终目的国（地区）境内目的地 征免						
报关人员　报关人员证号　电话　兹申明对以上内容承担如实申报、依法纳税之法律责任 申报单位　　　　　　　　　　　　　　　　　　　　申报单位（签章）						海关批注及签章

示例 11.2

BILL OF LADING

Shipper: FORM AOSA HEAVY INDUSTRIES OORP. 201, TUNG HWA N, RD., TAIPEI		Ocean Vessel　Voy.No. STELLA FAIRY　229	
Consignee HUAYANG ELECTRIC POWER CO. 华阳电业有限公司 LTD，2/F 201，HUBIN NORTH ROAD，XIAMEN TEL：0592-5114403 企业编码：3506941136		Port of Departure：GAOXIONG Port of Discharge：XIAMEN B/L no：GUK-6	
MRAKS &NUMBER HYEC 8ET74 IN DIAMND MADE IN TAIWAN of CHINA	NO OF PACKAGES 14 PKGS	DESCRIPTIAON OF GOODS FLAT BAR SS-400	G. W 20298KGS

示例 11.3

INVOICE

Shipped per STELLA FAIRY 229

FROM: GAOXIONG TO XIAMEN

MARKS&NOS	Description of Goods	Quantity	Unit Price	Amount
HYES 8ET74 IN DIAMOND MADE IN TAIWAN of CHINA	Flat Bar SS-400 4.5mm × 25mm HSCODE:7211.1900 法定计量单位：千克	20,270KG	USD0.52	GIF XIAMEN USD 10,540.40
	TOTAL	20,270KG	USD 10,540.40	

SAY: TOTAL CIF VALUE U.S.DOLLARS TEN THOUSAND FIVE HUUNDRED FOURTY AND CENTS FOURTY ONLY.

ABD CO.

Signed by _____

示例 11.4

PACKING LIST

INVOICE NO: I88508

ORDER NO: 8ET74

PAGE: 1_____

Consignees: HUA YANG ELECTRIC POWER CO.,LTD

Name of Vessel: STELLA FAIRY 229

Destination: XIAMEN

MADE IN TAIWAN OF CHINA

Packing No.	Quantity	Deseription	Net weight	Gross Weight		Measurement
				Each	Total	
	14PKGS	FLAT BAR SS-440 4.5mm × 25mm	20.270KG		20,298KG	
TOTAL	14PKGS		20,270KG		20,298KG	

ABD CO.

Signed by_____

附　　录

附录一　计量单位代码表

附录二　国别（地区）代码表

附录三　报关业务关键术语中英文对照表

附录四　与报关业务相关的海关法律与法规

附录五　报关实务学习参考网站

主要参考文献

[1] 报关水平测试教材编写委员会. 2015. 报关基础知识. 北京：中国海关出版社.

[2] 陈小愚，陈琳，姜明刚. 2010. 货物报关实务与管理. 上海：复旦大学出版社.

[3] 陈岩. 2010. 海关理论与实务. 北京：清华大学出版社.

[4] 程敏然，董晓波. 2009. 报关实务与实训. 合肥：安徽大学出版社.

[5] 顾晓滨. 2010. 进出口报关业务基础与实务. 上海：复旦大学出版社.

[6] 海关总署报关员资格考试教材编写委员会. 2011. 报关员资格全国统一考试教材（2011 版）. 北京：中国海关出版社.

[7] 林青. 2010. 进出口商品归类实务. 北京：中国海关出版社.

[8] 鲁丹萍，冯晓宇. 2019. 报关实务. 2 版. 北京：中国商务出版社.

[9] 倪淑如，倪波. 2016. 海关报关实务. 北京：中国海关出版社.

[10] 孙德民. 2012. 报关实务精讲. 北京：中国海关出版社.

[11] 孙丽萍. 2013. 进出口报关实务. 北京：中国商务出版社.

[12] 汪海青. 2016. 报关实务. 2 版. 北京：对外经济贸易大学出版社.

[13] 王洪亮，杨海芳. 2012. 海关报关实务. 2 版. 北京：清华大学出版社.

[14] 王洪梅. 2011. 报关实务. 北京：中国电力出版社.

[15] 王艳娜. 2016. 报关实务. 3 版. 大连：东北财经大学出版社.

[16] 武晋军. 2016. 报关实务. 3 版. 北京：电子工业出版社.

[17] 夏攀. 2011,（1）. 近代报关业起源及报关纳税初探. 上海海关学院学报.

[18] 谢国娥. 2017. 海关报关实务. 6 版. 上海：华东理工大学出版社.

[19] 杨建国. 2011. 进出口报关. 杭州：浙江大学出版社.

[20] 杨鹏强. 2011. 报关实务. 3 版. 北京：中国海关出版社.

[21] 杨昇. 2013. 2013 年报关员资格全国统一考试考点精讲. 北京：电子工业出版社.

[22] 张兵. 2010. 进出口报关实务. 2 版. 北京：清华大学出版社.

[23]《中国海关百科全书》编委会. 2004. 中国海关百科全书. 北京：中国大百科全书出版社.

更新勘误表和配套资料索取示意图

说明1：本书配套资料将不定期更新、完善，需要者请在人邮教育社区网站（www.ryjiaoyu.com）下载。

说明2：在人邮教育社区网站注册后可直接下载本书配套学习资料。

说明3：本书教学用资料仅供采用本书授课的教师（即学生订购本书的教师）下载，**教师身份、用书教师身份需网站后台审批**（参见示意图）。

说明4：扫描二维码可查看本书现有"更新勘误记录表""意见建议记录表"。如您发现本书或配套资料中有需要更新、完善之处，望及时反馈，编辑和作者将尽快处理。

联系邮箱：13051901888@163.com

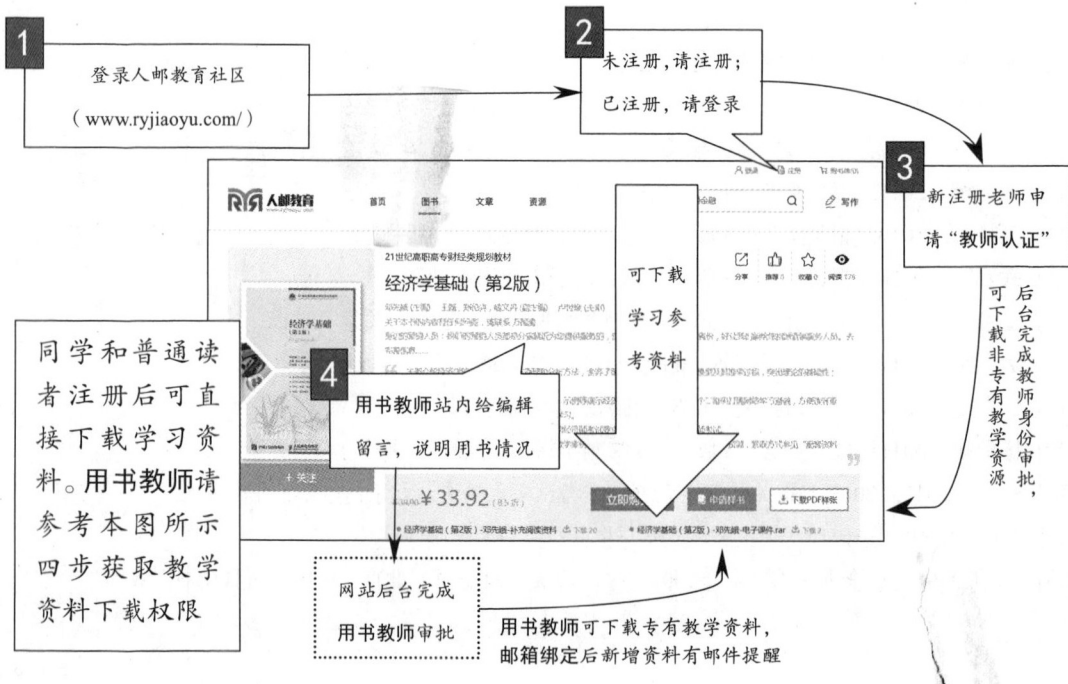

更新勘误及意见建议记录表

1 登录人邮教育社区（www.ryjiaoyu.com/）

2 未注册，请注册；已注册，请登录

3 新注册老师申请"教师认证"

后台完成教师身份审批，可下载非专有教学资源

可下载学习参考资料

4 用书教师站内给编辑留言，说明用书情况

同学和普通读者注册后可直接下载学习资料。用书教师请参考本图所示四步获取教学资料下载权限

网站后台完成用书教师审批

用书教师可下载专有教学资料，邮箱绑定后新增资料有邮件提醒